TRATADO DA GESTÃO FISCAL

Afonso Gomes Aguiar

TRATADO DA GESTÃO FISCAL

Belo Horizonte

2011

© 2011 Editora Fórum Ltda.

É proibida a reprodução total ou parcial desta obra, por qualquer meio eletrônico, inclusive por processos xerográficos, sem autorização expressa do Editor.

Conselho Editorial

Adilson Abreu Dallari
André Ramos Tavares
Carlos Ayres Britto
Carlos Mário da Silva Velloso
Carlos Pinto Coelho Motta
Cármen Lúcia Antunes Rocha
Clovis Beznos
Cristiana Fortini
Diogo de Figueiredo Moreira Neto
Egon Bockmann Moreira
Emerson Gabardo
Fabrício Motta
Fernando Rossi
Flávio Henrique Unes Pereira

Floriano de Azevedo Marques Neto
Gustavo Justino de Oliveira
Jorge Ulisses Jacoby Fernandes
José Nilo de Castro
Juarez Freitas
Lúcia Valle Figueiredo (*in memoriam*)
Luciano Ferraz
Lúcio Delfino
Márcio Cammarosano
Maria Sylvia Zanella Di Pietro
Oswaldo Othon de Pontes Saraiva Filho
Paulo Modesto
Romeu Felipe Bacellar Filho
Sérgio Guerra

Luís Cláudio Rodrigues Ferreira
Presidente e Editor

Coordenação editorial: Olga M. A. Sousa
Revisão: Adalberto Nunes Pereira Filho
Bibliotecária: Tatiana Augusta Duarte – CRB 2842 – 6ª Região
Indexação: Maria Clarice Lima Batista – CRB 1326 – 6ª Região
Projeto gráfico: Walter Santos
Capa e formatação: Derval Braga

Av. Afonso Pena, 2770 – 15º/16º andares – Funcionários – CEP 30130-007
Belo Horizonte – Minas Gerais – Tel.: (31) 2121.4900 / 2121.4949
www.editoraforum.com.br – editoraforum@editoraforum.com.br

A282t   Aguiar, Afonso Gomes

Tratado da gestão fiscal / Afonso Gomes Aguiar. Belo Horizonte: Fórum, 2011.

390 p.
ISBN 978-85-7700-386-0

1. Direito financeiro. 2. Administração financeira. I. Título.

CDD: 341.38
CDU: 336(81)

Informação bibliográfica deste livro, conforme a NBR 6023:2002 da Associação Brasileira de Normas Técnicas (ABNT):

AGUIAR, Afonso Gomes. *Tratado da gestão fiscal*. Belo Horizonte: Fórum, 2011. 390 p. ISBN 978-85-7700-386-0.

Não há, nesta vida, quem seja tão sábio que não comporte lição nova, nem tão ignorante que não tenha uma lição para dar.

(Afonso Gomes Aguiar)

Sumário

Apresentação 15

Capítulo 1
Generalidades 17
1.1 Noções preliminares 17
1.2 Direito Financeiro 17
1.3 Conceito de normas gerais 19
1.4 Finalidade da Lei de Responsabilidade Fiscal (LRF) 20

Capítulo 2
Princípios da Gestão Fiscal 23
2.1 Conceito de princípio 23
2.2 Princípio do planejamento 24
2.2.1 Instrumentos do planejamento 26
2.2.1.1 Plano plurianual 26
2.2.1.2 Lei de Diretrizes Orçamentárias (LDO) 31
2.2.1.3 Lei Orçamentária Anual 33
2.2.1.4 Natureza jurídica da LOA 36
2.3 Princípio da transparência 38

Capítulo 3
Plano de Classificação das Contas Públicas 41
3.1 Notas preliminares 41
3.2 Classificações das contas públicas segundo o Decreto
nº 23.150/33 43
3.3 Classificações das contas públicas segundo o Decreto-Lei
nº 2.416/40 45
3.4 Classificação segundo a Lei Complementar nº 4.320/64 ... 46
3.4.1 Classificação Econômica da Despesa (art. 13, LC nº 4.320/64) ... 48
3.4.2 Classificação funcional da despesa (art. 8º, §2º, LC nº 4.320/64
– Resolução Ministerial nº 09/74) 49
3.4.3 Classificação funcional da despesa segundo a Portaria
nº 42/99 49
3.4.4 Classificação econômica das contas públicas segundo a
Portaria nº 163/01 52
3.5 Importância do plano de classificação de contas públicas ... 54

3.5.1	Classificação das contas públicas como instrumento de informação social	55
3.5.2	Classificação das contas públicas como instrumento de tomadas de decisões governamentais	55
3.5.3	Classificação das contas públicas como instrumento do princípio do planejamento	56
3.5.4	Classificação das contas públicas como instrumento de controle	57
3.5.4.1	Controle político-administrativo	58
3.5.4.2	Controle jurídico-administrativo	59
3.5.4.3	Controle financeiro jurídico-contábil	60

CAPÍTULO 4

RECEITA PÚBLICA 63

4.1	Noções gerais	63
4.2	Conceito	65
4.3	Classificação	66
4.3.1	Receitas correntes	67
4.3.2	Receitas de capital	70
4.4	Instituição, previsão e arrecadação	72
4.5	Estágios da receita pública	74
4.5.1	Lançamento	74
4.5.2	Arrecadação	75
4.5.3	Recolhimento	75
4.6	Renúncia de receita	76
4.6.1	Formas de renúncia de receita	77
4.6.2	Anistia	78
4.6.3	Isenção	79
4.6.4	Remissão	80
4.6.5	Subsídio	80
4.6.6	Crédito Presumido	81
4.6.7	Alteração de alíquotas	81
4.6.8	Alteração da base de cálculo	82

CAPÍTULO 5

DESPESA PÚBLICA 83

5.1	Conceito de despesa pública	83
5.2	Estágios da despesa pública	86
5.2.1	Empenho	86
5.2.1.1	Espécies de empenho	89
5.2.2	Liquidação	91
5.2.3	Pagamento	92
5.3	Classificação da despesa pública	93
5.3.1	Despesas correntes	93
5.3.2	Despesas de capital	94

5.4	Da geração da despesa pública	95
5.5	Espécies da despesa pública	96
5.5.1	Despesa obrigatória de caráter continuado	96
5.5.2	Despesas com Pessoal	97
5.5.3	Despesas com a seguridade social	102

CAPÍTULO 6
TRANSFERÊNCIAS DE RECURSOS 105

6.1	Conceito e espécies de transferências	105
6.1.1	Transferências correntes	106
6.1.2	Transferências de capital	107
6.1.3	Transferências voluntárias	108

CAPÍTULO 7
DÍVIDA PÚBLICA 111

7.1	Noções preliminares	111
7.2	Conceito e espécies de dívida pública	112
7.3	Dívida Pública Consolidada	113
7.4	Dívida Pública Mobiliária	114
7.5	Dívida Consolidada Líquida	115
7.6	Dívida flutuante	117

CAPÍTULO 8
OPERAÇÕES DE CRÉDITO 121

8.1	Conceito de operação de crédito	121
8.2	Espécies de operações de crédito	122
8.3	Limites das operações de crédito	123
8.4	Condições para a concessão das operações de crédito	124
8.5	Das vedações para as operações de crédito	125

CAPÍTULO 9
GARANTIA E CONTRAGARANTIA 127

9.1	Conceito de garantia	127
9.2	Da concessão da garantia	127
9.3	Conceito de contragarantia	132
9.4	Da concessão da contragarantia	132

CAPÍTULO 10
RESTOS A PAGAR 135

10.1	Noções preliminares	135
10.2	Conceito de dívidas encerradas	139
10.3	Conceito de restos a pagar à luz da Lei Complementar nº 4.320/64 e do Decreto-Lei nº 836/69	142
10.4	Conceito de restos a pagar à luz da Lei de Responsabilidade Fiscal nº 101/00	145
10.5	Conclusão	148

Capítulo 11
Orçamentos Públicos...151
11.1	Noções preliminares	151
11.2	Origem do orçamento	152
11.3	Aspectos do orçamento	153
11.3.1	Aspecto jurídico	153
11.3.2	Aspecto político	154
11.3.3	Aspecto econômico	155
11.3.4	Aspecto técnico-contábil	155
11.4	Princípios orçamentários	157
11.4.1	Conceito	157
11.4.2	Princípio da unidade	157
11.4.3	Princípio da anualidade	157
11.4.4	Princípio da universalidade	157
11.4.5	Princípio da legalidade	158
11.4.6	Princípio da exclusividade	158
11.4.7	Princípio da especialização	159
11.4.8	Princípio do equilíbrio orçamentário	160
11.5	Tipos de Orçamento	160
11.6	Plano plurianual	161
11.7	Orçamento anual	162
11.8	Lei de Diretrizes Orçamentárias	165
11.9	Orçamentos das Câmaras Municipais	167

Capítulo 12
Sistemas de Controles da Administração Pública...171
12.1	Noções preliminares	171
12.2	Sistemas de controles dos atos públicos	172
12.3	Sistema de controle administrativo	173
12.4	Sistema de controle legislativo	177
12.5	Sistema de controle jurisdicional	180
12.6	Sistema de controle popular	181

Capítulo 13
Controles da Gestão Fiscal 183
13.1	Noções Preliminares	183
13.2	Conceito de controle de gestão fiscal	184
13.3	Tipos de controles da gestão fiscal	187
13.3.1	Sistema de controle externo	187
13.3.1.1	Competências dos órgãos do sistema de controle externo	190
	Poder Legislativo	190
	Tribunal de Contas	193
13.3.2	Sistema de controle interno	196
13.3.2.1	Competências dos órgãos do sistema de controle interno	201

CAPÍTULO 14
GESTÃO FISCAL – EXECUÇÃO, FISCALIZAÇÃO E
TRANSPARÊNCIA 205
14.1   Noções preliminares 205
14.2   Atos constitutivos e executórios da gestão fiscal 207
14.3   Instrumentos de deflagração da fiscalização dos atos
        da gestão fiscal 209
14.4   Instrumentos da transparência da gestão fiscal 210

CAPÍTULO 15
ATOS CONSTITUTIVOS E EXECUTÓRIOS DA GESTÃO
FISCAL 213
15.1   Introdução 213
15.2   Planejamento 214
15.3   Coordenação 216
15.4   Descentralização administrativa 217
15.5   Delegação de competência 220
15.6   Supervisão hierárquica 222
15.7   Homologação 223
15.8   Plano plurianual 225
15.9   Lei de Orçamento Anual 226
15.10   Lei de Diretrizes Orçamentárias 226
15.11   Plano geral de governo 230
15.12   Créditos adicionais 231
15.13   Operações de créditos 234
15.14   Lançamentos 235
        Lançamento de ofício 236
        Lançamento por declaração 237
        Lançamento por homologação 238
15.15   Arrecadação 239
15.16   Recolhimento 242
15.17   Programação financeira de desembolso 243
15.18   Empenho de despesa 245
15.19   Liquidação de despesa 247
15.20   Pagamento de despesa 248
15.21   Suprimentos de fundos 249
15.22   Inscrição da dívida ativa 250
15.23   Inscrição em restos a pagar 254
15.24   Avaliação patrimonial 261
15.25   Dos procedimentos administrativos e judiciais 262
15.25.1 Direito de petição 263
15.25.2 Pedido inicial de prestação administrativa 264
15.25.3 Pedido de reconsideração 266
15.25.4 Recurso administrativo 267
15.25.5 Recurso de revisão 269
15.25.6 Mandado de segurança 272

15.25.7	Ação anulatória	274
15.25.8	Ação popular	276
15.25.9	*Habeas data*	280

Capítulo 16
INSTRUMENTOS DE DEFLAGRAÇÃO DA FISCALIZAÇÃO DOS ATOS DA GESTÃO FISCAL ... 285

16.1	Noções gerais	285
16.2	Funções estatais	288
16.3	Instrumentos de deflagração da fiscalização dos atos da gestão fiscal	291
16.3.1	Consulta administrativa	292
16.3.2	Representação administrativa	296
16.3.3	Denúncia administrativa	302
16.3.4	Sindicância administrativa	304
16.3.5	Consulta legislativa	306
16.3.6	Representação legislativa	308
16.3.7	Denúncia legislativa	310
16.3.8	Sindicância legislativa	312
16.3.9	Reclamação legislativa	314
16.3.10	Pedido de sustação ao legislativo de ato	316

Capítulo 17
INSTRUMENTOS DA TRANSPARÊNCIA DA GESTÃO FISCAL ... 319

17.1	Noções Preliminares	319
17.2	Relatório resumido da execução orçamentária	320
17.3	Relatório da Gestão Fiscal	322
17.4	Prestação de contas de gestão	326
17.5	Prestação de contas de governo	333
17.6	Prestação de contas especiais	338
17.7	Tomada de contas de gestão	339
17.8	Tomada de contas de governo	340
17.9	Tomada de contas especiais	342
17.10	Parecer prévio	342

Capítulo 18
DOS AGENTES PÚBLICOS NA GESTÃO FISCAL ... 347

18.1	Noções preliminares	347
18.2	Conceito de agentes públicos	351
18.2.1	Agentes políticos	352
18.2.2	Agentes colaboradores ou honoríficos	354
18.2.3	Agentes delegados	354
18.2.4	Agentes administrativos	355
18.2.4.1	Servidores Públicos Especiais	355
18.2.4.2	Servidores públicos estatutários	356
18.2.4.3	Servidores públicos celetistas	357

18.2.4.4 Servidores públicos temporários 357
18.3   Agentes públicos executores da gestão fiscal 359

Capítulo 19
Das Responsabilidades dos Agentes Públicos na
Gestão Fiscal 361
19.1   Noções preliminares 361
19.2   Agentes públicos da gestão fiscal 363
19.3   Responsabilidade dos agentes públicos na gestão fiscal 363

Capítulo 20
Aplicação dos Tipos de Responsabilidades aos
Agentes Públicos da Gestão Fiscal 365
20.1   Noções preliminares 365
20.2   Conceito de responsabilidade civil 368
20.3   Responsabilidade civil dos agentes públicos da gestão fiscal 371
20.4   Responsabilidade penal dos agentes públicos da gestão fiscal 374
20.5   Responsabilidade político-administrativa dos agentes públicos
         da gestão fiscal 377
20.6   Responsabilidade administrativa dos agentes públicos da gestão
         fiscal 379
20.7   Responsabilidade jurídico-contábil dos agentes públicos da
         gestão fiscal 381

Conclusão 383

Índice de Assuntos 385

Índice da Legislação 389

Apresentação

Caríssimo Leitor:

Apraz-me a oportunidade de colocar a público mais uma obra jurídica de expressivo interesse profissional, mormente para aqueles que lidam diariamente no desenvolvimento das atividades inerentes à administração das *Finanças Públicas* (Receita e Despesa), como decorrência do exercício de suas funções administrativas públicas ou profissionais.

Focalizo, neste trabalho, não só matéria correlata aos institutos da Gestão Fiscal, mas, também, outros aspectos, tais como, os princípios, controles, procedimentos, agentes públicos da gestão fiscal e suas responsabilidades.

Esta obra vem se juntar a mais três de minha autoria, a saber: *Direito financeiro*: a Lei nº 4.320/64: comentada ao alcance de todos. 3. ed. Belo Horizonte: Fórum; *Lei de Responsabilidade Fiscal*: questões práticas: Lei Complementar nº 101/00. 2. ed. Belo Horizonte: Fórum; e *O Tribunal de Contas na ordem constitucional*. Belo Horizonte: Fórum, sendo esta última escrita em parceria com o talentoso jovem, Dr. Márcio Paiva de Aguiar, de quem tenho o orgulho de ser tio.

Como as demais obras retrocitadas, esta que ora submeto ao mundo leitor, intitulada *Tratado da Gestão Fiscal*, objetiva uma análise prática da matéria nela enfocada, dispensando, portanto, discussões de natureza doutrinária, inobstante o extremo respeito que tenho por elas.

Procuro utilizar-me, no máximo possível, de linguajar simples, evitando termos técnicos, com o viso de alcançar aquele leitor não versado em Ciências Jurídicas. Portanto, sempre que me utilizo de termos técnicos jurídicos ou contábeis, não me enfada o dever de explicá-los em vernáculo que esteja ao alcance de todos.

Nesta obra, o meu desejo é o de repassar ensinamentos que também sejam bem assimilados por todas as pessoas que, de alguma forma, tenham tido o interesse de honrar-me com o conhecimento do meu trabalho.

Esta obra é de interesse de Administradores Públicos em geral, ocupantes ou não de cargos eletivos ou de função de confiança, Servidores Públicos em geral, Acadêmicos de Direito, Ciências

Contábeis e Administração Pública, Advogados, Contadores, Administradores, Juízes em geral, e, por fim, todos aqueles que empregam suas horas de trabalho exercitando atividades administrativas ligadas a Finanças Públicas.

Postas estas considerações, rogo a Deus que eu venha ter a mesma felicidade que tive com o sucesso da publicação das minhas obras anteriores publicadas sob o induvidoso prestígio da conceituadíssima empresa Editora Fórum.

Ao final desta apresentação quero exprimir o meu tributo de agradecimento a minha colega Ana Laíse Pacheco de Sousa a quem coube a espinhosa tarefa de digitação do inteiro teor desta obra.

Fortaleza, 23 de abril de 2010.

O autor

CAPÍTULO 1

GENERALIDADES

Sumário: 1.1 Noções preliminares – **1.2** Direito Financeiro – **1.3** Conceito de normas gerais – **1.4** Finalidade da Lei de Responsabilidade Fiscal (LRF)

1.1 Noções preliminares

O Estado foi criado com o desígnio de realizar o *bem-estar* dos indivíduos integrantes da coletividade. Para desenvolver essa missão, que é da sua inteira responsabilidade, teve ele de criar, organizar e manter um considerável complexo de *serviços* conhecidos por *serviços públicos*, que lhe servem de instrumentos indispensáveis para pôr em prática a realização de suas finalidades, tais como *educação, saúde, previdência social, habitação, comunicação, transportes, segurança pública, abastecimento de água tratada, saneamento básico, energia elétrica* e outras executadas em proveito dos integrantes do agrupamento social.

Para criar e manter esses serviços, o Estado necessita obter expressiva soma de recursos financeiros, indo buscá-los ora no patrimônio dos particulares ou dos administrados, através da instituição dos tributos; ora, retirando-os do seu próprio patrimônio; e, às vezes, obtendo-os mediante doações recolhidas de pessoas físicas ou de pessoas jurídicas, públicas ou privadas e, finalmente, algumas vezes, provindos de operações de crédito junto às entidades bancárias ou da emissão de títulos da dívida pública.

1.2 Direito Financeiro

Historicamente, no Brasil, as primeiras pinceladas legislativas — embora de colorido muito tênue, que vieram, de futuro, a se tornar contributivas da formação da imagem jurídico-autônoma do nosso

Direito Financeiro — foram traçadas nas Constituições de 1824 (arts. 15, X, XIII e XIV; 108 a 110 e 112 a 114 — alterada pelo Ato Adicional de 12 de agosto de 1834: art. 10, §§5º e 6º, art. 11 §§3º e 4º); 1934 (art. 9º; art.10, parágrafo único; art. 13, II parte final; art. 39, 1, 2 e 3); e 1937 (art. 13, alíneas "c", "g" e "h"; art. 14 e arts. 67 a 70).

Já a Constituição Republicana de 1946, mais corajosamente, deixou assentada a base para a elaboração desse ramo do Direito, que se deu por via de normas infraconstitucionais, no uso da competência da União para legislar *normas gerais de Direito Financeiro* (art. 5º, XV, alínea "b"), resultando daí a Lei Federal nº 4.320 de 17 de março de 1964, mais tarde, complementada pela Lei de Responsabilidade Fiscal (LC nº 101/00).

Cumpre realçar que a partir da Constituição de 1946, as cartas constitucionais que se seguiram foram fortificando e aprimorando, cada vez mais, o Direito Financeiro do Brasil, até lhe dar o respeito necessário de ser reconhecido como um ramo de Direito Público Brasileiro, em face de passar a possuir *objeto* e *métodos* próprios do seu estudo.

Enseja informar, contudo, que antes da edição da Lei Complementar nº 4.320/64, outros atos normativos chegaram a dispor sobre determinadas regras de Direito Financeiro, como foram os casos dos Decretos nº 4.536/22, nº 15.150/33 e nº 23.150/33 e o Decreto-Lei nº 2.416/40.

Como visto, quando o Estado se ocupa da obtenção dos recursos financeiros necessários à realização de suas finalidades — *receita pública* —, custodiando-os, em instituições bancárias, sob inteira responsabilidade daquele, para empregá-los na honra dos compromissos financeiros originados dos gastos realizados em razão do atendimento feito às carências do interesse público — *despesa pública* — desenvolve uma atividade eminentemente financeira, que constitui o objeto do Direito Financeiro.

Dessa sorte, *Direito Financeiro*, ramo do Direito Público, é o conjunto de regras e princípios jurídicos de natureza coercitiva, que disciplina a atividade financeira do Estado, compreendidos nesta, não só os Atos de Gestão praticados pelos agentes públicos competentes para a arrecadação dos recursos financeiros — *receita pública* —, sua custódia em entidades bancárias e sua aplicação em mercados financeiros, como também todos os *atos de gestão* no exercício das funções de ordenador de despesa, isto é, na criação das obrigações financeiras de responsabilidade do Estado e dos seus respectivos pagamentos — *despesa pública*.

Sobre o tema, ensina o saudoso Professor Hely Lopes Meirelles que "Direito Financeiro, ramo do Direito Público, é o conjunto harmônico de normas e princípios jurídicos que regem a atividade estatal, no tocante à realização da receita e à execução da despesa".[1]

De resto, deve-se concluir que, atualmente, a Lei Complementar nº 4.320/64, consorciada à Lei Complementar nº 101/00, que lhe completa, está para o Direito Financeiro nacional no patamar de mesma equivalência em que se encontra o Código Tributário Nacional, para o Direito Tributário brasileiro.

Por fim, é necessário esclarecer que, por força do art. 1º da Lei Complementar nº 4.320/64, todas as regras escritas no seu texto são consideradas *normas gerais*, do que decorre suas aplicações serem, *simultaneamente* obrigatórias, a todos os entes da Federação Brasileira, podendo, porém, cada um destes baixar suas *normas específicas*, com a finalidade de adequar aquelas *normas gerais* às suas particularidades ou peculiaridades regionais ou locais, o que se concretizará por via da competência legislativa supletiva atribuída às citadas unidades federativas em razão de autorização constitucional existente neste sentido (art. 24, I e II, §§1º ao 4º; art. 30, II e art. 32, §1º, CF).

1.3 Conceito de normas gerais

Ao estabelecer a repartição das competências legislativas entre os entes políticos que compõem a organização político-administrativa da República Federativa do Brasil (art. 18, CF), a Constituição Federal registrou que a competência da União para legislar sobre Direito Financeiro e Orçamento limitar-se-á exclusivamente ao estabelecimento de *normas gerais* (art. 24, I e II e §1º). Registrou, igualmente, que a competência da União no estabelecimento dessas normas gerais de Direito Financeiro e Orçamento não exclui a *competência suplementar* dos Estados (art. 24, §2º), nem a dos Municípios (art. 30, II).

Como se viu, a expressão *normas gerais* tem origem no texto da Carta Constitucional do Brasil. Doutrinariamente, o conceito de norma geral tornou-se objeto de polêmica, com o surgimento de duas correntes de pensamento.

---

[1] *Direito municipal brasileiro*. 3 ed. São Paulo: Revista dos Tribunais, p. 232.

Para a primeira, norma geral se caracteriza como sendo aquela norma legal que se aplica simultânea e indistintamente de modo obrigatório à União, aos Estados, ao Distrito Federal e aos Municípios. É, portanto, a norma escrita que, tendo sido editada pela União sob a proteção constitucional citada (art. 24, I e II, e §§, CF), tem aplicação obrigatória, ao mesmo tempo, à União, ao Estado, ao Distrito Federal e ao Município. Segundo essa corrente, o que identifica a norma geral é, pois, sua *generalidade territorial*, isto é, sua aplicação obrigatória a todos os entes da Federação.

A segunda corrente, discordando, somente em parte, da primeira, afirma que não é apenas a *generalidade territorial* o elemento caracterizador da norma geral, mas, também, o concurso da *generalidade substancial* da norma editada, ou seja, o peculiar valor ou importância contida na regra jurídica que a faz se impor como regra de diretriz básica e de presença indispensável no disciplinamento do Direito Financeiro e, por isso, não pode deixar de ter a sua aplicação obrigatória a todos os entes federativos, em razão do seu estimado valor para a matéria.

Assim, não será norma geral aquela norma escrita que pela sua importância seja de interesse apenas regional (Estadual), ou local (Municipal), isto é, seja de interesse tão só da União, do Estado, do Distrito Federal ou do Município.

Para o autor, a razão está com aqueles que advogam o concurso da *generalidade territorial* e da *generalidade substancial*, como elementos indispensáveis à caracterização da norma geral. A legislação produzida mediante edição de normas gerais é incompleta, pois não desce a detalhes, somente se preocupando em fixar as regras básicas, ou direcionadoras da matéria legislada. Tais regras necessitam ser explicadas e suplementadas mediante *normas específicas*, de interesse regional ou local, editadas com base na competência legislativa supletiva ou suplementar atribuída à União, aos Estados, ao Distrito Federal e aos Municípios, com a finalidade de adequar a norma geral às suas particularidades ou peculiaridades regionais (dos Estados), ou locais (dos Municípios).

1.4 Finalidade da Lei de Responsabilidade Fiscal (LRF)

Para melhor se alcançar a finalidade da Lei de Responsabilidade Fiscal nº 101/00, é necessário analisá-la dentro do universo dos atos de natureza econômica baixados, então, pelo Governo Federal.

Ao contrário do que pensam alguns, a finalidade perseguida por esse diploma legal não foi precipuamente a de moralização das contas públicas. O que de fato pretende alcançar a LRF é o estabelecimento do equilíbrio das contas públicas para, a partir daí, conseguir criar e implantar no País uma política econômica sustentável e capaz de dar ao padrão monetário nacional (Real) uma estabilidade que lhe garanta existir sem as corrosões, no seu valor de troca, decorrentes da inflação.

Para alcançar esse fim, isto é, o equilíbrio das contas públicas, teve o diploma legal focalizado de adotar medidas restritivas dirigidas ao comportamento dos administradores públicos, correlacionadas com a receita, a despesa e com a capacidade de endividamento dos entes políticos.

Destarte, a finalidade precípua ou maior da LRF é a de criar e implantar no País, mediante o equilíbrio das contas públicas, uma política econômica que empreste ao padrão monetário do Brasil sustentação de sua estabilidade e consequente credibilidade perante os mercados, interno e externo, garantindo com isso o crescimento econômico nacional e, com ele, o alargamento do mercado de emprego.

CAPÍTULO 2

PRINCÍPIOS DA GESTÃO FISCAL

Sumário: **2.1** Conceito de princípio – **2.2** Princípio do planejamento – **2.2.1** Instrumentos do planejamento – **2.2.1.1** Plano plurianual – **2.2.1.2** Lei de Diretrizes Orçamentárias (LDO) – **2.2.1.3** Lei Orçamentária Anual – **2.2.1.4** Natureza jurídica da LOA – **2.3** Princípio da transparência

2.1 Conceito de princípio

Princípio é a proposição racionalmente elaborada, originada da análise de dados esparsos, mas que se correlacionam entre si, servindo de base sistematizadora do conhecimento humano, ou como diz Luciano Benévola de Andrade, "Princípios são enunciados sistematizadores do pensamento, que se dessume de um conjunto de dados esparsos, para integrá-los numa unidade explicável coerentemente".[2]

Sobre o tema, diz o administrativista Diogenes Gasparini que "Constituem os princípios um conjunto de proposições que alicerçam ou embasam um sistema e lhe garantem a validade".[3]

Segundo os estudiosos do assunto, os princípios se classificam em: *onivalentes, plurivalentes* e *monovalentes*.

Onivalentes são os princípios que têm aplicação para qualquer Ciência. Tem-se como sendo desse tipo o *princípio da não contradição*, ou da *identidade*, cujo enunciado afirma que "uma coisa não pode ser e deixar de ser ao mesmo tempo".

Plurivalentes são aqueles princípios que somente têm aplicação a um determinado grupo de Ciências, como é o caso do *princípio da causalidade*, aplicável ao grupo das Ciências naturais, que afirma que "a cada causa corresponde um determinado efeito".

---

[2] *Curso moderno de direito administrativo*. São Paulo: Saraiva, p. 27.

[3] *Direito administrativo*. São Paulo: Saraiva, p. 5.

Monovalentes são aqueles que só têm aplicação válida para uma determinada Ciência, como é o caso do *princípio da legalidade*, de uso exclusivo para a Ciência do Direito que enuncia que "ninguém será obrigado a fazer ou deixar de fazer alguma coisa senão em virtude de lei".

Quanto aos princípios *monovalentes*, distinguem-se estes em dois subtipos, a saber: *gerais* e *específicos*.

Gerais são aqueles princípios aplicáveis a um só ramo da Ciência, como é o exemplo do *princípio da supremacia do interesse público*, aplicável tão somente ao Direito Público.

Específicos são aqueles cuja aplicação se restringe a um só determinado ramo de Direito, como é o caso do *princípio da continuidade do serviço público*, que é próprio do Direito Administrativo.

De acordo com o texto da LRF (§1º, art. 1º), a responsabilidade na Gestão Fiscal deverá orientar-se obrigatoriamente pelos *princípios do planejamento* e da *transparência*.

Fica claro, aqui, que a Administração Pública não se rege apenas por esses dois princípios, mesmo quando atua no desenvolvimento das atividades ligadas às finanças públicas, objeto das normas estabelecidas pela LRF, mas também, por outros princípios que norteiam toda a conduta ou modo de agir do Poder Público.

Neste capítulo serão discutidos apenas os *princípios do planejamento* e da *transparência*, por interessarem mais de perto ao tema que se submete ao presente estudo.

2.2 Princípio do planejamento

Por *princípio do planejamento* entende-se o estudo por via do qual o administrador define ou elege certa forma de execução da ação administrativa como sendo o melhor e o mais adequado modo de atuação para atingir, com eficiência e economia, um objetivo ou meta de interesse público previamente idealizados.

Para Hely Lopes Meirelles, "Planejar significa idealizar realizações, analisando e ponderando os elementos necessários à sua econômica e eficiente execução dentro do mesmo esquema geral da Administração".[4]

Conclui-se, portanto, que o planejamento envolve além da ideia de elaboração prévia da melhor e mais econômica forma de

---

[4] *Direito municipal brasileiro*. São Paulo: Saraiva, p. 870.

execução dos serviços e obras públicas, também a ideia da integração harmoniosa desses serviços e obras dentro do contexto geral do Plano de Governo traçado.

Em decorrência do princípio estudado, a LRF não admite que o administrador submeta os recursos públicos aos riscos dos prejuízos decorrentes de uma atuação administrativa *improvisada* ou *desorganizada*, que transforme a ação desenvolvida num amontoado desordenado de execução de obras e serviços dissociados ou incompatíveis com o Plano Geral de Governo.

Tem, assim, o princípio do planejamento a função de orientar o administrador a elaborar, previamente, um *plano geral de trabalho de governo*, mediante o qual se tornem as execuções das atividades de sua gestão um todo harmônico sem distorções, quando da persecução do bem-estar social, aproveitando-se das formas mais racionais, eficazes e econômicas possíveis, para aplicação dos recursos financeiros disponíveis. Fica com isso atendido o texto da LRF (§1º, art. 1º), quando adverte que a *responsabilidade* na Gestão Fiscal deve se guiar por uma "ação planejada em que se previnem riscos e corrigem desvios capazes de afetar o equilíbrio das contas públicas".

A partir dessa determinação legal, deve-se entender que o planejamento é o estudo prévio dos modos de atuação que a Administração Pública deve se utilizar para as realizações dos *objetivos* e *metas* que pretende pôr em prática, elaborado mediante a colheita ponderada dos elementos de informação que garantam, racionalmente, o êxito da execução das atividades planejadas, desde o seu início até a completa realização dos empreendimentos que se deseja levar a termo, em que esses objetivos e metas guardem entre si e o *plano de governo* perfeita compatibilidade, tornando-o um todo harmônico.

Como princípio de aplicação obrigatória, o planejamento aparece pela primeira vez, em norma legal, no Decreto-Lei nº 200, de 25 de fevereiro de 1967 (arts. 6º, I e 7º).

Em razão desse Decreto-Lei o planejamento passou a integrar-se legalmente ao conjunto dos princípios regentes da Administração Pública, nos termos do seu art. 7º:

> Art. 7º – A ação governamental obedecerá a planejamento que visa a promover o desenvolvimento econômico-social do País e a segurança nacional, norteando-se segundo planos e programas elaborados, na forma do Título III, e compreenderá a elaboração e atualização dos seguintes instrumentos básicos:

a) plano geral de governo;
b) programas gerais, setoriais e regionais, de duração plurianual;
c) orçamento programa anual;
d) programação financeira de desembolso.

Da transcrição acima, não só se toma conhecimento da obrigatoriedade da utilização do *planejamento* para as execuções das atividades administrativas, como também se recolhe a informação de que os documentos indicados nas alíneas do referido dispositivo legal passam a se constituir *instrumentos* por via dos quais se materializa o princípio do planejamento.

Além dessa função de instrumentos de materialização do planejamento, esses documentos, por força do que dispõe a LRF (art. 48), também funcionarão como instrumentos da prática do *princípio da transparência*, tendo este diploma legal acrescentado, ainda, àqueles indicados pelo Decreto-Lei nº 200/67, a *Lei de Diretrizes Orçamentárias*, o *parecer prévio dos Tribunais de Contas*, o *relatório resumido da execução orçamentária* e o *Relatório de Gestão Fiscal*.

Finalmente, deve ficar registrado que, atualmente, no Brasil, o planejamento é um princípio de observação obrigatória no âmbito das Administrações Públicas direta e indireta da União, dos Estados, do Distrito Federal e dos Municípios.

2.2.1 Instrumentos do planejamento

Por determinação do Decreto-Lei nº 200/67 — ainda em vigor, ressalvadas algumas modificações —, a organização administrativa e os princípios por ele previstos são obrigatórios ainda hoje aos demais entes da Federação, que devem regulamentá-los por via de suas próprias leis, materializando-se esses princípios por meio dos instrumentos do planejamento indicados nas alíneas do art. 7º.

Dada a importância com que se apresentam no seio da matéria, impende realçar como instrumentos de planejamento, aqueles com previsão na Constituição Federal (art. 165, I a III), a saber: a) *plano plurianual*; b) *Lei de Diretrizes Orçamentárias*; c) *orçamento anual* (LOA).

2.2.1.1 Plano plurianual

Esse tipo de orçamento público teve sua previsão em lei, pela primeira vez, no texto da Lei Complementar nº 4.320/64, quando dispôs que "As despesas de Capital serão objeto de um Quadro de Recurso e de Aplicação de Capital, aprovado por Decreto do Poder Executivo, abrangendo, no mínimo, um triênio" (art. 23).

Dispôs, outrossim, que "O Quadro de Recursos e de Aplicação de Capital abrangerá: I – as despesas e, como couber, também as receitas previstas em planos especiais aprovados em lei e destinados a atender a regiões ou setores da administração ou da economia; II – as despesas à conta de fundos especiais e, como couber, as receitas que os constituam; III – em anexos, as despesas de capital das entidades referidas no título X desta Lei, com a indicação das respectivas receitas, para as quais forem previstas transferências de capital" (art. 24, I a III).

Por fim, estabeleceu a Lei Complementar nº 4.320/64 que "Os programas constantes do Quadro de Recursos e de Aplicação de Capital, sempre que possível, serão correlacionados a metas objetivas em termos de realização de obras e prestação de serviços", conceituando que "Consideram-se metas os resultados que se pretendem obter com a realização de cada programa" (art. 25, parágrafo único).

Posteriormente, com o surgimento do Decreto-Lei nº 200/67, esse *Quadro de Recursos e de Aplicação de Capital*, assim denominado pela Lei Complementar nº 4.320/64, passa a se chamar *programas gerais, setoriais e regionais de duração plurianual.*

Com o advento da Constituição Federal de 1967, esses programas de duração plurianual foram denominados de *orçamento plurianual de investimentos* (art. 60, parágrafo único), denominação esta mantida pela Emenda Constitucional nº 01 de 17 de outubro de 1969 e, finalmente, batizados de *plano plurianual*, pela Constituição da República de 1988 (art. 165, I).

Originariamente, o *Projeto de Lei De Responsabilidade Fiscal* encaminhado ao Congresso Nacional tratava do *plano plurianual* no seu art. 3º, vetado pelo Chefe do Poder Executivo. O dispositivo tinha a seguinte redação:

Art. 3º – O projeto de lei do plano plurianual de cada ente abrangerá os respectivos Poderes e será devolvido para sanção até o encerramento do primeiro período da sessão legislativa.

§1º Integrará o projeto Anexo de Política Fiscal, em que serão estabelecidos os objetivos e metas plurianuais de política fiscal a serem alcançadas durante o período de vigência do plano, demonstrando a compatibilidade deles com as premissas e objetivos das políticas econômica nacional e de desenvolvimento social.

§2º O projeto de que trata o caput será encaminhado ao Poder Legislativo até o dia trinta de abril do primeiro ano do mandato do Chefe do Poder Executivo.

O Chefe do Poder Executivo Federal vetou os dispositivos legais acima transcritos, alegando que: "O caput deste artigo estabelece que o projeto de lei do plano plurianual deverá ser devolvido para sanção até o encerramento do primeiro período da sessão legislativa, enquanto o §2º obriga o seu envio, ao Poder Legislativo, até o dia 30 de abril do primeiro ano do mandato do Chefe do Poder Executivo. Isso representará não só um reduzido período para a elaboração dessa peça, por parte do Poder Executivo, como também para a sua apreciação pelo Poder Legislativo, inviabilizando o aperfeiçoamento metodológico e a seleção criteriosa de programas e ações prioritárias de governo. Ressalte-se que a elaboração do plano plurianual é uma tarefa que se estende muito além dos limites do órgão de planejamento do governo, visto que mobiliza todos os órgãos e unidades do Executivo, do Legislativo e do Judiciário. Além disso, o novo modelo de planejamento e gestão das ações, pelo qual se busca a melhoria de qualidade dos serviços públicos, exige uma estreita integração do plano plurianual com o Orçamento da União e os planos das unidades da Federação. Acrescente-se, ainda, que todo esse trabalho deve ser executado justamente no primeiro ano de mandato do Presidente da República, quando a Administração Pública sofre as naturais dificuldades decorrentes da mudança de governo e a necessidade de formação de equipes com pessoal nem sempre familiarizado com os serviços e sistemas que devem fornecer os elementos essenciais para a elaboração do plano. Ademais, a fixação de mesma data que a União, os Estados e os Municípios encaminhem, ao Poder Legislativo, o referido projeto de lei complementar não leva em consideração a complexidade, as peculiaridades e as necessidades de cada ente da Federação, inclusive os pequenos municípios. Por outro lado, o veto dos prazos constantes do dispositivo traz consigo a supressão do Anexo de Política Fiscal, a qual não ocasiona prejuízo aos objetivos da Lei Complementar, considerando-se que a Lei de Diretrizes Orçamentárias já prevê a apresentação de Anexo de Metas Fiscais, contendo, de forma mais precisa, metas para cinco variáveis — receitas, despesas, resultados nominal e primário e dívida pública —, para três anos, especificadas em valores correntes e constantes. Diante do exposto, propõe-se veto ao art. 3º, e respectivos parágrafos, por contrariar o interesse público".

Capítulo 2
Princípios da Gestão Fiscal | 29

Plano plurianual é o programa de trabalho de governo que o Chefe do Poder Executivo submete à apreciação e aprovação do Poder Legislativo, em que são reunidas todas as atividades administrativas correlacionadas com obras e investimentos que a Administração Pública pretende realizar durante um período de gestão governamental, compreendendo, no mínimo a 03 (três) exercícios financeiros (art. 23, LC nº 4.320/64).

É, portanto, o *programa de governo* aprovado por lei que estabelece, de forma regionalizada, todas as diretrizes, objetivos e metas correlacionadas com as *despesas de capital* e outras delas decorrentes, e bem assim as despesas relativas aos programas de duração continuada, que a Administração Pública pretende executar num período mínimo de 03 (três) exercícios (art. 165, §1º, CF).

Trata-se de lei de iniciativa privativa do Chefe do Poder Executivo (art. 165, I, CF) e sua elaboração obedece às mesmas normas legislativas que orientam a elaboração da Lei Orçamentária Anual (art. 166, CF). É um orçamento meramente *programático*, já que os programas por ele previstos somente são executados, na prática, em cada exercício financeiro, através da Lei Orçamentária Anual, que tem caráter eminentemente *operativo ou executório*.

Ao ser remetido ao Congresso Nacional, cabe à Comissão Mista de Senadores e Deputados examinar e emitir parecer sobre o projeto de lei que institui o plano plurianual. Na hipótese do surgimento de emendas serão estas apresentadas perante a citada Comissão Mista que, sobre as quais, também emitirá parecer, devendo ser apreciadas na forma regimental pelo Plenário das duas Casas Legislativas que compõem o Congresso Nacional.

Após haver o Chefe do Poder Executivo encaminhado o plano plurianual ao Congresso Nacional, só poderá ele propor modificações ao respectivo projeto de lei enquanto não se tenha iniciado a votação, na Comissão Mista, da parte objeto da alteração proposta (art. 166, §5º, CF).

Durante a apreciação do plano plurianual no Congresso Nacional, poderão ser realizadas audiências públicas, de forma a ensejar que os segmentos sociais possam participar da elaboração desse plano de governo, por via de sugestões apresentadas. Nessa ocasião, também poderão ser convocados Ministros, para que estes prestem maiores esclarecimentos sobre os programas de suas respectivas áreas inseridas no plano plurianual (art. 58, II e III, CF).

Concluídos os trabalhos legislativos pertinentes à discussão do plano plurianual, será o projeto de lei encaminhado ao Poder

Executivo e, após sua sanção, fica convertido em lei, sendo determinada, em seguida, sua publicação oficial.

Ao constatar inconstitucionalidade, ou a existência de matéria contrária ao interesse público, o Chefe do Poder Executivo vetará, no todo ou em parte, o projeto, naquilo que se encontra prejudicado, dentro do prazo de 15 (quinze) dias úteis, contados da data do seu recebimento, ficando obrigado a comunicar, dentro de 48 (quarenta e oito) horas, ao Presidente do Senado Federal, os motivos do veto (art. 66, §1º, CF).

Decorrido o prazo de 15 (quinze) dias sem que tenha o Chefe do Poder Executivo se manifestado a respeito do projeto de lei do plano plurianual, este será tido como sancionado e, por conseguinte, convertido em lei (art. 66, §3º, CF).

Vetado o projeto, o veto será apreciado pelo Congresso Nacional, em sessão conjunta das duas Casas Legislativas, no prazo de até 30 (trinta) dias do seu recebimento, e somente poderá ser rejeitado por decisão tomada pelo voto da maioria absoluta dos Deputados e Senadores.

Mantido o veto, o projeto será devolvido ao Chefe do Poder Executivo, para que providencie sua promulgação, como lei, no prazo de 48 (quarenta e oito) horas. Não sendo promulgada neste prazo, o Presidente do Senado adotará a medida, o mesmo ocorrendo quando, sobre o projeto, não se pronunciar o Chefe do Poder Executivo no prazo de 15 (quinze) dias úteis.

Sobrevindo a hipótese de não vir a ser promulgada no prazo de 48 (quarenta e oito) horas pelo Presidente do Senado Federal, caberá ao Vice-Presidente do Senado adotar a medida (§§4º e 5º, art. 66, CF).

É importante informar que os programas constantes do *plano plurianual* devem referir-se, com toda a clareza, a metas e objetivos demonstrados em termos de execução de obras e prestação de serviços, ou seja, à demonstração dos resultados que a Administração Pública pretende obter durante pelo menos 03 (três) exercícios financeiros em decorrência da execução de cada programa (art. 25, parágrafo único, LC nº 4.320/64).

Finalmente, resta dizer que a proposta do plano plurianual deve conter os *programas de investimentos, inversões financeiras e transferências* previstas para execução, em cada exercício financeiro, conservando-os sempre e devidamente atualizados os seus respectivos valores (art. 25, parágrafo único, LC nº 4.320/64).

2.2.1.2 Lei de Diretrizes Orçamentárias (LDO)

Cumpre, inicialmente, dizer que a *Lei de Diretrizes Orçamentárias* não foi objeto de previsão dos textos constitucionais brasileiros anteriores à Constituição Federal promulgada a 05 de outubro de 1988. É, pois, uma criação do atual texto constitucional pátrio.

Antes da institucionalização da *Lei de Diretrizes Orçamentárias*, pouco participava o Poder Legislativo na efetiva elaboração dos *planos de governo*, cuja tarefa ficava, na sua totalidade, ao encargo do Poder Executivo, restando ao Congresso Nacional apenas a aprovação dos trabalhos elaborados no âmbito daquele Poder.

É bem provável que, tendo o Poder Legislativo se conscientizado de sua ausência na participação de fato da elaboração dos programas de trabalho do governo — nos quais, na verdade, não lhe eram reconhecidos nem mesmo os poderes para fixar metas e prioridades a serem seguidas pela Administração Pública —, tenha este se socorrido da LDO para tornar mais efetiva sua participação na feitura daqueles programas.

De fato, com o surgimento da LDO, passou o Poder Legislativo a ser um efetivo parceiro do Poder Executivo na elaboração dos planos de governos, tanto no que concerne à lei do plano plurianual, quanto à Lei Orçamentária Anual.

Pelo texto constitucional em vigor, a LDO deverá estabelecer as metas e prioridades da Administração Pública, na persecução de suas finalidades, inclusive quanto às correlacionadas com as despesas de capital a serem executadas no exercício financeiro a ela subsequente. Deverá, ainda, fixar as regras orientadoras da elaboração da Lei Orçamentária Anual, dispondo, outrossim, sobre as alterações que se pretende promover na legislação tributária e sobre o estabelecimento da política de aplicação das agências financeiras e oficiais de fomento (art. 165, §2º, CF).

Por determinação constitucional, a LDO é de iniciativa privativa do Chefe do Poder Executivo (art. 165, II, CF), e sua tramitação e elaboração, no Congresso Nacional, reger-se-ão pelo Regimento Comum às duas Casas Legislativas, obedecendo, portanto, as mesmas normas de elaboração do plano plurianual e da Lei Orçamentária Anual (art. 166, CF).

Além da submissão às regras constitucionais, a LDO terá que observar as normas estabelecidas na Seção II, do Capítulo II, da Lei de Responsabilidade Fiscal.

De acordo com a Lei de Responsabilidade Fiscal, a LDO deverá dispor sobre o equilíbrio entre as receitas e as despesas, em atenção ao *princípio do equilíbrio orçamentário*, e fixar os critérios e a forma para a edição do *ato de limitação de empenho*, medida esta que deverá ser adotada pelo administrador público sempre que constatar, ao final de cada bimestre, que a efetiva realização da receita não comportará o cumprimento das metas estabelecidas para o *resultado primário*, ou para o *resultado nominal*, ou enquanto perdurar a extrapolação dos limites fixados por lei para o total da *dívida consolidada* (art. 4º, I, "a" e "b").

Exige, também, o diploma legal focalizado que a LDO contenha normas regulamentadoras de custos e de avaliação dos resultados decorrentes da execução dos programas financiados com recursos próprios (recursos orçamentários), bem como das condições e exigências a serem cumpridas no momento da efetivação de transferências de recursos feitas para entidades públicas ou privadas (art. 4º, I e II, "e").

Deverá integrar, também, a LDO um quadro demonstrativo das metas anuais em que sejam indicados os seus respectivos valores correntes e constantes, correlacionadas com as receitas, despesas, resultados nominal e primário e o total da dívida pública do exercício ao qual se refere a LDO, inclusive para os dois exercícios subsequentes, denominado de Anexo das Metas Fiscais (art. 4, §1º).

Determina, ainda, a Lei de Responsabilidade Fiscal que o Anexo das Metas Fiscais deverá conter, (art. 4º, §§1º e 2º):

a) da avaliação do cumprimento das metas executadas no exercício anterior;

b) do Quadro Demonstrativo das Metas fixadas para o exercício, que deve se fazer acompanhar da memória e metodologia de cálculo que servirão de justificativa dos resultados pretendidos pela Administração, por onde se pode promover a comparação com as metas fixadas nos 03 (três) exercícios anteriores, pondo em evidência a consistência delas diante das premissas e objetivos da política econômica nacional;

c) de documento em que se demonstre a evolução do patrimônio líquido do ente público no exercício, em exame, e nos 03 (três) exercícios anteriores, distinguindo-se a origem e o objeto de aplicação dos recursos arrecadados da alienação de ativos;

d) demonstrativo da avaliação financeira e atuarial do ente público correlacionada com os regimes geral da Previdência Social e próprio dos servidores públicos e do Fundo de Amparo ao Trabalhador e dos demais Fundos Públicos e Programas Estatais de Natureza atuarial e, por último;

e) documento que espelhe a estimativa das renúncias de receitas e suas respectivas compensações.

Além do Anexo referido, deverá integrar a LDO o Anexo de Riscos Fiscais, que objetiva a apresentação e avaliação dos *contingentes passivos* do ente público, e de outros riscos que possam sobrevir capazes de promoverem o desequilíbrio de suas contas, dele devendo ainda constar a informação sobre as medidas que serão adotadas, caso eles se concretizem (art. 4º, §3º).

De resto, cabe dizer que, com relação à União, a Mensagem que encaminhar o projeto da LDO deverá se fazer acompanhar de *Anexo* específico com a exposição dos objetivos a serem alcançados por via das políticas monetária, creditícia e cambial, dos parâmetros e das projeções para os seus principais agregados e variáveis, e das metas de inflação para o exercício subsequente (art. 4º, §4º).

Para concluir, informa-se que o Chefe de Poder Executivo, em qualquer das esferas de Governo, ao propor ao Poder Legislativo o exame e aprovação da Lei de Diretrizes Orçamentárias, sem que esta contenha todos os elementos exigidos pela Lei de Responsabilidade Fiscal, já estará cometendo infração administrativa contra as Leis de Finanças Públicas, que resulta na imposição de multa correspondente a 30% (trinta por cento) do valor total dos seus subsídios anuais, sendo o pagamento desta da inteira responsabilidade civil do patrimônio do infrator (5º, inciso II e §1º, LF nº 10.028/00).

2.2.1.3 Lei Orçamentária Anual

Assim como o plano plurianual, a Lei Orçamentária Anual há de ser compreendida como um plano de trabalho governamental que, por força do §1º do art. 1º da LRF, deve ser cuidadosamente planejada e transparente, expressando, de modo quantificado, tantos os serviços a serem prestados, quanto as obras que a Administração pretende executar no exercício financeiro, bem como, espelhar o total de recursos que o Poder Público deseja recolher dos particulares e de outras fontes de receitas para custear seus serviços e investimentos.

A LOA também se trata de uma lei de iniciativa exclusiva do Chefe do Poder Executivo (art. 165, III, CF) e a sua elaboração, no Poder Legislativo, segue o mesmo processo legislativo do plano plurianual e da Lei de Diretrizes Orçamentárias (art. 166, CF).

Além de sua submissão às regras constitucionais, às regras da Lei Complementar nº 4.320/64, às regras da Lei de Diretrizes

Orçamentárias e às da Lei de Responsabilidade Fiscal, a Lei Orçamentária Anual terá que obedecer, ainda, em sua elaboração, a certos princípios jurídicos, entre os quais realçam-se, pela importância que apresentam, os *princípios da unidade, universalidade, anualidade* (art. 2º, LC nº 4.320/64), *legalidade* (art. 165 CF), *exclusividade* (art. 165, §8º, CF), e do *equilíbrio orçamentário* (art. 167, II, CF).

Veja-se a seguir o que enuncia cada um desses princípios:

Princípio da unidade – Em razão dele, a União, os Estados, o Distrito Federal e os Municípios não poderão elaborar, para cada exercício financeiro, mais do que uma Lei Orçamentária Anual, sob pena de nulidade do ato. Assim, todas as receitas e as despesas do ente político deverão ser reunidas em um só e único orçamento. É importante realçar que, com a promulgação da atual Carta da República, deu-se maior ênfase ao princípio da unidade, ao se estabelecer que a Lei Orçamentária Anual compreenderá obrigatoriamente a junção dos *orçamentos fiscal, de investimentos* e da *seguridade social* (art. 165, §5º, I a II).

Princípio da universalidade – Determina que *todas as receitas e todas as despesas* do ente federativo devem constar obrigatoriamente da Lei Orçamentária Anual, pelos seus totais, vedada qualquer dedução (art. 6º, LC nº 4.320/64). Este princípio não se confunde com o da *unidade*, que se prende à determinação de que cada ente federativo não pode elaborar, para cada exercício, mais de uma Lei Orçamentária Anual.

Sobre a distinção da matéria, o autor já teve a oportunidade de se pronunciar em outra obra, nos seguintes termos: "É importante distinguir nitidamente o princípio da unidade do princípio da universalidade (arts. 3º e 4º da LC nº 4.320/64). No princípio da unidade orçamentária a determinação dele decorrente valoriza a elaboração de um só e único orçamento anual, para cada ente político da federação. Pelo Princípio da Universalidade, o mandamento valorizado é o de que todas as receitas e todas as despesas da pessoa jurídica federativa estejam obrigatoriamente incluídas no seu orçamento anual e, como já afirmado, pelos seus totais, isto é, sem quaisquer deduções[5] (art. 6º da LC nº 4.320/64)".

Princípio da anualidade – Orienta que a vigência do orçamento anual (LOA) de cada pessoa federativa se limite ao período financeiro de um ano. De acordo com disposição expressa na Lei

---

[5] *Direito financeiro*: a Lei nº 4.320/64: comentada ao alcance de todos, p. 42-43.

nº 4.320/64, este período deve coincidir com o ano civil, que se inicia em primeiro de janeiro e finda em trinta e um de dezembro do mesmo ano (art. 34).

Princípio da legalidade – O chamado Estado de Direito caracterizou-se pela subordinação de todas as pessoas às regras estabelecidas pelas leis. É oportuno ressaltar que, nos chamados Estados de Direito, não estão subordinados à lei somente as pessoas (físicas e jurídicas privadas), mas também, o próprio Estado.

Ao proclamar o princípio da legalidade, estabeleceu a Carta Política que "ninguém será obrigado a fazer ou deixar de fazer alguma coisa senão em virtude de lei" (art. 5º, II). Em face a essa determinação, toda e qualquer atuação da iniciativa do Poder Público, para se tornar um comportamento válido perante os administrados, deve ser respaldada em lei.

Levando-se em consideração que o orçamento anual é um plano de trabalho governamental, no qual se acha incluída a autorização para arrecadar recursos financeiros do patrimônio dos particulares, por via dos tributos, como meio de sustentação das realizações das despesas públicas, este ato (orçamento) nenhum valor teria se não se tratasse de uma lei, em face ao que determina o princípio da legalidade. Princípio da legalidade é, portanto, o suporte jurídico imposto à Administração Pública para editar, validamente, os atos administrativos necessários à realização de suas finalidades, isto é, a lei que lhe garante os poderes para agir.

Princípio da exclusividade – Tem origem na Constituição Federal, quando estabelece que a LOA não poderá conter dispositivos estranhos à previsão da receita e à fixação da despesa, excepcionando a inclusão das autorizações dos créditos suplementares e para a contratação das operações de crédito, incluindo-se entre estas, as relativas às antecipações de receitas (art. 165, §8º). Tem a finalidade de afastar, de forma antecipada, que tanto o Poder Executivo, quanto o Poder Legislativo se utilizem da LOA como instrumento de tratamento de outras matérias, que não as previstas no referido dispositivo constitucional.

Princípio do equilíbrio orçamentário – Tem a finalidade de orientar o administrador público no sentido de que, no momento em que está ele a elaborar a LOA, deve respeitar, ao prever o total da receita, o mesmo valor fixado para o total das despesas.

Como é sabido, a maior parte dos recursos financeiros previstos orçamentariamente são retirados do patrimônio dos particulares, por via dos tributos, em virtude do que não assistem razões para que se recolha da bolsa popular mais dinheiro do que o necessário ao custeio das despesas públicas.

2.2.1.4 Natureza jurídica da LOA

Diversos são os entendimentos doutrinários dispensados ao estudo da *natureza jurídica* do orçamento (LOA).

Para determinada corrente, o orçamento embora se apresente em *forma de lei*, quanto ao seu conteúdo ele se trata de um *ato administrativo*. Para a mesma, o orçamento não tem o conteúdo de *lei*, já que esta, em sua natureza, se trata de norma impositiva de *comportamento geral, abstrata* e *impessoal*, o que não ocorre com a lei do orçamento anual.

Para outra corrente, o orçamento anual se apresenta com dois aspectos:

a) quanto à despesa, é ele, verdadeiramente, um *ato administrativo*, por se tratar de uma simples autorização do Poder Legislativo ao Poder Executivo para que este a realize; e

b) quanto à receita, é o orçamento uma *lei*, pois se trata da autorização da cobrança dos recursos financeiros originados dos tributos, e é em decorrência dessa autorização legislativa que o pagamento dos mesmos se torna obrigatório para os contribuintes.

Examinada a questão à luz do texto constitucional, não se pode negar ao orçamento (LOA) a sua natureza de lei. Sobre o assunto, e em vista de que o orçamento é discutido e aprovado pelo Poder Legislativo, obedecendo aos mesmos trâmites legais e regimentais exigidos para a elaboração das demais leis, inclusive, se apresentando de forma articulada, com parágrafos e incisos, entende-se ser ela uma lei.

Efetivamente, sob este aspecto o orçamento é uma *lei formal*, exigindo dos seus aplicadores o respeito obrigatório de seu cumprimento, tanto quanto se dispensa a qualquer outra lei. Para o autor, a questão está resolvida com as afirmações bastante repetidas no texto constitucional de que o orçamento é uma lei. Mas é claro que é lei no seu *sentido formal*, eis que não trata o orçamento de norma escrita a estabelecer regra de comportamento geral, abstrata e impessoal, nota caracterizadora da lei em *sentido material* (art. 165 e seus §§2º, 5º, 6º, 8º e art. 166, CF).[6]

---

[6] *Direito financeiro*: a Lei nº 4.320/64: comentada ao alcance de todos. 2. ed. UFC, p. 39.

A discussão tem o objetivo de despertar os profissionais da área, de que sendo o orçamento uma lei (LOA), qualquer modificação que se pretenda efetuar nela terá que se efetivar por força de outra lei, tal como previsto no art. 2º da Lei de Introdução ao Código Civil Brasileiro: "Não se destinando à vigência temporária, a lei terá vigor até que outra a modifique ou revogue".

Eis a razão que impede a abertura de *créditos suplementares* e *especiais* sem a prévia autorização legislativa (art. 167, V, CF).

Ao tratar da Lei Orçamentária Anual, a Lei Complementar nº 101/00 deixou registrado em suas disposições algumas exigências a serem cumpridas por ocasião da elaboração daquela.

Exige o texto legal em citação (art. 5º, inciso I) que da LOA conste, em Anexo, um quadro demonstrativo por via do qual se possa aquilatar a compatibilidade existente entre a programação por ele prevista e os objetivos e metas constantes do Anexo de Metas Fiscais, documento este, que, por força do que dispõe a LRF (§1º, art. 4º), tem o objetivo de demonstrar todas as metas anuais, em termos de valores correntes e atualizados, concernentes a *receitas, despesas, resultados nominal e primário, o montante da dívida pública* para o exercício examinado, para os dois exercícios subsequentes a este e, mais ainda, os elementos de informação constantes do parágrafo segundo do artigo 4º da Lei de Responsabilidade Fiscal, quais sejam:

§2º – O Anexo conterá, ainda:

I – avaliação do cumprimento das metas relativas ao ano anterior;

II – demonstrativo das metas anuais, instruído com memória e metodologia de cálculo que justifiquem os resultados pretendidos, comparando-as com as fixadas nos três exercícios anteriores, e evidenciando a consistência delas com as premissas e os objetivos da política econômica nacional;

III – evolução do patrimônio líquido, também nos últimos três exercícios, destacando a origem e a aplicação dos recursos obtidos com a alienação de ativos;

IV – avaliação da situação financeira e atuarial:

a) dos regimes geral de previdência social e próprio dos servidores públicos e do Fundo de Amparo ao Trabalhador;

b) dos demais fundos públicos e programas estatais de natureza atuarial;

V – demonstrativo da estimativa e compensação da renúncia de receita e da margem de expansão das despesas obrigatórias de caráter continuado.

Exige, outrossim, que a LOA se faça acompanhar de demonstrativo regionalizado dos efeitos causados sobre as receitas e despesas decorrentes de *isenções, anistias, remissões, subsídios, e de outros benefícios de caráter financeiro, tributário e creditício*, indicando as medidas de compensação adotadas para as renúncias de receita e para o aumento das despesas de caráter continuado (art. 5º, II da LRF e §6º do art. 165, CF).

Determina a LRF que a Lei Orçamentária Anual contenha a previsão de dotação orçamentária especificamente destinada à *reserva de contingência*, cujo montante total e a forma de utilização deverão ser definidos com base na Receita Corrente Líquida do ente federativo, devidamente estabelecidos na Lei de Diretrizes Orçamentárias.

Essa dotação tem a finalidade de atender todos os *passivos contingentes* e outros *riscos fiscais* que venham a ocorrer durante a execução orçamentária, com força de promover o desequilíbrio das contas públicas.

Além das exigências que ficaram acima expostas, a LRF faz outras que deverão ser cumpridas no momento da elaboração da LOA, consoante se vê dos parágrafos do artigo citado.

2.3 Princípio da transparência

Quando a Lei de Responsabilidade Fiscal estabeleceu, no §1º do seu art. 1º, que a responsabilidade na *gestão fiscal* pressupõe a prática de ação transparente, instituiu, nestes termos, no âmbito do Direito Financeiro, o *princípio da transparência*, para observância obrigatória por parte do administrador público, sempre que este desempenhar atribuições ligadas ao desenvolvimento de atividade financeira estatal.

Para o autor, mesmo discrepando do pensamento de juristas da maior respeitabilidade, o conteúdo que o *princípio da transparência* pretende abrigar e transmitir ao administrador público é o da valorização da obrigação legal dirigida a este, no sentido de informá-lo de que toda atividade financeira pública praticada por ele deve constar, obrigatoriamente, de *ato escrito*, por via do qual comprove a existência da operação realizada, e para que, mediante este, o administrador revele, ou manifeste, de modo inescusável, para conhecimento dos membros da sociedade, a inteira e fidedigna expressão dos verdadeiros motivos que presidiram o fundamento jurídico-administrativo, ou da revelação do interesse público que serviram de móbil à elaboração, à execução e aos resultados do ato praticado.

Demonstrada, por via de seus atos escritos, a *transparência do seu agir*, como sendo externação de vontade do Poder Público, e para que os indivíduos do agrupamento social disponham dos meios necessários ao conhecimento destes atos, fica o administrador obrigado a outro princípio — que não o da transparência —, qual seja, o *princípio da publicidade*, responsável pela obrigatoriedade da divulgação dos atos administrativos, que tanto pode ocorrer mediante órgão oficial de publicidade, quanto por meio de declarações ou certidões fornecidas pelas repartições públicas.

Destarte, diante do *princípio da transparência*, não pode o administrador público executar atividades ligadas às finanças públicas que não sejam realizadas mediante a geração de documentos (atos de gestão) comprovando a existência do seu agir, que deve transparecer à luz do conhecimento público, não podendo ficar encoberto ou oculto aos olhos da sociedade.

Ao referir-se sobre o assunto, o respeitabilíssimo jurista Ives Gandra, diz que "A expressão transparência da gestão fiscal é empregada pela Lei de Responsabilidade Fiscal no sentido de dar efetividade ao princípio da publicidade, norteador das ações da administração pública direta, indireta ou fundacional de qualquer dos poderes da União, dos Estados, do Distrito Federal e dos Municípios. De sorte que a publicidade dos atos consubstancia o requisito da eficácia, com repercussão no princípio da moralidade, que deve informar as ações dos agentes públicos, em face da necessidade de torná-los de conhecimento universal, com vistas ao seu controle pela sociedade".[7]

De resto, embora o *princípio da publicidade* seja de fundamental importância para o conhecimento dos atos da Administração Pública, por parte da sociedade, este não pode ser confundido com o *princípio da transparência*, que diz respeito à própria revelação escrita por parte do administrador dos verdadeiros motivos que o levaram a agir no interesse público.

---

[7] *Comentários à Lei de Responsabilidade Fiscal*. São Paulo: Saraiva, p. 22.

CAPÍTULO 3

PLANO DE CLASSIFICAÇÃO DAS CONTAS PÚBLICAS

Sumário: 3.1 Notas preliminares – **3.2** Classificações das contas públicas segundo o Decreto nº 23.150/33 – **3.3** Classificações das contas públicas segundo o Decreto-Lei nº 2.416/40 – **3.4** Classificação segundo a Lei Complementar nº 4.320/64 – **3.4.1** Classificação Econômica da Despesa (art. 13, LC nº 4.320/64) – **3.4.2** Classificação funcional da despesa (art. 8º, §2º, LC nº 4.320/64 – Resolução Ministerial nº 09/74) – **3.4.3** Classificação funcional da despesa segundo a Portaria nº 42/99 – **3.4.4** Classificação econômica das contas públicas segundo a Portaria nº 163/01 – **3.5** Importância do plano de classificação de contas públicas – **3.5.1** Classificação das contas públicas como instrumento de informação social – **3.5.2** Classificação das contas públicas como instrumento de tomadas de decisões governamentais – **3.5.3** Classificação das contas públicas como instrumento do princípio do planejamento – **3.5.4** Classificação das contas públicas como instrumento de controle – **3.5.4.1** Controle político-administrativo – **3.5.4.2** Controle jurídico-administrativo – **3.5.4.3** Controle financeiro jurídico-contábil

3.1 Notas preliminares

É importante enfatizar que o *plano de classificação das contas públicas*, instituído pela Lei Complementar nº 4.320/64, se acha hoje modificado, em parte, pelas disposições e anexos da Portaria Interministerial nº 42/99 e Portaria Interministerial nº 163/01, cujos atos foram editados em nome da referida lei.

A primeira Portaria (Portaria nº 42/99) cuida da *classificação funcional* das contas referentes à despesa pública e do estabelecimento de alguns conceitos sobre a matéria. A segunda (Portaria nº 163/01) trata da *classificação econômica* das contas também alusivas à despesa pública, do estabelecimento de conceitos sobre o assunto e da adoção das medidas necessárias à sua execução.

De fato, a Lei Complementar nº 4.320/64 através do seu art. 113 autorizou ao extinto Conselho Técnico de Economia e Finanças, do então Ministério da Fazenda, a atualizar os seus anexos, sempre que se fizesse necessário. Porém, em nome dessa autorização malcompreendida, cometeram-se os mais flagrantes desrespeitos ao *conteúdo* desse plano de classificação de contas públicas, com a edição das portarias anteriormente nomeadas.

O que na verdade está estabelecido em seu art. 113 é a autorização para atualizar os anexos do diploma legal, em apreço, e não a autorização para alterar o *conteúdo* do plano classificatório de contas em questão, criado por lei.

Essas portarias contrariam, de forma iniludível e incontestável, o princípio do Direito Positivo brasileiro expresso no art. 2º do Decreto-Lei nº 4.657, de 04 de setembro de 1942 — Lei de Introdução ao Código Civil Brasileiro —, segundo o qual "Não se destinando à vigência temporária, a lei terá vigor até que outra a modifique ou revogue".

Não obstante a determinação legal realçada, essas portarias modificaram a Lei Complementar nº 4.320/64, quanto ao *conteúdo* das classificações da receita e da despesa estabelecidas originariamente em seu texto. Para que se cumprisse, fielmente, a determinação do art. 113, deveria o órgão competente, para tanto, esperar primeiro que a classificação estabelecida pela referida lei sofresse modificações introduzidas por força de outra lei.

Conhecida essa modificação é que, então, se instalaria o momento para que o referido órgão cumprisse a sua missão legal de atualizar ou elaborar, formalmente, outros anexos, utilizando-se, nesse mister, dos novos elementos modificadores da classificação previstos pela nova lei.

Não se alegue, em contrário, que a autorização constante da Lei Complementar nº 4.320/64 se refira à sua regulamentação pelos Ministérios. A argumentação neste sentido seria, naturalmente, ilegal; em primeiro lugar, porque o exercício da concretização da atividade regulamentadora requer competência legal para tanto, sendo esta atividade *própria* e *exclusiva* dos Chefes de Poder Executivo (art. 84, IV, CF); em segundo, porque o desenvolvimento da atividade de regulamentação de lei se realiza vinculadamente à edição de ato do Chefe do Poder Executivo, denominado *Decreto*, e não à edição de *Portarias* pelos seus auxiliares (Ministros); e, finalmente, em terceiro, porque não pode o regulamento encolher ou dilatar o *alcance e a compreensão do conteúdo* da norma jurídica regulamentada, como de fato ocorreu com as citadas portarias.

Não se esconda, porém, a necessidade, a utilidade, a importância e o mérito das modificações promovidas, mas, entenda-se que elas poderiam ter-se operado por via dos *meios legais*, ungindo-se, assim, da garantia de validade legal que elas não possuem atualmente, em razão da forma como foram estabelecidas, com ferimento, inclusive, do *princípio da legalidade*, com sede no *Caput* do art. 37 da Constituição Federal.

Porém, antes de penetrar no cerne da questão, devem ser tecidas algumas considerações sobre outros planos de contas, que vigoraram no Brasil, antes do advento da Lei Complementar nº 4.320/64.

3.2 Classificações das contas públicas segundo o Decreto nº 23.150/33

Antes da Lei Complementar nº 4.320/64, outros diplomas normativos trataram da matéria, embora de maneira tímida. Entre estes, se encontram o Decreto nº 23.150 de 15 de setembro de 1933, que regulamentava algumas matérias previstas pelo então Código de Contabilidade da União (Decreto nº 4.536/22), e o Decreto-Lei nº 2.416 de 17 de julho de 1940.

Estabelecia o Decreto nº 23.150/33 em seu art.12:

> Art. 12 – *As verbas de despesa, suas consignações e subconsignações serão, além de discriminadas por ministério, distribuídas, nas contas do exercício apresentadas pela Contadoria Central da República, pelos seguintes títulos:*
>
> I – *Dívida Pública (interna, externa e flutuante);*
>
> II – *Administração Geral (poderes públicos, administração interna);*
>
> III – *Segurança do Estado (defesa nacional, Exército, Marinha, Polícia civil e militar);*
>
> IV – *Assistência Social;*
>
> V – *Instrução Pública;*
>
> VI – *Administração Financeira (custo de arrecadação);*
>
> VII – *Diversos.* (grifado)

Do texto reproduzido observa-se que o *plano de conta único* do Decreto nº 23.150/33 não teve a preocupação de reunir as contas da despesa em grupos homogêneos, em atenção ao *critério econômico*, mas em razão das *funções de governo* e, ainda assim, de maneira pouco técnica. Dessa sorte, as verbas de despesa, nomenclatura utilizada pelo Decreto em apreço, que corresponde, atualmente, à dotação de despesa, eram consignadas pelo orçamento de forma vinculada às funções de governo por ele previstas (art. 12, I a VII).

Dizia mais esse Decreto que as verbas de despesa deveriam ser divididas em *consignações* que, por sua vez, se subdividiam em *subconsignações*.

Tinham as *consignações* a função de representar, no orçamento, a mesma função que atualmente representa a *dotação global*. Já as *subconsignações*, naquela época, correspondiam ao que hoje se denominam de *elemento de despesa* (arts. 13 e 15).

Dizia, outrossim, o referido Decreto que as *consignações de despesa de material* (dotação global) seriam divididas em três *subconsignações* (elemento de despesa) correspondentes a *material permanente, material de consumo* e as *despesas diversas* (art. 5º).

Estabelecia o Decreto que a *consignação de despesa de pessoal variável* (dotação global) deveria ser subdividida em três *subconsignações*, objetivando representar as despesas com *pessoal diarista, pessoal mensalista e pessoal contratado* (art. 16). Quanto às despesas representadas sob o título *dívida pública*, deveriam estas se reunir subagrupadas nas contas denominadas *dívida interna, dívida externa e dívida flutuante*. No subtítulo *dívida flutuante* seria incluída a *subconsignação* denominada de *depósitos antigos* (art. 23).

Referentemente à receita, era esta classificada sem observância de critério econômico, sob os títulos de *renda ordinária* e *renda extraordinária*, podendo esta última ser subdividida em tantos subtítulos quantos fossem necessários para atender à perfeita discriminação dos impostos e das taxas então em vigor (art. 27).

Pela redação dada aos incisos I e II do art. 27 do Decreto, e diante das disposições constantes do Código de Contabilidade da União, aprovado pelo Decreto nº 4.536/22 (arts. 17 e18), a *renda ordinária* de então compreendia a *renda tributária*, a *renda patrimonial* (proveniente dos bens imóveis da União, da renda de capitais e da exploração dos bens móveis), a *renda industrial* (oriunda da exploração das estradas de ferro, linhas de navegação, serviços postais, telegráficos e telefônicos, arsenais, oficinas, institutos de instrução e assistência técnica, laboratórios e quaisquer outros serviços industriais da União), correspondendo ao que hoje se denomina, respectivamente, de receita tributária, receita patrimonial e receita industrial, fontes de *receitas correntes*, e a *renda extraordinária*, da época, agrupava as receitas originadas das operações de créditos, da cobrança da *dívida ativa* e da cobrança das *rendas eventuais* (Multas, Restituições à Fazenda Pública, Alienação de Bens Móveis e Imóveis e Doações).

Veja-se que dentro do elenco das fontes de receita agrupadas sob o título de rendas extraordinárias se encontram fontes de receita hoje classificadas como *receitas de capital* (Operações de Crédito, Alienações de Bens Móveis e Imóveis) e como *receitas correntes* (Cobrança da Dívida Ativa, Restituição à Fazenda Pública e Multas).

Por esse tempo, o ano financeiro, no Brasil, tinha o seu início no dia primeiro de abril e findava no dia trinta e um de março do ano seguinte. Vigorava, por essa época, um período adicional ao exercício financeiro, que o prolongava até 30 (trinta) de abril.

Durante esse *período adicional* ao exercício financeiro, não se poderia criar obrigações financeiras públicas, isto é, não se poderia mais *empenhar* qualquer despesa, embora as despesas já empenhadas antes desse período pudessem ser pagas até o dia 15 (quinze) de abril, metade do período adicional. Os dias restantes desse período adicional — 16 a 30 de abril — deveriam ser utilizados na liquidação e encerramento do exercício (art. 1, alíneas "a", "b" e "c").

Do exposto acima, fica aqui uma visão geral da classificação de contas públicas promovida, então, pelo Decreto nº 23.150/33.

3.3 Classificações das contas públicas segundo o Decreto-Lei nº 2.416/40

Com o advento do Decreto-Lei Federal nº 2.416 de 17 de julho de 1940, estabeleceu-se no País uma nova ordem jurídica regulamentadora da elaboração do orçamento público, da execução orçamentária, do estabelecimento do exercício financeiro e da prestação e tomada de contas, promovendo algumas alterações no Decreto nº 4.536 de 28 de janeiro de 1922 (Código de Contabilidade da União), revogando o Decreto nº 23.150/33.

O Decreto ora focalizado, quanto à classificação das contas da despesa, pouquíssima coisa ou quase nada acrescentou à classificação estabelecida pelo Decreto nº 23.150/33, anteriormente estudada.

Previu o Decreto-Lei em análise que a discriminação da despesa deveria ser realizada por unidades administrativas, consignando-se no orçamento, para cada uma delas, dotações distribuídas por via dos elementos de *pessoal fixo, pessoal variável, material permanente, material de consumo e despesas diversas* (art.1, §§3º ao 5º), repetindo a fixação das determinações previstas pelo Decreto nº 23.150/33.

Quanto à receita, dispôs o Decreto-Lei em tela que ela deveria dividir-se em *receita ordinária* e *receita extraordinária*, classificando como receita ordinária as fontes de receitas *tributária, patrimonial, industrial e as receitas diversas,* de forma muito semelhante ao que fixou, posteriormente, em sua classificação, a Lei Complementar nº 4.320/64, no que se refere às fontes das receitas correntes.

Como se vê, o Decreto-Lei nº 2.416/40 quase nada mudou em relação à classificação estabelecida pela legislação anterior, embora tenha sido ele a norma jurídica instituidora do código de numeração decimal, constituído de quatro dígitos, identificador ou caracterizador das contas públicas da despesa e da receita (art. 2º, §1º), e onde se fixou que esse código geral não prejudicaria a adoção de códigos locais (art. 2º, §2º).

Outra inovação introduzida por esse Decreto-Lei foi a referente à fixação do exercício financeiro no Brasil, que passou a ser de primeiro de janeiro a 31 (trinta e um) de dezembro do mesmo ano (art. 8º), matéria recepcionada pela Lei Complementar nº 4.320/64 (art. 34), revogando-se, assim, a fixação do exercício financeiro estabelecido pela legislação anterior (art. 1º, Decreto nº 23.150/33), que se iniciava em primeiro de abril de um ano até 31 (trinta e um) de março do ano seguinte, acrescido de um período adicional, que ia até 30 (trinta) de abril.

3.4 Classificação segundo a Lei Complementar nº 4.320/64

De acordo com o *plano de classificação das contas públicas* instituído pela Lei Complementar nº 4.320/64, em atenção a suas funções econômicas, devem estas se agrupar, em primeiro plano, sob *categorias econômicas* denominadas *receitas correntes, receitas de capital, despesas correntes e despesas de capital.*

No detalhamento das contas públicas relativas à receita, desce este aos níveis de *fonte de receita, subfonte de receita, rubrica de receita e sub-rubrica de receita.*

Objetivando melhor entendimento da matéria, por via de sua visualização, demonstra-se a seguir os exemplos correlacionados com a classificação das contas da receita:

Receitas Correntes .... Categoria Econômica
Receita Tributária .... Fonte de Receita
Impostos .... Subfonte de Receita
Comércio Exterior .... Rubrica de Receita
Imposto de Importação .... Sub-Rubrica de Receita
Imposto de Exportação .... Sub-Rubrica de Receita

Receitas de Capital .... Categoria Econômica
Operações de Crédito .... Fonte de Receita
Operações de Crédito Interno .... Rubrica de Receita
Empréstimos Contratados no País .... Sub-Rubrica de Receita
Emissões de Títulos no País .... Sub-Rubrica de Receita

Destarte, são fontes de receitas correntes: *as receitas tributária, de contribuições, patrimonial, agropecuária, industrial, de serviços, as transferências correntes e outras receitas correntes.*

São fontes de receitas de capital: *as receitas de operações de crédito, de alienações de bens, de amortização de empréstimos, as transferências de capital e outras receitas de capital.*

Relativamente às contas públicas da despesa, há de se divisar dois tipos de classificação: uma elaborada com base nas *funções econômicas* das referidas contas, isto é, nas repercussões econômicas por elas provocadas na economia do setor privado, em razão dos gastos realizados pela economia do setor público, mediante seus investimentos e programas governamentais, e a outra, idealizada em atenção as suas *funções de governo*, ou seja, com base no desdobramento didático das *funções estatais*, concernentes àquelas atividades que o Estado desenvolve na persecução de suas finalidades, tais como *educação, saúde, habitação, transporte*, etc. (arts. 8º, §2º, 12 e 13).

Referencialmente à classificação funcional da despesa, deve ela obedecer aos níveis de *função de governo, programa de governo, subprograma de governo*, que se desdobra em *atividade* e *projeto*, adiantando-se, de logo, a informação de que a *atividade* é uma ação governamental de natureza permanente, contrariamente ao que ocorre com o *projeto*, que é ação governamental de caráter temporário, em razão do que pode ser modificado, substituído ou excluído, por haver se tornado desnecessário, ou por já ter sido executado.

Para melhor fixação do assunto, veja-se, a seguir, os exemplos propostos, que espelham as duas espécies de classificação das contas públicas.

3.4.1 Classificação Econômica da Despesa (art. 13, LC nº 4.320/64)

De conformidade com o art. 13 da Lei Complementar nº 4.320/64, sob o *aspecto econômico*, a despesa pública obedecerá à seguinte classificação:

Despesas Correntes .... Categoria Econômica
Despesas de Custeio .... Subcategoria Econômica
Pessoal Civil .... Elemento de Despesa
Pessoal Militar .... Elemento de Despesa
Material de Consumo .... Elemento de Despesa
Transferência Correntes .... Subcategoria Econômica
Subvenções Sociais .... Elemento de Despesa
Inativos .... Elemento de Despesa

Despesas de Capital .... Categoria Econômica
Investimentos .... Subcategoria Econômica
Obras Públicas .... Elemento de Despesa
Equipamento e Instalações .... Elemento de Despesa
Material Permanente .... Elemento de Despesa
Inversões Financeiras .... Subcategoria Econômica
Aquisição de Imóveis .... Elemento de Despesa
Constituição de Fundos Rotativos .... Elemento de Despesa
Transferências de Capital .... Subcategoria Econômica
Amortização da Dívida Pública .... Elemento de Despesa
Auxílios para Inversões Financeiras .... Elemento de Despesa
Auxílios para Obras Públicas .... Elemento de Despesa

---

3.4.2 Classificação funcional da despesa (art. 8º, §2º, LC nº 4.320/64 – Resolução Ministerial nº 09/74)

O exemplo de classificação das contas da despesa pública, que segue adiante, tem por base o aspecto funcional do gasto público, correlacionado com as *funções de governo*:

Educação .... Função de Governo
Ensino Médio .... Programa de Governo
Profissionalização .... Subprograma de Governo
Recursos Materiais .... Atividade
Aquisição de 50 terminais de computação .... Projeto

---

O exemplo acima exposto, como anunciado no subtítulo deste tópico, tem por base o *plano de classificação de contas públicas* instituído pela Lei Complementar nº 4.320/64.

É dever informar, contudo, que atualmente esse plano de classificação obrigatório no Brasil à União, aos Estados, ao Distrito Federal e aos Municípios se acha condensado nas disposições e anexos da Portaria Ministerial nº 42 de 11 de abril de 1999, do Ministério de Orçamento e Gestão, e da Portaria Interministerial nº 163, de 04 de maio de 2001, do Secretário do Tesouro Nacional do Ministério da Fazenda e do Secretário do Orçamento Federal do Ministério do Planejamento, Orçamento e Gestão, cujos atos foram editados em nome da Lei Complementar nº 4.320/64 (art. 113), e da LRF (art. 50, §2º).

A primeira (Portaria nº 42/99) cuida da *classificação funcional* da despesa pública e do estabelecimento de conceitos sobre a matéria. A segunda (Portaria nº 163/01) trata da *classificação econômica* das contas inerentes à despesa pública, do estabelecimento de conceitos sobre a matéria e da adoção das medidas necessárias a sua execução.

3.4.3 Classificação funcional da despesa segundo a Portaria nº 42/99

De acordo com a *classificação funcional* das contas públicas relativas à despesa, estabelecida através da Portaria nº 42/99, o detalhamento das mesmas deve obedecer aos níveis de detalhamento correlatos à *função de governo, subfunção de governo, programa de governo, atividade e projeto.*

Função de governo é o maior nível de agrupamento ou agregação das atividades administrativas compreendidas nas funções estatais das diversas áreas da Administração Pública, que tem por finalidade agregar o conjunto global de todas as despesas da respectiva função de governo.

São exemplos de *funções estatais* ou *funções de governo: educação, saúde, habitação, transporte, defesa nacional, assistência social, previdência social, segurança pública, ação judiciária,* etc. É, por conseguinte, "o *maior nível de agregação das diversas áreas de despesas que competem ao Setor Público*" (art.1º, §1º, Portaria nº 42/99).

Subfunção de governo é o menor nível de agrupamento de atividades administrativas decorrente da partição ou divisão planejada da *função de governo,* que tem a finalidade de agregar o subconjunto de despesas integrantes do conjunto global das despesas da respectiva *função de governo.*

Em conceito expresso pela Portaria nº 42/99, "A subfunção representa uma partição da função, visando agregar determinado subconjunto de despesa do setor público" (art. 1º, §3º).

Programa de governo é o instrumento da ação governamental organizado planejadamente, do qual se utiliza a Administração Pública para pôr em prática as *metas* desejadas. De acordo com o conceito estabelecido, para os efeitos da portaria em apreço, é o "Programa, o instrumento de organização da ação governamental, visando à concretização dos objetivos pretendidos, sendo mensurado por indicadores estabelecidos no plano plurianual" (art. 2º, alínea "a", Portaria nº 42/99).

Atividade é o instrumento de programação governamental que visa à realização das *metas* de um programa, em razão do que se estabelece um conjunto de operações de natureza contínua e permanente, do qual resulta um efeito prático, originando a manutenção da atuação governamental, em benefício da coletividade. Nos termos despendidos pela Portaria nº 42/99, é a "Atividade, um instrumento de programação para alcançar o objetivo de um programa, envolvendo um conjunto de operações que se realizam de modo contínuo e permanente, das quais resulta um produto necessário à manutenção da ação do governo" (art. 2º, alínea "c").

Projeto é o instrumento de programação da atuação governamental que visa alcançar as metas de um programa, em razão do que se estabelece um conjunto de operações de natureza temporária, do qual resulta um efeito prático necessário à expansão ou aperfeiçoamento da ação governamental.

No conceito exposto pela Portaria nº 42/99, é o "Projeto, o instrumento de programação para alcançar o objetivo de um programa, envolvendo um conjunto de operações, limitadas no tempo, das quais resulta um produto que concorre para a expansão ou o aperfeiçoamento da ação de governo" (art. 2º, alínea "b").

Cuidou também a portaria em apreço de estruturar os programas de governo, classificando-os em *programas finalísticos, programas de gestão de políticas públicas, serviços e apoio administrativo e operações especiais*. Embora tenha o referido ato estabelecido esta distinção relativa aos programas de governo, não estabeleceu, entretanto, o conceito ou a definição do elemento comum que as unem debaixo de cada um desses títulos, somente o fazendo com os programas reunidos sob o título de *operações especiais*.

Apesar da lacuna realçada, mas, diante dos exemplos dos programas apresentados por aquela portaria, constituem *programas finalísticos* aqueles programas de governo que têm por objetivo a realização concreta de algumas das *atividades-fins* do Estado, quando da persecução de suas finalidades, ou seja, na realização prática das utilidades de interesse da coletividade.

Exemplificam a natureza desses programas:

1. Ação Legislativa;
2. Assistência Social Geral;
3. Assistência Farmacêutica;
4. Seguro Desemprego;
5. Capacitação e Qualificação Profissional;
6. Ensino fundamental;
7. Assistência aos Povos Indígenas;
8. Serviços de Limpeza Urbana;
9. Serviços de Iluminação Pública;
10. Abastecimento de Água na Zona Urbana;
11. Saneamento Geral na Zona Urbana, etc.

Estes programas são, na verdade, *programas de gestão de políticas públicas, serviços e apoio administrativo* cuja finalidade objetiva o desenvolvimento das *atividades-meios* que o Poder Público pratica como atividades preparatórias à execução das *atividades-fins* do Estado.

Têm, portanto, esses programas, a finalidade de promover o gerenciamento das políticas de execução das atividades preparatórias necessárias à execução das atividades previstas pelos programas de governo intitulados de *programas finalísticos*.

São exemplos dos programas dessa natureza:
a) Gestão da Política de Segurança Pública;
b) Gestão da Política de Assistência Social;
c) Gestão da Política de Desenvolvimento Urbano;
d) Gestão da Política de Saneamento;
e) Gestão da Política de Educação e Cultura;
f) Gestão da Política de Saúde, etc.

Por fim, acentue-se que se classificam como *operações especiais* aqueles programas de governo cujos gastos realizados na execução dos mesmos não promovem qualquer contribuição para assegurar a manutenção de ações governamentais. Deles não resulta qualquer produto financeiro em benefício do Poder Público, nem a contraprestação direta ou indireta sob forma de bens ou serviços em proveito das entidades federativas.

Exemplificam a natureza desses programas:
a) Serviço da Divida Interna Mobiliária;
b) Contribuições para os Programas de Formação de Patrimônio do Servidor;
c) Contribuição para o Instituto Nacional de Seguro Social;
d) Contribuição para a Previdência Complementar;
e) Contribuições para o Fundo de Garantia por Tempo de Serviço, etc.

3.4.4 Classificação econômica das contas públicas segundo a Portaria nº 163/01

Segundo o *plano de classificação econômica das contas públicas* estabelecido pela Portaria nº 163/01, a despesa pública deverá obedecer aos seguintes níveis de detalhamento: *categoria econômica, grupo de natureza da despesa, modalidades de aplicações e elemento de despesa.*

Inobstante não estar incluído na Portaria (art. 3º, Portaria nº 163/01) o nível de detalhamento denominado *modalidades de aplicações*, este, contudo, participa da estrutura de classificação das contas públicas, conforme se vê das disposições contidas no art. 5º da referida Portaria e na demonstração grafada no seu Anexo II.

Categoria econômica é o maior nível de agrupamento das contas públicas, como já visto, subdividindo-se, quanto à receita, em *receitas correntes* e *receitas de capital* e, quanto à despesa, em *despesas correntes* e *despesas de capital*.

Ainda em consonância com os termos da Portaria nº 163/01, "Entende-se por grupos de natureza de despesa a agregação de elementos de despesa que apresentam as mesmas características quanto ao objeto de gasto" (art. 3º, §2º).

Destarte, *grupo de natureza de despesa* é o agrupamento de menor nível decorrente da partição das *categorias econômicas* das despesas (despesas correntes e despesas de capital), que abriga todos os *elementos de despesas* que guardam, entre si, as mesmas afinidades resultantes de suas respectivas repercussões econômicas, ou "que apresentam as mesmas características quanto ao objeto de gasto".

São grupos de despesas desse estilo:
a) Pessoal e Encargos Sociais;
b) Juros e Encargos da Dívida;
c) Outras Despesas Correntes;
d) Investimentos;
e) Inversões Financeiras; e
f) Amortização da Dívida.

Já as *modalidades de aplicações* são os níveis de detalhamento que reúnem as contas públicas concernentes às diversas formas de *transferências* repassadas de uma para a outra unidade federativa ou destas para as instituições privadas com ou sem finalidade lucrativa (subvenções sociais e subvenções econômicas – art. 11, §3º, I e II, LC nº 4.320/64).

De resto, cumpre ressaltar que, por *elemento de despesa*, se compreenda aquele nível de detalhamento que agrupa em torno de si as contas definidoras do *objeto-fim* da despesa, ou *objeto de gasto*.

São exemplos desse detalhamento:
1. Aposentadorias e Reformas;
2. Vencimentos e Vantagens Fixas — Pessoal Civil;
3. Vencimento e Vantagem Fixa — Pessoal Militar;
4. Material de Consumo;
5. Material de Distribuição Gratuita;
6. Locação de Mão de Obra;
7. Contribuições;
8. Aquisição de Imóveis;
9. Aquisição de Títulos de Crédito;
10. Despesas de Exercícios Anteriores, etc.

Finalmente, deve ficar advertido sobre a existência de duas Portarias de números 10 e 11, ambas da Secretaria de Orçamento Federal do Ministério do Planejamento, Orçamento e Gestão datadas de 22 de agosto de 2002, que também concedem tratamento sobre a matéria.

A primeira delas, a Portaria nº 10/02, dispõe sobre a criação de novas fontes de recursos (art. 1º), modificando as especificações de fontes de recursos constantes do anexo da Portaria SOF nº 01/01 (art. 2º) e excluindo algumas espécies de fontes de recursos indicadas no seu anexo (art. 3º), adotando outras providências.

A segunda, a Portaria nº 11/02, dispõe sobre classificação orçamentária, por natureza de receita, com aplicação somente no âmbito da União.

3.5 Importância do plano de classificação de contas públicas

Saiba-se, de logo, que a feitura do orçamento público, como instrumento de um bom plano de trabalho de governo, tem que ter, por base de sua elaboração, um eficaz *plano de classificação das contas públicas*. Saiba-se, outrossim, que o orçamento público, instrumento constitutivo da economia do setor público, representa apenas uma parcela, ou uma fatia financeira recolhida do orçamento nacional, ou renda nacional ou, ainda, produto bruto nacional.

Dessa íntima ligação existente entre esses dois orçamentos, tanto decorre influência econômica do orçamento nacional sobre o orçamento público, quanto pode decorrer influência, da mesma natureza, do orçamento público sobre o orçamento nacional. São decorrências desse naipe as medidas de propósitos políticos e econômicos de repressão aos processos inflacionários, de busca do equilíbrio do estado socioeconômico de pleno emprego, de proteção aos preços dos produtos fabricados por indústrias nacionais contra as investidas dos preços das indústrias estrangeiras ocorridas em decorrência do comércio de importação, e, por fim, as destinadas ao desenvolvimento da prosperidade, as necessárias à nivelação das fortunas, as corretivas da distribuição da renda nacional, etc.

Essas são as razões básicas da importância da elaboração de um racional e eficaz plano de classificação de contas públicas, visto que transforma o orçamento público no programa de repercussões econômico-financeiras, frente à política econômica do setor privado e faz dele um programa de trabalho das ações governamentais, em atendimento às exigências do Decreto-Lei nº 200/67 (arts. 6º, I e 7º) e da LRF (art. 1º, §1º), relativamente à obediência aos princípios da gestão fiscal denominados, *transparência e planejamento*.

A partir daí, o plano de classificação das contas públicas transforma o orçamento público num instrumento de informação social, de tomadas de decisões governamentais, do princípio de planejamento das ações governamentais e de controle da receita e despesa pública.

Vejam-se a seguir os modos como o *plano de classificação de contas públicas* faz do orçamento público os instrumentos retromencionados.

3.5.1 Classificação das contas públicas como instrumento de informação social

Sendo a *classificação das contas públicas* um plano fundamental à elaboração do *orçamento público*, é natural que da simples leitura do orçamento tenha o leitor a informação necessária sobre as ações governamentais que serão levadas a efeito, no decorrer do exercício, bem como o conhecimento da natureza econômica e administrativa dessas ações, e do quanto irá a Administração Pública buscar, em dinheiro, da bolsa dos particulares, através dos tributos e de outras fontes de recursos, para custeio dessas ações.

Da mesma forma, terá o leitor do orçamento público a informação sobre quais transações governamentais ou gastos públicos irão ter repercussões na economia global do País.

Recorde-se que o orçamento público representa apenas as transações governamentais da economia do setor público, mas que é parte integrante de um *todo* constituído pela *renda nacional*, representativa da economia global da Nação.

É, portanto, desse modo, que o *plano de classificação de contas públicas* funciona por via do orçamento, como um importante *instrumento de informação social* das transações governamentais aos indivíduos e aos setores produtivos da Nação aos quais interessa saber sobre os gastos públicos e sobre suas respectivas repercussões econômicas no âmbito da economia do setor privado.

3.5.2 Classificação das contas públicas como instrumento de tomadas de decisões governamentais

Como visto, anteriormente, o plano de classificação das contas públicas é o documento básico para a elaboração do orçamento das pessoas jurídicas políticas. Viu-se, outrossim, que os gastos públicos decorrentes da execução das transações governamentais provocam repercussões econômicas não só no setor da economia pública, mas também, no setor da economia privada.

Esses aspectos econômicos, que impõem ao administrador conhecer os fatores da condução do comportamento da economia nacional e da sua tendência, vigentes no momento da elaboração do orçamento público, tornam este último, em face do plano de classificação das contas públicas, instrumento de análise para o administrador nas tomadas de suas decisões, no momento em que ajusta os gastos públicos à economia nacional.

Tanto mais árdua será a tarefa das *tomadas de decisões*, no momento da elaboração da LOA, quando apura a repartição dos recursos entre as mais diversas transações governamentais, quanto mais complexa for a economia da nação, e quanto menor for a soma de recursos a ser repartida no atendimento do custeio daquelas transações, cujas repercussões se comprometam com o resguardo do equilíbrio da economia global do País.

É, pois, da preocupação da análise desses aspectos que o plano de classificação em questão funciona através do orçamento como instrumento útil à *tomada de decisões governamentais* pela Administração Pública.

3.5.3 Classificação das contas públicas como instrumento do princípio do planejamento

Em sentido amplo, *planejamento* é o ato racional mediante o qual são selecionados os meios de execução considerados necessários e precisos à realização de um determinado fim.

Do ponto de vista da atividade pública, *planejamento* é a arte ou atividade racional por via da qual se busca a melhor e a mais eficaz forma de utilização das *atividades-meios*, consideradas necessárias e precisas às realizações práticas das *atividades-fins* da Administração Pública, de forma a torná-las mais céleres, mais módicas, quanto ao seu custeio, e mais eficazes no atendimento das necessidades públicas.

É, pois, através dessa atividade mental que se recolhem os melhores meios, métodos e técnicas, para emprestá-los às *atividades-meios*, como força propulsora das realizações das *atividades-fins* do Estado (União, os Estados, o Distrito Federal e os Municípios), com a finalidade de prevenir riscos e corrigir desvios capazes de comprometerem o equilíbrio das contas públicas.

Serve, portanto, o planejamento para imprimir organização não só às atividades administrativas a serem executadas pela Administração Pública, mas também, para adequar à economia nacional os programas econômicos governamentais.

O planejamento é, desde a vigência do Decreto-Lei Federal nº 200/67, um *princípio administrativo* de observância obrigatória na organização e execução das atividades administrativas (arts. 6º, I e 7º), com a finalidade de promover o desenvolvimento do País e a segurança nacional, atualmente reforçado pela LRF (art. 1º, §1º).

Ora, sendo o plano de classificação das contas públicas elaborado com base em estudos racionais, que orienta a elaboração dos orçamentos públicos, torna-se ele um *instrumento de planejamento* da Administração Pública.

3.5.4 Classificação das contas públicas como instrumento de controle

A classificação das contas públicas decorre do *princípio da especialização orçamentária*. É em razão da classificação das contas públicas que se obtém todo e qualquer elemento de informação, tanto sobre as contas relativas à realização das receitas, quanto à realização da despesa. É através dessa classificação de contas que cada receita e cada despesa são individualizadas, não só na sua denominação, origem e natureza, como também nos seus respectivos quantitativos.

É dessa forma, portanto, mediante os elementos de informação oferecidos pelo plano de classificação das contas públicas que os órgãos de fiscalização realizam com mais facilidade e segurança suas missões constitucionais de vigilância sobre os atos administrativos da gestão orçamentária, financeira, patrimonial e operacional praticados pelos administradores públicos.

É, pois, através dos códigos numéricos e de suas respectivas denominações e naturezas de receitas e de despesa que os órgãos de fiscalização passam a conhecer cada uma das fontes de receitas e cada um dos elementos de despesas, dando assim, a estes, a devida transparência para o exercício seguro de sua fiscalização.

É, por fim, mediante essa identificação de cada fonte e subfonte de receita e da dotação, ou elemento de despesa indicados de modo individualizado, que os órgãos fiscalizadores chegam ao conhecimento da totalidade dos recursos arrecadados, em cada uma das suas naturezas de receita, e ao montante total da despesa realizada através dos valores parciais de cada elemento de despesa.

Neste tocante, a necessidade impõe que se destaquem, prefacialmente, as formas de controles atualmente previstas pela legislação brasileira. Dentro da estrutura geral desses controles, destacam-se o *controle político-administrativo, o controle jurídico-administrativo e o controle financeiro jurídico-contábil.*

3.5.4.1 Controle político-administrativo

Como é sabido, é por meio dos atos administrativos emanados do Poder Executivo que se realizam, em concreto, os programas de trabalho de governo autorizados pelo Poder Legislativo através da Lei Orçamentária Anual.

Porém, sendo o Chefe do Poder Executivo, nos Estados democráticos de direito, um administrador representante direto do *Povo* e por ele nomeado mediante eleição para o exercício de cargo político, é princípio desse tipo de regime político que somente ao *Povo* sejam dados os poderes para ditar normas sobre sua conduta administrativa, fiscalizá-lo no cumprimento dessas normas e, finalmente, julgá-lo e puni-lo quando constatar um comportamento incompatível com a dignidade do exercício do cargo público.

Estando o Povo, no regime democrático de direito, representado pelo Poder Legislativo, é óbvio que os poderes do Povo sejam exercidos pelos seus representantes, no Parlamento, o que dá origem à razão de somente competir ao Poder Legislativo a missão de não só determinar a conduta administrativa do governante, por via das leis, como também, os poderes para fiscalizá-lo no cumprimento dessas normas regentes de sua atuação administrativa e de julgá-lo e puni-lo, quando se comportar de modo incompatível com as funções de seu cargo.

Não custa repetir que o plano de classificação das contas públicas é o documento básico de elaboração dos orçamentos públicos e, portanto, de inclusão dos *programas de trabalho de governo* no texto da Lei Orçamentária Anual, servindo, a partir daí, como excelente meio de fiscalização do cumprimento desses programas governamentais, depois de autorizados pela referida lei, na forma de controle político-administrativo por parte do Poder Legislativo sobre os atos do Chefe do Poder Executivo.

Não cumprindo os programas de trabalho de governo, previstos pela LOA, comete o Chefe do Poder Executivo *crime de responsabilidade* por configurar ato atentatório contra a referida lei, em razão do que será processado e julgado pelo Senado Federal (em se tratando do Presidente da República), momento em que este será presidido pelo Presidente do Supremo Tribunal Federal (arts. 52, parágrafo único e 85, VI, CF e art. 10 da LF nº 1.079/50).

É, pois, nos limites dessa moldura jurídica que a classificação das contas públicas funciona como um instrumento útil ao *controle político-administrativo*, a ser exercido, pelo Poder Legislativo, sobre os atos do Chefe do Poder Executivo.

De resto, cabe dizer que o cumprimento dos programas de trabalho de governo autorizados pela Lei Orçamentária Anual também pode ser acompanhado através do órgão competente do Poder Executivo, no exercício do *controle interno*, com o objetivo de revisá-los, avaliando-os nos seus resultados e, quando for o caso, reordená-los na forma da lei.

3.5.4.2 Controle jurídico-administrativo

Esse tipo de controle se insere tanto no seio do *controle interno*, que cada Poder ou órgão exercita sobre os seus próprios atos, quanto no íntimo do *controle externo*, relativamente às competências dos Tribunais de Contas.

Através desse controle, cada Poder ou órgão o exercita com o objetivo de acompanhar, em todas as suas fases de execução, o cumprimento dos programas de trabalho inseridos nas suas respectivas áreas de atuação, com o objetivo de avaliar os resultados práticos provocados no âmbito das necessidades públicas, para as quais eles se destinaram, como solução do bem-estar social, bem como avaliar a conformação de sua execução com as normas legais delineadoras da matéria (art. 75, III, LC nº 4.320/64).

Objetiva, outrossim, o *controle jurídico-administrativo* examinar a legalidade da criação e da extinção dos direitos e obrigações decorrentes da prática dos atos administrativos da gestão orçamentária, financeira, patrimonial e operacional relativos à execução orçamentária da receita e da despesa públicas (art. 75, I, LC nº 4.320/64) e, igualmente, controle da fidelidade funcional, que diz respeito ao comportamento ético ou de probidade administrativa de todos os agentes públicos que detenham sob suas responsabilidades a guarda e gestão de dinheiros, bens e valores públicos (art. 75, II, LC nº 4.320/64).

Como o *plano de classificação das contas públicas* é um instrumento que transporta para o orçamento público a estrutura de organização dos programas de trabalho de governo, identificando-os dentro das respectivas áreas de atuação administrativa, facilita, com isso, que se possa promover, com mais eficácia, a fiscalização dos atos de suas execuções práticas, tornando, destarte, esse plano classificatório de contas uma peça de expressiva utilidade e segurança para o exercício também do *controle jurídico-administrativo*.

3.5.4.3 Controle financeiro jurídico-contábil

Esse tipo de controle é executado exclusivamente sobre a atividade financeira pública, compreendendo ao exame dos atos de execução da receita (lançamento, arrecadação e recolhimento), sua custódia em conta bancária (Caixa Único – art. 164, §3º, CF), representativa do Tesouro Público, e dos atos da execução da despesa (empenho, liquidação e pagamento).

O controle aqui tratado se insere tanto no contexto do *controle interno* quanto no do *controle externo*, o que significa dizer que ele pode ser exercitado, internamente, pelos órgãos compreendidos no âmbito dos Poderes Legislativo, Executivo e Judiciário, no acompanhamento e revisionamento dos seus próprios atos, concernentes às execuções de suas respectivas atividades financeiras (art. 74, CF), como também, pelos Tribunais de Contas que exercem, *internamente* e *externamente*, sobre os seus próprios atos (excluídos, apenas os Tribunais de Contas dos Municípios que o exercem, apenas, internamente, posto que têm suas prestações de contas julgadas pelos Tribunais de Contas dos Estados), e, apenas *externamente*, sobre os atos dos demais órgãos públicos da Administração direta e indireta, referente à execução de suas atividades financeiras.

À medida que vai tendo andamento a arrecadação da receita, durante a fluência do exercício, o órgão fazendário competente estabelece uma programação financeira e o seu respectivo cronograma mensal de desembolso financeiro, com a finalidade de repassar para as contas bancárias abertas sob a titularidade dos órgãos da Administração Pública direta (Ministérios, Senado Federal, Câmara Federal, Ministério Público, Advocacia Geral da União, Tribunais

Judiciários, Tribunais de Contas da União, etc. e nos Estados, Distrito Federal e os Municípios os órgão a estes equivalentes) as correspondentes cotas financeiras, que eles ficam autorizados a utilizar no pagamento dos seus compromissos. Com isso ficam assegurados os recursos necessários e suficientes à melhor execução dos seus programas de trabalho e respectivas satisfações financeiras, em tempo hábil, mantendo durante a fluência do exercício, e na medida do possível, o equilíbrio orçamentário-financeiro, compatibilizando a despesa de fato realizada com a receita efetivamente arrecadada e prevenindo a Administração Pública contra uma execução orçamentária deficitária (arts. 47 a 50, LC n º 4.320/64 e arts. 8º, 9º e 13, da LC nº 101/00).

Cumpre dizer, ainda, que no início do exercício financeiro, os órgãos responsáveis pelos registros dos atos de execução da atividade financeira pública, sob vista (receita de fato arrecadada e despesa efetivamente realizada), abrem, para fins desses registros, contas de controle correspondentes às mesmas contas representadas no orçamento anual, consoante orientação estabelecida pelo plano classificatório das contas públicas (receita e despesa), com a finalidade de demonstrar, por via delas, em face dos lançamentos dos atos e fatos administrativos de natureza contábil nelas registrados, os resultados obtidos em decorrência da execução prática destes atos e fatos financeiros.

É, portanto, através desses registros contábeis, regularmente autorizados por lei, que se processa ou que se concretiza o exercício do *controle financeiro jurídico-contábil*.

Ora, como é mediante a estrutura organizacional de contas imposta pelo plano de classificação das contas públicas que se tem o conhecimento preciso, seguro e definidor de todas as contas orçamentárias da receita (categoria econômica, fonte de receita, subfonte de receita, rubrica de receita, sub-rubrica de receita) e de todas as contas orçamentárias da despesa (categoria econômica, subcategoria econômica, ou grupo de natureza de despesa, modalidade de aplicação e elemento econômico, ou elemento de despesa), torna-se esse plano um eficaz instrumento de controle financeiro, denominado de *controle jurídico-contábil*.

Capítulo 4

Receita Pública

Sumário: **4.1** Noções gerais – **4.2** Conceito – **4.3** Classificação – **4.3.1** Receitas correntes – **4.3.2** Receitas de capital – **4.4** Instituição, previsão e arrecadação – **4.5** Estágios da receita pública – **4.5.1** Lançamento – **4.5.2** Arrecadação – **4.5.3** Recolhimento – **4.6** Renúncia de receita – **4.6.1** Formas de renúncia de receita – **4.6.2** Anistia – **4.6.3** Isenção – **4.6.4** Remissão – **4.6.5** Subsídio – **4.6.6** Crédito Presumido – **4.6.7** Alteração de alíquotas – **4.6.8** Alteração da base de cálculo

4.1 Noções gerais

Ao tratar do tema em focalização, a Lei Complementar nº 4.320/64 não se ocupou de oferecer um conceito legal de receita pública, deixando registrado no seu texto apenas o juízo de que "Tributo é a receita derivada, instituída pelas entidades de direito público, compreendendo os impostos, as taxas e contribuições, nos termos da Constituição e das leis vigentes em matéria financeira, destinando-se o seu produto ao custeio de atividades gerais ou específicas exercidas por essas entidades" (art. 9º).

Semelhantemente ao tratamento dado à Receita Pública pelo diploma legal acima citado, a Lei de Responsabilidade Fiscal nº 101/00, ao focalizar a matéria, deixou expresso no seu texto que "Constituem requisitos essenciais da responsabilidade na gestão fiscal a instituição, previsão e efetiva arrecadação de todos os tributos da competência constitucional do ente da Federação" (art. 11).

Para realizarem suas respectivas despesas, no desenvolvimento ou exercício de suas atividades-meios e atividades-fins, a União, os Estados, o Distrito Federal e os Municípios necessitam de despender grandes somas de recursos financeiros, que vão buscar ora dentro das suas próprias fontes de receitas, ora fora delas.

Quando obtêm recursos dentro de suas próprias fontes de receitas, estes entes se utilizam do respectivo *poder de império* ou *poder impositivo* através da instituição e arrecadação dos tributos (impostos, taxas e contribuições de melhorias), recolhendo-os, de modo coercitivo do patrimônio particular dos contribuintes, por força de lei, ou angariando-os facultativa ou contratualmente mediante a exploração dos seus serviços ou dos seus bens patrimoniais, dentro do mesmo estilo de exploração realizada pelos particulares.

Já quando esses recursos são obtidos externamente, fora de suas próprias fontes de receitas, vão essas entidades políticas buscá-los por via da participação em receitas de tributos federais, estaduais ou de empréstimos e financiamentos, auxílios, subvenções e doações recebidas de outras entidades públicas ou privadas e, ainda, de pessoas físicas.

Em linguagem comum, diz-se receita pública o produto financeiro que ingressa nos *cofres* dessas pessoas jurídicas de direito público, com a finalidade de atender aos seus respectivos gastos. Tecnicamente, o conceito de receita pública não encontra consenso entre os estudiosos da matéria.

Para alguns, receita pública é toda entrada em dinheiro, nos *cofres públicos*, que objetiva o cumprimento de suas finalidades, qual seja, o custeio das *atividades-meios* e *atividades-fins* praticadas pelo Poder Público, em benefício da sociedade, abrangendo, destarte, toda forma de ingresso de dinheiro no *Erário* que, como explicado, se destina ao pagamento da despesa pública.

Segundo esse entendimento, tanto é receita pública o dinheiro oriundo da *arrecadação dos tributos* quanto o originado dos *financiamentos e empréstimos*, ou da *alienação de bens móveis e imóveis, doações, auxílios, subvenções e outros*.

Em discordância com esse pensamento há os que entendem que só se pode considerar como receita pública as *entradas em dinheiro* que, ao ingressarem nos cofres públicos, *integram em definitivo* o patrimônio público, *sem reservas*, ou seja, sem a existência de qualquer condição de posterior devolução ou respectiva baixa patrimonial de igual valor, aumentando, assim, o patrimônio em razão do concurso desse novo elemento patrimonial.

Segundo essa concepção de receita pública, os recursos financeiros provindos de *financiamentos e empréstimos* não podem ser considerados como tal, pois estão sujeitos a uma condição devolutiva.

Da mesma forma não pode ser considerada receita pública o produto financeiro advindo da *venda de bens móveis e imóveis*, visto que provoca uma baixa patrimonial de valor equivalente. Destarte, harmonicamente com esse entendimento, os recursos financeiros recolhidos de financiamentos e empréstimos, das vendas de bens móveis e imóveis, do recebimento de *caução* e de outros *depósitos* assemelhados são simplesmente denominados de *movimentos de fundos*, mas não receita pública.

4.2 Conceito

Observada a matéria à luz da Lei Complementar nº 4.320/64, considera-se receita pública toda entrada em dinheiro nos *cofres públicos*, não interessando a natureza *econômica ou jurídica* dessa entrada, abrangendo, assim, toda forma de ingresso em dinheiro no *Erário*, que tenha por destinação o pagamento das despesas públicas (arts. 11, §4º e 57).

Da leitura de artigos insertos nos textos da Lei Complementar nº 4.320/64 e da Lei de Responsabilidade Fiscal nº 101/00, recolhe-se das ideias que permeiam esses artigos que receita pública é todo *ingresso em dinheiro* recolhido pelos cofres públicos que afetam o patrimônio público *quantitativa* ou *qualitativamente*.

É verdade que, quanto a outros ingressos financeiros — tais como a *caução* e outros depósitos assemelhados, as *fianças*, os *depósitos* efetuados como garantia de instâncias, as *consignações* em folha de pagamento em favor de terceiros, os *salários não reclamados* e os *restos a pagar* — estes, embora não sejam receitas públicas *apropriadas* pelos entes federativos, podem, por motivo de ordem legal ou até mesmo de ordem contratual vir a se integrar, acidentalmente e em definitivo, ao patrimônio público, transformando-se, destarte, em receita pública.

Ao disciplinar a receita pública, a Lei de Responsabilidade Fiscal nº 101/00 deixou expresso que constituem requisitos essenciais da responsabilidade na gestão fiscal, a serem obrigatoriamente observados pelas Administrações Públicas, a *instituição, previsão* e *efetiva arrecadação* de todos os tributos da competência deferida constitucionalmente ao ente da Federação. Dizem mais que são vedados os repasses financeiros decorrentes das *transferências voluntárias* para aqueles entes federativos que não tenham observado os requisitos da *instituição, previsão* e efetivas *arrecadações*, relativos aos *impostos* considerados pela referida lei, como essenciais da responsabilidade na gestão fiscal.

4.3 Classificação

O estudo doutrinário sobre receita pública tem distinguido os mais diversos critérios no que concerne à classificação da mesma. O primeiro deles é o que classifica a receita pública em atenção ao ente federativo que a arrecada. De acordo com este critério, tem-se a *receita federal, a receita estadual, a receita distrital e a receita municipal.*

Vista sob o ângulo da natureza da origem legal ou contratual das fontes de onde emana, a receita pública se classifica em *receitas derivadas e receitas originárias.*

São *receitas derivadas* aquelas obtidas pelos entes federativos através do exercício do seu próprio poder impositivo (poder de império) ao instituir os tributos, isto é, os impostos, taxas e contribuições.

São *receitas originárias* aquelas obtidas pelos entes federativos mediante exploração do seu próprio patrimônio ou dos seus serviços, tais como os aluguéis de bens móveis e imóveis e outros.

Analisada sob o critério da regularidade da ocorrência do fato gerador, têm-se as *receitas ordinárias* que são aquelas com origem na arrecadação dos tributos de caráter permanente, e as *receitas extraordinárias* que se originam de fontes eventuais, como os *impostos lançados por motivo de guerra, indenizações, doações e legados.*

Estudada sob o critério da *afetação ao patrimônio*, a receita pública classifica-se em *receita orçamentária* que é toda parcela em dinheiro que, ao ser recolhida pelos cofres públicos, afeta o patrimônio do ente federativo arrecadador, por se tornar receita da propriedade do ente político. São exemplos disso: *as parcelas arrecadadas dos tributos, empréstimos, alienações de bens, dentre outras,* e *receita extraorçamentária* que é aquela que, mesmo arrecadada pelo ente federativo, *não afeta o seu patrimônio*, isto é, não se integra como receita apropriada do ente público, como é o caso dos recebimentos das *cauções e fianças*, que continuam a pertencer aos terceiros que as depositaram.

Apresenta-se, finalmente, a classificação da receita pública oferecida pela Lei Complementar nº 4.320/64 que, utilizando-se do *critério econômico*, a divide em duas grandes categorias, denominadas de *receitas correntes* e *receitas de capital*, sendo as primeiras as originadas dos *tributos, das transferências correntes* e de outras fontes com origem no próprio patrimônio da pessoa jurídica pública, e que se destinam à manutenção dos serviços públicos; as segundas, isto é, as *receitas de capital*, são as provenientes das *operações de crédito, alienações de bens, amortização de empréstimos, transferências de capital* e de outras fontes que visam amparar o custeio das obras e investimentos públicos, isto é, das despesas de capital (art. 11). Além dos tipos de receitas acima apresentados, há também as chamadas *receitas repartidas ou transferidas*, que são de origem constitucional, como é o caso do FPM, FPE e ICMS (art. 157 e 158, CF), e ainda as parcelas do ICMS transferidas pelos Estados aos Municípios.

4.3.1 Receitas correntes

Segundo estabelece a Lei Complementar nº 4.320/64, as fontes de receita que congregam o grupo das chamadas *receitas correntes* (art. 11, §4º) são:

1. Receitas Tributárias;
2. Receita Patrimonial;
3. Receitas de Contribuições;
4. Receita Agropecuária;
5. Receita Industrial;
6. Receita de Serviços;
7. Transferências Correntes; e
8. Outras Receitas Correntes.

Têm as *receitas correntes* a finalidade de amparar as *despesas correntes* que, como já assinalado anteriormente, são aquelas despesas efetuadas com o pagamento feito em prol da manutenção dos órgãos ou serviços públicos. Veja-se em que consiste cada uma das fontes destas receitas (art. 11, §1º, LC nº 4.320/64).

Receitas tributárias – são as que se originam da arrecadação dos *tributos* (impostos, taxas e contribuições), cujos recursos financeiros são retirados do patrimônio dos particulares através da instituição e cobrança destes (tributos).

Imposto – é a espécie de tributo cuja obrigação, incidente sobre o patrimônio do contribuinte, decorre de um fato gerador de natureza econômica, independentemente da utilização de qualquer *atividade específica*, por parte do contribuinte, prestada pelo Poder Público, o que significa dizer que o *produto financeiro* resultante da arrecadação dos *impostos* se destina a custear as *atividades gerais* desenvolvidas pelo Estado, em socorro aos interesses da coletividade, como saúde, educação, assistência social, segurança pública, habitação etc.

Taxas – são tributos cujo produto financeiro arrecadado tem *destinação própria*, por se vincular, obrigatoriamente, ao custeio de determinados objetivos ou *serviços específicos* e *divisíveis*, prestados diretamente ao contribuinte, ou postos a sua disposição pelo Poder Público, tal como estabelece a Constituição Federal ao autorizar sua instituição e cobrança "em razão do poder de polícia ou pela utilização, efetiva ou potencial, de serviços públicos específicos e divisíveis prestados aos contribuintes ou postos a sua disposição" (art. 145, II).

Como se vê, o seu fato gerador ocorre quando o Estado presta diretamente ou coloca à disposição do contribuinte um determinado serviço, que pode decorrer do *exercício do poder de polícia* ou de *serviços públicos específicos e divisíveis*. Em face do fato gerador deste tributo, as taxas se dividem em: *taxas administrativas e taxas compensatórias*.

Taxas administrativas – são aquelas cujo fato gerador é o próprio exercício do *poder de polícia* prestado em favor do contribuinte, como as cobradas pelo Poder Público em razão das concessões de Alvará para funcionamento de determinados estabelecimentos de promoção de espetáculos públicos, reforma de imóveis, aprovação de plantas para construções civis e outras.

Taxas compensatórias – são aquelas cujo produto de receita se vincula ao custeio de *serviços públicos específicos e divisíveis* prestados direta e efetivamente ao contribuinte ou postos a sua disposição, tais como a taxa de fornecimento de água tratada, taxa de coleta de lixo, taxa de fiscalização das telecomunicações e taxa de migrações, dentre outras.

Contribuições de melhoria – são espécies de tributo cujo fato gerador autorizatório de sua cobrança por parte do Poder Público decorre do fato econômico da *valorização efetiva* ou *especial de imóvel*, ocorrida em razão de realização de obra pública. O produto de receita desse tributo também tem *destinação própria*, eis que se vincula, por força de lei, ao atendimento do custeio das despesas com obras públicas (art. 145, III, CF).

Para concluir, cumpre ressaltar que os tributos aqui focalizados são instituídos e arrecadados em razão do exercício do *poder de império* da União, dos Estados, do Distrito Federal e dos Municípios (art. 145, CF).

Receita patrimonial – é aquela cujos recursos financeiros auferidos pelos *cofres públicos* são obtidos por via da exploração do patrimônio do próprio ente federativo, como as originadas de *concessões e permissões, valores imobiliários, participação em dividendos, títulos de rendas, juros bancários, foros e laudêmios, arrendamentos e taxas de ocupações de imóveis*. Excetuam-se dessas atividades as desenvolvidas pelo Poder Público decorrentes da venda ou alienação dos bens públicos móveis e imóveis (Portaria Inter-Ministerial nº 163/01).

Receitas de contribuições – são aquelas angariadas com a cobrança das *contribuições sociais* (contribuições para o financiamento da seguridade social, salário-educação, conta de previdência, contribuição sindical, ensino aeroviário, ensino profissional marítimo, fundo de saúde, concursos de prognósticos para a seguridade social, contribuições rurais, contribuições para SENAC, SENAI, SESC, SESI, PIS e PASEP) e as *contribuições econômicas* (contribuição para o Programa de Integração Nacional – PIN; Pró-Terra; Desenvolvimento da Industria Cinematográfica Nacional; renovação da Marinha Mercante e cota-parte de compensações financeiras destinadas à utilização de recursos hídricos, exploração de recursos minerais, extração de óleo bruto, xisto, betuminoso, gás e outros).

Receitas agropecuárias – são aquelas decorrentes da arrecadação de recursos financeiros provindos das atividades que o Poder Público desenvolve no âmbito de atuação agropecuário, visando ao melhoramento da produção vegetal e animal mediante o desenvolvimento de pesquisas científicas. São exemplos da natureza dessas receitas a *receita de produção vegetal* (comercialização de sementes e mudas), a *receita de produção animal* (vendas de semens) e a receita de revenda de outros produtos de utilidade agropecuária etc. (Portaria Inter-Ministerial nº 163/01).

Receita industrial – é a originada da cobrança do *preço público* em razão dos *serviços de transformação* executados pelo Poder Público, no desenvolvimento das atividades da indústria extrativa mineral, indústria de transformação (indústria mecânica, indústria de material de transporte, indústria química, indústria de produtos alimentícios, indústria de produtos farmacêuticos, indústria de produtos veterinários, indústria de editorial e gráfica) e na *indústria de construção*, arrecadados da bolsa dos particulares que se utilizam desses serviços de modo contratual e facultativo.

Receitas de serviços – são os recursos financeiros provindos da exploração realizada, em regra, pelo Poder Público através das entidades privadas da administração indireta mediante o desenvolvimento de *atividades comerciais*, tais como *os serviços de comercialização de medicamentos, comercialização de livros, comercialização de periódicos, comercialização de material escolar e de publicidade.*

Transferências correntes – são aqueles recursos financeiros transferidos de *orçamento a orçamento*, por entidade pública ou privada, da qual não resulta contraprestação direta em bens ou serviços por parte da beneficiária, em favor da entidade transferidora, cujos recursos se vinculam, obrigatoriamente, ao atendimento de despesas classificáveis como despesas correntes (art. 12, §2º LC nº 4.320/64). São exemplos desse tipo de receita as *cota-parte do Fundo de Participação dos Estados e do Distrito Federal*, a *cota-parte do Fundo de Participação dos Municípios*, a *cota-parte do Imposto Territorial Rural*, a *cota-parte da Contribuição do Salário-Educação*, a *Transferência do Imposto sobre as rendas retido na fonte* (arts. 157, I e 158, I, CF), *Transferências dos recursos do Fundo de Manutenção e Desenvolvimento da Educação Básica e de Valorização dos Profissionais da Educação* (FUNDEB), *cota-parte do Imposto sobre Produtos Industrializados* etc.

Outras receitas correntes – sob esse título são recolhidas todas as parcelas financeiras originadas de *multas e juros de mora* dos impostos em geral, *multas e juros de mora* originados das contribuições do salário-educação, da contribuição do fundo de investimento social, da contribuição dos empregadores e dos trabalhadores da seguridade social, da contribuição social sobre o lucro das pessoas jurídicas e outras mais, dos proventos de qualquer natureza não pagos e prescritos, indenizações, restituições, doações de pessoas físicas e pessoas jurídicas públicas e privadas, valores oriundo de dívidas ativas prescritas em favor do erário e, acidentalmente, das cauções e finanças, quando descumpridos os contratos que lhes deram origens, e a herança jacente.

4.3.2 Receitas de capital

De acordo com a Lei Complementar nº 4.320/64, são fontes das *receitas de capital*: *as operações de crédito, as alienações de bens, a amortização de empréstimos, as transferências de capital e outras receitas de capital*. Estas receitas visam ao atendimento das despesas de capital.

Veja-se a seguir em que consiste cada uma dessas fontes de receita (art. 11, §4º):

Operações de crédito – são as fontes de receitas por meio das quais o Poder Público consegue dinheiro para financiar suas obras e investimentos.

Ao regulamentar a Lei de Responsabilidade Fiscal nº 101/00, a Resolução do Senado Federal nº 43/01, alterada pela Resolução SF nº 03/02, conceituou *operação de crédito* como sendo aqueles compromissos financeiros criados pelos entes federativos dentro do

País ou fora dele, em razão do *mútuo, abertura de crédito, emissão e aceite de título, aquisição financiada de bens, recebimento antecipado de valores de empresas* em que o Poder Público detenha, direta ou indiretamente a maioria do capital social com direito a voto, ressalvados os lucros e dividendos recebidos nos termos da legislação, a *assunção direta de compromisso, confissão de dívida ou operação assemelhada com fornecedores de bens, mercadorias ou serviços, mediante emissão, aceite ou aval de títulos de crédito* e, ainda, a *assunção de obrigação, sem autorização orçamentária, com fornecedores, para pagamento posterior de bens e serviços* (art. 3º, parágrafo único).

Quando realizadas dentro do País, estas transações financeiras são denominadas de *operações de crédito interno* e, quando executadas no exterior, *operações de crédito externo*. Quanto a estas últimas, tanto podem ser realizadas com o governo de outros países quanto através de instituições ou organismos estrangeiros sediados fora do Brasil.

Operação de crédito interno – pode-se operar não só junto às instituições bancárias, mediante a celebração de *contrato*, como mediante a emissão de Títulos de Crédito, tais como *títulos, bônus e letras do Tesouro Público*, cujos numerários são arrecadados como *receita de capital*, com aplicação obrigatória em despesas classificáveis como despesas dessa natureza (art. 11, §2º, LC nº 4.320/64).

Operações de crédito externo – são operações financeiras que não só podem ser operacionalizadas junto às instituições bancárias, por intermédio da celebração de *contrato*, como também por via da emissão dos *títulos de créditos*, como acima mencionados, as quais também constituem receitas de capital.

De resto, é salutar informar a existência de uma terceira espécie de operação de crédito, qual seja, a *operação de crédito por antecipação da receita*. Esta tem a finalidade de suprir a *insuficiência momentânea de caixa* e está proibida, por lei, de ser realizada antes do décimo dia de cada exercício financeiro, devendo a sua liquidação ser efetuada até o dia 10 (dez) de dezembro de cada ano (art. 38, I e II, LC nº 101/00).

Alienação de bens – é a fonte de receita de capital por via da qual o ente federativo recolhe numerários decorrentes das vendas dos seus bens móveis e imóveis, em que as parcelas financeiras recolhidas são classificadas como receitas de capital e, portanto, vinculadas ao custeio dos gastos classificáveis como despesas de capital.

Amortização de empréstimo – é a receita de capital que se origina do recebimento das amortizações de empréstimos concedidos pelo ente federativo a outro ou às suas entidades públicas ou privadas. Da mesma forma como os entes federativos tomam dinheiro emprestado no mercado interno ou externo, estes entes, às vezes, também concedem empréstimos entre si. O que constitui a fonte de recursos denominada *amortização de empréstimos* é, portanto, a parcela de amortização do empréstimo concedido, isto é, o retorno do dinheiro ao patrimônio da entidade pública concessora do empréstimo.

Transferências de capital – são cotas de receitas que uma entidade pública repassa a outra, de *orçamento a orçamento*, sem que a beneficiária do repasse fique obrigada a qualquer contraprestação direta, em bens ou serviços, perante a repassadora dos recursos, cujos numerários se destinam a cobrir os gastos com despesas de capital, constituindo-se essas receitas em *auxílios ou contribuições*, segundo derivem da Lei Orçamentária Anual ou de lei especial (arts. 6º, §1º e 12, §6º da Lei nº 4.320/64).

Outras receitas de capital – são receitas que se originam dos mais variados fatos geradores de recursos públicos não incluídos entre as demais fontes de receita. Nesta fonte de receita estão os recursos originados dos *saldos dos exercícios anteriores* decorrentes das operações de crédito e dos convênios, cujos recursos se destinam ao atendimento das despesas de capital.

4.4 Instituição, previsão e arrecadação

Em obediência ao princípio da *universalidade orçamentária*, determina a Lei Complementar nº 4.320/64 que *todas* as receitas pertencentes ao ente federativo devem ser obrigatoriamente previstas na Lei Orçamentária Anual, indicadas pelos seus totais, sendo vedadas quaisquer deduções (art. 6º).

Por força do que determina o mesmo diploma legal, as previsões das receitas a serem feitas pelo orçamento anual deverão ser apresentadas por via de demonstrativos que as identifiquem por suas fontes e respectivas legislações autorizativas de suas cobranças. Determina, ainda, a precitada norma legal que sejam demonstradas, também, na Lei Orçamentária Anual, as receitas pertencentes aos Fundos Especiais (art. 2º, §2º, I).

Destarte, a Lei Orçamentária Anual deverá prever todas as receitas do ente federativo, incluindo-se, entre estas, as decorrentes das *operações de crédito interna e externa*, já autorizadas por lei, e aquelas originadas das cotas de receita que outras entidades públicas devam transferir (arts. 3º e 6º, §1º, LC nº 4.320/64).

De resto, cabe dizer que o produto financeiro provindo da alienação dos bens imóveis e das operações de crédito somente poderá ser incluído na previsão da receita quando uma e outras já se encontrem devidamente autorizadas de forma específica pelo Poder Legislativo, de sorte que se possa juridicamente realizá-las (art. 7º, §2º, LC nº 4.320/64).

Tratando da matéria, a Lei de Responsabilidade Fiscal nº 101/00, estabeleceu que constituem requisitos essenciais da responsabilidade na gestão fiscal a *instituição, a previsão orçamentária e a arrecadação* de todos os tributos que a Constituição Federal tenha deferido como da competência do ente da Federação (art. 11), estabelecendo, inclusive, como punição a vedação de repasses das parcelas financeiras correspondentes às *transferências voluntárias* aos entes políticos que não cumprirem os requisitos essenciais citados, quando correlacionados aos *impostos* (art. 11, parágrafo único).

Quando da elaboração da LOA, deverão as previsões das receitas observar todas as normas de natureza técnica e legal, considerando os efeitos das alterações promovidas na respectiva legislação, bem como a variação sofrida pelos índices de preços.

Deverá ser observado, também, o crescimento econômico e de outros fatores que se mostrem relevantes, devendo o orçamento anual se fazer acompanhar de demonstrativo de sua evolução nos últimos 03 (três) anos e da projeção referente aos 02 (dois) exercícios seguintes àquele a que os dados se referem e, ainda, da metodologia de cálculo e premissas utilizadas nesse trabalho (art. 12, LRF).

Veda a Lei de Responsabilidade Fiscal que o Poder Legislativo reestime a previsão da receita, somente admitindo emendas que se refiram a erros ou omissões de ordem técnica ou legal, vedando, outrossim, de modo absoluto, que o montante das receitas originadas das operações de crédito seja superior ao valor das despesas de capital previsto pelo projeto de Lei Orçamentária Anual (art. 12, §§1º e 2º).

Relativamente à vedação absoluta feita à matéria correlata ao montante das receitas decorrentes das operações de crédito, em submissão ao valor total das despesas de capital previstas pela Lei Orçamentária Anual para execução do exercício financeiro, entenda-se que essa vedação, da forma como foi prevista pela Lei De Responsabilidade Fiscal (art. 11, §2º) não se harmoniza com o tratamento dado à mesma matéria pela Constituição Federal.

Diz, textualmente, a Constituição da República que é vedada "a realização de operações de créditos que excedam o montante das despesas de capital, ressalvadas as autorizadas mediante crédito suplementares ou especiais com finalidade precisa, aprovados pelo Poder Legislativo, por maioria absoluta" (art. 167, §3º, CF).

Como se vê, a vedação imposta a realizações de operações de crédito interna ou externa, cujos valores excedam ao montante das despesas de capital previstas pela Lei Orçamentária Anual, são apenas, a princípio, vedadas pela Carta Maior do País, que admite, porém, exceção a essa regra, ao estabelecer a ressalva feita para aquelas operações autorizadas mediante créditos suplementares ou especiais, que tenham finalidade *específica ou precisa*, e que hajam sido aprovados mediante deliberação tomada pelo Poder Legislativo por *maioria absoluta* de seus membros.

Destarte, entenda-se que a vedação de natureza absoluta contida no §2º do art. 12 da Lei de Responsabilidade Fiscal está a conviver desarmonicamente com a Constituição Federal (art. 167, III).

Além da obrigação da previsão orçamentária dos tributos, determina o referido texto legal que o administrador exercite vigilante e zelosamente a *efetiva cobrança* das receitas decorrentes desses tributos, sob pena do cometimento de *ato de improbidade administrativa* (art. 10, X, LF nº 8.429/92).

4.5 Estágios da receita pública

Tal como a despesa pública, que se realiza por via de três estágios, isto é, através do *empenho, liquidação e pagamento*, a receita pública, em sua realização, compreende obrigatoriamente a três fases, a saber: *lançamento, arrecadação e recolhimento*.

4.5.1 Lançamento

Lançamento é o ato por via do qual a Administração Pública verifica a procedência do crédito tributário, a pessoa que lhe é devedora, isto é, o sujeito passivo da obrigação, e inscreve o débito desta para os fins de cobrança (art. 57, Lei nº 4.320/64).

Este ato é da competência privativa da autoridade administrativa fazendária e tem por objeto os *impostos diretos* e aquelas rendas cujo vencimento da obrigação tenha previsão em lei, regulamento e contrato. Trata-se de uma atividade administrativa de natureza vinculada e obrigatória, sob pena de responsabilidade funcional (art. 142, CTN).

São exemplos de impostos diretos o *imposto de renda*; o *imposto sobre grandes fortunas*, o *imposto sobre a propriedade de veículos automotores*, o *imposto territorial rural* e o *imposto predial e territorial urbano*.

Além dos impostos acima referidos, constituem objeto de lançamento as *rendas* com vencimentos previstos em lei, *regulamento* ou *contrato*, tais como as originadas de *aluguéis, arrendamento, laudêmios, taxas de ocupação de imóveis, juros de títulos de renda, participações e dividendos, juros e amortizações de empréstimos concedidos* e outros mais.

Tal como ficou enfatizado, o *lançamento* é ato praticado pelo órgão fazendário, que tem natureza meramente declaratória, não constitutiva da declaração fiscal, cuja finalidade é identificar o sujeito passivo da obrigação fiscal, a origem da obrigação, o valor exato a ser pago e a data do vencimento dessa obrigação, para os efeitos da arrecadação, que constitui a segunda fase da receita.

4.5.2 Arrecadação

Arrecadação é o ato fazendário através do qual se processa o recebimento das parcelas financeiras originadas das diversas fontes de recursos da receita pública. É, pois, por via deste ato que os órgãos fazendários, seus agentes arrecadadores e estabelecimentos bancários, regularmente autorizados, recebem dos particulares os numerários correspondentes às suas obrigações financeiras para com o Poder Público. Na prática, para esse procedimento é utilizado, de modo preferencial, a rede bancária devidamente credenciada para tanto.

Após realizada a arrecadação do numerário, fica seu produto financeiro custodiado sob a responsabilidade do agente arrecadador até enquanto não proceder ao recolhimento desse valor financeiro de propriedade do ente federativo.

4.5.3 Recolhimento

O *recolhimento* é o terceiro estágio da realização da receita e se caracteriza pelo repasse dos recursos financeiros que cada agente arrecadador faz ao Tesouro Público (caixa único da Fazenda Pública), exonerando-se da responsabilidade assumida pela guarda dos referidos recursos, em razão da arrecadação que realizou em favor da respectiva entidade política, passando a responsabilidade por esse dinheiro, a partir da prática do ato analisado, a ser do Chefe do respectivo órgão fazendário — *Ministro da Fazenda, Secretários de Fazenda,* ou *Secretários de Finanças* (art. 56, LC nº 4.320/64).

É, pois, o ato por via do qual os agentes arrecadadores transferem os recursos, sua custódia e responsabilidades para *Tesouro Público* (Tesouro Nacional, Tesouro Estadual, Tesouro Distrital e Tesouro Municipal), ao repassarem, para este órgão, o produto financeiro por eles arrecadados.

Os Tesouros Públicos são representados por *sistema de caixa único,* observando-se o *princípio da unidade de caixa ou tesouraria,* detentores de *uma única conta bancária* e submetidos à responsabilidade de uma determinada autoridade fazendária, como acima indicadas.

4.6 Renúncia de receita

A *renúncia de receita* é o ato de *vontade unilateral* expressado pela Administração Pública, de natureza abdicativa de direito que exonera, definitivamente, de pagamento, o devedor de crédito público. É, assim, um ato de renúncia de *direito creditício,* e por essa razão se torna irreversível após sua consumação a favor de alguém.

A *renúncia de receita* se concretiza através de quaisquer das formas de incentivos previstos em lei, como forma de promover o desenvolvimento de certas atividades, tais como a *econômica,* a *social* e a *cultural.* Tem, em regra, o objetivo de patrocinar o equilíbrio econômico ou o estabelecimento da igualdade econômica das diversas regiões do País, tal como, prevista no texto da Constituição Federal (art. 165, §6º).

De acordo com a LRF, tanto na concessão quanto na ampliação de incentivo ou benefício de natureza tributária, de cujo ato decorra renúncia de receita, deverá o administrador demonstrar perante o Poder Legislativo, no momento em que encaminha o projeto de Lei Orçamentária Anual para apreciação por parte do referido Poder, o impacto orçamentário-financeiro provocado no exercício em que deva ter início a vigência da medida e nos 02 (dois) exercícios seguintes.

Diz mais, que deve ficar demonstrado que a renúncia de receita já foi considerada no momento da elaboração da previsão da receita orçamentária e que esta não afetará as metas de resultados fiscais previstas pelo texto da LDO, ou então, não tendo sido a medida considerada no ato da elaboração do orçamento, apresentar, no ensejo, as medidas compensatórias dos valores da renúncia da receita, das quais deverão resultar o aumento da receita corrente em face da *elevação de alíquotas, ampliação da base de cálculo, majoração ou criação de tributo*, ou *contribuição* (art. 14, I e II).

Segundo a LRF, a renúncia de receita materializar-se-á mediante a *anistia, remissão, subsídio, crédito presumido, concessão de isenção em caráter geral, alteração de alíquota* ou *da base de cálculo que implique em redução do valor do crédito tributário* ou de *contribuições*, ou de outros benefícios da mesma natureza que produzam os mesmos efeitos financeiros.

Na hipótese da concessão ou ampliação do incentivo ou benefício tributário, que tenha como medida compensatória a *elevação de alíquota, a ampliação da base de cálculo, a majoração ou criação de tributo* ou *contribuição*, o referido incentivo somente poderá entrar em vigor quando as respectivas medidas de compensação já se encontrem implementadas (art. 14, §§1º e 2º).

É necessária a informação de que a medida da compensação de renúncia de receita correspondente à alteração de alíquota não terá aplicação quando esta se tratar dos impostos previstos nos incisos I, II, IV e V do art. 153 da Constituição Federal, como também quando se tratar dos cancelamentos de débitos cujos valores se mostrem inferiores aos preços dos custos da sua cobrança (art. 14, §3º, I e II).

De resto, cabe dizer que a concessão de renúncia de receita a se realizar por qualquer das formas já mencionadas, não terá nenhum valor se não se concretizar através de *lei específica* sobre a matéria (art. 5º, V, Resolução SF nº 43/01, alterada pela Resolução SF nº 03/02).

4.6.1 Formas de renúncia de receita

Dentre as formas de *concessão* ou de *ampliação* de incentivos ou benefícios de naturezas tributárias, das quais se origina a renúncia de receita, a LRF faz referência à *anistia, à isenção, à remissão, ao subsídio, ao crédito presumido, à alteração de alíquotas e à alteração da base de cálculo*.

4.6.2 Anistia

De acordo com as disposições expressas no Código Tributário Nacional (Lei nº 5.172/66), a *anistia* é uma forma de renúncia de receita que exclui o *crédito tributário* correspondente à obrigação principal, sem, contudo, dispensar o cumprimento das obrigações acessórias (art. 175).

A *anistia* alcança somente aquelas infrações que forem cometidas antes da vigência da lei que a concede, não se aplicando aos casos cujos atos são qualificados como crimes ou contravenções e, ainda, àqueles que, mesmo não sendo assim qualificados, tenham sido praticados com dolo, fraude ou simulação pelo sujeito passivo da obrigação tributária ou por terceiros, mas, cujo resultado reverta em benefício daquele, não se aplicando, também, salvo disposição de lei em contrário, às infrações decorrentes de conluio entre duas ou mais pessoas, físicas ou jurídicas (art. 180, CTN).

O benefício fiscal em apreço pode ser concedido tanto em caráter *geral*, por determinação de *lei específica*, quanto *limitadamente*, através de *despacho*.

Quando concedida de *forma limitada*, a anistia restringir-se-á apenas a qualquer dos seguintes casos:

a) às infrações legais pertinentes a determinado tributo;
b) às infrações punidas com penas pecuniárias até certo montante, conjugadas ou não com penalidades de outra natureza;
c) à determinada região do território da entidade tributante, ou em função de condições a ela peculiares;
d) subordinada à condição do pagamento de tributo no prazo fixado pela lei que a conceder, ou cuja fixação tenha a lei atribuído à autoridade administrativa (art. 181, CTN).

Portanto, quando a anistia é concedida *limitadamente* (de modo não geral), ela será efetivada, em cada caso, por via de *despacho* da autoridade administrativa competente, mediante requerimento da parte interessada, devendo a parte pleiteante do benefício comprovar através do seu pedido que preenche as condições exigidas pela lei, para obter o referido benefício.

É importante saber que a *anistia* concedida por *despacho* não acarreta direito adquirido, quando concedida em desacordo com a lei concessora da medida (arts. 155 e 182, CTN).

Sobressai dizer que, como qualquer outra forma de benefício tributário originador de renúncia de receita, a *anistia* terá que ser concedida mediante *lei específica* que regule exclusivamente a matéria, conforme preceitua a Constituição Federal (art. 150, §6º, CF).

4.6.3 Isenção

Igualmente à anistia, a *isenção* é uma excludente do crédito tributário, que somente alcança a obrigação principal, não abrangendo, portanto, o cumprimento das suas obrigações acessórias. Sua concessão dependerá sempre de autorização legislativa, isto é, dependerá sempre do texto de lei específica, caso em que deverá o texto legal especificar as condições e requisitos exigidos para sua concessão, indicando a quais tributos ela se refere e, quando for o caso, o prazo de sua duração.

A concessão de *isenção* pode ser restrita a uma determinada área territorial da entidade tributante, em razão das condições a ela peculiares (arts. 175 e 176, CTN). Ressalvada hipótese em contrário, prevista em lei, a concessão do instituto da isenção não se aplicará às *taxas*, às *contribuições de melhorias* e aos *tributos* que tenham sido criados após sua concessão (art. 177, CTN).

Observado o disposto no Inciso III do art. 104 do CTN, quando concedido no prazo certo e em razão de certas condições, pode a isenção ser *revogada* ou *modificada* a qualquer tempo (art. 178, CTN).

Sendo a isenção concedida em caráter limitado, a medida se efetivará, em cada caso, por despacho da autoridade administrativa no pedido formulado pelo interessado, a quem cabe provar o preenchimento das hipóteses previstas na lei concessora do benefício (art. 179, CTN).

Ressalvada a hipótese da isenção concedida por tempo determinado, ou em razão de certas condições, poderá esta forma de renúncia de receita ser revogada ou modificada, por lei, a qualquer tempo, observado, porém, o disposto no Inciso III do art. 104 do Código Tributário Nacional.

De acordo com o dispositivo supracitado (art. 104), as leis que extinguirem ou reduzirem as isenções, ressalvadas aquelas concedidas por tempo certo e em função de determinadas condições, somente entrarão em vigor a partir do primeiro dia do exercício seguinte ao de sua publicação. Só então, extinguir-se-ão as isenções concedidas sem prazo certo e sem observância de determinadas condições.

4.6.4 Remissão

A *remissão* é forma de renúncia de receita mediante a qual o ente público tributante, por força de lei, autoriza a autoridade administrativa a *perdoar total ou parcialmente* o crédito tributário por *despacho* devidamente fundamentado.

A concessão de *remissão* somente se efetivará quando objetiva atender:

a) à situação econômica em que se encontra o sujeito passivo da obrigação;

b) ao erro, ou ignorância escusáveis do sujeito passivo, quanto à matéria de fato;

c) à diminuta importância do crédito tributário;

d) às considerações de equidade, em relação com as características pessoais ou materiais do caso; e

e) às condições peculiares de determinada região do território da entidade tributante.

Tal como ocorre com a concessão de anistia em sua forma limitada, o *despacho* da autoridade administrativa concessor do benefício da remissão não gera direito adquirido, quando se tratar de concessão em caráter individual, e será revogada de ofício, sempre que ficar constatado, posteriormente, que o beneficiário não satisfazia ou deixou de satisfazer as condições que ensejaram o benefício, ou que não cumpria ou deixou de cumprir os requisitos necessários à concessão deste favor (arts. 155 e 172, CTN).

4.6.5 Subsídio

A renúncia de receita nem sempre ocorre somente nos momentos do nascimento da receita pública, acontecendo, algumas vezes, nos nascedouros da despesa pública.

Subsídio, por exemplo, é o tipo de incentivo fiscal em que a sua concessão ocorre na *criação* da despesa pública, e não no *nascimento* da receita da mesma natureza.

Com a finalidade de estimular determinadas atividades, tais como a *econômica, social e cultural*, o Poder Público concede esse benefício mediante o repasse de recursos financeiros aos beneficiários da medida, que se efetiva ou se concretiza através da concessão das chamadas *subvenções econômicas*.

A medida em tela tem por objetivo baratear o preço de determinados produtos, beneficiando o consumidor e quase sempre é concedida às empresas públicas ou privadas de caráter *industrial, comercial, agrícola e pastoril* (art. 12, §3º, II da LC nº 4.320/64).

4.6.6 Crédito Presumido

Crédito presumido é a forma mediante a qual a Administração Pública estimula o desenvolvimento de determinada atividade ou a comercialização de determinado produto. O benefício em causa objetiva ressarcir a carga tributária de acordo com a forma, prazo e condições previstas pelo texto da lei concessora do favor em tela.

Exemplo típico do benefício em focalização é o *crédito presumido* correspondente ao *Imposto sobre Produtos Industrializados* (IPI), criado pela Lei nº 9.363, de 13 de dezembro de 1996, cuja medida alcança somente as empresas produtoras e exportadoras de produtos nacionais e tem por finalidade ressarcir o contribuinte da importância relativa à carga tributária concernente às contribuições destinadas ao PIS, ao PASEP e à Seguridade Social (COFINS), que incidem sobre as operações de aquisição, no mercado interno, da matéria-prima de produtos intermediários e materiais de embalagem que serão utilizados em produtos exportados para o exterior. Essa medida visa estimular a atividade da exportação (art. 1º, Lei nº 9.363/96).

4.6.7 Alteração de alíquotas

É importante explicar, prefacialmente, que, para a fixação do valor do crédito tributário, a Administração Pública se utiliza de dois elementos indispensáveis à realização desta operação:

a) a *base de cálculo*, que é o valor do principal da obrigação, acrescido dos juros, e

b) a *alíquota*, que é o percentual incidente sobre a *base de cálculo*, de cuja operação se conhece o valor total do crédito tributário a ser pago pelo contribuinte.

Sendo a *alíquota* representada por um determinado índice percentual, pode a mesma sofrer alterações para maior ou para menor. Destarte, sempre que a base de cálculo for a mesma, mantendo-se inalterada, e houver redução da alíquota, significa isso que houve renúncia de receita.

4.6.8 Alteração da base de cálculo

Tal como a alíquota, a *base de cálculo* pode sofrer alteração no seu valor para maior ou para menor. Sempre que a alíquota se mantiver inalterada e houver alteração do valor da base de cálculo para menor significa, este fato, que ocorreu renúncia de receita decorrente da diminuição da cifra do crédito tributário a ser recolhido aos *cofres públicos*, pelo contribuinte.

Capítulo 5

Despesa Pública

Sumário: 5.1 Conceito de despesa pública – **5.2** Estágios da despesa pública – **5.2.1** Empenho – **5.2.1.1** Espécies de empenho – **5.2.2** Liquidação – **5.2.3** Pagamento – **5.3** Classificação da despesa pública – **5.3.1** Despesas correntes – **5.3.2** Despesas de capital – **5.4** Da geração da despesa pública – **5.5** Espécies da despesa pública – **5.5.1** Despesa obrigatória de caráter continuado – **5.5.2** Despesas com Pessoal – **5.5.3** Despesas com a seguridade social

5.1 Conceito de despesa pública

Ao focalizarem a matéria, tanto a Lei de Responsabilidade Fiscal n° 101/00 (arts. 15 a 25) quanto a Lei Complementar n° 4.320/64 (arts. 12 a 21) não fixaram conceito do que seja despesa pública.

Antes de penetrar no cerne da questão, informa-se que a referida Lei Complementar n° 4.320/64, através do Título I, Capítulo III, ocupou-se tão somente em estabelecer a classificação das contas públicas relativamente à despesa pública, classificando-a sob duas grandes categorias econômicas, *despesas correntes* e *despesas de capital* (art. 12), subdividindo-as em cinco subcategorias econômicas, quais sejam *despesas de custeio, transferências correntes, investimentos, inversões financeiras e transferências de capital* (art. 12).

Preludiando a análise a ser feita sobre a essência da matéria, o autor tece, embora de modo breve, algumas considerações de ordem histórico-doutrinário sobre o conceito de despesa pública, ensinado pelos estudiosos do passado, durante o chamado *período clássico das finanças*, comparando-o com o conceito contemporâneo.

Durante aquele período em que as despesas públicas eram tidas como *gastos improdutivos* vigorava o entendimento econômico de que o Estado não deveria intervir na ordem econômica privada, ainda que esta se encontrasse em situações de dificuldades, visto que as próprias leis de mercado cuidariam de restabelecer, por si mesmas, tais depressões ou distúrbios ocorridos.

Naquele período, o pensamento dominante era o de que o Estado só deveria preocupar-se com os gastos derivados de atividades que, por sua natureza eminentemente estatal, não pudessem ser executadas pelos particulares, tais como a *administração da justiça*, a *segurança pública interna e externa*, a *fiscalização fazendária*, etc. Não se admitia que o Estado tivesse, portanto, função intervencionista nos negócios da iniciativa privada.

Durante o período pós-guerra, em que a economia dos países envolvidos nesse estado de beligerância se encontrava destroçada, surgiu, então, um novo pensamento econômico com a finalidade de restabelecer a economia desses países, já que a filosofia econômica dominante do período clássico das finanças se tornara impotente para solucionar o problema.

Dentro do novo pensamento, entendia-se, então, que o *consumo* não se contrapõe ao *investimento*, e pregava-se que o produto bruto nacional se compõe de duas partes: uma consistente no *consumo* e a outra na *poupança*.

Pregava-se, ainda, que a parte poupada deveria ser empregada em investimentos, para que houvesse o equilíbrio da economia. Dizia-se mais, que se a iniciativa privada não tivesse poupança suficiente para o restabelecimento da economia, que então o Estado assumisse essa responsabilidade, investindo suas riquezas em obras públicas.

Com as obras públicas, surgiriam novos empregos e com estes, a geração de rendas e, consequentemente, a prosperidade do mercado consumidor incentivando, assim, o incremento dos setores de produção. A partir desse pensamento, as despesas públicas passaram a ter funções *intervencionistas* na economia privada, com o que se modificou o conceito das funções estatais.

Contemporaneamente, as despesas públicas têm características intervencionistas da ordem econômica privada, pois promovem hoje, até mesmo, a redistribuição da renda nacional, ora através da previdência social, ora mediante as transferências de recursos a pessoas físicas e jurídicas e, outras vezes, às próprias entidades estatais.

Doutrinariamente, o conceito de despesa pública tem sido encarado sob dois aspectos: um de *caráter financeiro* e outro de *natureza econômica*.

Em sentido financeiro, despesa pública é o dispêndio realizado por ente público dependente ou não de autorização orçamentária, da qual resulte decréscimo ou simples permuta de bem patrimonial. Enluvado nesse entendimento, tanto será despesa pública a aquisição de um veículo, quanto o gasto realizado com material de consumo ou com pagamento de prestação de serviço.

Já em sentido *econômico*, somente constitui despesa pública aquela de cuja saída do dinheiro dos cofres estatais resulte, obrigatoriamente, em redução de patrimônio da entidade que realiza o gasto.

Consentâneo com o entendimento econômico, o exemplo da despesa dado acima, referente à aquisição do veículo, não seria despesa, pois só afeta o patrimônio *qualitativamente*, sem decorrência, portanto, de seu decréscimo, visto que sai dinheiro do patrimônio, mas ingressa um bem permanente de capital de igual valor.

Já o exemplo citado com relação ao pagamento de prestação de serviço seria despesa, eis que provoca diminuição de patrimônio, isto é, o afeta *quantitativamente*, para menor, pois o numerário despendido por este não se compensou com o ingresso de um bem patrimonial de igual valor.

Entende o autor que *despesa pública* é toda saída de dinheiro dos cofres públicos autorizadas ou não orçamentariamente ou por crédito adicional, da qual venha resultar ou não diminuição da riqueza ou do patrimônio estatal, autorizada regularmente por quem de direito, na honra dos compromissos financeiros da responsabilidade de cada ente político.

É o conceito que emerge das ideias que se encontram permeadas nas regras estabelecidas pela Lei Complementar nº 4.320/64.

Despesa pública é, pois, todo gasto autorizado pela Lei Orçamentária Anual, ou por seus créditos adicionais que a Administração Pública realiza para pôr em prática o exercício ou desenvolvimento das *atividades-meios e atividades-fins*, com a finalidade de promover o bem-estar social ou *bem comum*, e mais aqueles dispêndios que, não autorizados pelo orçamento e seus créditos adicionais, representam *devoluções* de numerários pertencentes a terceiros, que o Poder Público recebeu e custodiou por força de contrato ou determinação judicial, na condição de fiel depositário, como é o caso da devolução das *cauções, fianças, depósitos* e outros valores.

5.2 Estágios da despesa pública

Na prática, a realização da despesa pública percorre três estágios, a saber: *empenho, liquidação e pagamento*.

5.2.1 Empenho

Conceituando o que seja *empenho*, a Lei Complementar nº 4.320/64 traz expresso no seu texto que "O empenho de despesas é o ato emanado de autoridade competente que cria para o Estado obrigação de pagamento pendente ou não de implemento de condição" (art. 58).

Para tornar mais fácil a compreensão da matéria, o autor socorre-se da teoria dos atos e fatos, para que o leitor passe a conhecer o tema a partir das raízes do ato que a lei denomina de empenho de despesa.

Como é sabido, a vida do homem se desenvolve em meio às mais variadas ocorrências. Assim, ele nasce, muda de idade, sofre ações das secas, das enchentes, dos terremotos, dos vendavais, dos vulcões, e nesse caminhar envelhece e morre. Estes acontecimentos, que ocorrem *independentemente da vontade do homem*, são denominados de *fatos*.

Da mesma forma, o homem se casa, se estabelece comercialmente, compra um carro, adquire um imóvel, vende sua propriedade, contrata prestação de serviço em seu proveito, aluga um imóvel e cria as mais diversas naturezas de relações e obrigações. Estes acontecimentos, para cuja existência depende da *vontade humana*, são denominados de *atos*. Conclui-se, pois, que: *fatos* são todos os acontecimentos que ocorrem independentemente da vontade do homem; *atos* são todos os acontecimentos que ocorrem por vontade do homem.

É preciso saber que quando os *fatos* e os *atos* acontecem sem que produzam quaisquer efeitos de direito, isto é, aconteçam imunes à lei, diz-se que estes são *fatos naturais* ou *atos naturais*. Por exemplo, um dia de sol é um fato natural, eis que ele independe da vontade do homem e não produz qualquer efeito jurídico; um banho de sol é um ato natural, já que é um ato que depende da vontade do homem, mas não produz qualquer efeito de direito.

É valioso esclarecer, contudo, que tanto há *fatos* como *atos* que têm reflexo na lei, produzindo, assim, os chamados efeitos de direito. A morte natural do homem é um *fato jurídico*, visto que para existência desse fato independe da concorrência da vontade do homem e tem reflexo no Direito das Sucessões. A aquisição de um imóvel, por exemplo, é um *ato jurídico*, pois este ato, para a sua existência, está na dependência da vontade do homem e produz efeitos de direito.

Como conclusão, já se pode afirmar que fato jurídico é todo aquele acontecimento cuja existência independe do concurso da vontade humana e que produz efeitos em lei. Ato jurídico é todo aquele acontecimento construído através da vontade do homem e que tem reflexo na lei. É deste último que o autor se ocupará a explicar o ato denominado de empenho de despesa.

O ensejo, porém, convoca necessariamente o conceito de *ato jurídico*, que é aquele ato realizado com obediência à lei, com a finalidade imediata de *adquirir, resguardar, transferir, modificar ou extinguir direitos*.

Ante o conceito aqui estabelecido de ato jurídico, não há como se possa dizer que o *empenho de despesa* não seja um ato dessa natureza. Contudo, antes da afirmação categórica do que seja o ato de empenho de despesa, deve-se dizer aquilo que ele não é.

O empenho de despesa *não é* o ato que paga a despesa efetuada; o empenho de despesa não é o ato de dedução do dispêndio em sua respectiva dotação orçamentária, como afirmavam os defensores do chamado empenho contábil; por fim, o empenho de despesa não é nem se confunde com a nota de empenho, que é um documento que deve ser extraído quando da formalização do processo destinado ao pagamento da despesa, como peça necessária à liquidação da obrigação, com a exceção dos casos em que o empenho de despesa tenha se verificado na própria nota de empenho, quando, então, será esta o primeiro documento a ser produzido, ressalvadas as peças do procedimento licitatório, acaso havidas.

Orientando-se pelo conceito formulado na disposição da lei em análise, empenho de despesa é a externação da vontade da autoridade administrativa competente para ordenar gastos públicos, que o faz em nome da Administração Pública, por via da qual cria uma obrigação de natureza financeira e sua respectiva promessa de pagamento, ainda que pendente ou não do cumprimento de condições. Esse é o entendimento que destila da letra do artigo da Lei Complementar nº 4.320/64 (art. 58).

O empenho de despesa é um ato? Sim, pois para a sua existência está submetido à vontade da autoridade administrativa competente. *É um ato lícito?* Sim, porque autorizado por lei para surtir os efeitos por ela previstos. *Através desse ato se adquirem direitos?* Sim, já que cria uma obrigação de pagamento em favor de alguém. Neste caso, então, não há dúvida quanto à natureza de ato jurídico do empenho de despesa.

Empenho de despesa é, por conseguinte, um ato jurídico em regra bilateral, pois, cria direito e obrigações para as partes por ele envolvidas.

Sendo assim, o que caracteriza o empenho de despesa não é sua forma, mas o seu conteúdo, qual seja, o de *criar uma obrigação de pagamento*, em que por ela se responsabilizará o Poder Público.

O empenho de despesa não é nem pode ser confundido com a nota de empenho, como pensam alguns, pois, esta é um documento emitido posteriormente ao ato de empenho de despesa, quando da formalização do processo de pagamento do dispêndio, como peça necessária à liquidação da obrigação, e que se apresenta através de um formulário adredemente impresso para isso. É verdade que, algumas vezes, o ato de empenho de despesa poderá ocorrer ou ser autorizado na própria nota de empenho, o que será tratado um pouco mais adiante.

Conclui-se, do exposto, que o ato de nomeação de servidor público, portarias concessivas de gratificações, portarias concessivas de diárias e de ajuda de custo, contratos para a realização de obras públicas, contratos para fornecimento de material, contratos de prestação de serviços, contratos de locação em geral e demais atos que, em razão do seu conteúdo, expressem a criação de uma obrigação de pagamento de responsabilidade do Estado, pendente ou não do implemento de condições, constituem atos jurídicos denominados de empenho de despesa.

Talvez cause estranheza ao leitor a afirmação de que até mesmo um *Ofício* da Administração Pública poderá ser considerado *empenho de despesa*. Isto ocorre quando, mediante esta forma de expressão da vontade administrativa, a autoridade competente solicita, por exemplo, à gerência de um hotel a reserva de uma determinada quantidade de apartamentos por um número determinado de dias, para hospedagens de convidados oficiais, ou, ainda, quando solicita à Empresa Telefônica a reserva de uma determinada quantidade de linhas telefônicas a serem instaladas na repartição que dirige.

Outros casos podem ainda acontecer, sem que em razão da forma com que se apresenta o ato de empenho de despesa, por ofício, invalide o seu conteúdo ou sua natureza jurídica de um ato através do qual se esteja criando uma obrigação de pagamento.

Às vezes, porém, o *empenho de despesa* se externa na própria *nota de empenho*. Isto acontece quando, por exemplo, não existindo outro ato anterior à extração da mesma através do qual tenha a autoridade administrativa externada a autorização para a realização da despesa, venha ela autorizá-la na própria nota de empenho.

Para finalizar, arremata-se dizendo que o empenho de despesa é o ato que não só cria a obrigação de pagamento, mas que, quando pendente de implemento de condições, estabelece os termos do cumprimento destas condições; é o que diz a parte final do artigo que conceitua referido ato (art. 58, LC nº 4.320/64).

5.2.1.1 Espécies de empenho

Ao disciplinar a matéria, a Lei Complementar nº 4.320/64 previu a existência de três espécies de empenho de despesa: *empenho ordinário, empenho global e empenho por estimativa*.

Em regra, as obrigações financeiras contraídas pelo Poder Público têm o seu valor líquido e certo conhecido no momento exato da constituição da obrigação. Nesses tipos de obrigação, a autoridade administrativa competente contrata fornecedores de material ou prestadores de serviço para a Administração Pública mediante compromissos que se realizam por via de pagamento à vista do recebimento dos produtos ou dos serviços feitos. Quando essas operações se realizam desta forma, o administrador público se utiliza do *empenho ordinário*, nos termos da legislação.

Empenho ordinário, portanto, é aquele que autoridade administrativa competente utiliza para a realização de despesas, cujo valor da obrigação já se conhece previamente e cujo pagamento por parte da Administração Pública se opera por uma única parcela, isto é, de uma só vez.

Nem sempre as obrigações contraídas pelos entes federativos são realizadas para pagamento à vista. Às vezes, a Administração Pública constitui obrigações financeiras de natureza contratual, em que, muito embora conheça previamente o seu valor total, não poderá saldá-la à vista, em virtude da dependência do cumprimento de certas condições contratuais, o que submete este pagamento à forma parcelada.

Exemplo desse tipo de compromisso é o caso das locações de imóveis feitas pelo Poder Público, mediante a celebração de contratos em que, apesar de conhecer o valor total da obrigação, não poderá a Administração saldá-la de uma só vez, em razão de o pagamento ficar subordinado ao vencimento de cada obrigação que, no caso em exemplo, é o transcurso de cada mês correspondente à parcela de aluguel a ser paga.

Quando ocorre a hipótese acima descrita, determina a legislação em vigor que o administrador público se utilize do *empenho global*.

Empenho global é, pois, o instrumento de criação da obrigação de pagamento previsto para aquelas despesas cujo valor é previamente conhecido, mas que, por motivos de cláusulas contratuais ou outros, o pagamento fica sujeito a parcelamento.

Muitas vezes a Administração Pública cria obrigações financeiras das quais não conhece, no momento de sua criação, o valor exato a ser pago. Nesses compromissos, a Administração Pública somente vai conhecer o valor total de sua obrigação no momento do seu pagamento.

É o que ocorre nos compromissos financeiros assumidos, em que os juros decorrentes da operação somente são calculados, no seu respectivo montante, no dia do vencimento da obrigação principal. Só então é que passa a Administração Pública a conhecer o valor correspondente aos juros e correções monetárias a serem pagos juntamente com o valor da obrigação principal. Nestes casos, o disciplinamento da matéria impõe à autoridade administrativa a edição do *empenho por estimativa*.

O *empenho por estimativa* é, pois, o ato por via do qual a autoridade administrativa competente cria uma obrigação de pagamento, cujo valor principal é previamente conhecido, não se conhecendo, porém, os valores acessórios (juros e correção monetária), mas cujos pagamentos já ficam autorizados através dessa espécie de empenho a serem honrados no momento do vencimento da obrigação principal.

Após as considerações acima colocadas, cumpre ressaltar que há casos em que a legislação determina a dispensa da emissão de empenho (art. 60, §1º, LC nº 4.320/64).

A título de exemplo dos casos especiais que independem da emissão de empenho, cita-se aqui, como exemplo, o dispêndio relativo às transferências dos recursos do FPE, FPDF e FPM, cuja criação da obrigação de pagamento se deu por força da própria Constituição Federal (art.159).

No exemplo, observa-se que a autoridade administrativa não tem a oportunidade de *criar a obrigação de pagamento* propulsora dos repasses dessas transferências, mas, apenas, a *obrigação de pagá-las*, que, em não o fazendo, podem os entes federativos compeli-la a fazer, utilizando-se da competente ação judicial.

Recorde-se que não deve ser confundida a nota de empenho, a ser extraída no momento de pagamento das despesas, com o ato de empenho de despesa, ato jurídico constitutivo da obrigação de pagamento.

Exemplifica-se, também, como despesas exoneradas da obrigação de emissão de *empenho de despesa*, os pagamentos das *subvenções sociais* e das *subvenções econômicas* quando, ao invés de simples autorizações orçamentárias, para repasses financeiros relativos a estes benefícios, tenha o Poder Legislativo determinado, categoricamente, mediante lei específica o repasse de quantia financeira certa a determinada pessoa jurídica pública ou privada. Neste caso, que é semelhante ao exemplo dado relativamente às transferências constitucionais, compete à autoridade administrativa somente realizar o *pagamento da despesa*, não lhe competindo a *criação* da obrigação, que já se processou por força da lei.

5.2.2 Liquidação

A *liquidação*, segunda fase da realização da despesa, consiste no exame a ser procedido com vista à *apuração da legitimidade* do direito adquirido pelo credor da obrigação ou por entidade beneficiária de alguma ajuda financeira, tendo-se por base para essa verificação de existência de direito os documentos comprobatórios do respectivo crédito e os referentes à habilitação ao benefício.

Quando a obrigação decorrer do fornecimento de material ou da prestação de serviços feitos à Administração Pública, a liquidação da despesa tomará por base o *contrato*, o *ajuste* ou o *acordo* e outros atos jurídicos bilaterais, que nada mais são do que o empenho de despesa, devendo juntar-se aos documentos citados a respectiva nota de empenho, documento jurídico-contábil extraído no momento em que se vai proceder ao pagamento do crédito, bem assim, os comprovantes da entrega do material ou da execução da prestação de serviços, tais como as *notas fiscais*.

5.2.3 Pagamento

O *pagamento* é a última fase da realização da despesa, que se define pela satisfação da obrigação financeira do credor, quando a Administração Pública solve, em espécie, sua obrigação, extinguindo-a.

Esta fase da despesa só pode ser realizada quando já houver sido processada a segunda, isto é, a *liquidação*, que é o momento em que se examina o direito do crédito adquirido pelo credor da obrigação, a origem e o objeto que se deve pagar, a importância exata a ser paga e a pessoa a quem deve ser paga para se extinguir, legalmente, a obrigação.

Esta fase da despesa deve ser o momento de exame cauteloso para que não se cometam enganos fatais, com ocorrência de danos às partes.

Para atender o *princípio da vinculação* dos atos do processo entre si, exige-se que o despacho relativo à *ordem de pagamento* seja expresso em documento próprio, contabilizado pelo setor competente do órgão. A competência para autorizar pagamento decorre da lei, de atos regimentais ou de delegação de competência.

Os pagamentos das despesas se processam mediante saques feitos contra o agente financeiro, para ser creditado em nome do credor, em banco ou agência bancária por ele indicado, podendo, porém, o agente financeiro proceder ao pagamento em espécie, quando devidamente autorizado para isso.

A ordem de pagamento é um despacho exarado pela autoridade administrativa competente, determinando o pagamento da despesa, que expressa: "Pague-se".

Este despacho deve ser assinado pela autoridade administrativa ou por quem detenha a competência de ordenador de despesa. A este propósito, diz o §1º do art. 80, do Decreto-Lei nº 200/67 que: "Ordenador de Despesa é toda e qualquer autoridade de cujos atos resultem emissão de empenho, autorização de pagamento, suprimento ou dispêndio de recursos da União ou pela qual esta responda".

Do conceito de *ordenador de despesa* formulado pela legislação acima citada constata-se que, para a prática dos atos do empenho, liquidação e pagamento do respectivo gasto, é necessário estar investido legalmente dessa função.

5.3 Classificação da despesa pública

Através do Título I, Capítulo III da Lei Complementar nº 4.320/64 classificam-se as *despesas públicas* sob duas grandes categorias econômicas denominadas de *despesas correntes* e *despesas de capital*, subdividindo-se essas categorias em cinco subcategorias econômicas a saber, *despesas de custeio, transferências correntes, investimentos, inversões financeiras* e *transferências de capital*, como se demonstrará a seguir (art. 12).

5.3.1 Despesas correntes

Despesas correntes são aqueles gastos realizados no pagamento das despesas derivadas da manutenção dos serviços públicos, de cuja saída do numerário não decorre recompensa ao patrimônio público de bem de igual valor.

O numerário assim despendido dilui-se no mercado consumidor, sem promover qualquer retorno patrimonial de valor equivalente. Trata-se de despesas que, sob o ponto de vista econômico compreendido durante o período clássico das finanças, são consideradas *improdutivas*.

Subordinada a esta categoria econômica, a referida lei instituiu duas subcategorias intituladas de *despesas de custeio* e *transferências correntes*, as quais serão estudadas mais detalhadamente no momento devido. Entretanto, antecipa-se ao leitor em que se constituem as subcategorias subordinadas a estas categorias.

Despesas de custeio são todas aquelas dotações previstas orçamentariamente ou em créditos adicionais que têm o desígnio de atender os gastos realizados em proveito da entidade de direto público, na manutenção do seu aparelhamento administrativo, quando exerce suas atividades-meios e atividades-fins.

São exemplos desse tipo de despesas as dotações destinadas ao pagamento de *pessoal civil, pessoal militar, material de consumo* e *serviços de terceiros* (ou Serviços de Terceiros e Encargos – Portaria SOF nº 8/85, ou Outros Serviços de Terceiros – Pessoa Física e Outros Serviços de Terceiros – Pessoa Jurídica – Portaria Inter-Ministerial nº 163/01) art. 12, §1º, Lei Complementar nº 4.320/64.

As *transferências correntes* são dotações autorizadas orçamentariamente ou através dos créditos adicionais, que determinam repasses de recursos financeiros de um ente político para outro, em que, da saída do numerário dos cofres públicos, não resulta contraprestação direta em bens ou serviços a favor da entidade transferidora por parte da entidade beneficiária.

São dotações por via das quais se transferem recursos financeiros com a finalidade de auxiliar a beneficiária da medida, no pagamento das despesas correntes. Destacam-se como tais as dotações destinadas às *subvenções* e às *contribuições* (art. 12, §2º, LC nº 4.320/64).

5.3.2 Despesas de capital

Despesas de capital são aqueles gastos públicos em que a saída do numerário dos cofres públicos será compensada, em regra, pelo ingresso direto de um bem de valor correspondente, que se incorpora ao patrimônio da entidade que realizou a despesa.

Quando se fez referência que, só em regra, a despesa de capital recompensa o patrimônio com o ingresso de bem com valor equivalente ao recurso desembolsado, é porque, na verdade, há certas despesas de capital das quais o resultado do gasto não beneficia diretamente a entidade que realizou originariamente a despesa, como é o caso das *transferências de capital*, que só beneficiam diretamente o patrimônio das entidades recebedoras dessas transferências.

Em tese, as despesas de capital são aquelas que patrimonializam as entidades públicas ou privadas que as realizam. São, portanto, aquelas despesas que, sob a ótica econômica, reputam-se *produtivas*.

Nesta categoria econômica (despesa de capital) abrigam-se três subcategorias denominadas *investimentos, inversões financeiras* e *transferências de capital*.

Investimentos são a subcategoria econômica sob a qual estão agrupadas as dotações orçamentárias destinadas ao custeio das despesas com o planejamento e a execução das obras públicas, inclusive as destinadas à aquisição de imóveis considerados necessários à realização dessas últimas, bem como com os programas especiais de trabalho, aquisição de instalações, equipamentos, material permanente e constituição de aumento de capital de empresas que não sejam de caráter comercial ou financeiro (art. 12, §4º, LC nº 4.320/64).

Inversões financeiras são a subcategoria econômica sob o pálio da qual se agasalham os elementos econômicos ou elementos de despesas que tenham por finalidade a aquisição de bens imóveis ou de bens de capital já em utilização, aquisição de títulos representativos do capital de empresas ou entidades de qualquer espécie, já constituídos, quando a operação não importe em aumento de capital e nas operações das quais resulte constituição ou aumento de capital de entidade, ou empresas que visem a objetivos comerciais ou financeiras, inclusive operações bancárias ou de seguros (art. 12, §5º, LC nº 4.320/64).

Transferências de capital são a subcategoria econômica em torno da qual se agrupam as dotações orçamentárias ou elementos de despesas relativos a *investimentos* ou *inversões financeiras* que devam ser realizadas pela entidade com elas beneficiadas, sem que disso resulte contraprestação direta em bens ou serviços a favor da entidade obrigada à transferência. Essas transferências se constituem em auxílios *e contribuições* e, bem assim, nas dotações destinadas à *amortização da dívida pública* (art. 12, §6º, LC nº 4.320/64).

5.4 Da geração da despesa pública

Ao tratar da *criação, empenho ou geração* de despesa pública, a Lei de Responsabilidade Fiscal nº 101/00 dispôs que não serão consideradas autorizadas, sendo, portanto, nulas e lesivas ao patrimônio público, a geração de gastos ou a assunção de obrigações que aumentem a despesa pública e em que não fique demonstrada a estimativa do seu impacto orçamentário-financeiro dentro do exercício em que deva ser executada a medida e nos dois exercícios seguintes. Deve, igualmente, se fazer acompanhar da declaração do ordenador de despesa de que o respectivo aumento tem perfeita adequação orçamentária e financeira com a Lei Orçamentária Anual, e compatibilidade com o plano plurianual e com a Lei de Diretrizes Orçamentárias (arts. 15 e 16).

Por *adequação orçamentária e financeira* com a Lei Orçamentária Anual entende-se a despesa a ser atendida por dotação específica, devendo esta ter saldo suficiente para atendê-la, e se o atendimento do gasto for imputado em dotação genérica, tenha esta dotação, após somadas todas as despesas a serem por ela atendidas, saldo suficiente para suportar o novo encargo (§1º, art. 16).

Prevê a LRF que a estimativa do impacto orçamentário-financeiro relativa ao aumento da despesa deve se fazer acompanhar das premissas e metodologia de cálculos utilizados (§2º, art. 16), excetuando-se do cumprimento destas exigências legais, para os casos de aumento de despesas, somente aqueles gastos considerados irrelevantes (§3º, art. 16).

Por fim, diz o texto legal em referência que as normas estabelecidas para a geração da despesa pública constituem condição prévia e obrigatória para o empenho da despesa e, quando for o caso, o respectivo procedimento licitatório para serviços, fornecimento de bens ou execução de obras e, igualmente, para as desapropriações dos imóveis urbanos de que trata o §3º do art. 182 da Constituição Federal.

5.5 Espécies da despesa pública

Ao disciplinar a despesa pública, a LRF classificou-a em *despesa obrigatória de caráter continuado, despesas com pessoal* e *despesas com a seguridade social*, o que se verá mais detalhadamente a seguir.

5.5.1 Despesa obrigatória de caráter continuado

A Lei de Responsabilidade Fiscal conceitua a *despesa obrigatória de caráter continuado* como sendo aquele dispêndio classificado como *despesas correntes*, cujo fato gerador derive de lei, medida provisória ou ato administrativo normativo que fixe para o ente público obrigação cuja execução seja superior a 02 (dois) exercícios (art. 17).

Do conceito dado à *despesa obrigatória de caráter continuado* pela LRF, três aspectos caracterizadores da mesma assumem relevância:

a) que se trate de *despesa corrente*;

b) que o dispêndio tenha se originado de ato normativo do Poder Legislativo ou Executivo; e

c) que a obrigação legal assumida pelo ente perdure, pelo menos, por um período superior a 02 (dois) exercícios financeiros.

Obriga a Lei de Responsabilidade Fiscal que o responsável pelo aumento da despesa criada comprove que o referido aumento não irá comprometer as metas de resultados previstas no *anexo das metas fiscais* integrante da Lei de Diretrizes Orçamentárias, e que os seus efeitos financeiros, correlacionados com exercícios seguintes, sejam compensados com aumento permanente da receita ou com a diminuição permanente da despesa (arts. 4º, §1º; 17, §2º).

É importante que se frise que somente serão consideradas como aumento permanente da receita as medidas condizentes com a *elevação de alíquotas, ampliação da base de cálculo, majoração ou criação de tributo ou contribuição.* Na prática, a *despesa obrigatória de caráter continuado* somente poderá ser executada quando as respectivas medidas compensatórias do aumento da despesa pública, por ela provocado, já se encontrem em pleno vigor (art. 7º, §§3º e 5º).

Contudo, deve ficar realçado que as regras destinadas à observância das despesas obrigatórias de caráter continuado não têm aplicação quando o aumento desta decorrer de gastos pertinentes aos serviços da dívida ou de reajustamento da remuneração dos servidores públicos de que trata o Inciso X do art. 37 da Constituição Federal (art. 17, §7º da LRF).

De resto deve ficar informado que a prorrogação de despesa é considerada pela LRF como geração de nova despesa, devendo, consequentemente, ser considerada para os efeitos legais acima expostos aumento da despesa decorrente dessa prorrogação (art. 17, §7º).

São exemplos de despesas obrigatórias de caráter continuado as *subvenções sociais ou econômicas* (art. 12, §3º, incisos I e II, LC nº 4.320/64), alimentação escolar, contribuição à previdência privada, fundo de manutenção e desenvolvimento da educação básica e de valorização dos profissionais da educação (FUNDEB), pagamento de benefício de prestação continuada à pessoa idosa, pagamento de benefício de prestação continuada à pessoa portadora de deficiência, pagamento de benefício de abono salarial e pagamento do benefício do seguro desemprego.

5.5.2 Despesas com Pessoal

Despesa de pessoal é todo o dispêndio egresso dos cofres públicos que tenha por finalidade o pagamento de remuneração das *pessoas físicas* que prestam serviços à Administração Pública, em decorrência de *vinculação empregatícia,* na condição de ocupantes de cargos, funções ou empregos públicos, como servidores civis ou militares, ativos e inativos, bem como os pensionistas e os *agentes políticos* ocupantes de cargos políticos ou eletivos.

Conceituando esse tipo de despesa, a Lei de Responsabilidade Fiscal estabeleceu como sendo o total com despesa de pessoal, isto é, "o somatório dos gastos do ente da federação com os ativos, os inativos e os pensionistas, relativos a mandato eletivo, cargos, funções ou empregos, civis, militares e de membros de Poder, com quaisquer espécies remuneratórias, tais como vencimentos e vantagens, fixas e variáveis, subsídios, proventos da aposentadoria, reformas e pensões, inclusive adicionais, gratificações, horas extras e vantagens pessoais de qualquer natureza, bem como encargos sociais e contribuições recolhidas pelo ente às entidades de previdência" (art. 18).

É de valiosa importância saber que o conceito oferecido pela Lei de Responsabilidade Fiscal tem efeito legal apenas com relação ao texto da referida lei, daí porque explica a referida verba legal que "para os efeitos desta lei complementar, entende-se, como despesa total de pessoal" [...] (art. 18, Caput).

Do texto acima reproduzido recolhe-se a lição de que os dispêndios ali discriminados se referem, exclusivamente, a gastos realizados com servidores públicos civis e militares, ativos e inativos, pensionistas e os agentes políticos ocupantes de cargos políticos e eletivos.

Quanto aos valores pagos às pessoas em decorrência da celebração de contratos de terceirização de mão de obra, que se refiram à substituição de servidores ou empregados públicos, estes deverão ser contabilizados em conta patrimonial específica denominada de "outras despesas de pessoal".

Como medida de controle das despesas a serem realizadas com pessoal, estabeleceu a referida lei complementar que o seu total deverá ser apurado durante o exercício financeiro em execução, através de uma *fiscalização quadrimestral*, para que se iniba que o seu montante ultrapasse os limites fixados no seu texto.

Determina a Lei de Responsabilidade Fiscal n⁰ 101/00 que essa apuração do total da despesa realizada com pessoal deverá se processar, somando-se a despesa do mês com o total da despesa realizada durante o período compreendido nos onze meses imediatamente anteriores ao *mês de competência*, observando-se o *regime de competência* previsto na Lei Complementar n⁰ 4.320/64, em seu *art. 35, II*, isto é, compreendendo apenas os meses pertencentes ao mesmo exercício do *mês de competência* da despesa (art. 18, §2⁰, LRF).

De acordo com o disposto do art. 19 da LRF, os limites máximos estabelecidos para o total da despesa com pessoal são para a União 50% (cinquenta por cento), 60% (sessenta por cento) para os Estados, 60% (sessenta por cento) para o Distrito Federal e 60%

(sessenta por cento) para os Municípios, calculados sobre suas respectivas receitas correntes líquidas, observado o que dispõe o Inciso IV do art. 1º da LRF.

Cumpre esclarecer que para apuração do total da despesa com pessoal não devem ser computados os gastos relativos às indenizações decorrentes das demissões de servidores e empregados públicos, os dispêndios realizados com incentivos à demissão voluntária e com a convocação extraordinária do Congresso Nacional pelo Presidente da República, pelos Presidentes das Câmaras dos Deputados e do Senado Federal, ou a requerimento da maioria dos membros de ambas as Casas, em caso de urgência ou interesse relevante.

Também não serão computadas as despesas com pessoal decorrente da decisão judicial da competência de exercício anterior ao da apuração, as despesas com pessoal do Distrito Federal e dos Estados do Amapá e Roraima amparadas com recursos repassados pela União, na forma dos Incisos XIII e XIV do art. 21 da Constituição Federal, as despesas com inativos ainda que por via de fundo de natureza específica e custeadas por contribuições dos segurados, ou da compensação financeira de que é objeto o §9º do art. 201 da Constituição Federal, bem como das demais receitas arrecadadas diretamente por fundo previdenciário, produto de alienação de bens, direitos e ativos, ou superávit financeiro (art. 19, §1º, LRF).

Informa-se, no ensejo, que quanto às despesas com pessoal originadas de sentença judicial, respeitado o regime de competência da despesa, esta deverá ser computada no limite do respectivo Poder ou órgão (art. 19, §2º, LRF).

Quanto aos limites dos Municípios, a LRF fixou, a princípio, em 60% (sessenta por cento) o teto máximo para o total de suas despesas com pessoal, estabelecendo que deste percentual 54% (cinquenta e quatro por cento) se destinaria às despesas com o pessoal do quadro do Poder Executivo e 6% (seis por cento) para o pessoal do Poder Legislativo (art. 20, III, LRF), limites estes que só vigoraram de 05 de maio de 2000 a 31 de dezembro do mesmo ano.

Com o surgimento da Emenda Constitucional nº 25, de 14 de fevereiro de 2000, que entrou em vigor a partir de 1º de janeiro do ano de 2001, o total das despesas das Câmaras Municipais, incluindo-se os gastos com pessoal, passou a obedecer aos limites máximos fixados pela Emenda Constitucional em referência, que introduziu no corpo permanente da Constituição Federal o art. 29-A, observado o critério populacional de cada Município.

Acresça-se ao exposto que do total da cota financeira destinada ao Poder Legislativo Municipal não poderá este gastar mais do que 70% (setenta por cento) com pessoal, incluindo-se os subsídios dos vereadores (§1º, art. 29-A, CF).

Por força do que dispõe o art. 20 da LRF, os percentuais máximos da Receita Corrente Líquida, fixados pelo art. 19 como teto das despesas com pessoal dos entes federativos foram subdivididos, obedecendo à distinção ali estabelecida para cada Poder ou órgão.

Na esfera Federal, a redistribuição do seu percentual máximo para despesa com pessoal obedece à seguinte ordem:

a) de 2,5% (dois inteiros e cinco décimos por cento) para o Poder Legislativo, incluído o Tribunal de Contas;

b) de 6% (seis por cento) para o Poder Judiciário;

c) de 40,9 % (quarenta inteiros e nove décimos por cento) para o Poder Executivo, dos quais 3% (três por cento) se destinam às despesas com Pessoal, previstas nos incisos XIII e XIV do art. 21 da Constituição Federal e art. 31 da Emenda Constitucional 19, de 04 de junho de 1998; e

d) de 0,6% (seis décimos por cento) para o Ministério Público da União.

Na esfera estadual e no Distrito Federal, a redistribuição do percentual máximo da despesa com pessoal deve seguir os seguintes percentuais:

a) 3% (três por cento) para o Poder Legislativo, incluído o Tribunal de Contas;

b) 6% (seis por cento) para o Poder Judiciário;

c) 49% (quarenta e nove por cento) para o Poder Executivo; e

d) 2% (dois por cento) para o Ministério Público Estadual.

Por fim, no âmbito dos Municípios, a redistribuição segue, atualmente, os seguintes percentuais:

a) 8% (oito por cento), 7% (sete por cento), 6% (seis por cento), 5% (cinco por cento), de acordo com o número de habitantes (incisos I a IV do art. 29-A, CF), calculados sobre o somatório da receita prevista no caput do art. 29-A da Constituição Federal; e

b) para o Pessoal do Poder Executivo, observado o número de seus habitantes, variará de 52% (cinquenta e dois por cento) a 54% (cinquenta e quatro por cento), calculados sobre a Receita Corrente Líquida destes entes federativos.

Referentemente à despesa das Câmaras de Vereadores, deve ficar esclarecido que não pode esta gastar mais do que 70% (setenta por cento) de sua receita com folha de pagamento, incluindo-se, nesta, o gasto com o subsídio de seus vereadores, constituindo crime de responsabilidade do seu Presidente o desatendimento desta obrigação. Também, constituem crimes de responsabilidade do Prefeito Municipal o ato de repasse que supere o valor definido como receita da Câmara Municipal ou enviá-lo a menor do que aquele a que tem direito como receita definida por lei (art. 29-A, CF), bem como não fazer esse repasse até o dia 20 (vinte) de cada mês.

Porém, deve ser realçado que o controle da despesa com pessoal não deve restringir-se somente à verificação do cumprimento dos limites de despesas fixados por lei. Também deve ser verificado se o ato que provocou aumento de despesa com pessoal atendeu às exigências correlacionadas com a estimativa do impacto orçamentário-financeiro da despesa e da declaração do ordenador da despesa em que certifique que o aumento desta tem perfeita adequação orçamentária e financeira com a Lei Orçamentária Anual, compatibilidade com o plano plurianual e com a Lei de Diretrizes Orçamentárias, na forma dos Incisos I e II do art. 16 da LRF.

Além dessas exigências, devem ainda ser objeto de verificação:

a) o disposto no art. 17 da LRF e a existência de vinculação ou equiparação de quaisquer espécies de remuneração previstas em desacordo com a Constituição Federal (art. 37, XIII);

b) as concessões de vantagens, criação de cargos, empregos e funções, ou alteração de estrutura de carreiras, admissão ou contratação de pessoal, a qualquer título, pela Administração direta, indireta e fundacional sem a existência de prévia dotação orçamentária suficiente para atender a despesa de pessoal e seu respectivo aumento, bem como a existência de autorização específica na Lei de Diretrizes Orçamentárias, ressalvadas as empresas públicas e economia mista (art. 169, §1º, CF);

c) a existência de ato de aumento de despesa editado nos 180 (cento e oitenta) dias anteriores ao mandato do titular do respectivo Poder ou órgão referido no art. 20 da LRF; e

d) se a despesa com pessoal já excede a 95% (noventa e cinco por cento) do percentual estabelecido como limite para o valor global da despesa com pessoal.

São reputados nulos os atos que promovam o aumento de despesa com pessoal e que se ressintam das falhas anteriormente apontadas, ficando civilmente responsabilizado pelo valor da nova despesa o seu ordenador.

No caso de a despesa de pessoal atingir 95% (noventa e cinco por cento) do limite fixado por lei, deverão os órgãos de fiscalização exigir o cumprimento das exigências contidas no parágrafo único do art. 22 da LRF.

Segundo estabelece o art. 23 da LRF, ocorrendo a hipótese de extrapolação dos limites estipulados no art. 20, a parte excedente da despesa deverá ser eliminada nos *dois primeiros quadrimestres*, reduzindo-se de, pelo menos, um terço no primeiro quadrimestre, devendo-se adotar, para tanto, as medidas previstas nos §§3º e 4º do art. 169 da Constituição Federal, bem como, a redução da jornada de trabalho, adequando-se a remuneração à nova carga horária (art. 23, §§1º e 2º da LRF).

Se mesmo após as medidas adotadas, não for alcançada a redução da despesa dentro do prazo estabelecido, ficará o ente federativo impedido de receber as *transferências voluntárias*, de obter *garantia direta ou indireta* de outro ente, e de contratar *operações de crédito*, excluindo-se dessa vedação as operações relativas ao refinanciamento da dívida mobiliária e aquelas que objetivem à redução das despesas com pessoal.

5.5.3 Despesas com a seguridade social

As despesas realizadas com a seguridade social são financiadas de forma *direta e indireta* por toda a sociedade. De forma direta, através do pagamento de contribuições sociais. De forma indireta, mediante os impostos (art. 195, CF).

Tanto os benefícios quanto os serviços relativos à seguridade social somente poderão ser criados, majorados ou estendidos, quando indicada a respectiva fonte de custeio total, bem como quando ficar demonstrada a estimativa de que seu impacto orçamentário-financeiro não afetará o cumprimento das metas de resultados fiscais previstas no *anexo das metas fiscais*, de que é objeto o §1º do art. 4º da LRF. Exige, também, a Lei de Responsabilidade Fiscal nº 101/00 que os efeitos financeiros decorrentes do aumento da despesa, nos exercícios seguintes, sejam compensados pelo aumento permanente da receita.

Como aumento permanente de receita somente será considerado o proveniente da elevação de alíquotas, da ampliação da base de cálculo e da majoração ou criação de tributo ou contribuição. Enquanto as medidas compensatórias não se encontrarem em pleno vigor, a nova despesa não poderá ser realizada (art. 17, §§3º e 5º, LRF).

Advirta-se, contudo, que as medidas de compensação financeira previstas pelo art. 17 não serão aplicadas, quando o aumento da despesa decorrer da concessão de benefício a quem satisfaça as condições de habilitação previstas pela legislação pertinente, da expansão quantitativa do atendimento e dos serviços prestados ou do reajustamento do valor do benefício ou serviço, com o objetivo de preservar o seu valor real (§1º, art. 24, LRF).

Tudo quanto acima se afirmou, com referência à matéria, tem plena aplicação aos benefícios ou serviços de saúde, previdência e assistência social, inclusive os destinados aos servidores públicos e militares, ativos e inativos, e aos pensionistas (§2º, art. 24, LRF).

CAPÍTULO 6

TRANSFERÊNCIAS DE RECURSOS

Sumário: **6.1** Conceito e espécies de transferências – **6.1.1** Transferências correntes – **6.1.2** Transferências de capital – **6.1.3** Transferências voluntárias

6.1 Conceito e espécies de transferências

Originariamente, a matéria tem tratamento legal no texto da Lei Complementar nº 4.320/64.

Em Direito Financeiro, aquilo que se designa por *transferências* são cotas de recursos financeiros que uma entidade pública deve transferir a outra e que são incluídas como *receita apropriada* no orçamento da beneficiária, e como *despesa a ser realizada* no orçamento da entidade que se obriga a repassar a transferência (art. 6º §1º da LC nº 4.320/64).

Convém esclarecer que do recebimento dessas transferências não resulta obrigação de contraprestação direta, em bens ou serviços, por parte da entidade beneficiária dos recursos financeiros perante a repassadora dos mesmos.

Essas cotas financeiras quando determinadas pelo texto constitucional ou por outra lei específica denominam-se de *transferências constitucionais, legais* ou *obrigatórias*; quando decorrem de convênios ou atos congêneres, são denominados de *transferências voluntárias*.

De acordo com a natureza econômica das despesas que elas visam atender, são denominadas de *transferências correntes* as destinadas à cobertura de gastos classificáveis como *despesas correntes* e de *transferências de capital* as que se destinam a amparar os gastos classificáveis como *despesa de capital* (art. 12, §§2º e 6º, LC nº 4.320/64).

6.1.1 Transferências correntes

Ao tratar da classificação das contas públicas, sob o *aspecto econômico* dos gastos públicos, a Lei Complementar nº 4.320/64 estabeleceu no §2º do art. 12 que "Classificam-se como Transferências Correntes as dotações para despesas às quais não corresponda contraprestação direta em bens ou serviços, inclusive para contribuições e subvenções a atender à manutenção de outras entidades de direito público ou privado".

É bom frisar que as dotações destinadas ao atendimento das despesas de manutenção são aquelas incluídas como *despesas de custeio* (despesas correntes), como bem define a Lei Complementar nº 4.320/64 (art. 12, §1º).

Tal como visto no texto do §2º do art. 12 retrotranscrito, tanto as *subvenções* quanto as *contribuições* constituem transferências correntes.

As *subvenções* podem ter natureza social ou econômica.

Subvenções sociais são transferências correntes que visam atender a instituições públicas ou privadas de caráter assistencial ou cultural sem finalidade lucrativa (art. 12, §3º, I da LC nº 4.320/64).

Subvenções econômicas são transferências correntes destinadas às empresas públicas ou privadas de caráter industrial, comercial, agrícola ou pastoril, e objetivam a cobertura dos déficits de manutenção dessas empresas, sendo obrigadas a constar de autorização na Lei Orçamentária Anual (art. 12, §3º, II e art. 18 da LC nº 4.320/64).

As *contribuições* referidas no texto legal, acima indicadas, são *transferências correntes* destinadas à cobertura de despesas de manutenção dos serviços públicos que uma entidade pública repassa para outra a título de colaboração financeira.

Também são exemplos de *transferências correntes* os recursos destinados ao pagamento de *pessoal inativo, juros da dívida pública, contribuições da previdência social* e, igualmente, os recursos repassados pela União, por via do Fundo de Participação dos Estados (FPE), Fundo de Participação do Distrito Federal (FPDF), Fundo de Participação dos Municípios (FPM), Cota-Parte do Imposto Sobre a Propriedade Territorial Rural, Cota-Parte Sobre Produtos Industrializados, e pelos Estados, como é o caso do Cota-Parte do Imposto Sobre Circulação de Mercadoria e Serviço (ICMS).

6.1.2 Transferências de capital

Segundo a classificação econômica estabelecida pela Lei Complementar nº 4.320/64, "São transferências de capital as dotações para investimentos ou inversões financeiras que outras pessoas de direito público ou privado devam realizar, independente de contraprestação direta em bens ou serviços, constituindo auxílios ou contribuições, segundo derivem diretamente da Lei Orçamentária ou de lei especial anterior, bem como as dotações para amortização da dívida pública" (§6º do art. 12).

Do conceito de *transferências de capital* oferecido pela Lei Complementar nº 4.320/64, através do parágrafo acima transcrito, pode-se afirmar que essas transferências constituem cotas financeiras repassadas de entes federativos para outros, de orçamento a orçamento, destinadas exclusivamente ao atendimento de despesas de capital, sem que disso decorra obrigação de contraprestação direta em bens ou serviços da parte do ente beneficiário do repasse desses recursos, perante o ente repassador dos mesmos.

Quem dá a certeza desse entendimento é a interpretação do disposto do §6º do art. 12, combinado com o disposto no §1º do art. 6º e no art. 13 da Lei Complementar nº 4.320/64.

De fato, todas as despesas classificáveis como despesas de capital, ou estão agrupadas sob o título de *investimentos*, ou de *inversões financeiras* (art. 13, LC nº 4.320/64). Daí a razão pela qual o §6º do art. 12 afirmar que as transferências de capital são as dotações destinadas ao custeio das despesas com "investimentos ou inversões financeiras".

Ao disciplinar o assunto, prescreveu a referida Lei Financeira a vedação da concessão de auxílio para *investimentos*, feita mediante a Lei de Orçamento Anual, que devam se incorporar ao patrimônio das empresas privadas com finalidades lucrativas. Esta vedação, contudo, não alcança às transferências de capital realizadas por via dos orçamentos dos fundos especiais ou por intermédio de dotações sob o regime excepcional de aplicação.

Por dotação sob regime excepcional de aplicação quer o texto legal referir-se às dotações globais destinadas aos *programas especiais de trabalho* que, por sua natureza, não possam cumprir-se subordinadamente às normas gerais de execução de despesa (art. 20, LC nº 4.320/64).

São exemplos de *transferências de capital* as dotações destinadas aos repasses feitos para *amortização da dívida pública, auxílios para obras públicas, auxílios para inversões financeiras*, etc.

6.1.3 Transferências voluntárias

De tudo quanto ficou exposto anteriormente, já se presume que as *transferências voluntárias* são os repasses de cotas financeiras que uma entidade repassa a outra em decorrência de *convênio, contrato, ajuste, acordo*, ou de outros instrumentos congêneres, por razões de descentralização administrativa (art. 10 do Decreto-Lei nº 200/67) ou por motivo de colaboração financeira feita por um a outro ente político.

O certo é que os repasses de recursos realizados por força de convênios ou de outros instrumentos da mesma natureza, feitos em atenção a qualquer das razões acima mencionadas, não têm caráter de obrigatoriedade, como ocorre com as determinadas pelos textos constitucionais ou lei específica — que se tornam obrigatórias —, e por isso, ao contrário daquelas, estas são denominadas de *transferências voluntárias*.

Quando a transferência voluntária se opera em razão da descentralização administrativa, em que o ente político transfere recursos financeiros de sua propriedade para outro, o faz para que este desempenhe atividades da obrigação constitucional ou legal do ente repassador dos recursos.

Ao desempenhar as atividades administrativas do repassador dos recursos, o ente recebedor desses repasses passa a desenvolver aquelas atividades constitucionais e legais do repassador em questão, desenvolvendo-as não só em nome daquele, como também, com os recursos próprios do mesmo. Em razão dessa circunstância os recursos assim repassados não constituirão receita apropriada do ente federativo recebedor da transferência.

Não é por outra razão que, quando a União faz essa transferência a outros entes federativos, a título de descentralização administrativa, os recursos repassados continuam a pertencer à União, cabendo, portanto, ao Tribunal de Contas da União a competência para fiscalizá-los (art. 71, VI, CF).

A autorização feita ao administrador federal para se utilizar dessa forma de descentralização administrativa está contida na alínea "b" do §1º do art. 10 do Decreto-Lei nº 200/67 que estabelece:

> Art. 10 – A execução das atividades da Administração Federal deverá ser amplamente descentralizada.
>
> §1º – a descentralização será posta em prática em três planos principais:
>
> [...]

b – da Administração Federal para as unidades federais quando estejam devidamente aparelhadas e mediante convênio. (grifado)

Adiante-se, desde já, que tanto as transferências obrigatórias quanto as transferências voluntárias podem ter natureza de *transferências correntes* como de *transferências de capital*, de acordo com sua classificação econômica, ou seja, de acordo com a natureza do atendimento da despesa a que estiverem vinculados os seus recursos financeiros, isto é, a despesas correntes ou a despesas de capital.

Sobre a matéria, a Lei de Responsabilidade Fiscal emitiu o conceito de *transferências voluntárias* quando estabeleceu que "Para efeito desta Lei Complementar, entende-se por transferência voluntária a entrega de recursos correntes ou de capital a outro ente da Federação, a título de cooperação, auxílio ou assistência financeira, que não decorra de determinação constitucional, legal ou os destinados ao Sistema Único de Saúde" (art. 25).

Do texto reproduzido já se constata que o referido diploma legal faz referência exclusiva às *transferências voluntárias*, que não se enquadram na natureza daquelas decorrentes da descentralização administrativa, prevista pelo Decreto-Lei nº 200/67, acima citado, mas, sim, de transferências de recursos feitas com o objetivo de *cooperação, auxílio ou assistência financeira* que uma unidade federativa concede à outra, independentemente de previsão constitucional ou legal, ressalvando, ainda, aquelas transferências que se fazem obrigatoriamente ao Sistema Único de Saúde (SUS).

Ao excluir os repasses financeiros destinados ao SUS, quis o legislador brasileiro dar maior clareza ao texto do art. 25, transcrito, uma vez que, em se tratando de recursos repassados por força de lei, como é o caso das transferências citadas, não teria a necessidade de fazer tal referência no texto do artigo, por se tratar de *transferências obrigatórias*, como já explicado.

Por exigência da Lei de Responsabilidade Fiscal, para a realização de *transferências voluntárias* é necessário que o ente transferidor tenha previsto na sua Lei Orçamentária Anual ou em crédito adicional dotações específicas que comportem a natureza das transferências a serem efetivadas, quais sejam, transferências correntes ou transferências de capital (art. 25, §1º, I, LRF e art. 12, §§2º e 6º, LC nº 4.320/64).

Exige, também, a referida lei (§1º, art. 25, LRF) que as *transferências voluntárias* não se destinem à cobertura de gastos com despesas de pessoal ativo, inativo e pensionista, dos Estados, Distrito

Federal e Municípios, e que a sua concessão fique submetida à prévia comprovação de que o ente público se encontra plenamente quitado com relação:

a) a pagamento de tributos;
b) a empréstimos devidos ao ente transferidor;
c) à obrigação de apresentação de prestação de contas correspondente a recursos dele recebido anteriormente;
d) à previsão orçamentária de contrapartida;
e) ao cumprimento dos limites de aplicação estabelecidos constitucionalmente para educação e saúde e a observância dos limites legais estipulados para as dívidas consolidada e mobiliária;
f) às operações de crédito, inclusive, por antecipação da receita; e
g) à inscrição em Restos a Pagar e para o total da despesa com pessoal.

Exige mais, que as *transferências voluntárias* sejam aplicadas *exclusivamente* às despesas compreendidas dentro de suas finalidades, vedando, portanto, sua aplicação em finalidades diversas daquelas previstas ou pactuadas (§2º, art. 25, LRF).

Por fim, falta dizer que, quanto à aplicação das sanções de suspensão das *transferências voluntárias* previstas no texto da LRF, estas não alcançam aquelas relativas às ações da educação, saúde e assistência social (§3º, art. 25, LRF).

Capítulo 7

Dívida Pública

Sumário: 7.1 Noções preliminares – **7.2** Conceito e espécies de dívida pública – **7.3** Dívida Pública Consolidada – **7.4** Dívida Pública Mobiliária – **7.5** Dívida Consolidada Líquida – **7.6** Dívida flutuante

7.1 Noções preliminares

Tal como focalizado no início deste trabalho, o Poder Público, muitas vezes, lança mão das *operações de crédito* como forma de arrecadar dinheiro destinado ao financiamento de seus investimentos, em razão do que passa a assumir dívidas que têm origem ora junto às instituições bancárias, mediante a contratação de empréstimos, ora junto ao patrimônio dos particulares, através da emissão de títulos da dívida pública.

Contudo, deve ficar explicado que não são somente essas formas de consecução de numerário que criam a dívida pública. Outras existem que contribuem para a criação e aumento da mesma, e por essa razão são equiparadas às operações de crédito, tais como os compromissos assumidos com credores situados tanto no País quanto no exterior, originados do *mútuo, abertura de crédito, emissão e aceite de título, aquisição financiada de bens, recebimento antecipado de valores provenientes da venda a termo de bens e serviços, arrendamento mercantil* e outras operações assemelhadas, das quais resultam derivados financeiros.

Equiparam-se também às operações de crédito, resultando na criação ou aumento da dívida, o recebimento antecipado de valores das empresas em que o Poder Público detenha, direta ou indiretamente, a maioria do capital social com direito a voto, excetuados os valores correspondentes a lucros e dividendos recebidos na forma da legislação, a assunção direta de compromisso financeiro, confissão de dívida ou operação assemelhada com fornecedor de bens, mercadorias ou serviços, mediante emissão, aceite ou aval de títulos de crédito, assunção de obrigação sem autorização orçamentária com fornecedores para pagamento *a posteriori* de bens e serviços.

Entre estes, devem ser incluídos os restos a pagar que não tenham a devida disponibilidade financeira em *Caixa*, de que é objeto o art. 42 da LRF, pois resultam da realização de despesas para as quais o órgão público não dispunha, no momento da criação do compromisso, dos recursos financeiros necessários para cobri-los.

Bens e serviços assim adquiridos importam em aquisição financiada, operação equiparada às de *crédito* e, portanto, submetida às mesmas exigências feitas para a realização destas, o que não só gera *dívida pública* como também pode aumentá-la quando já existente.

7.2 Conceito e espécies de dívida pública

Dívida pública é o montante total dos compromissos financeiros, apurado sem duplicidade, originado das obrigações financeiras, inclusive as provindas de emissão de títulos assumidas pelo Poder Público, em razão da edição de leis, celebração de contratos, convênios ou tratados e da realização das operações de crédito para amortização superior a doze meses, e das operações de crédito com prazo inferior ao prazo referido, que tenham constado como receitas no orçamento.

Por dívida pública deve ser entendida o montante total das obrigações financeiras da União, dos Estados, do Distrito Federal e dos Municípios assumidas em virtude de lei, emissão de títulos, contratos e tratados, operações de crédito para amortização em prazo superior a 12 (doze) meses, e as operações de crédito, com prazo de amortização inferior a 12 (doze) meses desde que estas tenham constado como receita do orçamento.

Ao regulamentar a LRF, a Resolução SF nº 43/01 conceituou a dívida pública sob três aspectos, a saber: *Dívida Pública Consolidada*; *Dívida Pública Mobiliária e Dívida Consolidada Líquida*, não havendo feito qualquer referência relativamente à *dívida flutuante*.

Veja-se, logo a seguir, em que consiste cada uma dessas espécies de dívidas previstas pela legislação pertinente.

7.3 Dívida Pública Consolidada

Segundo o conceito da Resolução do Senado Federal nº 43/01, alterada pela Resolução SF nº 03/02, que regulamentou a LRF, Dívida Pública Consolidada "é o montante total, apurado sem duplicidade, das obrigações financeiras, inclusive as decorrentes de emissão de títulos do Estado, do Distrito Federal ou do Município, assumidas em virtude de leis, contratos, convênios ou tratados e da realização de operações de crédito para amortização em prazo superior a 12 (doze) meses, dos precatórios judiciais emitidos a partir de 05 de maio de 2000 e não pagos durante a execução do orçamento em que houverem sido incluídos, e das operações de crédito que, embora de prazo inferior a 12 (doze) meses, tenham constado como receitas do orçamento" (art. 2º, III).

Do conceito retrorreproduzido, constata-se que no montante total da *Dívida Pública Consolidada* estão reunidos os montantes das obrigações financeiras assumidas mediante a *dívida pública contratada*, que é aquela originada da celebração de contratos, convênios ou tratados junto às instituições financeiras ou bancárias, e a *Dívida Pública Mobiliária*, que é a originada da emissão de *títulos de dívida pública*, cujos recursos são obtidos das pessoas jurídicas públicas ou privadas e das pessoas físicas.

As obrigações financeiras existentes entre as Administrações Públicas diretas dos Estados, do Distrito Federal e dos Municípios e seus respectivos fundos, suas autarquias, suas fundações e suas empresas estatais dependentes ou entre estes, não deverão ser incluídas no montante da *dívida consolidada*. É o que determina o art. 2º em seu parágrafo único da Resolução SF nº 43/01 quando expressa que "A Dívida Pública Consolidada não inclui as obrigações existentes entre as administrações diretas dos Estados, do Distrito Federal ou dos Municípios e seus respectivos fundos, autarquias, fundações e empresas estatais dependentes, ou entre estes".

Como é sabido, os entes federativos não têm, atualmente, a liberdade plena para contrair obrigações financeiras de qualquer valor, estando todos eles subordinados a regras limitadoras de suas condutas neste campo de atuação pública (art. 32, LRF).

Regulamentando o Inciso I do art. 30 da LRF, a Resolução SF nº 43/01 estabeleceu que os Estados, o Distrito Federal e os Municípios não poderão, em um mesmo exercício, contrair obrigações financeiras cujo montante total ultrapasse o limite de 16% (dezesseis por cento) da Receita Corrente Líquida definida no Inciso IV do art. 2º da LRF, vedando, outrossim, o comprometimento anual superior a 11,5% (onze inteiros e cinco décimos por cento) da mesma Receita Corrente Líquida com pagamentos de amortizações, juros e demais encargos da dívida consolidada, incluindo-se os relativos a valores a desembolsar, em operações de crédito já contratadas e a contratar (art. 7º, I e II, Resolução SF nº 43/01).

Integram a *dívida fundada*, ou *consolidada*, as operações de crédito que, embora com prazo inferior a 12 (doze) meses, tenham tido os seus valores indicados como receita na Lei Orçamentária Anual. Quanto à *dívida fundada* ou *consolidada* pertencente à União, inclui-se nesta a dívida decorrente da emissão de títulos de responsabilidade do Banco Central do Brasil (art. 29, §2º, LRF).

Se for constatado, ao final de um quadrimestre, que a *dívida fundada* ou *consolidada* — da responsabilidade de qualquer ente da Federação — tenha ultrapassado o seu respectivo limite estabelecido por lei, terá este que adotar as devidas providências para que até o término destes três períodos subsequentes esta se recomponha ao seu limite legal, obrigando-se a reduzir o excedente deste limite em, pelo menos, 25% (vinte e cinco por cento) no primeiro quadrimestre (art. 31, LRF).

Enquanto perdurar o excesso da dívida, em desobediência ao seu respectivo limite legal, ficará a unidade federativa impossibilitada de realizar operação de crédito interna ou externa, inclusive por antecipação da receita, ressalvando-se, apenas, o refinanciamento do principal atualizado, correspondente à dívida mobiliária, devendo, também, adotar de imediato, entre outras medidas, a edição do ato de *limitação de empenho e movimentação financeira* nos termos do art. 9º da LRF (art. 31, §1º, I e II, LRF).

7.4 Dívida Pública Mobiliária

Dívida Pública Mobiliária é a dívida constituída pelos entes federativos através de lei e representada mediante emissão de títulos da dívida pública.

Ao emitir o conceito de Dívida Pública Mobiliária, a Lei de Responsabilidade Fiscal deixou expresso no seu texto que é aquela "dívida pública representada por títulos emitidos pela União inclusive os do Banco Central do Brasil, Estados e Municípios" (art. 29, II), excluindo da relação dos entes federativos indicados o Distrito Federal.

Inobstante a existência dessa omissão, ao emitir sua definição sobre a matéria, a Resolução SF nº 43/01 registra que "Dívida Pública Mobiliária: dívida pública representada por títulos emitidos pelos Estados, pelo Distrito Federal ou pelos Municípios" (art. 2º, IV). Incluindo desta feita o Distrito Federal e excluindo a União e o Banco Central do Brasil.

Quanto à omissão da indicação do Distrito Federal cometida pela Lei de Responsabilidade Fiscal (art. 29, II), é necessário que se esclareça que este próprio diploma legal já deixou registrado no Inciso II do §3º do seu art. 1º, que, nas "referências feitas aos Estados", entende-se considerado o "Distrito Federal".

Relativamente às omissões correlatas à indicação da União e do Banco Central do Brasil, no texto do Inciso IV do art. 2º da Resolução SF nº 43/01, que serve de regulamentação à Lei de Responsabilidade Fiscal, há de se considerar que em nada alterou o fato de que tanto os títulos emitidos pela União, quanto os títulos emitidos pelo Banco Central do Brasil são constitutivos da Dívida Pública Mobiliária do citado ente federativo, em face ao que determina a LRF (art. 29, §2º).

Segundo disposição expressa da Resolução SF nº 43/01, os Estados, o Distrito Federal e os Municípios somente poderão emitir títulos da dívida pública até 31 de dezembro de 2010 e, tão somente, no montante necessário ao refinanciamento do principal da dívida mobiliária, devidamente atualizado (art. 11). É bom saber que o refinanciamento de Dívida Pública Mobiliária se processa, também, por via da emissão de títulos da dívida pública (art. 29, V, LRF).

Resta dizer que a Dívida Pública Mobiliária pode ser interna ou externa, conforme o mercado de origem dos recursos financeiros ou praça de origem da operação. *Interna*, quando operacionalizada dentro do mercado do próprio país, e *externa* quando operacionalizada no mercado exterior.

Para concluir, cumpre realçar que a *dívida mobiliária* é a decorrente da emissão de títulos da dívida pública autorizada por lei, e que é totalmente representada através desses títulos. Acrescente-se mais que, para o processamento de refinanciamento desse tipo de dívida, o procedimento a ser seguido será o mesmo que deu início à dívida principal, isto é, através de lei que autorize a emissão de títulos.

7.5 Dívida Consolidada Líquida

O regulamento da LRF, concretizado através da Resolução nº 43/01 do Senado Federal, ao tratar das conceituações das dívidas públicas, propôs, para a *Dívida Consolidada Líquida*, o conceito de que é a "dívida consolidada deduzidas as disponibilidades de caixa, as aplicações financeiras e os demais haveres financeiros" (art. 2º, V). Emerge do dispositivo legal retrotranscrito a lição de que a *Dívida Consolidada Líquida* não passa de um aspecto financeiro da dívida fundada ou consolidada, sendo aquela (Dívida Consolidada Líquida), portanto, o resultado do montante total da dívida fundada ou consolidada excluídos do seu valor total os saldos ou as disponibilidades financeiros existentes em caixa, e, ainda, aquelas disponibilidades originadas das aplicações financeiras e, igualmente, a exclusão dos valores dos demais haveres financeiros pertencentes à unidade federativa.

De acordo com a Resolução nº 43/01, tanto as operações de crédito interno quanto as de crédito externo dos Estados, do Distrito Federal e dos Municípios não poderão constituir, em um exercício financeiro, uma dívida superior a 16% (dezesseis por cento) de sua respectiva Receita Corrente Líquida, que deve ser calculada ou definida nos termos do art. 4º da referida Resolução e nos termos do Inciso IV e §§1º a 3º, do art. 2º da LRF.

Também é exigência da mesma Resolução que os entes federativos retronomeados não podem comprometer, anualmente, com pagamentos de amortizações, juros e demais encargos da dívida, um desembolso financeiro que venha superar uma cifra global correspondente a 11,5% (onze inteiros e cinco décimos por cento) do valor de sua respectiva Receita Corrente Líquida (art. 7º, II).

Ao dispor sobre o limite global do montante da Dívida Consolidada Líquida dos Estados, do Distrito Federal e dos Municípios, a Resolução SF nº 40/01 assinalou que, a partir do final do décimo quinto exercício financeiro, contado do encerramento do ano da publicação desta Resolução (que é de 2001), isto é, contado, portanto, a partir do ano de 2002, os limites destas dívidas não poderão exceder, nos Estados e no Distrito Federal, de 2 (duas) vezes, e nos Municípios, a 1,2 (um inteiro e dois décimos) do valor total de suas respectivas receitas correntes líquidas (art. 3º, Resolução nº 40/01).

Estabeleceu, ainda, a Resolução SF nº 40/01 que, durante o prazo dos 15 (quinze) exercícios financeiros compreendidos entre a data da sua publicação e o final do décimo quinto exercício, os Estados, o Distrito Federal e os Municípios terão:

a) que reduzir o excedente do limite da Dívida Consolidada Líquida, em pelo menos, 1/15 (um quinze avos), a cada ano financeiro;

Capítulo 7
Dívida Pública | 117

b) que, a cada quadrimestre, seja apurada a relação existente entre o montante da Dívida Consolidada Líquida e a Receita Corrente Líquida, e registrado no Relatório da Gestão Fiscal;

c) que se submete a obrigatoriedade de registrar no Relatório da Gestão Fiscal a redução equivalente a 1/15 (um quinze avos) do montante da Dívida Consolidada Líquida ocorrida em cada exercício;

d) que durante o período de ajuste dos quinze exercícios financeiros, aplicar-se-ão os limites correspondentes de 2 (duas) vezes e de 1,2 (um inteiro e dois décimo) vezes, calculados, respectivamente, sobre as Receitas Correntes Líquidas dos Estados, do Distrito Federal e dos Municípios que, apresente relação entre o montante da Dívida Consolidada Líquida e a Receita Corrente Líquida inferior a esses limites, no final do exercício de publicação desta resolução (2001), e, atinja os limites acima indicados, antes do final do período de ajuste dos quinze exercícios financeiros supramencionados (arts. 3º e 4º, I a IV, Resolução SF nº 40/01).

Decorrido o prazo suprarreferido, ou com outras palavras, depois de esgotado o prazo dos quinze exercícios mencionados, sem que tenham os citados entes federativos observado os limites aqui anunciados, ficarão estes submetidos às disposições dos Incisos I e II do parágrafo único do art. 31 da LRF (art. 3º, parágrafo único, Resolução SF nº 40/01).

Pela Lei de Responsabilidade Fiscal, enquanto perdurar o excesso do montante da dívida decorrente da inobservância dos limites em referência, os entes federativos infratores destes limites ficarão proibidos de realizar qualquer operação de crédito, interna ou externa, inclusive por antecipação da receita, bem como de receber as *transferências voluntárias* da União e dos Estados, ressalvando-se, apenas, as hipóteses de realizações das operações de crédito destinadas ao refinanciamento do principal, devidamente atualizado, da dívida mobiliária pública.

7.6 Dívida flutuante

Como vimos anteriormente, a dívida pública constitui o passivo financeiro do ente da Federação e compreende as espécies de dívidas públicas denominadas de *dívida consolidada* ou *fundada*, *dívida mobiliária* e a *dívida flutuante*.

A *dívida consolidada* é aquela que se origina das operações de crédito cuja amortização ou resgate tem seu prazo estipulado a período superior a 12 (doze) meses. Também foi visto que a *dívida mobiliária* é a que decorre das operações de créditos que se concretizam através da emissão de títulos, do que resulta ser esta totalmente representada mediante os títulos emitidos por força de lei.

Já a *dívida flutuante* é aquela que o ente político contrai por um breve espaço de tempo, sempre inferior a 12 (doze) meses, com a finalidade de socorrer à momentânea *deficiência de caixa*, ou por se encontrar em condição de detentor de valores pertencentes a terceiros ou de fiel depositário destes valores, como são os casos das *cauções, fianças e dos restos a pagar*.

A *dívida flutuante*, quando decorrente de operações de crédito por antecipação da receita orçamentária, por determinação legal, somente poderá se realizar a partir do décimo dia do início de cada exercício financeiro, devendo ser liquidada, tanto no seu principal quanto no tocante aos seus juros e demais encargos financeiros incidentes, até o dia 10 (dez) de dezembro de cada ano financeiro.

Esse tipo de operação não poderá ser autorizado se, em virtude de sua contratação, forem cobrados outros encargos financeiros além da taxa de juros, devendo esta encontrar-se, obrigatoriamente, prefixada ou indexada à taxa básica financeira ou a que vier a esta substituir. Estará proibida, também, de ser realizada enquanto existir operação dessa natureza que não tenha sido integralmente resgatada pela respectiva unidade da Federação, bem como durante o último ano de mandato do Chefe do Poder Executivo (art. 38 da LRF).

Desde que liquidadas dentro do prazo definido por lei, isto é, até o dia 10 (dez) de dezembro de cada ano financeiro, estas operações não serão computadas para os efeitos da vedação correlacionada com "a realização de operações de créditos que excedam o montante das despesas de capital, ressalvadas as autorizadas mediante créditos suplementares ou especiais com finalidade precisa, aprovados pelo Poder Legislativo por maioria absoluta" (art. 38, §1º, LRF e art. 167, III, CF).

Acrescente-se mais que as operações de crédito em questão, quando realizadas pelos Estados, Distrito Federal e Municípios, se processarão mediante a abertura de crédito junto à respectiva instituição bancária, sabendo-se, ainda, que para suas realizações estão elas submetidas à obrigação de processo competitivo eletrônico, a ser promovido pelo Banco Central do Brasil (art. 38, §2º, LRF).

Para concluir, registra-se aqui a informação de que o saldo devedor pertinente à *dívida flutuante* decorrente das operações de crédito por antecipação da receita não poderá exceder, dentro do exercício de sua apuração, o valor equivalente a 7% (sete por cento) da Receita Corrente Líquida (art. 10, Resolução nº 43/01) do ente federativo.

Capítulo 8

Operações de Crédito

Sumário: 8.1 Conceito de operação de crédito – **8.2** Espécies de operações de crédito – **8.3** Limites das operações de crédito – **8.4** Condições para a concessão das operações de crédito – **8.5** Das vedações para as operações de crédito

8.1 Conceito de operação de crédito

Operação de crédito é o instrumento utilizado pelo Poder Público junto às instituições financeiras para a consecução de recursos financeiros destinados ao custeio de seus investimentos, servindo de exemplos a *abertura de crédito, a emissão e aceite de títulos, o mútuo, a aquisição financiada de bens e serviços, o arrendamento mercantil* etc.

A LRF conceituou *operação de crédito* como sendo o "compromisso financeiro assumido em razão de mútuo, abertura de crédito, emissão e aceite de títulos, aquisição financiada de bens, recebimento antecipado de valores provenientes da venda a termo de bens e serviços, arrendamento mercantil e outras operações assemelhadas, inclusive com uso de derivativos financeiros" (art. 29, III).

Por força do que determina a Resolução SF nº 43/01, alterada pela Resolução SF nº 03/02, equiparam-se às *operações de crédito:*

a) os valores recebidos antecipadamente das empresas em que o Poder Público detenha, direta ou indiretamente, a maioria do capital social com direito a voto, excluídos os valores correspondentes à distribuição de lucros e dividendos;

b) a assunção direta de compromisso, confissão de dívida ou operação assemelhada, com fornecedor de bens, mercadorias ou serviços, mediante emissão, aceite ou aval de títulos de crédito; e

c) a assunção de obrigação sem autorização orçamentária com fornecedores para pagamento *a posteriori* de bens ou serviços (art. 3º, parágrafo único, Resolução nº 43/01).

É importante frisar que a citada Resolução SF nº 43/01 veda aos Estados, ao Distrito Federal e aos Municípios a realização dessas operações financeiras equiparadas às operações de crédito, bem como a realização da operação de crédito que represente violação de refinanciamento firmado com a União (art. 5º).

Por fim, resta dizer que, consoante o mercado financeiro em que se realiza a operação de crédito, esta pode ser denominada de *operação de crédito interna*, se operacionalizada dentro do País, e de *operação de crédito externa*, quando praticada no exterior.

8.2 Espécies de operações de crédito

De acordo com a legislação vigente, as obrigações financeiras assumidas pelos entes federativos podem decorrer de operações de crédito originadas de contrato ou lei.

Operações de crédito contratadas são aquelas transações financeiras mediante as quais o ente público celebra contrato com as instituições financeiras ou bancárias, objetivando a consecução de recursos financeiros necessários à cobertura dos seus investimentos. Essa espécie de operação de crédito tanto pode ser interna quanto externa, de acordo com o mercado financeiro de origem dos recursos, se nacional ou estrangeiro (art. 29, I, LRF).

Outra espécie de operação de crédito é aquela originada da emissão de títulos públicos decorrentes da lei. Trata-se das *operações de crédito mobiliárias*, por via das quais o ente público promove a emissão de *títulos da dívida pública* (art. 29, I e II, LRF).

Finalmente a *operação de crédito por antecipação da receita*, que é aquela transação financeira contratada junto às instituições financeiras, da qual se origina a *dívida flutuante*, e tem ela a finalidade de socorrer a *insuficiência momentânea de caixa*, cuja amortização do principal e de seus acessórios financeiros deverá ocorrer dentro do mesmo exercício de competência da operação, até, no máximo, no dia 10 (dez) de cada ano.

Além dessas espécies de operações de crédito, também são consideradas, por lei, como tais, os compromissos financeiros assumidos, no País ou fora dele, em razão de *mútuo, abertura de crédito, emissão e aceite de título, aquisição financiada de bens e serviços, o recebimento antecipado de valores provenientes da venda a termo de bens e serviços, o arrendamento mercantil* e outras operações assemelhadas (art. 3º, Resolução nº 43/01).

Também se equiparam às operações de crédito:

a) a capitação de recursos originados da antecipação das receitas dos tributos ou provindos das contribuições, cujos fatos geradores ainda não se tenham efetivamente ocorridos;

b) recebimento antecipado de valores das empresas em que o Poder Público detenha, de forma direta ou indireta, a maioria do seu capital com direito a voto, excetuando-se o recebimento dos valores relativos aos pagamentos de juros e dividendos, na forma da legislação;

c) assunção direta de compromisso, confissão de dívida ou operação assemelhada com fornecedor de bens, mercadorias ou serviços mediante emissão, aceite ou aval de títulos de crédito, não se aplicando esta vedação às empresas estatais dependentes, isto é, aquela que receba do ente controlador recursos financeiros para pagamentos de despesas com o Pessoal ou de custeio em geral ou de capital, excluindo-se, neste último caso, aqueles recursos provenientes da participação acionária; e

d) assunção de obrigação, sem autorização orçamentária, com fornecedores, para pagamento *a posteriori* de bens e serviços.

Ressalte-se, nesta oportunidade, que as operações aqui mencionadas estão vedadas, isto é, estão proibidas de serem realizadas pelos Estados, Distrito Federal e Municípios (art. 37, LRF).

8.3 Limites das operações de crédito

A primeira limitação das operações de crédito encontra-se no texto da própria Constituição Federal, que proíbe a realização dessas transações que excedam o montante global das *despesas de capital* fixadas no orçamento para realização no exercício financeiro, ficando excluídas dessa proibição, apenas, as autorizações dadas através de *créditos especiais* ou *créditos suplementares* que tenham a finalidade precisa ou específica, quando aprovados pelo Poder Legislativo por maioria absoluta (art. 167, III, CF).

A vedação constitucional acima focalizada decorre do fato de que os recursos financeiros recolhidos mediante as operações de créditos têm vinculação legal ao pagamento das despesas de capital (art. 11, §2º, LC nº 4.320/64 e art. 6º, Resolução SF nº 43/01).

Com o intuito de prevenir que os administradores públicos venham utilizar-se desses recursos financeiros, oriundos de operações de créditos, em pagamentos de despesas correntes, impôs o legislador a vedação acima mencionada, percalçando, com isso, inibir tal ocorrência, prevenindo possíveis prejuízos ao patrimônio público.

A Resolução SF nº 43/01, que tem a função regulamentadora das regras contidas na LRF, estabelece que o montante global das operações de crédito, interna ou externa, não poderá ultrapassar ao limite de 16% (dezesseis por cento) da Receita Corrente Líquida do respectivo exercício financeiro (art. 7º, I).

Estabelece, igualmente, que o comprometimento de desembolso de numerário, em cada exercício financeiro, com o pagamento de amortização, juros e demais encargos da dívida consolidada, inclusive as operações de créditos já contratadas e a contratar, não poderão exceder de 11,5% (onze inteiros e cinco décimos por cento) da Receita Corrente Líquida do ente político (art. 7º, II).

Quanto às *operações de crédito por antecipação da receita*, a Resolução Senado Federal nº 43/01 dispõe que o seu total não pode ultrapassar o limite de 7% (sete por cento) da Receita Corrente Líquida (art. 10).

8.4 Condições para a concessão das operações de crédito

Tal como já afirmado anteriormente, com o advento da Lei de Responsabilidade Fiscal, os entes federativos já não podem mais realizar operações de crédito gozando de plena liberdade.

Atualmente, para que estes entes políticos possam realizar essas transações financeiras, é necessário que observem uma gama de exigências impostas pela Lei de Responsabilidade Fiscal e pela Resolução SF nº 43/01, alterada pela Resolução SF nº 03/02.

Para que consigam a autorização para realizarem operações de crédito, os Estados, o Distrito Federal e os Municípios necessitam formalizar um pedido perante o Senado Federal, o que é feito por via do Ministério da Fazenda, a quem cabe a missão de examinar se o interessado no pleito preenche todas as condições exigidas pela legislação citada (art. 32, LRF).

Para que o leitor se inteire melhor das inúmeras condições exigidas pela legislação, para a formalização dos pleitos junto ao Senado Federal, convoca-se sua atenção para a leitura do Capítulo IV da Resolução SF nº 43/01 e Subseção I, do Capítulo VII, da LRF.

8.5 Das vedações para as operações de crédito

A Lei de Responsabilidade Fiscal não admite a realização de operação de crédito entre um e outro ente federativo, mesmo que realizada diretamente ou por intermédio de seus fundos, autarquias, fundações ou empresas estatais dependentes, ainda que sob forma de novação, refinanciamento ou postergação de dívida contraída anteriormente (art. 35, LRF).

Não se incluem nessa vedação as operações de crédito realizadas entre as instituições financeiras ou bancárias estatais e outro ente federativo, bem como com as suas entidades da administração indireta, desde que os recursos originados desta transação não se destinem ao financiamento, direto ou indireto, de *despesas correntes*, ou no refinanciamento de dívidas não contraídas junto à própria instituição concessora da operação de crédito (art. 35, §1º, LRF).

Cumpre realçar que não se incluem, também, nessa proibição a aquisição de títulos da dívida da União, por parte dos Estados, Distrito Federal e Municípios, como aplicações de suas disponibilidades, vedando-se, porém, a realização de operação de crédito entre instituição financeira ou bancária com o ente federativo que a controla. Nesta última hipótese, a vedação aí ressaltada não se aplica à instituição financeira ou bancária controlada de adquirir, no mercado financeiro, títulos da dívida pública, com a finalidade de atender os investimentos de seus clientes, ou de obter títulos da dívida de emissão da União, como aplicação de seus próprios recursos (art. 35, §1º e 2º e art. 36, parágrafo único, LRF).

Afora essas vedações, existem, ainda, inúmeras outras, das quais chama-se a atenção do leitor para a leitura da Resolução SF nº 43/01, já citada.

Capítulo 9

Garantia e Contragarantia

Sumário: 9.1 Conceito de garantia – **9.2** Da concessão da garantia – **9.3** Conceito de contragarantia – **9.4** Da concessão da contragarantia

9.1 Conceito de garantia

Garantia é o instituto jurídico com vinculação no Direito Financeiro, que tem por finalidade assegurar, perante o credor de obrigação financeira, *a certeza da adimplência* desse mesmo compromisso, por parte do devedor da obrigação.

Em face a sua finalidade, é ela utilizada pelas pessoas federativas no momento em que estão a realizar operações de crédito, interno ou externo, no que deverão observar rigorosamente todas as regras norteadoras da matéria (art. 40, LRF).

É bom saber que o oferecimento da *garantia* por parte de determinado ente da Federação a outro está condicionado à concessão de uma *contragarantia* perante a unidade federativa garantidora, cujo valor será sempre de igual ou maior valor àquele correspondente à garantia oferecida (art. 40, §1º, LRF).

9.2 Da concessão da garantia

Para o oferecimento de *garantia* pelos entes federativos, a legislação em vigor faz algumas exigências que, sem observância destas, sua realização não resultará em ato juridicamente válido.

Além das exigências relacionadas no art. 32 e seu §1º da LRF, o mesmo diploma legal exige ainda:

a) que, para o oferecimento de *garantia*, é obrigada a concessão de uma *contragarantia*, de valor igual ou superior à garantia oferecida; e

b) que a garantia somente poderá ser oferecida a ente da Federação que não se encontre em situação de débito perante a unidade política ou administrativa garantidora, isto é, aquela que ofereceu a garantia, ou em débito frente às entidades por ela controladas.

Porém, é importante informar que não pode o ente federativo exigir o oferecimento de garantia dos seus próprios órgãos ou das entidades por ele controladas (art. 40, §1º, LRF).

Por outro lado, a Resolução SF nº 43/01 (art. 9º), que regulamentou a matéria, impõe um determinado montante como limite global para o oferecimento dessas garantias realizadas dentro do mesmo exercício financeiro, correspondente ao percentual de 22% (vinte e dois por cento) da Receita Corrente Líquida do respectivo ente federativo garantidor.

Diz mais a referida Resolução do Senado Federal que esse limite de 22% (vinte e dois por cento) da *Receita Corrente Líquida* estabelecido pelo seu art. 9º, para o saldo global das garantias concedidas apenas pelos Estados, pelo Distrito Federal e pelos Municípios, poderá elevar-se até ao teto de 32% (trinta e dois por cento) da mesma Receita Corrente Líquida, desde que cumulativamente e, quando for o caso, o *garantidor*:

a) não tenha sido chamado a honrar, nos últimos vinte e quatro meses, a contar do mês da análise, quaisquer garantias anteriormente prestadas;

b) esteja cumprindo o limite da Dívida Consolidada Líquida, definida na Resolução nº 40/01 do Senado Federal;

c) esteja cumprindo os limites da despesa com pessoal, nos termos da LRF; e

d) esteja cumprindo, conforme a Lei nº 9.496/97, o programa de ajuste fiscal acordado com a União (art. 9º, parágrafo único e incisos I a IV da Resolução SF nº 43/01).

Em se tratando de garantias feitas pela União junto às instituições financeiras ou perante a instituição federal de crédito e fomento, em razão de operação de crédito que tenha por finalidade repassar recursos de origem externa, a União somente poderá oferecer essa garantia à unidade federativa que se encontrar em situação de conformidade com as exigências retrorreferidas, estabelecidas no §1º do art. 40 da LRF e, ainda, por força do que determina o §2º do mesmo artigo desta lei, a observância das imposições previstas no §1º do art. 25 da LRF, a saber:

a) tenha a LOA da unidade federativa pleiteante da operação de crédito autorizado a referida operação;
b) não tenha o ente federativo e suas instituições financeiras se utilizado de concessão de transferência voluntária de recursos ou da concessão de empréstimos, inclusive os relacionados com a antecipação da receita, destinados ao pagamento de pessoal ativo, inativo e pensionista de outro ente federativo (art. 167, X, CF);
c) o ente federativo esteja em dia com os pagamentos de suas obrigações tributárias, empréstimos e financiamentos, bem como não seja devedor de prestação de contas relativas a recursos recebidos anteriormente;
d) o ente federativo esteja cumprindo regularmente os limites para aplicação de seus recursos nas áreas de Educação e Saúde;
e) o ente federativo esteja observando os limites fixados para os montantes globais das dívidas consolidada e mobiliária, ou de operações de crédito, inclusive as relacionadas com a antecipação da receita, de inscrição em restos a pagar e de despesa com pessoal;
f) o ente federativo tenha fixado orçamentariamente dotação destinada à contrapartida de sua responsabilidade, para os recursos recebidos através de transferências voluntárias; e
g) o ente federativo tenha instituído e previsto no seu orçamento todos os tributos de sua competência constitucional, bem como que estejam sendo efetivamente arrecadados (art. 11, parágrafo único, LRF).

É vedada a concessão de *garantia* ao Estado, ao Distrito Federal e ao Município, quando a instituição financeira oferecedora da garantia seja entidade controlada pelo ente garantido. Reputam-se nulas as operações de crédito contratadas com o oferecimento de garantia da parte de instituições financeiras ao seu ente federativo controlador (art. 17, Resolução SF nº 43/01).

A Constituição Federal veda, em princípio, que as receitas originadas dos impostos sejam vinculadas diretamente a órgãos, fundos ou despesas, ressalvadas algumas hipóteses de excepcionalidades previstas pelo seu próprio texto. Dentre as excepcionalidades excluídas dessa regra de vedação se encontram a permissão da vinculação das receitas resultantes dos impostos, como objeto da *prestação de garantia* ou de *contragarantia* feita perante a União e o pagamento de seus débitos para com esta (art. 167, §4º, CF).

Destarte, por força do dispositivo constitucional mostrado (art. 167, §4º, CF), a Carta Política do país autorizou que as unidades federativas possam efetivar tais vinculações quando se tratar de prestação *garantias e contragarantias* perante a União, a serem concedidas para as operações de crédito, em geral, internas ou externas (art. 40, LRF) e as realizadas em virtude de antecipação de receita (arts. 167, IV e 165, §8º, CF), como, também, na concessão de garantia e contragarantia visando ao pagamento de débitos para com esta.

Quando determinada unidade federativa desejar contratar alguma operação de crédito (empréstimo), a instituição de crédito com a qual pretende transacionar pode condicionar a realização dessa operação à exigência de que a unidade federativa interessada lhe assegure, de alguma forma, o adimplemento da obrigação financeira contraída (o AVAL).

Diante dessa exigência, a unidade federativa pleiteante dessa operação socorre-se de outra unidade da Federação, para que esta, em abono do seu crédito, assegure perante a instituição de crédito o pagamento do compromisso financeiro, caso a unidade pleiteante da operação não venha, eventualmente, honrar o seu compromisso.

Essa segurança ou certeza de adimplemento do compromisso se concretiza através do oferecimento da *garantia* (AVAL). Por sua vez a unidade da Federação que prestou essa garantia em abono do crédito da unidade federativa, na operação junto à instituição financeira, exige da unidade federativa pleiteante da transação uma *contragarantia* que lhe assegure o adimplemento do compromisso financeiro a se originar da possível utilização da *garantia* oferecida, na hipótese de a unidade devedora não honrar o seu compromisso perante a instituição de crédito.

Destarte, a *contragarantia* visa assegurar à unidade federativa garantidora o adimplemento da dívida por parte da unidade federativa garantida, dívida essa gerada, eventualmente, em razão da utilização, pela instituição de crédito, da *garantia* oferecida, em virtude de a unidade devedora não haver cumprido sua obrigação perante a instituição financeira. Com outras palavras, a *contragarantia* é a garantia da garantia, ou o aval do aval.

Cumpre informar que tanto a *garantia*, quanto a *contragarantia* se concretizam, na prática, através da vinculação de produto financeiro relativo às receitas próprias do ente federativo (art. 167, §4º, CF e art. 40, §1º, II, LRF).

Deve-se informar que, em princípio, a legislação pertinente veda a concessão de garantias e contragarantias a serem oferecidas pelas entidades que compõem a administração indireta, sendo abrangidas por esta vedação as empresas subsidiárias por elas controladas, mesmo quando os recursos tenham origem em fundos. A regra, porém, não é absoluta, escapando dessa proibição as garantias e contragarantias oferecidas por empresa estatal às empresas e subsidiárias por ela controladas, ou quando oferecidas por instituições financeiras às empresas nacionais nos termos da lei (art. 40, §§7º e 8º da LRF).

De resto, deve ser dito que, de acordo com o Inciso II do art. 4º do Decreto-Lei nº 200/67, as entidades que compõem a administração indireta são as *autarquias, empresas públicas, sociedades de economia mista e as fundações públicas*, tendo estas últimas sido incluídas entre as entidades da administração indireta por força da Lei Federal nº 7.596 de 10 de abril de 1987.

As *garantias*, em geral, estão subordinadas às imposições previstas no art. 40 da LRF. Porém, por liberação da disposição constante do §8º do retrocitado artigo, estão exoneradas das exigências do referido dispositivo legal (art. 40, LRF) as concessões de garantias feitas:

a) por instituições financeiras estatais, as quais estão submetidas às regras jurídicas próprias das instituições financeiras de natureza privada; e

b) pela União, na forma da lei federal, quando se tratar de empresas de naturezas financeiras, por ela controladas de forma direta ou indireta, quanto às operações de *seguro de crédito à exportação* (art. 40, §8º, LRF).

Em princípio, é vedada a retenção ou a promoção de qualquer restrição não só à entrega como, também, ao emprego dos recursos correspondentes às *transferências constitucionais*, que uma unidade federativa está obrigada a repassar perante outra (art. 160, CF).

Porém, essa vedação não impede que a União e os Estados condicionem o repasse desses recursos a pagamentos de créditos que lhes pertençam, ou que pertençam às suas autarquias, ou quando a medida de retenção visar ao cumprimento da aplicação dos índices percentuais estabelecidos para as ações e serviços públicos de saúde, nos termos dos Incisos II e III do §2º do art. 198 da Constituição Federal (arts. 160, parágrafo único, CF e 40, §9º, LRF).

Como qualquer ato praticado sem a devida observância dos requisitos legais de sua validade, a Lei de Responsabilidade Fiscal considera nula a garantia prestada sem observância dos limites que lhe são impostos pelo Senado Federal (art. 40, §5º, LRF).

Além de poder sofrer retenção, até o limite do valor devido, nos repasses dos recursos vinculados às transferências constitucionais a que tem direito de receber (arts. 160, parágrafo único, CF e 40, §9º, LRF), ficará o ente federativo suspenso de ter acesso a novos créditos ou financiamentos enquanto não ocorrer a liquidação integral da referida dívida (art. 40, §10, LRF).

9.3 Conceito de contragarantia

Contragarantia é o instituto jurídico vinculado ao Direito Financeiro que tem por finalidade assegurar perante o credor da obrigação financeira, a certeza do adimplemento do compromisso financeiro criado pelo devedor, em razão da operação de crédito por ele realizada e do pagamento da obrigação da prestação de garantia oferecida ao credor da obrigação financeira, por parte do devedor desta.

A *contragarantia* é, como acima afirmado, nada mais do que o aval de um aval. É, pois, um aval que o ente federativo garantido presta para assegurar o adimplemento de sua obrigação financeira perante o ente garantidor, na hipótese de não vir a honrar o seu compromisso financeiro diante da entidade credora dessa obrigação, gerada em decorrência de uma operação de crédito.

Dentro dessa finalidade, é ela utilizada pelas pessoas jurídicas federativas no momento em que estão a realizar suas operações de crédito, interno e externo, no que deverão observar, rigorosamente, todas as regras norteadoras da matéria contidas no §1º do art. 40 da LRF, bem como as regras estabelecidas pela Resolução SF nº 43/01, alterada pela Resolução SF nº 03/02 e Resolução SF nº 67/05.

É bom saber que o oferecimento da garantia por parte de determinado ente da Federação, perante instituição financeira para assegurar a realização de operação de crédito, deverá sempre está condicionada à concessão de uma *contragarantia* a ser prestada pelo ente federativo devedor, em favor do ente federativo garantidor, cujo valor desta última (contragarantia) será sempre igual ou de maior valor do que aquele correspondente à *garantia* oferecida para a concretização da operação de crédito (art. 40, §1º, LRF).

9.4 Da concessão da contragarantia

A concessão da *contragarantia* obedecerá sempre às mesmas regras legais permissivas das *garantias* e, consequentemente estas, as mesmas regras das operações de crédito, tendo em vista que as vedações feitas a estas últimas atingem, por via indireta ou oblíqua, as *garantias* e *contragarantias* que se originariam destas operações financeiras. Com outras palavras, a contragarantia só vingará em face da existência da garantia, e esta, em razão da concretização legal da *operação de crédito*.

As normas legais que dão norteamento à execução da matéria ora *sub óculi* estão reunidas no texto da Constituição Federal (arts. 48, II; 52, V a IX; 167, III, IV e §4º), da LRF (arts. 32 a 40) e da Resolução SF nº 43/01, alterada pelas Resoluções SF nº 03/02 e pela SF nº 67/05 (arts. 1º a 52).

Capítulo 10

Restos a Pagar

Sumário: 10.1 Noções preliminares – **10.2** Conceito de dívidas encerradas – **10.3** Conceito de restos a pagar à luz da Lei Complementar n° 4.320/64 e do Decreto-Lei n° 836/69 – **10.4** Conceito de restos a pagar à luz da Lei de Responsabilidade Fiscal n° 101/00 – **10.5** Conclusão

10.1 Noções preliminares

Deve-se dizer, de princípio, que *restos a pagar* é a denominação que se dá à conta patrimonial pública que agrupa os lançamentos dos *resíduos passivos* da responsabilidade dos entes federativos, apurados após o encerramento de cada exercício financeiro, isto é, a conta em torno da qual são reunidas as *despesas empenhadas* durante a fluência da execução orçamentária *e não pagas* até o final do respectivo exercício financeiro, ou seja, até o dia 31 de dezembro de cada ano.

Não se teria por completa esta exposição, se neste trabalho o autor se detivesse a discutir o conceito de restos a pagar sem antes fazer desfilarem algumas considerações sobre a forma de elaboração e natureza dos atos editados pela Administração Pública, que dão origem aos resíduos passivos apurados ao final de cada exercício financeiro e que são arrolados como restos a pagar.

Não se pode ignorar que, no âmbito das Administrações Públicas federal, estadual, distrital e municipal, quando o administrador realiza gastos com dinheiro público, ora na manutenção dos órgãos públicos (atividades-meios), ora na realização, em concreto, das atividades finalísticas do Estado, geradoras de utilidades do interesse da coletividade (atividades-fins), ele se utiliza de um procedimento administrativo composto de três atos legalmente preordenados, também conhecidos como estágios da despesa pública, objetivando atingir um resultado final, que é a realização da despesa pública. Esse procedimento, assim denominado, se constitui, para a sua formação legal, dos atos do *empenho de despesa, da liquidação da despesa e do pagamento da despesa.*

Empenho de despesa (ou de despesas), segundo o conceito oferecido pelo texto da Lei Complementar nº 4.320/64, "é o ato da autoridade competente que cria para o Estado obrigação de pagamento pendente ou não de implemento de condição" (art. 58).

De acordo com o conceito proposto pelo diploma legal em apreço, empenho de despesa é o ato por via do qual o administrador público cria obrigação financeira em nome e de responsabilidade do Poder Público, ainda que, como diz o art. 58, "pendente ou não de implemento de condição", como é o caso das obrigações financeiras criadas através de *contrato*, em que, muitas vezes, são previstas cláusulas escritas autorizando pagamento de parcela financeira ao contratado no ato de sua assinatura, ou seja, mesmo antes de haver este cumprido qualquer parte de sua obrigação assumida perante a Administração Pública.

Como espécie de *ato jurídico* que é, e para tê-lo na conta de ato legalmente válido, o empenho de despesa pressupõe a existência de *agente capaz, objeto lícito e forma prescrita e não defesa em lei* (art. 185, c/c o art. 104 do Código Civil Brasileiro).

Destarte, para que o ato de empenho de despesa tenha validade perante a lei e possa produzir seus efeitos no tocante à criação de obrigação financeira tributada à responsabilidade da Administração Pública, é mister que a autoridade administrativa responsável pela edição do ato de empenho de despesa tenha sido nomeada e empossada em cargo público, de forma legal, e esteja autorizada, por força de lei ou de ato regular de delegação de competência, a praticar as atribuições inerentes à ordenação de despesa pública (art. 80, §1º, Decreto-Lei nº 200/67).

Confere-se, desta forma, o requisito de *agente capaz* dessa espécie de ato jurídico que, em regra, é de natureza bilateral, pois cria, simultaneamente, direitos e obrigações para as partes por ele envolvidas.

Além do requisito acima estudado, é legalmente obrigatório que o ato de empenho de despesa se ocupe ou trate de *objeto lícito*, isto é, que a obrigação financeira contraída decorra do atendimento de situação amparada por lei ou pela cláusula do interesse público.

De resto, falta dizer que todo ato de empenho de despesa deverá obedecer à *forma escrita*, não se podendo criar obrigação financeira, no âmbito do Poder Público, de forma verbal, sob pena de nulidade do ato.

Todo ato de despesa tem que constar de documento escrito que comprove a transação e permita a apuração da responsabilidade de seu editor. Quando a lei exigir determinada forma escrita, tal como a de termo de contrato, esta será a forma legal obrigatória do empenho de despesa, sendo proibida a utilização de forma não admitida ou defesa em lei.

Não preenchendo os requisitos analisados, são reputados ilegais e, consequentemente, nulos *pleno jure*, não podendo, por essa razão, produzir os efeitos desejados, os atos de empenho de despesa realizados com inobservância dessas exigências legais.

Além desses requisitos necessários à validade de todo e qualquer ato jurídico (ou negócio jurídico), o empenho de despesa deve obediência, também, a outras exigências feitas pela legislação pertinente, tais como a existência de crédito orçamentário ou de crédito adicional, com saldo suficiente para atendê-lo, a existência de recursos financeiros necessários à cobertura da obrigação criada, a exigência de que a despesa corra por conta da dotação própria etc.

Tendo sido legalmente empenhada a despesa, e já havendo o contratado cumprido a sua obrigação perante a Administração Pública, resta a esta cumprir a sua, consubstanciada no *pagamento da despesa*.

Porém, devo esclarecer que, entre o ato de empenho de despesa e o ato de seu pagamento, se interpõe o ato denominado de *liquidação da despesa* (art. 63, LC nº 4.320/64). Este estágio do procedimento administrativo de realização da despesa pública tem a finalidade de apurar o direito adquirido pelo credor (contratado), que se processa através das seguintes constatações:

a) se o contratado cumpriu totalmente sua obrigação;

b) em se tratando de fornecimento de material, se este foi recebido pelo órgão público;

c) se o material fornecido pelo contratado e recebido pelo órgão o foi nas quantidades e qualidades adquiridas;

d) se o material entregue pelo contratado não se conteve de avarias ou vícios que o torne imprestável para sua utilização;

e) em se tratando de prestação de serviços, se esta foi prestada em proveito do órgão público;

f) se os serviços executados são exatamente aqueles contratados, quanto aos seus itens, quantidades e qualidades;

g) em ambas as hipóteses, verificar qual o valor total da obrigação a ser pago ao contratado; e

h) a quem deve ser pago o valor do crédito em favor do contratado para que se extinga, legalmente, a obrigação.

Por força do que determina a Lei Complementar nº 4.320/64, a apuração das situações retrodiscriminadas deve ter por base:

a) o termo do contrato, ajuste ou acordo;

b) a nota de empenho da despesa; e

c) os comprovantes da efetiva entrega do material, ou da execução da prestação de serviços (art. 63, §2º).

Superada a fase da *liquidação da despesa*, que constitui de forma obrigatória o segundo estágio da realização da despesa pública, segue-se, então, o ato de *pagamento da despesa*.

Pagamento da despesa, terceiro e último estágio do procedimento administrativo da realização da despesa pública, é o ato por via do qual o Estado retira do seu patrimônio determinada quantia em dinheiro e fá-lo-á ingressar no patrimônio do seu contratado (credor), que a recebe a título de retribuição ou remuneração em face da realização de fornecimento de material ou da execução de serviços realizados em proveito do contratante (Estado), transferindo esses recursos financeiros de sua propriedade para a propriedade do contratado com a intenção de se ver exonerado de sua obrigação financeira anteriormente assumida.

É, em síntese, o ato mediante o qual o contratado reconhece como satisfeito e extinto o seu direito de crédito perante o contratante que, por sua vez, se tem por legalmente exonerado de sua obrigação financeira criada através do ato de empenho de despesa.

Somente após consumados esses três atos constitutivos do procedimento administrativo da realização da despesa pública, é que se pode nominar o gasto público de *despesa realizada*.

Despesa realizada é, pois, aquela que foi regularmente *empenhada, liquidada e paga*.

Concluídas aqui as explicações desfiladas até a esta altura, deve-se dizer, por fim, que, em termos de normalidade da prática administrativa a ser seguida pela Administração Pública, deveria esta não só empenhar, mas também, liquidar e pagar a despesa dentro do mesmo exercício financeiro, isto é, até o dia 31 de dezembro de cada ano.

Saiba-se, pois, que o arrolamento de débitos financeiros decorrentes de despesa empenhada e não paga até o final do exercício, na conta restos a pagar, é um artifício que a legislação criou como solução de pagamento para aqueles gastos que, excepcionalmente, não foram pagos dentro do exercício financeiro de sua competência. É, assim, uma forma de excepcionalidade encontrada pela lei para dotar a Administração Pública de mecanismo necessário para solucionar questões dessa natureza.

De resto, cabe dizer que, atualmente, dentre as razões que levam a Administração Pública ao arrolamento de seus resíduos passivos à conta restos a pagar e, sem dúvida, a mais comum, a mais constante, a mais nociva e, sobretudo a mais ilegal, é a falta de disponibilidades financeiras para saldar os seus compromissos dentro do próprio exercício financeiro, isto é, do exercício de competência da despesa.

Eis aqui explicada a forma como se geram as obrigações financeiras públicas que, após encerrado o exercício financeiro, dão origem à conta restos a pagar e, bem assim, a sua natureza de ato jurídico, de regra, bilateral.

10.2 Conceito de dívidas encerradas

A apuração dos resíduos passivos públicos dos exercícios financeiros findos sempre foi, segundo se recolhe das legislações passadas, motivo de preocupação das leis brasileiras delineadoras do comportamento voltado à prática executiva dos orçamentos públicos.

Não se sabe ao certo, mas pensa o autor que tenha sido o Código de Contabilidade da União, aprovado por força do Decreto Presidencial nº 4.536, de 28 de janeiro de 1922, baixado pelo então Presidente da República, Epitácio Pessoa, a primeira externação de vontade do Poder Público a fixar regras regulamentadoras da matéria, no Brasil.

Estabelecia o ato presidencial em apreço que as despesas legalmente empenhadas e não pagas até o dia 31 de março do ano seguinte — prazo este compreendido dentro do período adicional do ano financeiro, de então, que se estendia até o dia 30 de abril de cada exercício — seriam consideradas e contabilizadas na conta patrimonial que se intitulava de "dívidas de exercícios findos" (arts. 8/10 e 73/78).

Vigorava por aqueles dias a primeira Constituição do Brasil republicano de 24 de fevereiro de 1891. Vigorava, também, o denominado *registro prévio* dos Tribunais de Contas, o que traduz dizer que toda e qualquer despesa empenhada pela Administração Pública teria de receber, antes do seu efetivo pagamento, a aprovação dessa Corte de Contas, a quem competia promover a fase da despesa denominada de *liquidação*, inclusive daquelas despesas compreendidas como "dívidas de exercícios findos", sob pena de não serem pagas pelo respectivo órgão fazendário.

Naquele tempo, quando por qualquer motivo de ilegalidade o Tribunal de Contas negava registro ao gasto público, e ao ser encerrado o exercício, essa despesa era lançada juntamente às outras da mesma sorte em conta denominada de *despesa a regularizar*, as quais somente poderiam ser pagas através da abertura de *crédito especial* aprovado pelo Poder Legislativo, com a finalidade específica de acudir essas obrigações financeiras, mas, ainda assim, deveriam ser reexaminadas pelo Tribunal de Contas antes da realização dos seus efetivos pagamentos pelo órgão fazendário.

Do exposto, há de se concluir que somente as despesas cujos atos estivessem plenamente de acordo com a legislação em vigor, e que obtinham, por essa razão, o registro do Tribunal de Contas, é que poderiam ser arroladas como "dívidas de exercícios findos". Destarte, somente as despesas legalmente empenhadas cuja falta de pagamento não decorresse, pois, de motivo contrário à legislação, é que poderiam ser arroladas como "dívidas de exercícios findos", as demais corriam por conta de crédito especial aberto com essa finalidade.

Com o decorrer do tempo e por recomendação aprovada pela segunda Conferência dos Técnicos em Contabilidade Pública e Assuntos Fazendários veio à luz do ordenamento jurídico nacional o Decreto-Lei nº 2.416, de 16 de julho de 1940.

De acordo com esse Decreto-Lei, o orçamento público vigorava de 1º de janeiro até 31 de dezembro de cada exercício, continuando a existir o período adicional, que se estendia até dois meses depois, ficando excluído este para os Municípios, excetuados aqueles para os quais, a juízo do Governo Estadual e dentro do limite por ele estabelecido, a medida fosse estendida (art. 8º do Decreto-Lei nº 2.416/40).

Por esse ato normativo, a conta patrimonial antes denominada de "dívidas de exercícios findos" passou a se intitular de *restos a pagar*, assim considerados os resíduos passivos de exercícios encerrados decorrentes das despesas orçamentárias ou créditos especiais legalmente empenhadas e não pagas até a data do final do exercício financeiro, exigindo-se que se fizesse a distinção entre despesas processadas e não processadas (art. 16 do Decreto-Lei nº 2.416/40), expressões correspondentes aos mesmos conceitos de *despesas liquidadas e despesas não liquidadas*, atualmente utilizadas pela Lei de Responsabilidade Fiscal (art. 55, III, LRF).

No mais, nada modificou, continuando a ser atendida por crédito especial a despesa que não obtivesse do Tribunal de Contas o respectivo *registro prévio* em razão de alguma ilegalidade (art. 17 do Decreto-Lei nº 2.416/40).

Enquanto a legislação passada imprimia um comportamento de certo rigor para a apuração dos resíduos passivos que poderiam ser arrolados na conta *dívidas de exercícios findos ou restos a pagar*, por outro lado ela exigia, tão somente, para a realização de despesa a existência de *crédito orçamentário* com saldo suficiente para atendê-la, sem o mínimo cuidado de exigir a efetiva *existência das disponibilidades financeiras* em montantes suficientes.

A partir daí, o administrador enxergou a importância da existência de créditos orçamentários polpudos, que lhe assegurassem a legalidade das realizações dos gastos públicos contidos nos seus anseios. Começaram então as elaborações de orçamentos públicos superestimados, em que as receitas previstas não chegavam a ser arrecadadas em montante suficiente para cobertura das despesas criadas, as quais, ao ser encerrado o exercício financeiro, eram lançadas na conta *restos a pagar*, tal como está a ocorrer no presente.

Em decorrência desse comportamento administrativo, admitido pela legislação passada, a conta *restos a pagar* passou a ser, de fato, uma verdadeira autorização para a realização de despesa sem a existência das disponibilidades financeiras necessárias ao pagamento das obrigações assumidas, ou âncora de salvação das despesas realizadas acima das possibilidades da efetiva arrecadação da receita pelos entes federativos brasileiros. Com isso, foi o administrador criando, ano a ano, uma boa soma de dívida pública, que foi se acumulando com o passar dos anos até chegar aos dias de hoje, deixando em estado de verdadeira insolvência os entes federativos.

Postas estas colocações, deve-se concluir dizendo que, por aquela época, o conceito vigente de restos a pagar compreendia os resíduos passivos de exercícios encerrados decorrentes de despesas *legalmente empenhadas* e não pagas até o final do respectivo exercício financeiro, ainda que empenhadas sem a existência de uma real cobertura financeira.

10.3 Conceito de restos a pagar à luz da Lei Complementar nº 4.320/64 e do Decreto-Lei nº 836/69

Com o advento da Lei Complementar nº 4.320/64, ficou estabelecido que o exercício financeiro compreende o período de 1º de janeiro a 31 de dezembro de cada ano, pondo fim ao *período adicional* que vigorava até então (art. 34 da Lei nº 4.320/64).

Tal como ocorrera com a legislação anterior, a Lei Complementar nº 4.320/64 adotou para a realização da despesa pública o mesmo procedimento administrativo, constituído dos atos do empenho de despesa (art. 58), da liquidação da despesa (art. 63) e do pagamento da despesa (arts. 64/65).

Da mesma forma como aconteceu com a Administração Pública no passado, em termos de normalidade da prática administrativa, a despesa deve ser empenhada, liquidada e paga dentro do mesmo exercício financeiro de sua competência.

Porém, corrigindo erro do passado — quando aquela legislação submetia o empenho de despesa apenas à existência de autorização de crédito orçamentário, com saldo suficiente para atendê-la, sem, contudo, esboçar o menor cuidado com a existência das disponibilidades financeiras correspondentes —, a Lei Complementar nº 4.320/64 instituiu uma programação financeira, impondo ao Poder Executivo a obrigação de aprovar um quadro de *quotas trimestrais* para as despesas que cada unidade orçamentária ficaria autorizada a utilizar, com a finalidade de assegurar a estas, no momento certo, a soma das disponibilidades financeiras suficientes à execução dos seus programas de trabalho e de manter, dentro da medida do possível, o *equilíbrio* entre a despesa de fato realizada e a receita efetivamente arrecadada (art. 47 a 50 da Lei nº 4.320/64).

Quanto ao período trimestral previsto pela referida lei, adverte-se que, em face do que dispõem os arts. 8º, 9º e 52 da Lei de Responsabilidade Fiscal e §3º do art. 165 da Constituição Federal, ele foi revogado, passando assim *da trimestralidade para a bimestralidade* a apresentação obrigatória de balancetes, em decorrência da fiscalização a ser procedida a curto prazo.

A partir de janeiro de 1965, data em que a Lei Complementar nº 4.320/64 entrou em vigor, só se poderia empenhar qualquer despesa se as correspondentes disponibilidades financeiras já se encontrassem depositadas na conta bancária aberta em nome das respectivas unidades administrativas ou unidades orçamentárias ou, ainda, unidades gestoras, à sua inteira disposição, obedecidos os limites destes depósitos.

Lamentavelmente, o texto da Lei Complementar nº 4.320/64 sempre foi e continua a ser muito mal compreendido, e muito menos ainda cumprido, por parte dos administradores e dos profissionais da área, o que fez com que o erro do passado continuasse a comandar, até hoje, os atos de elaboração dos orçamentos públicos superestimados, com o intuito de ver amparado, nas suas vultosas autorizações de crédito orçamentário, o desejo de grandes gastos públicos por seus responsáveis, gastos estes, muitas vezes, absolutamente desnecessários e sem a devida cobertura financeira exigida pela Lei Complementar nº 4.320/64 (arts. 47/50).

Em decorrência da falta de compreensão do texto da lei ora focalizada, continuaram as Administrações Públicas a empenhar suas despesas fundamentadas, apenas, na existência das autorizações de créditos orçamentários com saldo suficiente para atendê-las. Com isso, deu-se continuidade à realização de despesas sem a efetiva existência dos recursos financeiros necessários e suficientes aos seus pagamentos, bem como, depois de encerrado o exercício financeiro, o arrolamento dessas despesas como restos a pagar, endividando, cada vez mais, e de formas irresponsável e ilegal, os entes federativos.

O certo é que se tivessem as Administrações Públicas aplicado corretamente as disposições da lei em referência, com certeza nunca se teria realizado o arrolamento como restos a pagar de despesas que não contassem com suas respectivas disponibilidades financeiras em caixa desde o momento de sua criação, em razão do que não se teria, também, o montante exorbitante da dívida pública que os entes federativos suportam amargamente na atualidade.

Na verdade, o conceito de restos a pagar, que permeia as entrelinhas das disposições expressas no corpo da Lei Complementar nº 4.320/64, sempre foi e continua a ser aqueles resíduos passivos de exercício financeiro decorrente *daquelas despesas legalmente empenhadas e não pagas até o final do exercício, para as quais o caixa disponha de recursos financeiros também provindos do exercício encerrado e, no mínimo, em quantias suficientes aos seus efetivos pagamentos.*

Em setembro de 1969, foi editado o Decreto-Lei nº 836/69 que, ao tratar da apuração dos resíduos passivos da Administração Pública direta e indireta, conceituou restos a pagar como sendo as despesas decorrentes do fornecimento de material, da contratação da execução de obras e de outros serviços, bem como aquelas provindas das transferências em favor de entidade pública ou privada legalmente empenhadas e não pagas até o final do exercício financeiro (art. 3º do Decreto-Lei nº 836/69).

O Decreto-Lei nº 836/69 em nada alterou o conceito de restos a pagar da Lei Complementar nº 4.320/64 (art. 36, c/c com os arts. 47/50), visto que ele não chegou a revogar os artigos que compõem o Capítulo I, do Título VI, da referida Lei, nem muito menos o seu art. 36, como possa para alguns parecer, mas, ao contrário, a explica e a regulamenta.

O que deve ser levado em consideração da análise a se proceder nas disposições desses dois atos normativos é a exigência contida em ambos, na conceituação de restos a pagar, quando expressam que estes *são as despesas legalmente empenhadas e não pagas até o final do exercício financeiro.*

Será que se pode ter como legalmente empenhada a despesa para cuja realização não se disponha da correspondente disponibilidade financeira exigida pela Lei Complementar nº 4.320/64 – arts. 47/50? É claro que não. Portanto, despesa legalmente empenhada, segundo os conceitos oferecidos pelos atos normativos ora focalizados, é aquela em que, para a sua realização, existam no momento do empenho da despesa, isto é, no momento de sua criação, não só a autorização do crédito orçamentário com saldo suficiente para atendê-la como também os recursos financeiros suficientes para saldá-las.

Em 1974, foi editado o Decreto-Lei nº 1.377/74, até hoje em vigor, estabelecendo normas sobre os atos administrativos da gestão financeira e orçamentária dos Estados e Municípios. Da sua leitura, constata-se que ele cuidou de matéria que já tinha tratamento legal na Lei Complementar nº 4.320/64 (arts. 47/50).

A exemplo do que determina a Lei Complementar nº 4.320/64 nos seus arts. 47 a 50, submetendo o empenho de despesa à existência, também, dos recursos financeiros necessários para a cobertura da respectiva obrigação, dispôs o *Decreto-Lei nº 1.377/74* que a contratação de obras ou serviços ou a prática de qualquer ato do qual decorra assunção de compromissos financeiros *não poderão ser realizados* sem que os correspondentes recursos já estejam previstos, tanto na *programação orçamentária* quanto na *programação financeira de desembolso* (art. 1º do Decreto-Lei nº 1.377/74).

Aliás, as exigências nesse sentido, feitas tanto pela Lei Complementar nº 4.320/64 quanto pelo Decreto-Lei nº 1.377/74, se encontram, atualmente, fortalecidas pelas regras da Lei de Responsabilidade Fiscal nº 101/00 (arts. 8º e 9º LRF).

Do exposto, já se pode concluir no sentido de que o conceito de *restos a pagar* esposado pela legislação citada, e que se encontra em pleno vigor, é aquele que considera como tal *as despesas legalmente empenhadas e não pagas até o final do exercício financeiro, para as quais existam em caixa, provindas do exercício encerrado, as disponibilidades financeiras suficientes para pagá-las.*

Inobstante estar este conceito de restos a pagar em vigor desde 1º de janeiro de 1965, na prática ele nunca foi observado por administradores públicos e profissionais da área, merecendo da parte dos órgãos de fiscalização, particularmente do controle externo, maior atenção para o exato e correto cumprimento da lei.

10.4 Conceito de restos a pagar à luz da Lei de Responsabilidade Fiscal nº 101/00

Ao firmar as raízes dos princípios gerais do Direito Positivo brasileiro, no tocante à aplicação da lei, determinou a Lei de Introdução ao Código Civil Brasileiro (CCB) que, "Na aplicação da lei, o juiz atenderá aos fins sociais a que ela se dirige e às exigências do bem comum" (Decreto-Lei nº 4.657/42, art. 5º).

O que se pretende fazer mediante estas considerações iniciais que preludiam a discussão da matéria, neste tópico, não é nada mais do que aquilo que determina o dispositivo retrorreproduzido, com o objeto de demonstrar o conceito de restos a pagar, que transparece das disposições constantes da LRF, porquanto a finalidade social, aliada às exigências do bem comum, desse diploma legal, por si só, já traduziria esse conceito sem a necessidade de análises mais aprofundadas ou de explicações mais extensas.

Na verdade, não se pode bem definir a finalidade social perseguida pela LRF, sem analisá-la dentro do universo dos atos econômicos baixados pelo Governo Federal, quando da criação, implantação e estabilização do Plano Real, que introduziu, no País, um novo padrão monetário, denominado Real, em substituição ao até então vigente.

De fato, ao contrário do que muita gente pensa, a finalidade precípua perseguida pela Lei de Responsabilidade Fiscal não é a de moralização dos atos da execução da receita e da despesa públicas, mas sim o estabelecimento de uma política econômica que dê ao Real uma estabilidade sustentável imune aos malefícios causados pela inflação.

Para tanto, buscou na *estabilidade das contas públicas* o trampolim necessário para alcançar o seu verdadeiro ideal: *uma economia estável que empreste ao nosso atual padrão monetário, o Real, a credibilidade necessária nos mercados interno e externo.*

Ocorre, porém, que para atingir o seu tão sonhado ideal — o qual se tornou o ideal do povo brasileiro, passando, assim, a ser exigência do bem comum a existência de uma economia estável, extremamente necessária à estabilidade e à credibilidade do novo padrão monetário instituído no País —, teve essa nova lei de caminhar através da imposição de normas moralizadoras do comportamento da Administração Pública, tanto no tocante à realização da receita, quanto no pertinente à realização da despesa.

Contudo, essas regras de moralização inseridas no texto do diploma legal focalizado não se constituem, em si mesmas, um *fim*, mas os *meios* de que dispôs a lei para atingir a sua verdadeira finalidade: *o estabelecimento sustentável de uma economia estável*.

Na conquista desse ideal, apegou-se esse diploma legal ao pensamento filosófico que permeia os seus artigos de que as Administrações Públicas, direta e indireta, da União, dos Estados, do Distrito Federal e dos Municípios somente deverão gastar, com despesas criadas na fluência do exercício, aquilo que efetivamente arrecadarem, como forma de extinguir os tão costumeiros e exacerbados *déficits públicos* apresentados anualmente, pelos entes federativos brasileiros, impondo, destarte, normas concretizadoras do equilíbrio das contas públicas, resumidas no resultado da fórmula aritmética de que *receita arrecadada* menos *despesa realizada* se iguale a *zero* (arts. 1º, 8º e 9º, LRF).

Aliás, deve-se advertir que somente aqueles entes federativos que não possuam dívidas provindas do passado é que poderão se dar ao luxo de poder gastar toda receita de fato arrecadada com despesas criadas dentro do respectivo exercício financeiro, pois aqueles que não gozem dessa mesma situação terão de economizar certo percentual da receita arrecadada com o objetivo de cobrirem os pagamentos das dívidas do passado.

Dentro dessa linha de orientação filosófica que a LRF imprimiu, não permitindo a existência de déficit que desequilibre as contas públicas (arts. 1º, 8º e 9º), há de se entender que, para tanto, somente as despesas empenhadas e não pagas dentro do exercício, para as quais existam em caixa as correspondentes disponibilidades financeiras, é que estão *legalmente* autorizadas para serem arroladas ou inscritas na conta restos a pagar (art. 55, III, LRF).

Some-se ao exposto o fato de que as despesas criadas sem a existência em caixa dos recursos financeiros suficientes para atendê-las, tal como exigido pela Lei Complementar nº 4.320/64 (arts. 47/50), pelo Decreto-Lei nº 1.377/74 (art. 1º) e pela Lei de Responsabilidade

Fiscal (arts. 8º e 9º), constituem, inequivocamente, uma *aquisição financiada* de bens e serviços, transação esta equiparada à operação de crédito, por força da própria LRF (art. 29, III).

Por consequência lógica, somente podem ser inscritas como restos a pagar do exercício encerrado as despesas que por ocasião de sua realização já *dispunham* das respectivas disponibilidades financeiras e aquelas para as quais, realizadas sem existência dos recursos financeiros exigidos, tenha o administrador recebido a devida autorização do Senado Federal, depois de cumpridas as exigências contidas na Lei de Responsabilidade Fiscal (arts. 30, 32, 34 a 40) e na Resolução SF nº 43/01, alterada pela Resolução Senado Federal nº 03/02 (arts. 6º ao 9º, 18 e 21), a estilo do que ocorre com relação aos pedidos de concessões para realização das operações de crédito.

Diante destas colocações produzidas com base na legislação pertinente, o entendimento de conceito legal de restos a pagar, atualmente, é inevitavelmente aquele que compreende as *despesas legalmente empenhadas e não pagas até o final do exercício financeiro de sua competência, para as quais, existam, no mínimo, em caixa, as disponibilidades financeiras, também provindas do exercício encerrado, em montante suficiente para atendê-las em seus pagamentos.*

É verdade que a LRF se contém de regra expressa sobre restos a pagar, na qual estabeleceu a proibição da criação de compromisso financeiro, durante o período correspondente aos dois últimos quadrimestres do último ano de mandato, que não possa ser pago integralmente dentro do exercício financeiro, ou que, tendo parcela a ser paga no exercício seguinte, não se levem, para o mesmo exercício, as disponibilidades financeiras correspondentes (art. 42).

Não se pense ou se presuma que, em razão da proibição contida no art. 42 da LRF, com relação às despesas a se realizarem durante o período ali citado, tenha a Lei de Responsabilidade Fiscal nº 101/00 querido admitir a realização de despesa sem a existência dos correspondentes recursos financeiros para saldá-las, ou que se possa, em qualquer exercício financeiro, levar para a conta de restos a pagar despesas para as quais não existam, em caixa, ao final do exercício, disponibilidades financeiras necessárias à sua cobertura, a se realizar no ano seguinte.

O que se deseja alcançar com a inserção dessa regra no corpo da Lei de Responsabilidade Fiscal é o mesmo que se procura atingir com o disposto dos parágrafos do art. 54 da Lei Complementar nº 4.320/64, os quais objetivam por fim àquela inescrupulosa atitude de alguns Chefes de Poder Executivo que, ao se sentirem derrotados no processo eleitoral, passam a criar despesas de expressivas somas, para serem pagas nos exercícios seguintes, com a finalidade exclusiva de inviabilizar a Administração seguinte, e não a de admitir a inscrição, como restos a pagar, em qualquer exercício, de despesas realizadas sem a devida cobertura financeira.

10.5 Conclusão

Durante o curso deste trabalho fez-se ver ao leitor o conceito de restos a pagar oferecido pela legislação brasileira posta em vigor durante o período compreendido entre o ano de 1922 até os presentes dias.

Fez-se ver, também, que, pela legislação do passado — Decreto Presidencial nº 4.536/22, que aprovou o Código de Contabilidade da União e Decreto-Lei nº 2.416/40 —, para o empenho da despesa, só se exigia, naquela época, a existência de autorização de crédito orçamentário com saldo suficiente para tendê-la, em razão do que, por consequência lógica, também podia ser legalmente inscritas como *dívida de exercícios findos* ou *restos a pagar* todas as despesas empenhadas e não pagas até o final do exercício, ainda que para elas o caixa não dispusesse de recursos financeiros necessários ao seu pagamento.

Informou-se, ainda, que a partir de janeiro de 1965, com a vigência da Lei Complementar nº 4.320/64, esse diploma legal passou a exigir, para o empenho de despesa, não só a existência de autorização de crédito orçamentário, com saldo suficiente para atendê-la, mas, também, a existência, em caixa, do numerário assecuratório de seu pagamento, o que modificou o conceito anterior de restos a pagar, dado que, também, por uma consequência lógica, só se pode, a partir dessa data, arrolar, como restos a pagar, aquelas *despesas criadas com disponibilidade financeira suficiente para saldá-las.*

De fato, da leitura do disposto do Inciso II do art. 35 c/c os arts. 36 e 47/50 da citada lei, chega-se à inarredável compreensão de que *despesas legalmente empenhadas* só são aquelas que se realizam com plena obediência às determinações previstas pela legislação pertinente em vigor, e que entre estas determinações, é claro, estão as exigências impostas pela lei financeira em referência.

A partir desse entendimento oferecido com o advento da Lei Complementar nº 4.320/64, dentro do conceito de *despesa legalmente empenhada*, só está aquela que se realiza com plena obediência ao império da lei vigente, incluindo-se a obediência relativa *à existência de recursos orçamentários suficientes para socorrê-la*, como também a *existência dos recursos financeiros suficientes a sua cobertura*, exigências essas contidas nos textos da Lei Complementar nº 4.320/64 (arts. 47/50), do Decreto-Lei nº 1.377/74 (art. 1º) e da Lei de Responsabilidade Fiscal nº 101/00 (arts. 8º e 9º).

Tomando-se esse pensamento como verdadeiro e correto, e sobretudo legal, eis que recolhido dos próprios textos legais que regulamentam a matéria, como já demonstrado, e, ainda, por uma questão de respeito ao princípio da legalidade expresso nas letras que animam o pensamento do Inciso II do art. 5º e art. 37 da Constituição Federal, está certo afirmar que somente são consideradas restos a pagar as *despesas legalmente empenhadas e não pagas até o final do exercício financeiro*, tomando-se por *despesas legalmente empenhadas* somente aquelas para cuja realização existiam, no momento de sua criação, não só a autorização orçamentária com saldo suficiente para atendê-las, como também os recursos financeiros suficientes aos seus pagamentos, os quais, após encerrado o exercício, serão transferidos para o exercício seguinte com a finalidade de compensar os débitos transferidos como restos a pagar.

Inobstante a existência dessas disposições legais, os administradores e profissionais da área continuam praticando os erros do passado, apesar do grave resultado de estarem contribuindo, ilegalmente, para a constituição de uma dívida pública cada vez maior, com a provocação do desequilíbrio das contas públicas e das indesejáveis consequências sobre os indivíduos integrantes da comunidade brasileira, que terão de suportar esse encargo através de aumento ou criação de novos tributos.

Diante disso, passa-se a indagar a quem se deve atribuir a responsabilidade por esse comportamento de desrespeito à lei: *Aos administradores e profissionais da área que dão assessoramento àqueles? Aos fiscalizados ou fiscalizadores do controle interno e do controle externo?* Bom, mas, o certo é que o desrespeito à legislação continua sem qualquer punição de quem de direito.

CAPÍTULO 11

ORÇAMENTOS PÚBLICOS

Sumário: 11.1 Noções preliminares – **11.2** Origem do orçamento – **11.3** Aspectos do orçamento – **11.3.1** Aspecto jurídico – **11.3.2** Aspecto político – **11.3.3** Aspecto econômico – **11.3.4** Aspecto técnico-contábil – **11.4** Princípios orçamentários – **11.4.1** Conceito – **11.4.2** Princípio da unidade – **11.4.3** Princípio da anualidade – **11.4.4** Princípio da universalidade – **11.4.5** Princípio da legalidade – **11.4.6** Princípio da exclusividade – **11.4.7** Princípio da especialização – **11.4.8** Princípio do equilíbrio orçamentário – **11.5** Tipos de Orçamento – **11.6** Plano plurianual – **11.7** Orçamento anual – **11.8** Lei de Diretrizes Orçamentárias – **11.9** Orçamentos das Câmaras Municipais

11.1 Noções preliminares

Como é sabido o Estado foi criado para promover o bem-comum, isto é, o bem da coletividade. Neste mister cria, organiza e mantém uma gama considerável de *serviços públicos*, através dos quais cumpre sua missão pondo em prática o desenvolvimento das atividades de sua obrigação, para as quais foi criado, tais como, a promoção da *saúde, educação, segurança, agricultura, comunicação, habitação e outras,* em benefício dos indivíduos do grupamento social.

Entenda-se, porém, que para criar organizar e manter esses serviços públicos, necessita o Estado despender grande soma de recursos financeiros, resultando, com isto, a necessidade da implantação de uma política de planejamento que envolva atividade de *criação de receita pública* e, igualmente, atividade correlata à *realização da despesa pública.*

Para concretizar essas atividades planejadas, o Estado se utiliza de instrumentos denominados de *orçamentos públicos.*

11.2 Origem do orçamento

Remonta à Idade Média a origem dos *orçamentos públicos*. Noticiam os estudiosos da matéria que o orçamento teve origem no distante Século XIII, quando senhores e barões feudais, se achando importunados com a carga tributária que pesava sobre eles, por ser extorsiva, passaram a exercer forte pressão política sobre o Rei João Sem Terra, com o desígnio de condicionar a cobrança dos tributos ao consentimento prévio do Conselho do Reino. A medida adotada ensejou, assim, o aparecimento das primeiras ideias de orçamento público.

Entre nós, segundo o insigne Mestre da Ciência das Finanças, Aliomar Baleeiro, "Antes da independência, Nogueira da Gama já levantava para o príncipe regente, dados comparativos da receita e despesa do Brasil, mas esses quadros não eram um orçamento, embora se aproximassem das estimativas rudimentares de Suely e Colbert".[8]

Em 1824, a Constituição do Brasil Imperial dispôs no Inciso I do art. 36 que: "É privativa da Câmara dos Deputados a iniciativa: I – Sobre os Impostos", dispondo, outrossim, no art. 172 que "O Ministro do Estado da Fazenda, havendo recebido dos outros Ministros os orçamentos relativos às despesas das suas repartições, apresentará na Câmara de Deputados, anualmente, logo que estiver reunida, um balanço geral da receita e despesa geral de todas as despesas do Tesouro Nacional do ano antecedente, e igualmente o orçamento geral de todas as despesas públicas do futuro, e da importância de todas as contribuições, e rendas públicas".

Mais tarde, por força do ATO ADICIONAL materializado por via da Lei nº 16 de 12 de agosto de 1834, que introduziu algumas alterações à citada Constituição Política do Império, passou esta a dispor que seria da competência das Assembleias Legislativas Provinciais legislar, "sobre a fixação das despesas municipais e provinciais, e os impostos para elas necessários, contanto que estes não prejudiquem as imposições gerais do Estado. As Câmaras poderão propor os meios de ocorrer às despesas dos seus Municípios" (§5º, art. 10 da Lei nº 16/1834).

A partir daí, o instituto do *orçamento público* no Brasil foi se aperfeiçoando, ano a ano, durante esse longo espaço de tempo que ligou o passado até os nossos dias atuais.

---

[8] *Uma introdução a ciência das finanças*. 14. ed. Rio de Janeiro: Forense, p. 393

11.3 Aspectos do orçamento

Dos aspectos que o orçamento público oferece como objeto de estudo, traz-se a lume neste trabalho aqueles correlacionados com o *jurídico, o político, o econômico e o técnico-contábil.*

11.3.1 Aspecto jurídico

Quanto ao *aspecto jurídico* do orçamento público, destaca-se prefacialmente o pensamento daqueles que entendem ser o orçamento um ato administrativo.

Essa corrente fundamenta o seu ponto de vista em atenção à classificação das leis que leva em consideração o seu conteúdo jurídico e não em razão do órgão de onde emanam.

Outro posicionamento vê no orçamento público um ato administrativo apenas no que tange à parte da fixação da despesa, argumentando que o que existe é uma simples autorização do Poder Legislativo para que o Poder Executivo a realize. Diz mais essa corrente doutrinária que o orçamento público somente pode ser tomado por lei, naquilo que se mostra como ato autorizativo para cobrança dos tributos, afirmando que é em razão dessa autorização que o pagamento dos tributos se torna obrigatório da parte do contribuinte.

Concordando, em parte, com o pensamento das correntes doutrinárias, acima exposto, há alguns estudiosos que incorporam o entendimento de que o orçamento público tem caráter formal e aparência exterior de lei, por se apresentar articuladamente, com incisos e parágrafos, mas negam-lhe a natureza de lei. Negam-lhe estes a natureza de lei, não porque se destine a uma vigência delimitada no tempo, mas em razão do seu conteúdo, da sua substância, por não se tratar de uma regra de comportamento *geral, abstrata e impessoal* como ocorre com a lei.

Defendem, finalmente, outros que a natureza jurídica do orçamento público é de lei. Esta corrente justifica esse entendimento alegando que a *lei formal* é ato legislativo partido do órgão a quem é conferido, constitucionalmente, a competência legiferante e que, para sua elaboração, são observados os trâmites legais e regimentais *interna corporis* desses órgãos e se oferece visualmente como norma escrita e articulada. Como o orçamento público é discutido e aprovado pelo Poder Legislativo, obedecendo aos mesmos trâmites exigidos para elaboração das demais leis, inclusive se apresentando de forma articulada, com incisos e parágrafos, é o orçamento público uma lei.

Efetivamente, sob este aspecto o orçamento público é uma *lei formal*, exigindo da parte de quantos a ele se vinculam o respeito obrigatório do seu cumprimento tanto quanto se dispensa a qualquer outra lei. Entre nós a questão está resolvida com as afirmações bastante repetidas no texto da Constituição Federal de que o orçamento público é uma lei.

Qual a importância prática dessa discussão? A questão está ligada à modificação e aos desfazimentos dos atos públicos. Todos os atos públicos têm seus meios próprios ou técnica jurídica própria para suas elaborações, suas modificações e para os seus desfazimentos. Com relação às leis, estas só podem ser modificadas ou revogadas por força de outra lei de igual força hierárquica ou de hierarquia superior. *Ad litteram*, estabeleceu a Lei de Introdução ao Código Civil Brasileiro: "art. 2º – Não se destinando à vigência temporária, a lei terá vigor até que outra a modifique ou revogue".

Dessa premissa jurídica tem-se que, sendo o orçamento público uma lei, mesmo no sentido formal, esta só pode ser modificada ou revogada por outra lei. Não se funda em outro motivo haver a Constituição Federal vedado a abertura dos *créditos suplementar* e *especial* sem a prévia autorização legislativa (art. 167, inciso V), já que eles modificam a lei orçamentária, e esta só pode ser modificada por outra lei.

11.3.2 Aspecto político

Referentemente ao aspecto *político* do orçamento público, desde o momento em que a institucionalização e a cobrança dos tributos passaram a se reger pelo princípio de que deveriam ficar subordinadas ao consentimento prévio dado pelos parlamentos, como representantes do povo, surgiu o entendimento de que os gastos a se realizarem pelo administrador, por conta do dinheiro retirado do patrimônio dos particulares, deveriam ser também previamente autorizados pelo parlamento, cuja aprovação deveria se subordinar à condição do gasto público interessar ao contribuinte, isto é, condicionada ao atingimento da sua finalidade pública.

Passa assim o orçamento a se constituir num *instrumento de equilíbrio político* entre o Executivo e o Legislativo e, também, num *instrumento político de defesa dos contribuintes* contra os avanços do Estado (através do Poder Executivo) sobre o patrimônio do particular.

11.3.3 Aspecto econômico

Quanto ao aspecto *econômico*, deve ser realçado que o orçamento público se funda no valor da parcela da renda nacional que lhe é destinada para garantir o custeio das ações governamentais, isto é, de quanto pode o Estado se utilizar do patrimônio privado e os efeitos oriundos dos gastos por aquele realizado. É certo que a noção de orçamento estatal está intimamente presa à noção de orçamento nacional, em razão de que deve o Estado planejar toda ação produtiva e de consumo, seja ela pública ou privada.

Não deve o Estado se restringir apenas a arrecadar e gastar, mas, sobretudo se preocupar e avaliar com o que pode a sociedade produzir, consumir e investir.

Assim, deve o Estado, por via do orçamento público, que é uma parcela do orçamento nacional, conduzir todo processo de comportamento econômico relativo às demais parcelas da economia social, ora estimulando-a ao consumo e ao investimento, ora retraindo-a desse comportamento, de acordo com cada movimento da vida econômica nacional. Se há, por exemplo, registro de desemprego, pode o Poder Público mediante a realização de obras e serviços estimular a geração de emprego.

Pode, ainda, se servir do orçamento público como instrumento de política econômica anti-inflacionária. Serve, pois, o orçamento como instrumento econômico da *política anti-inflacionária*, da *redistribuição da renda nacional* e da *geração de emprego*.

11.3.4 Aspecto técnico-contábil

O *aspecto técnico-contábil* alude ao regramento a que se submete o orçamento público quanto a sua obediência aos princípios orçamentários, que devem ser observados na sua elaboração. Os orçamentos públicos franceses e ingleses vêm se pautando por essas regras desde muito tempo.

No Brasil, o primeiro ato legislativo que deixou transparecer os princípios orçamentários da *anualidade* e da *universalidade* foi a Constituição Imperial de 1824, dispondo que "O Ministro de Estado da Fazenda, havendo recebido dos outros Ministros os orçamentos relativos às despesas de suas repartições, apresentará na Câmara dos Deputados, anualmente, logo que estiver reunida, um balanço geral da receita e da despesa do Tesouro Nacional do ano antecedente, e igualmente, o orçamento geral de todas as despesas públicas do ano futuro, e da importância de todas as contribuições, e rendas públicas" (art. 172, Constituição Imperial de 1824).

Trataram, também, da matéria as Constituições de 1891 (art. 34, 1º) e de 1934 (art. 39, 2º). Em 1937 a Constituição estabeleceu que "O orçamento será uno, incorporando-se à receita todos os tributos, renda e suprimento de fundos, incluídas na despesa, todas as dotações necessárias ao custeio dos serviços públicos" (art. 68), deixando transluzir nitidamente os princípios orçamentários da *unidade* e da *universalidade*, e, igualmente, estabelecendo o princípio da *anualidade* do orçamento na alínea "b" do art. 67.

Ao contrário das demais Constituições anteriores, foi a Constituição de 1937 a que mais largamente tratou de matéria orçamentária (arts. 67 a 72), tendo sido no seu texto que se utilizou pela primeira vez a locução "lei orçamentária".

A Constituição de 1946 deu à matéria a mesma dignidade que lhe deu o texto constitucional de 1937, conservando dele, aqueles mesmos princípios orçamentários.

Com o advento da Carta Constitucional de 1967 a matéria ganhou mais espaço e novos contornos no seu texto do que nas precedentes, dispondo aquela Carta Política que "O orçamento anual compreenderá obrigatoriamente as despesas e as receitas relativas a todos os Poderes, órgãos e fundos, tanto da administração direta quanto indireta, excluídas apenas as entidades que não recebam subvenções ou transferências à conta do orçamento" (art. 62), de cuja redação se recolhe o reconhecimento de obediência aos princípios da *unidade*, *anualidade* e da *universalidade*. É essa Carta o primeiro texto constitucional a fazer a previsão do "orçamento plurianual" (art. 63).

Com a promulgação da Carta Republicana de 1988, sedimenta-se, então, obediência aos princípios orçamentários e, em particular, aos da *unidade*, *anualidade* e *universalidade* (art. 165, Constituição Federal, 1988).

Em 1965, com a entrada da vigência da Lei Complementar nº 4.320/64, que regulamentou o Inciso XV, letra "b" do art. 5º da Constituição Federal de 1946, prescreveu esse diploma legal que "A Lei de Orçamento conterá a discriminação da receita e despesa, de forma a evidenciar a política econômico-financeira e o programa de trabalho do Governo, obedecidos os princípios da unidade, universalidade e anualidade" (art. 2º). Além desses princípios têm os estudiosos da matéria acrescido outros princípios orçamentários, sendo que neste livro se tratará apenas daqueles julgados de maior importância.

11.4 Princípios orçamentários

11.4.1 Conceito

Como já estudado anteriormente, *princípio* é a afirmação ou o conjunto de afirmações que são extraídas e racionalmente organizadas em face de uma análise procedida sobre certos e determinados dados esparsos, que se têm por verdadeiras e que servem de base à construção das doutrinas edificadoras e sistematizadoras do conhecimento humano.

Dos princípios orçamentários que regem, de forma obrigatória, a elaboração dos orçamentos públicos, destacam-se, no ensejo, aqueles que oferecem temas de maior preeminência, tais como os princípios da *unidade, anualidade, universalidade, legalidade, exclusividade, especialização e do equilíbrio orçamentário*.

Veja-se a seguir o que orienta, no momento da elaboração do orçamento, cada um destes princípios.

11.4.2 Princípio da unidade

Entende-se por *princípio da unidade* a proibição consistente na *elaboração de mais de um orçamento*, para cada ente federativo, correspondente ao mesmo exercício. Determina este princípio que cada ente da federação só pode elaborar para si um só e único orçamento em cada exercício financeiro, no qual se consolidam todas as suas receitas e todas as suas despesas.

11.4.3 Princípio da anualidade

Determina o *princípio da anualidade* que o orçamento de cada pessoa federativa seja elaborado com uma vigência já limitada ao período financeiro correspondente a um ano, sabendo-se, desde logo, que o ano financeiro no Brasil coincide com o ano civil, que se inicia em 1º de janeiro e finda em 31 de dezembro (art. 34, LC nº 4.320/64).

11.4.4 Princípio da universalidade

Por *princípio da universalidade* deve ser entendido o mandamento de que todas *as receitas e todas as despesas* pertencentes ao ente político devem constar do seu orçamento público e, obrigatoriamente, pelos seus totais, não se admitindo deduções de qualquer natureza.

É importante distinguir nitidamente o que diz o *princípio da unidade* daquilo que se refere o *princípio da universalidade*.

No *princípio da unidade* orçamentária a determinação valoriza a elaboração de *um só e único orçamento anual* para cada ente político da Federação. Pelo *princípio da universalidade*, o mandamento valorizado é o de que *todas as receitas e todas as despesas* da pessoa jurídica federativa estejam obrigatoriamente incluídas no seu orçamento anual e, como já afirmado, pelos seus totais, isto é, sem quaisquer deduções.

11.4.5 Princípio da legalidade

Nos Estados Democráticos de Direito, não se subordinam às leis, apenas, as pessoas físicas e as jurídicas privadas. O Estado também sofre essa submissão às normas legais por ele editadas. Entre nós, diz a Constituição Federal que "ninguém será obrigado a fazer ou deixar de fazer alguma coisa senão em virtude de lei" (art. 5º, II). Esta é a declaração escrita do *princípio da legalidade*.

Partindo dessa regra, e levando-se em consideração que o orçamento é um *programa de trabalho* mediante o qual o Estado fica autorizado a arrecadar dinheiro dos particulares e a gastá-lo nas despesas de interesse público, por ele previstas, se o orçamento não se tratasse de uma lei, as atividades nele consignadas não poderiam ser executadas por falta de um suporte legal. Portanto, princípio da legalidade é o suporte que calça o Estado de poder realizar com a garantia da validade jurídica dos seus atos todas as suas atividades.

Destarte, a realização da receita prevista e da despesa fixada pelo orçamento público só é possível ao Estado com a garantia de validade de seus atos, por estar amparada no princípio da legalidade, isto é, calçada pelo próprio orçamento, que é uma Lei.

11.4.6 Princípio da exclusividade

Regra o *princípio da exclusividade* a proibição de incluir na lei orçamentária dispositivos que tratem de matérias indiferentes à previsão da receita e à fixação da despesa, admitindo-se, por exceção legal, a autorização para abertura dos créditos suplementares e a contratação de operações de crédito, ainda que destinadas à antecipação de receita.

É, pois, o *princípio da exclusividade* instrumento de defesa da lei orçamentária, para protegê-la da intromissão, no seu texto, de matérias que em nada digam respeito à *previsão da receita e à fixação da despesa*. Este princípio tem sua fixação no texto da Constituição Federal (art. 165, §8º).

11.4.7 Princípio da especialização

O *princípio da especialização* tem por finalidade distinguir não só a natureza econômica da receita como, também, da despesa. Neste mister, a Administração Pública, orientada por esse princípio, ao elaborar o seu orçamento, fica obrigada a distinguir, na referida peça, a natureza econômica das receitas em razão de suas origens e dos fins a que se destinam em suas aplicações. A partir daí, o orçamento, no seu todo, divide-se em duas partes: a primeira prevendo a receita pública, e a segunda fixando a despesa pública.

Em obediência ao *princípio da especialização*, o orçamento divide a receita pública em duas categorias econômicas, a saber: *receitas correntes e receitas de capital*.

Da mesma forma divide a despesa pública, também, sob a classificação de duas categorias econômicas, quais sejam: *despesas correntes e despesas de capital*.

Em decorrência do cumprimento obrigatório desse princípio, no momento da elaboração do orçamento, ter-se-á de saber que essa conceituação ou classificação da receita pública em *receitas correntes e receitas de capital* tem o objetivo de definir e distinguir o montante das receitas que irão se destinar ao custeio das despesas que aumentarão o patrimônio público do respectivo ente federativo (despesas de capital), daquelas despesas que se destinarão, apenas, à manutenção da Administração Pública, sem resultar aumento patrimonial da unidade federativa (despesas correntes).

É, pois, desse princípio que decorre a obrigatoriedade de que as receitas de capital são recursos financeiros obtidos com a finalidade obrigatória e exclusiva de amparar as despesas de capital, patrimonializando o ente federativo (art. 11, §2º, LC nº 4.320/64), enquanto as receitas correntes são recursos financeiros obtidos mediante a arrecadação com a finalidade também obrigatória e exclusiva de atender somente às despesas correntes (art. 11, §1º, LC nº 4.320/64).

Por fim, há de se informar que essa destinação dada aos recursos financeiros, por via da utilização dessa classificação posta para as receitas correntes, receitas de capital, despesas correntes e despesas de capital, não é obrigatória só por parte da Administração Pública, ao elaborar o orçamento público, como também no momento da realização prática da receita e da despesa, através de sua contabilização.

Advirta-se que aplicar recursos arrecadados como receitas de capital em despesas correntes significa *despatrimonializar* o ente da Federação, sujeitando a autoridade infratora não só às sanções previstas pelos crimes de responsabilidades correlatos aos atos atentatórios à lei orçamentária como, também, sujeitando-a à aplicação das sanções administrativas e civis decorrentes do ato.

11.4.8 Princípio do equilíbrio orçamentário

O *princípio do equilíbrio orçamentário*, a ser observado no momento da elaboração do orçamento público, traduz a determinação de que o montante fixado para o total das despesas do exercício seja, igualmente, o mesmo valor total a ser fixado para a previsão das receitas.

Não sendo o Estado uma pessoa jurídica criada com objetivos de obter lucros e, levando-se em consideração que os recursos obtidos, por via dele, derivam do patrimônio dos particulares, não sobram razões para que se retirem do patrimônio privado das pessoas físicas e jurídicas mais dinheiro do que o necessário ao atendimento dos gastos públicos.

11.5 Tipos de Orçamento

A legislação nacional cuida de dois tipos de orçamento público: o *orçamento anual* e o *orçamento plurianual*, conhecido também pelo *nomem juris* de *plano plurianual* (art. 165 da CF).

É valiosa a informação de que, intermediando esses dois tipos de orçamentos públicos, a Constituição Federal de 1988 instituiu a *Lei de Diretrizes Orçamentárias*, até então inexistente no Direito Positivo brasileiro (art. 165, II).

Segue adiante, de modo detalhado, o estudo procedido sobre cada um desses tipos de orçamento, inclusive sobre a *Lei de Diretrizes Orçamentárias*.

11.6 Plano plurianual

O *orçamento plurianual* ou *plano plurianual* teve seu primeiro tratamento de natureza legal no texto da Lei Complementar n° 4.320/64, quando esta estabeleceu que "As receitas e despesas de capital serão objeto de um Quadro de Recursos e de Aplicação de Capital, aprovado por decreto do Poder Executivo, abrangendo, no mínimo, um triênio" (art. 23).

O dispositivo retroinvocado se acha hoje revogado por força de dispositivo da Constituição Federal de 1967, em cujo texto teve o assunto, pela primeira vez, tratamento em nível constitucional, dispondo aquela Carta Política que "O orçamento plurianual de investimento consignará dotações para a execução dos planos de valorização das regiões menos desenvolvidas do País" (art. 63, CF/67).

Na verdade, o *quadro de recursos e de aplicação de capital*, a que fazia referência a Lei Complementar n° 4.320/64, nada mais era do que a primeira idealização de um orçamento específico para as *despesas de capital* (investimentos), que deveriam ser realizadas durante a gestão governamental. Três anos depois do surgimento da referida lei, preferiu o legislador nacional dar a esse instrumento de planificação de metas governamentais a denominação de *orçamento plurianual de investimentos* (art. 63, CF/67).

O plano plurianual a que alude a atual Constituição Federal (art. 165) tem natureza jurídica de lei, no seu sentido formal. Objetiva esse tipo de orçamento dar ao governante um plano de trabalho devidamente planejado e transparente para o período de toda sua gestão governamental e, ao mesmo tempo, permitir aos membros da sociedade, de quem são retirados os recursos para o seu custeio, o conhecimento prévio das ações que se deseja levar a efeito durante o período da gestão administrativa.

Trata-se de um orçamento puramente *programático*, cujos planos de trabalhos por ele previstos são, na prática, operacionalizados ou concretizados a cada exercício financeiro, por força do orçamento anual, que é um orçamento de caráter *operativo*.

Segundo determinação constitucional, "A lei que instituir o plano plurianual estabelecerá, de forma regionalizada, as diretrizes, objetivos e metas da administração pública federal para as despesas de capital e outras delas decorrentes e para as relativas aos programas de duração continuada" (art. 165, §1º, CF).

Embora o dispositivo constitucional faça referência à elaboração desse orçamento apenas à Administração Pública Federal, ele é obrigatório para os níveis de Governos Estadual, Distrital e Municipal.

Sendo o *plano plurianual* formalmente uma lei, ele só poderá ser modificado por outra lei. Em que pese ser através do orçamento anual que se concretiza a operacionalização dos programas de trabalhos governamentais previstos por este tipo de orçamento, nenhum investimento, cuja execução vá além de um exercício, poderá ser iniciado sem que tenha sido previamente incluído no plano plurianual, ou sem lei que tenha autorizado essa inclusão no referido orçamento.

Para concluir, é necessário dizer que o plano plurianual é um plano de trabalho de governo, de natureza político-administrativa, aprovado por lei, em torno do qual a Administração Pública reúne todas as ações governamentais relativas às obras e investimentos a serem executadas durante o período da gestão governamental, e não de um único exercício financeiro, como ocorre com o orçamento anual. Trata-se de uma lei da iniciativa exclusiva do Chefe do Poder Executivo, cuja elaboração se submete às mesmas regras que regem a elaboração da Lei Orçamentária Anual, *mutatis mutandis*.

O que difere a LOA do PP é que a primeira é um plano de governo para ser posto em prática dentro de um único exercício financeiro, caracterizando-se por ser um orçamento de natureza anual e operativo, enquanto o segundo (PP) se caracteriza por ser um plano de trabalho de governo de natureza plurianual e meramente programático, isto é, que se realiza na prática através da LOA. No mais, não há diferença a registrar entre esses dois tipos de orçamentos públicos.

11.7 Orçamento anual

O *orçamento anual* é uma instituição bastante antiga e já se fez, nesta obra, referência aos seus primeiros passos a partir da Carta Magna de João Sem Terra.

No Brasil, trataram da matéria, cada uma ao seu modo, as Constituições de 1824 até a atual Carta Política em vigor (art. 165, III,

CF/88). Trata-se de uma lei em sentido formal, cuja vigência, como já referido, é anual, renovando-se, em face dessa circunstância, a cada exercício financeiro.

Por força de dispositivo constitucional, o orçamento anual deve compreender todos os Poderes, fundos, órgãos e entidades da Administração direta e indireta, inclusive as Fundações instituídas e mantidas pelo Poder Público, nas três áreas governamentais (art. 165, §5º, I, CF).

Deve compreender, ainda, as despesas de investimentos a se realizarem através das empresas estatais (art. 165, §5º, II, CF), e bem assim as despesas a se efetivarem com o custeio da seguridade social (art. 165, §5º, III, CF). Por imposição legal, o *orçamento anual* deve se constar de:

a) demonstrativo que espelhe o regionalizado do efeito acontecido sobre as receitas e despesas decorrentes das isenções, anistias, remissões, subsídios e benefícios de natureza financeira, tributária, ou creditícia (art. 165, §6º, CF);

b) demonstrativo que comprove a compatibilidade dos programas de trabalho, neles previstos, com os objetivos e metas constantes do Anexo das Metas Fiscais (art. 5º, I, LRF);

c) igualmente, por força legal não pode projeto de Lei de Orçamento Anual conter matéria dissociada da previsão da receita e da fixação da despesa, não se incluindo nestas proibições a autorização para abertura dos créditos suplementares e para contratação de operações de crédito, ainda que destinadas à antecipação de receitas (art. 65, §8º, CF); e

d) dotação orçamentária, com a designação de Reserva de Contingência, para atender despesas originadas de passivos contingentes e de outros riscos fiscais que possam desequilibrar as contas públicas (art. 5º, III, LRF).

Pode o *orçamento anual* sofrer emendas no Poder Legislativo, que deverão ser apresentadas perante a Comissão Mista, que oferecerá parecer a ser apreciado pelo Plenário do mencionado Poder. Porém, as emendas ao orçamento, ou ao projeto de lei que o modifique, somente podem ser aprovadas quando:

a) estejam plenamente compatíveis com o plano plurianual e com a Lei de Diretrizes Orçamentárias (art. 166, §3º, I, CF); e

b) tragam consigo a indicação dos recursos financeiros necessários ao objeto das emendas, caso em que somente serão admitidos os recursos decorrentes da anulação de dotações, não podendo essa anulação atingir aquelas dotações referentes à despesa de Pessoal e aos seus encargos, ao serviço da dívida e às transferências tributárias constitucionais destinadas aos Estados, ao Distrito Federal e aos Municípios (art. 166, §3º, II, "a", "b" e "c", CF).

Podem ainda ser objetos de emendas as que se correlacionem com as correções de erros ou omissões havidas, ou com os dispositivos do texto do respectivo projeto de lei orçamentária (art. 166, §3º, II, "a" e "b", CF).

Cumpre esclarecer que os projetos de Lei Orçamentária Anual podem ser modificados pelo Poder Legislativo, quando a pedido do Chefe do Poder Executivo, mas somente até enquanto não tiver sido iniciada a votação, pela Comissão Mista, da parte a que se propõe a alteração (art. 166, §5º, CF).

Cabe dizer, ainda, que a Lei Orçamentária Anual ou orçamento anual é o programa de trabalho de governo planejado e transparente, de natureza político-administrativa, expresso em termos quantificados dos serviços, obras e investimentos a serem realizados durante um determinado exercício financeiro, e dos valores financeiros que serão recolhidos do patrimônio dos particulares e de outras fontes de receita, aprovado por lei.

É o instrumento de que se serve a Administração Pública para por em prática o programa de trabalho expresso no *plano plurianual*, bem como para dar conhecimento aos administrados, como fonte de informação social, sobre as ações governamentais que serão levadas à execução em proveito do bem-comum, durante um determinado exercício financeiro e, igualmente, demonstrar perante os indivíduos quais os recursos financeiros que serão retirados do seu patrimônio e de outras fontes.

Por fim, é bastante valioso saber que, apesar de o orçamento anual ser um programa de trabalho de governo elaborado com base no princípio do *planejamento*, não significa isso que, em decorrência do dinamismo dos fatos administrativos, não possa vir ele a necessitar de alguns reparos durante a execução orçamentária realizada no decorrer do exercício financeiro.

Prevendo essa possibilidade foi que o legislador nacional admitiu a *reprogramação orçamentária* a ser procedida através dos institutos da *transposição, remanejamento e transferência*, sempre que o administrador constatar essa necessidade, embora tendo que promover essa reprogramação orçamentária por via destes institutos, quando autorizado previamente por lei. É o que estabelece a Constituição Federal, no seu art. 167, Inciso VI.

Transposição é a figura jurídica do Direito Financeiro que autoriza o administrador alterar a Lei Orçamentária Anual, com o viso de ajustar a reprogramação orçamentária às situações momentâneas, transpondo recursos de uma dotação orçamentária de um *programa de trabalho* para outro.

Remanejamento é a figura jurídica que consiste na redistribuição dos recursos de dotações orçamentárias remanescentes da extinção de um ou mais órgãos públicos, para repassá-los a outros órgãos integrantes da Administração direta ou indireta, ou ainda quando ocorrer a remoção de servidor público de um para outro órgão dentro do quadro de pessoal da Administração Pública.

Transferência é o ato por via do qual a Administração Pública repassa os recursos de uma dotação orçamentária para outra, dentro do mesmo *programa de trabalho*.

11.8 Lei de Diretrizes Orçamentárias

A *Lei de Diretrizes Orçamentárias* é uma instituição introduzida no nosso sistema financeiro por força da atual Constituição Federal. É, portanto, uma instituição nova que as outras Cartas Constitucionais não conheceram. Da mesma forma, também, não a conheceu a Lei Complementar nº 4.320/64 que, como se sabe, passou a viger, no Brasil, no dia 1º de janeiro do ano de 1965.

De fato, até a data da instituição dessa nova lei (LDO), o Poder Legislativo não passava de um mero espectador da elaboração do orçamento, por parte do Poder Executivo, e de um comportamento sistemático de dizer "amém" ao projeto do mesmo, quando lhe era encaminhado para discussão e aprovação. Talvez, havendo se conscientizado dessa posição de pouca participação na elaboração dos programas e planos governamentais, sentiu o Poder Legislativo a necessidade de participar mais ativamente do desenvolvimento dessa atividade, pondo em prática esse desejo mediante a instituição da *Lei de Diretrizes Orçamentárias* (art. 165, II, CF).

A partir daí, outra foi a participação do Poder Legislativo na elaboração dos programas de governo do Brasil, efetivada através da discussão e aprovação da Lei Orçamentária Anual, em decorrência da autorização de que é objeto a Lei de Diretrizes Orçamentárias, que de acordo com a Constituição Federal deverá compreender as metas e prioridades da Administração Pública Federal, incluindo as despesas de capital para o exercício financeiro subsequente, orientando a elaboração da Lei Orçamentária Anual, dispondo sobre as alterações na legislação tributária, e estabelecendo a política de aplicação das agências financeiras oficiais de fomento.

Com o advento dessa lei, fortifica-se, então, a participação do Poder Legislativo na elaboração dos programas governamentais perante o Poder Executivo.

A obrigatoriedade da elaboração dessa lei, que se interpõe entre a elaboração do plano plurianual e a feitura da Lei Orçamentária Anual, nas áreas de governo federal, estadual, distrital e municipal é, como frisado, uma inovação imposta pela Constituição Federal em vigor (art. 65, II, CF).

É a Lei de Diretrizes Orçamentárias uma lei de vigência ânua, o que traduz dizer que deve ser elaborada anualmente por todas as unidades componentes da estrutura organizacional político-administrativa da República Federativa do Brasil.

Quanto ao seu conteúdo, além de compreender as regras de orientação para elaboração dos orçamentos públicos anuais, deve ela compreender, também, as metas e prioridades que a Administração Pública deseja alcançar, dispondo sobre:

a) o equilíbrio orçamentário decorrente do balanceamento a ser realizado entre as receitas correntes e as despesas correntes, e entre as receitas de capital e as despesas de capital;

b) a utilização de critérios e forma a serem utilizados quando da edição do ato de limitação de empenho e movimentação financeira, utilizado no momento em que fica constatado, ao final de cada bimestre, que a receita arrecadada não comportará o cumprimento das metas de resultados primário, ou nominal, fixadas no Anexo de Metas Fiscais integrante da LDO, ou quando verificar que não alcançará o resultado primário necessário à recondução do montante da dívida consolidada ao seu limite legal;

c) as regras relativas ao controle de custos e avaliação dos resultados obtidos da execução dos Programas de Trabalho financiados com recursos do próprio orçamento; e

d) as regras definidoras das condições e exigências a serem adotadas nos procedimentos relativos às transferências de recursos de uma para outras entidades públicas, ou privadas.

Afora essas exigências, deve ainda se integrar à LDO o *anexo de metas fiscais*, em cujo documento serão descritas as metas que se deseja alcançar durante o exercício financeiro, expressas em valores correntes e constantes, isto é, expressas através do padrão monetário nacional, e com seus valores sempre atualizados, relativas às *receitas, despesas, resultado primário, resultado nominal* e o *montante da dívida pública* correspondentes ao exercício financeiro a que se referirem e para os dois exercícios seguintes.

O anexo acima referido deverá demonstrar:

a) a avaliação relativa ao cumprimento das metas realizadas no exercício anterior;

b) as metas anuais referentes ao exercício em que serão executadas devidamente instruídas com a memória e metodologia de cálculos adotados e justificadores dos resultados pretendidos, em confronto comparativo com as metas fixadas nos três últimos exercícios imediatamente anteriores, evidenciando a consistência dessas metas em face das premissas e objetivos da política econômica nacional;

c) a evolução do patrimônio líquido do ente público registrado no exercício de competência e nos três últimos exercícios imediatamente anteriores, dando-se destaque à origem e à aplicação dos recursos financeiro decorrentes da alienação de ativos;

d) a avaliação clara da situação financeira e atuarial dos regimes geral da Previdência Social e o próprio dos servidores públicos e do Fundo de Amparo ao Trabalhador, bem como dos demais Fundos Públicos e programas estatais de natureza atuarial; e

e) a estimativa e compensação de renúncia de receita e da margem de expansão das *despesas de caráter continuado*.

Integrará, finalmente, a Lei de Diretrizes Orçamentárias o *anexo de riscos fiscais*, no qual serão apresentadas as avaliações dos passivos contingentes e outros riscos que sejam capazes de afetar o equilíbrio das contas públicas, bem como as informações sobre as medidas que deverão ser adotadas na hipótese de esses riscos se concretizarem.

11.9 Orçamentos das Câmaras Municipais

Com o advento da Emenda Constitucional nº 25 de 14 de fevereiro de 2000, que introduziu o art. 29-A no corpo permanente da Constituição Federal, o legislador nacional pôs termo a um dos motivos provocadores de acirradas indisposições entre o Poder Executivo e o Poder Legislativo Municipal.

Até os dias que precederam a vigência da EC nº 25/00, as Câmaras Municipais, visando a uma receita mais expressiva para o custeio de suas despesas, elevavam, em muito, os valores de suas dotações orçamentárias, do que surgiam aprofundados arranhões com o Poder Executivo, que não concordava com aquela atitude do Poder Legislativo Municipal.

É que, por essa época, os recursos financeiros a serem repassados para a Câmara de Vereadores obedeciam a cálculos de divisão duodecimal de suas dotações orçamentárias. A partir daí, quanto mais altos fossem os valores de suas dotações orçamentárias, mais altos seriam os repasses dos recursos financeiros que o Poder Executivo deveria realizar em favor da mesma.

Diante dessa possibilidade de uma receita financeira bem mais expressiva, algumas Câmaras Municipais elevavam ao quanto não deviam os valores de suas dotações orçamentárias, para dessa providência colher proveitos, em termos financeiros, de recursos esses que, por força do art. 168 da atual Constituição, deveriam ser entregues pelo Poder Executivo até o dia 20 (vinte) de cada mês.

Com o surgimento da EC nº 25 de 14 de fevereiro de 2000, que só entrou em vigor em 1º de janeiro de 2001, todas as Câmaras Municipais que, até então, não tinham limites fixados em lei para a fixação total de suas despesas (excetuada a despesa total com a remuneração de Vereadores – art. 29, VII, CF), e para consequente elaboração de seu orçamento, passaram a ter o total desses gastos fixados, em termos percentuais, na forma prevista do art. 29-A da atual Constituição.

De acordo com o artigo citado "O total da despesa do Poder Legislativo Municipal incluídos os subsídios dos Vereadores e excluídos os gastos com inativos, não poderá ultrapassar os seguintes percentuais, relativos ao somatório da receita tributária e das transferências previstas no §5º do art. 153 e nos artigos 158 e 159, efetivamente realizados no exercício anterior".

Elegendo o dispositivo constitucional o critério populacional para a fixação do total das despesas para as Câmaras Municipais, estabeleceram-se quatro índices percentuais que vão de 5% (cinco por cento) a 8% (oito por cento).

Com essa providência, as Câmaras Municipais não mais poderão elevar os valores de suas dotações orçamentárias, pois com essa fixação elas não poderão receber, durante o exercício financeiro, mais do que o montante fixado pelo citado artigo, para o pagamento total de suas despesas, constituindo crime de responsabilidade do Prefeito Municipal efetivar repasse financeiro maior ou menor do que o fixado (art. 29-A, §2º, I e III, CF), bem como crime de responsabilidade do Presidente da Câmara Municipal efetuar despesas superiores aos limites fixados pela Constituição Federal (art. 29-A, §1º, CF).

Em não mais podendo as Câmaras de Vereadores receber repasses maiores do que os estabelecidos pela Constituição Federal, desapareceu a razão para o aumento indevido de suas dotações orçamentárias, no momento da elaboração dos seus respectivos orçamentos, porquanto, em isso acontecendo, a parte que ultrapassar os limites fixados pela Constituição Federal, relativamente ao total da receita anual das Câmaras de Vereadores, calculada na forma do art. 29-A da CF, é nula, considerando-se como parte "podre" do orçamento, por contrariar escancaradamente o texto constitucional.

Ao elaborar sua *proposta parcial de orçamento anual*, não pode a Câmara Municipal ultrapassar os limites estabelecidos pela Constituição Federal (art. 29-A), para o total de suas despesas, nem consignar para as dotações destinadas a cobrirem os gastos com o pessoal (Servidor Público) e com subsídios dos Vereadores mais do que 70% (setenta por cento) de suas receitas, sob pena de estar o Vereador Presidente da Câmara cometendo *crime de responsabilidade*, em razão do que poderá perder seu mandato de Vereador (art. 29-A, §§1º e 2º, CF).

Deve-se, ainda, observar, quanto à fixação da despesa com subsídio dos Vereadores, o limite máximo de até 5% (cinco por cento) previsto pela Constituição Federal (art. 29, VII).

Assim, não há mais razões para as questiúnculas do passado que, em alguns casos, algumas Câmaras de Vereadores terminavam por reduzir os valores das dotações orçamentárias relativas às despesas do Poder Executivo, a ponto de tornar inexequíveis as atividades da responsabilidade da Administração Pública Municipal.

É bom lembrar que quando a Câmara Municipal assume essa posição, está ela agindo de forma a querer prejudicar pessoalmente o Prefeito Municipal, atingindo, contudo, a Administração Pública, editando, assim, um ato legislativo com características de *pessoalidade*, portanto nulo, visto que fere o *princípio da impessoalidade* previsto na atual Constituição (art. 37).

Em razão desse princípio, é nulo o ato público praticado por qualquer dos Poderes Públicos com a finalidade de favorecer ou prejudicar pessoalmente alguém e, notadamente, porque esse ato público se desvirtua do princípio do *interesse público*.

Capítulo 12

Sistemas de Controles da Administração Pública

Sumário: 12.1 Noções preliminares – **12.2** Sistemas de controles dos atos públicos – **12.3** Sistema de controle administrativo – **12.4** Sistema de controle legislativo – **12.5** Sistema de controle jurisdicional – **12.6** Sistema de controle popular

12.1 Noções preliminares

Após a análise procedida sobre os mais diversos institutos e aspectos correlacionados com o exercício da atividade financeira pública denominada de *gestão fiscal*, é chegado o momento de saber que todas as atividades administrativas, quer de natureza puramente financeira, quer de outras naturezas administrativas, para serem executadas com plena validade, é necessário que estejam todas autorizadas por leis. Estas, por sua vez, são postas em prática através dos *atos públicos* praticados pelas autoridades competentes, os quais se encontram subordinados a controles exercidos pela própria Administração Pública, para que ela possa avaliar se tais atos atendem aos princípios que a regem, estabelecidos pela nossa Carta Política (art. 37, CF).

Assim, todas as atividades administrativas desenvolvidas pelos administradores públicos, sejam estas de natureza puramente financeira, ou de outras *naturezas administrativas, vinculadas ou predeterminadas* e, ainda, as *discricionárias*, deverão estar inevitavelmente subordinadas à lei, que, no nosso ordenamento jurídico, é o ato que, por excelência, *institui, legitima e expressa* a vontade inequívoca da Administração Pública e que, na prática, se concretiza por via dos atos editados pelas autoridades públicas.

É, pois, a lei que, não só autoriza o agir da Administração Pública, garantindo-lhe sua validade, como, também, veicula e decifra a *finalidade pública* que deve ser perseguida pelo ato, que define os seus *elementos constitutivos*, que *indica a autoridade* que deverá editá-lo e o *momento* em que esta autoridade deverá praticá-lo.

Em face a essa subordinação das atividades públicas à pressão legal, todos os atos praticados pelos administradores ficam sujeitos a controles da Administração Pública que, por intermédio de seus instrumentos *próprios e específicos*, atua no desfazimento desses atos, quando ilegais, *anulando-os*; ou *revogando* aqueles que, embora legais, não interessa mais ao Poder Público que eles continuem a produzir seus efeitos, preservando, em certos casos, os direitos adquiridos e, por vezes, *convalidando-os*, nos casos em que estes se apresentem juridicamente defeituosos em decorrência de nulidades relativas (nulidades não absolutas) que os tornam apenas anuláveis.

12.2 Sistemas de controles dos atos públicos

Com o desígnio de submeter todas as atividades públicas ao seu *policiamento ou fiscalização*, o Poder Público instituiu *três sistemas de controle*, situando cada um dentro do respectivo Poder, ou seja, o Executivo, o Legislativo e o Judiciário.

São espécies de sistemas de controle dos atos públicos o *controle legislativo* — também denominado de *controle político* —, o *controle administrativo* e o *controle jurisdicional*.

Esses controles são exercidos sobre as atividades públicas, independentemente da área de atuação em que tenham sido desenvolvidas, com o objetivo de fazer valer, em concreto, o respeito aos princípios que regem o comportamento da Administração Pública (art. 37, CF).

Ao tratar dos tipos de controles acima mencionados, não se pode deixar de fazer referência ao direito reconhecido, constitucionalmente, a todos os cidadãos de poderem fiscalizar os atos públicos com a finalidade de fazer com que os administradores públicos respeitem, em seus atos, todos os princípios norteadores da Administração Pública, registrados na Constituição. Tal direito, mais conhecido pela denominação de *controle popular* ou *controle social*, pode ser exercido pelo interessado por via de qualquer dos tipos de controles acima referidos, isto é, dos *controles administrativo, legislativo* ou *jurisdicional*, utilizando-se dos instrumentos de provocação específicos que cada um deles oferece.

Feitas estas referências, avulta a responsabilidade de informar ao leitor que os tipos de sistemas de controle acima referidos serão estudados de forma particularizada e pormenorizada, quando exercitados sobre o universo de atos sobre os quais estes sistemas recaem. Também se estudará o momento da atuação de vigilância da execução de todas as atividades administrativas públicas, inclusive aquelas ligadas à gestão dos atos administrativos de *naturezas orçamentária, financeira, patrimonial e operacional.*

12.3 Sistema de controle administrativo

Sistema de controle administrativo é a atividade de *controle, vigilância, policiamento ou de fiscalização* exercida pela Administração Pública mediante a atuação de seus próprios órgãos sobre as atividades dos administradores públicos, na concretização dos programas de trabalhos governamentais.

Tem esse sistema de controle a finalidade de examinar, além de outros aspectos jurídicos, a *transparência legal, moral e a finalidade pública* dessas atividades, contrasteando sua conformação com o texto da lei, quando se tratar de atividade *predeterminada* ou *vinculada,* ou examinando-lhes o *mérito,* em se tratando de atividade *discricionária,* em que o administrador age com uma maior margem de liberdade, para conferir se esta se conteve nos limites demarcados pela *oportunidade* e *conveniência* públicas.

Esse tipo de *controle administrativo* é exercido *internamente* em todos os órgãos administrativos, situados na estrutura orgânica dos três Poderes e em todos os seus níveis hierárquicos, bem como em todas as entidades públicas e privadas da administração direta e indireta, observando-se, também, os níveis hierárquicos destas.

Deve-se ressaltar que o sistema de controle em questionamento tem os seus instrumentos próprios, que são utilizados pelas autoridades públicas exclusivamente por via administrativa, alcançando, indistintamente, todos os tipos ou espécies dessas atividades desenvolvidas pela Administração Pública.

Dentre os instrumentos do controle empregados por *via administrativa,* uns são utilizados pelos administradores, de *ofício* e de forma *preventiva,* isto é, pelas chefias legalmente competentes para *desenvolver* e *supervisionar* os programas de trabalhos governamentais, nestes incluído o do desenvolvimento das atividades correlacionadas com as *políticas de pessoal, orçamentária,* administração financeira, contabilidade, auditoria e serviços gerais (art. 13, DL nº 200/67), quando praticadas por autoridades administrativas que lhe são subordinadas.

São exemplos de instrumentos de controle do *sistema de controle administrativo*, predeterminados pela legislação pertinente: *a supervisão hierárquica, a homologação, a aprovação e a autorização.*

Outros instrumentos de controles existem que, também, são executados *preventivamente* por via administrativa, porém, *a pedido das partes interessadas* na resolução administrativa de seus pedidos de naturezas jurídicas reivindicatórias de esclarecimentos de situações, ou de direitos e interesses individuais, difusos, ou coletivos, previstos, em tese, por lei, cuja decisão da Administração Pública, em cada caso, está inafastavelmente subordinada ao controle prévio do ato a ser praticado pela mesma.

São exemplos dos *instrumentos de controles* aqui estudados: o *direito de petição*, o *pedido de prestação administrativa*, o *pedido de reconsideração*, o *recurso de revisão* e o *recurso administrativo*.

E, finalmente, há outros instrumentos de controles, utilizados por via do sistema de controle administrativo que têm *caráter repressivo*, mas que somente podem ser utilizados *a pedido*, isto é, por provocação do interessado perante a Administração Pública. Esse interessado tanto pode ser qualquer pessoa dos administrados (física ou jurídica), quanto os próprios administradores púbicos em geral, com a finalidade de pedir investigação de atividade praticada em desconformidade com a lei ou com a moralidade administrativa.

São exemplos dos instrumentos de controle do sistema de controle administrativo aqui discutido: a *representação administrativa*, a *denúncia administrativa*, a *sindicância administrativa* e outros.

Cumpre advertir que, dentre todas as atividades administrativas praticadas pela Administração Pública, há aquelas de natureza eminentemente administrativa, sem matizes financeiros, isto é, atividade cuja finalidade ou conteúdo é, por exemplo, tão somente a de estabelecer a organização estrutural dos órgãos governamentais ou a fixação de suas respectivas competências, por via das quais irão se concretizar as atividades-fins do Estado.

Igualmente, há aquelas atividades que cuidam exclusivamente das *atividades-meios*, atividades estas preparatórias para a prática das citadas *atividades-fins*, cuja finalidade, entre outras, pode ser a de obtenção de recursos financeiros necessários ao custeio do desenvolvimento dos objetivos da gestão fiscal.

O sistema de controle administrativo em questão se passa no âmbito interno de cada órgão administrativo inserido nos três Poderes (Legislativo, Executivo e Judiciário) e nas entidades públicas e privadas da administração direta e indireta. Este sistema de controle se realiza de modo *administrativo* e *hierárquico*, mediante a fiscalização feita pela autoridade superior sobre os atos praticados pelas autoridades imediatamente subordinadas.

Visa ele, portanto, ao revisionamento de todos os atos ou atividades administrativas, inclusive os ligados ao desenvolvimento *da gestão orçamentária, financeira, patrimonial e operacional*, contrasteando-os com o texto da lei e os princípios que regem a Administração Pública, em se tratando de atos ou atividades predeterminados ou vinculados e avaliando a *conveniência e oportunidade*, quando do exame dos atos discricionários, atributos estes que constituem o mérito dos atos dessa natureza.

Do exposto já se depreende que, no interior do sistema de controle administrativo, há um tipo de controle que incide sobre a legalidade do ato, verificando se este ato foi editado de acordo com o texto da lei, por isso denominado de *controle da legalidade* (art. 5º, II, CF), e outro tipo que, dadas as suas características próprias, incide sobre o *mérito* do ato, avaliando-o sob os critérios da *conveniência e oportunidade* públicas, submetendo-o, destarte, a este policiamento, os atos discricionários, e por essa razão conhecido como *controle de mérito*.

O sistema de controle ora estudado (controle administrativo) também é conhecido pela denominação de *autocontrole*, por ser praticado pelos próprios órgãos administrativos, nos seus respectivos âmbitos internos, e sobre os seus próprios atos, revelando-se, como já esclarecido, de natureza administrativa e hierárquica, por se desenvolver a partir da autoridade superior sobre os atos das demais autoridades subordinadas, atingindo, destarte, até aquela autoridade que se acha posicionada no menor grau da pirâmide hierárquica de cada órgão.

Quando promove esse tipo de controle, a Administração Pública — *nesta incluídos todos os órgãos administrativos dos três Poderes e entidades da Administração direta e indireta* — não só pode, como deve, anular, por iniciativa própria, os atos editados de forma viciada ou ilegal; podendo também fazê-lo a pedido da parte interessada na questão, ou, ainda, mediante os mesmos meios (de ofício), modificar ou revogar ato que, embora editado de acordo com a lei, já não mais interessa à Administração Pública os seus efeitos (atos discricionários), preservando-se, em certos casos, os direitos adquiridos e, por fim, convalidando-os, desde que juridicamente defeituosos em razão de nulidades relativas, que os tornem anuláveis.

A propósito da questão levantada, a Suprema Corte de Justiça do Brasil sumulou que "A Administração pode anular seus próprios atos quando eivados de vícios que os tornem ilegais, porque deles não se originam direitos; ou revogá-los, por motivo de conveniência ou oportunidade, respeitados os direitos adquiridos e ressalvada, em todos os casos, a apreciação judicial" (Súmula nº 473, STF).

A esta altura já deve ficar esclarecido que quando a fiscalização ou controle estiver se desenvolvendo, exclusivamente, sobre os atos de constituição, conservação e proteção do patrimônio público, em *sentido amplo*, e sobre os atos característicos da gestão fiscal, o sistema de controle administrativo passa a ser denominado de *controle interno* (art. 70, CF).

Ao objetivar a proteção do patrimônio público dos efeitos malignos originados, às vezes, de atos de ilegalidade, negligência, descaso, desleixo ou malversação de dinheiro público, praticados por certos administradores e outras vezes da própria ação predadora dos administrados, em geral, a Constituição da República se houve por instituir não só órgãos encarregados da tarefa de fiscalizar esses atos lesivos ao patrimônio, mas também, preencheu-lhes dos poderes necessários ao desenvolvimento dessa missão, dotando-os, outrossim, dos respectivos e úteis instrumentos de controle, utilizados por via do sistema de controle administrativo, visando à ostentação da real transparência legal e moral de todos as atividades administrativas, dentre as quais, se inserem aquelas inerentes à gestão fiscal.

Decorrente dessa profícua visão constitucional, e correlacionado exclusivamente com a proteção do patrimônio público (sentido amplo) e o controle da gestão fiscal, foram criados dois tipos de fiscalização:

a) um, a se realizar no âmbito interno de cada Poder, através dos órgãos administrativos integrados nos três Poderes e nas entidades públicas e privadas da Administração direta e indireta, sobre seus próprios atos, a cujo sistema deu-se o título de *controle interno*; e

b) outro, exercitado de forma mais especializada e a ser praticado exclusivamente pelo Poder Legislativo, com o auxílio do Tribunal de Contas, onde há momentos em que ambos atuam em conjunto, simultaneamente, e momentos em que cada um deles atua de modo separado e exclusivo sobre os atos da administração financeira dos demais Poderes (Executivo e Judiciário) e das entidades públicas e privadas situadas na Administração direta e indireta, ao que se deu o *nomen juris* de *controle externo* (art. 70, parágrafo único, CF). Cumpre esclarecer que, no interior do *sistema de controle administrativo*, se encontra um controle especificamente dirigido ao policiamento das atividades financeiras (receita e despesa), identificado pelo nome de *controle interno*, que tanto pode ser executado de ofício pela Administração Pública sobre toda atividade administrativa financeira praticada por qualquer dos órgãos administrativos dos três Poderes e das entidades públicas e privadas da administração (direta e indireta), quanto deflagrado a pedido pelos administrados (pessoas físicas e jurídicas), incluindo-se os agentes públicos, em geral.

De resto, adverte-se neste ensejo que os instrumentos de controle aqui mencionados serão objeto de análise feita individualizadamente, na devida oportunidade.

12.4 Sistema de controle legislativo

Sistema de controle legislativo, também conhecido como *controle parlamentar* ou *controle político*, é a atividade que o Poder Legislativo, em nome do povo, exercita quando revisiona ou fiscaliza a transparência legal e moral de todos os atos públicos, exceto os *atos jurisdicionais* praticados pelo Poder Judiciário.

Submetem-se ao sistema de controle legislativo, na condição de atos públicos, todas as atividades administrativas praticadas pelo Poder Executivo, inclusive os de natureza legislativa que este Poder pratica excepcionalmente, tais como os atos normativos — *Regulamentos e Leis Delegadas* — e os atos praticados pela Administração indireta (art. 49, incisos V e X; art. 68, CF).

Submetem-se, também, a esse tipo de controle legislativo, tanto as atividades administrativas praticadas, excepcionalmente, pelo Poder Judiciário, como as realizadas pelo Tribunal de Contas (arts. 52, III, alíneas "a" e "b"; 101, parágrafo único; 104; 111-A, CF) e as que o Poder Legislativo também pratica de modo excepcional.

Finalmente, também se submetem a este sistema de controle, não só as atividades legislativas praticadas, eminentemente, pelo Poder Legislativo, como também aquelas praticadas, excepcionalmente, pelo Poder Judiciário e Tribunal de Contas, situação esta em que o Parlamento atua preservando sua competência legislativa, em face da competência normativa atribuída aos órgãos dos outros Poderes (art. 49, XI, CF).

O sistema de controle legislativo tanto pode ser exercido de ofício, isto é, deflagrado pela espontânea vontade do Poder Legislativo, no exercício de suas competências, quanto provocado pelos administradores públicos (art. 49, §1º, CF) ou, ainda, pelos administrados em geral (pessoas físicas e jurídicas [art. 253, Resolução 17/89 – Regimento Interno da Câmara dos Deputados]), podendo ser executado de *forma prévia, simultânea* e *a posteriori*, mediante a apresentação de *petições, reclamações ou representações* de qualquer pessoa física ou jurídica contra o ato ou a omissão das autoridades e entidades públicas, ou, ainda, imputados a membros da respectiva Casa Legislativa (Câmara dos Deputados), que serão recebidas e examinadas pelas Comissões ou pela Mesa, respectivamente, desde que a matéria seja da competência do Colegiado.

Advirta-se, contudo, que não se insere no propósito desta obra o estudo da incidência do controle legislativo sobre as atividades de natureza legislativa, mas, tão somente, sua incidência sobre o universo dos atos administrativos praticados pelos três Poderes, que importem na execução de atividades administrativas inerentes à *gestão fiscal*.

Como acima informado, o sistema de controle legislativo, aqui focalizado, quando utilizado, em sua prática, sobre o universo da atividade pública gerada pelos atos administrativos de natureza financeira, nomeada de gestão fiscal, passa a ser denominado de *sistema de controle externo* (art. 70, CF), objeto de preocupação do estudo que se fará a partir deste momento.

Avulta esclarecer que, inobstante se denomine legalmente de *controle externo* somente o sistema de fiscalização realizado pelo Poder Legislativo, com o auxílio do Tribunal de Contas, quando exercitado sobre as atividades financeiras públicas, o certo é que o controle legislativo, sobre todos os demais atos administrativos de outras naturezas que não a financeira editados pelos demais Poderes, tem, também, a natureza de controle externo, pois se realiza de *fora para dentro* do Poder fiscalizado, podendo assumir as feições *preventiva e repressiva*.

Apesar disso, *controle externo*, na acepção da expressão vernacular utilizada pela Constituição Federal, é tão somente aquele exercitado pelo Poder Legislativo, com o auxílio do Tribunal de

Contas, exclusivamente sobre os atos administrativos concernentes à *gestão fiscal*, controle este também conhecido por *controle político* e *controle parlamentar*.

Do exposto já se pode observar que o que distingue o *controle legislativo* do *controle externo* é o objeto sobre o qual incide o exercício de cada um desses controles.

No controle legislativo, que é aquele exercido tão só pelo Poder Legislativo, o seu objeto é o universo composto pelos atos administrativos e atos legislativos praticados pelos outros Poderes, na forma anteriormente já explicada (arts. 49, V, X e XI, CF), enquanto no controle externo exercido pelo Poder Legislativo, com o auxílio do Tribunal de Contas, o objeto é o universo dos atos administrativos concernentes à gestão fiscal, praticados por todos os órgãos dos três Poderes e, também, pelas entidades públicas e privadas da Administração direta e indireta (art. 70, CF).

Postas estas considerações, é de grande valor complementar dizer que, neste tipo de *controle externo*, em que o Poder Legislativo atua com o auxílio do Tribunal de Contas, há momentos em que o Parlamento e o Tribunal de Contas agem conjuntamente, entre si, e de modo harmônico, do que é exemplo o exame e julgamento da prestação de contas de Governo, em que o referido Pretório emite sobre esta um Parecer Prévio, ato administrativo de natureza meramente técnico-opnativa, que serve como peça processual de orientação para o julgamento a ser realizado pelo Poder Legislativo.

Há outras ocasiões em que tanto o Poder Legislativo quanto o Tribunal de Contas atuam isoladamente no exercício de suas respectivas competências próprias e privativas, sendo plenamente nulo o ato daquele que venha a praticá-lo com invasão de competências atribuídas ao outro.

Atua isoladamente o Poder Legislativo quando discute e aprova a Lei Orçamentária Anual, que é o ato inaugural da gestão fiscal do exercício financeiro em que ela será executada. Atua isoladamente o Tribunal de Contas quando examina e julga a prestação de contas de gestão da responsabilidade das autoridades administrativas *ordenadoras de despesa*.

O exame do *sistema de controle externo*, aqui apresentado sem os seus aprofundamentos, vislumbra dar ao leitor apenas uma noção geral da matéria, cuja disciplina será estudada de modo especializado no capítulo seguinte.

12.5 Sistema de controle jurisdicional

Ao lado dos sistemas de controle administrativo e de controle legislativo posta-se o *sistema de controle jurisdicional*. Este último é exercitado pelos órgãos do Poder Judiciário (art. 92, CF), e, a estilo do sistema de controle legislativo, apresenta-se como um *sistema de controle externo*, em virtude de ser exercitado de *fora para dentro* do Poder fiscalizado, o que ocorre mediante o revisionamento do Poder Judiciário sobre todos os atos públicos praticados pelos demais Poderes, órgãos e entidades públicas e privadas da Administração direta e indireta, e inclusive sobre os seus próprios atos.

Esse sistema de controle atribuído ao Poder Judiciário objetiva o exame da *transparência legal* dos atos público em geral, ressalvado apenas o exame de mérito dos atos políticos e dos atos discricionários, nos casos em que estes não tenham provocado ameaça ou lesão de direitos.

É o sistema de controle exercitado sobre todos os atos e atividades do Poder Executivo, inclusive das entidades da Administração indireta, bem como, sobre todos os atos e atividades (administrativas ou legislativas) do Poder Legislativo e atos e atividades (administrativas e jurisdicionais) do próprio Poder Judiciário, com a finalidade de solucionar, em caráter definitivo, os conflitos originados da ameaça ou lesão de direitos que lhe são postos ou submetidos a apreciação (art. 5º, XXXV, CF).

Trata-se, assim, de um controle externo, visto que exercitado pelo Poder Judiciário de fora para dentro dos demais Poderes, alcançando o revisionamento dos atos e atividades por estes praticados. Seu exercício não se põe em prática, de ofício, pois a prestação jurisdicional oferecida pelos órgãos judiciários dependerá, de regra, de pedido dirigido a estes pelas partes interessadas.

Esse tipo de controle tem seus limites, visto que sua finalidade é a restauração da legalidade comprometida por ameaças ou lesões a direitos individuais ou interesses difusos e coletivos, não podendo, entretanto, ser submetidos à sua análise ou apreciação os atos políticos, senão quando estes se tornam ameaçadores ou lesivos das situações jurídicas retroindicadas, e, igualmente, os chamados atos discricionários, quanto ao seu mérito, que, também, são examinados sob condições especiais.

Colocadas estas sucintas informações sobre o que seja o *sistema de controle jurisdicional*, cabe agora advertir que esse tipo de controle se aplica, também, a todos os atos e atividades da Administração

Pública direta e indireta que tenham por objetivo a *execução da gestão fiscal*, incluindo-se entre estes aqueles atos que digam respeito à proteção do patrimônio público, assim considerado em seu sentido amplo.

Quando o *sistema de controle jurisdicional* é utilizado para restaurar e proteger, de forma repressiva, a legalidade de todos os atos e atividades administrativas públicas, incluindo-se entre estes os concernentes à gestão fiscal, tem este controle, em tese, por instrumentos de provocação:

a) o Mandato de Segurança;
b) o Mandado de Injunção;
c) o *Habeas Data*;
d) a Ação Civil Pública;
e) a Ação Popular; e
f) a Execução Fiscal.

Cumpre informar que os instrumentos de controle acima mencionados serão analisados, isoladamente, na oportunidade devida.

12.6 Sistema de controle popular

Coloque-se, por fim, entre os sistemas de controle ora examinados (controle administrativo, controle legislativo e controle jurisdicional) o direito atribuído ao cidadão de poder conhecer e fiscalizar todo ato público, com o intuito de fazer valer o respeito aos princípios da Administração Pública previstos pela Constituição Federal, direito este denominado de *sistema de controle popular* ou *controle social*, que tanto pode ser exercido por via administrativa, quanto por via legislativa, como também por via judicial, utilizando-se, neste mister, dos instrumentos de provocação de controles específicos que cada um destes sistemas oferece, como se verá no estudo a ser feito na devida oportunidade.

O *sistema de controle popular* constitui, pois, um direito deferido constitucionalmente aos cidadãos, que se origina em razão da garantia constitucional de terem estes o direito de conhecer e a oportunidade para acompanhar todas as atividades e atos praticados pelas autoridades públicas, quando executam suas atribuições legais. Este controle será tanto mais eficiente e oportuno quanto maior for o número dos indivíduos bem informados sobre a atuação da Administração Pública, que, para tanto, está obrigada ao *princípio da publicidade* dos atos públicos.

Não se limita ele apenas em promover defesa de direitos individuais, eventualmente feridos pelo Poder Público, mas, também, em proteger direitos e interesses difusos e coletivos. Pode, assim, ser utilizado não só de forma individual, mas também de modo coletivo. Não se trata, destarte, de um sistema de controle posto à disposição de pessoas que tenham por objetivo somente perturbar, indevidamente, a ordem de encaminhamento dos negócios da Administração Pública. É necessário que se revele, neste mister, um legítimo interesse para agir.

O procedimento de *controle popular* ou *controle social* aqui estudado tanto pode ser viabilizado por via de procedimento praticado perante os órgãos do sistema de controle interno (autoridades administrativas), quanto do controle externo (Poder Legislativo ou Tribunal de Contas), como também por via judicial, isto é, perante o Poder Judiciário, movimentando o *sistema de controle jurisdicional*.

O *controle popular* é posto em prática através da atuação das pessoas físicas ou jurídicas (públicas e privadas) interessadas na proteção integral dos seus direitos, ou dos direitos e interesses difusos e coletivos, ou, ainda, em defesa do *patrimônio público*, considerado este último como um conjunto de bens e direitos pertencentes ao Poder Público suscetíveis de avaliações em termos *econômico, artístico, estético, paisagístico, histórico, arqueológico, turístico e ambiental*, contra os atos lesivos ou danosos dos administradores e administrados em geral.

O sistema em tela tem como *instrumentos de provocação de controle* qualquer dos instrumentos de controle oferecidos pelos demais sistemas, isto é, o administrativo, o legislativo e o jurisdicional, que serão estudados oportunamente. Portanto, feita a opção para agir por via de um determinado sistema, terá a parte optante de se utilizar dos respectivos instrumentos de provocação oferecidos especificadamente pelo sistema de controle escolhido.

Destarte, quaisquer dos instrumentos de provocação de controle vinculados aos já citados sistemas de controles podem ser utilizados para movimentar o *controle popular*.

Esse controle não se restringe apenas aos atos e atividades administrativas desprovidas de aspectos financeiros ou econômicos, mas, também, a todos os atos e atividades que digam respeito à execução da gestão fiscal.

CAPÍTULO 13

CONTROLES DA GESTÃO FISCAL

Sumário: 13.1 Noções Preliminares – **13.2** Conceito de controle de gestão fiscal – **13.3** Tipos de controles da gestão fiscal – **13.3.1** Sistema de controle externo – **13.3.1.1** Competências dos órgãos do sistema de controle externo – **13.3.2** Sistema de controle interno – **13.3.2.1** Competências dos órgãos do sistema de controle interno

13.1 Noções Preliminares

Ao laborar o capítulo 12 desta obra, o autor se dedicou a examinar ali os *sistemas de controles* da Administração Pública, no qual, também, se ocupou em oferecer ao leitor uma análise pormenorizada sobre a matéria, isto é, sobre os sistemas de controles *legislativo, administrativo, jurisdicional e popular*, exercitados perante o Poder Público sobre todos os atos praticados pelos seus administradores, não interessando sua natureza.

Expôs, outrossim, que dentro dos controles legislativo e administrativo avultam, por suas especificidades, mais dois sistemas de controles utilizados pela Administração Pública somente sobre os atos inerentes à execução da gestão fiscal, informando sê-los *o sistema de controle externo* e o *sistema de controle interno*.

A presente explicação, como prelúdio dos exames a se realizarem sobre o cerne da matéria anunciada no título deste capítulo, prende-se à finalidade de lembrar ao leitor que os sistemas de controles vistos na exposição do capítulo 12 não são os mesmos aqui examinados, nem com eles se confundem, visto que os aqui estudados se tratam de sistemas de controles instituídos com a finalidade

184 Afonso Gomes Aguiar
Tratado da Gestão Fiscal

específica ou exclusiva de serem exercitados apenas e tão somente sobre os atos e atividades inerentes à gestão fiscal.

Enquanto ali, naquele capítulo, falou-se, em tese, da existência dos sistemas de controles da Administração Pública para serem exercitados sobre todos os seus atos e atividades, excluídos os inerentes à *execução da gestão fiscal*, aqui, no capítulo 13, o autor limita-se a falar apenas sobre os sistemas de controles exercitados sobre uma única atividade pública desenvolvida pela Administração, denominada de *gestão fiscal*.

13.2 Conceito de controle de gestão fiscal

O tema estudado neste tópico objetiva facilitar uma melhor compreensão da matéria tratada neste capítulo.

Não participa dos propósitos do autor o aprofundamento sobre a discussão a respeito do galicismo ou francesismo que envolve, idiomaticamente, a origem da palavra "controle", hoje plenamente integrada como vocábulo idiomático da língua portuguesa. Inobstante isso, também não se terá pelo dever cumprido virar esta página em branco, sem fazer, pelo menos, uma rápida referência sobre o assunto, apenas a título de uma pequena ilustração a se juntar ao tema, que o ensejo sugere.

Referindo-se ao vocábulo "controle", afirma Eduardo Lobo Botelho Gualazzi que "O termo é do Latim fiscal medieval (contra rotulum — em Francês contre-rôle — contrôle) no qual indica o exemplar do catálogo (dos contribuintes, dos sensos, dos fóruns anuais), com base em que se verifica a operação do exator. Porém, ingressa rapidamente na linguagem jurídica geral e a ultrapassa, para assumir significados totalmente diversos, como, por exemplo, o de predomínio (controle da situação), o de domínio (controle dos mares), que por vezes refluem para a ordem jurídico-conceitual. Tem significado preciso, porém, apenas em Direito Administrativo (controle-direção e controle-verificação), que em outros setores do Direito tendem a confundir-se".[9]

Prosseguindo em sua análise, e citando o saudoso Mestre Hely Lopes Meirelles, leciona o jurista Eduardo Gualazzi que "O purismo lingüístico, contudo, já induziu algumas críticas contrárias ao termo controle, considerado galicismo desnecessário, porque

---

[9] *Regime jurídico dos Tribunais de Contas*. São Paulo: Revista dos Tribunais, 1992. p. 21-22.

em português o termo fiscalização suprir-lhe-ia a significação. A tais críticas, aliás superadas, contrapõem-se a oportuna observação de Hely Lopes Meirelles: "a palavra controle é de origem francesa (contrôle) e por isso sempre encontrou resistências entre os cultores do vernáculo. Mas, por ser intraduzível e insubstituível no seu significado vulgar ou técnico, incorporou-se definitivamente no nosso idioma, já constando dos modernos dicionários da língua portuguesa nas suas várias acepções, e, no Direito pátrio, o vocábulo controle foi introduzido e consagrado por Seabra Fagundes desde a publicação de sua insuperável monografia, O Controle dos Atos Administrativos pelo Poder Judiciário (1ª ed., 1941)" (MEIRELLES, Hely Lopes. *Direito administrativo brasileiro*. 8. ed. São Paulo: Revista dos Tribunais, 1981. p. 638, nota 1)".[10]

O respeitável filólogo brasileiro Aurélio Buarque de Holanda Ferreira, em seu *Dicionário da língua portuguesa*: novo Aurélio, ensina que o vocábulo "Controle", originado da palavra francesa "contrôle" significa: "1 – Ato, efeito ou poder de controlar; domínio; governo; 2 – Fiscalização exercida sobre as atividades de pessoas, órgãos, departamentos, ou sobre produtos, etc., para que tais atividades, ou produtos não se desviem das normas pré-estabelecidas; 3 – Restr. Fiscalização Financeira".[11]

O termo idiomático ora estudado e utilizado no texto da Constituição Federal (arts. 70 e 71) e na legislação correspondente tem, na verdade, o significado de *fiscalização*, traduzindo, destarte, a exata ideia de fiscalização exercida sobre atividades financeiras desenvolvidas pelas autoridades administrativas no exercício de suas funções.

Controle ou fiscalização é, pois, a atividade que a Administração Pública exercita com a finalidade de submeter à sua vigilância ou policiamento todos os atos administrativos da *gestão orçamentária, financeira, patrimonial e operacional* praticados pelas autoridades administrativas, a qual decorre do seu poder de polícia, visando não permitir que os dinheiros públicos deixem de ser recolhidos aos seus cofres pelos seus respectivos devedores ou contribuintes, bem como que estes numerários, bens e valores públicos não sejam administrados com negligência ou desonestidade pelos seus administradores e gastos fora das finalidades públicas ou de forma estroina ou, ainda, esbanjadora.

---

[10] Obra citada
[11] *Dicionário da língua portuguesa*: novo Aurélio século XXI. Rio de Janeiro: Nova Fronteira, p. 546.

Para os leigos em Direito, poder de polícia é o poder de que são dotados todos os entes federativos para impor, legalmente, restrições ou condições na liberdade de comportamento de administradores e administrados em geral, limitando-os, assim, na sua liberdade de agir, com vista à harmonia do interesse social ou interesse público. É, pois, a vigilância que o Poder Público exerce sobre o comportamento social, impondo às pessoas a observância de sua vontade, qual seja, a vontade da lei.

Destarte, o vocábulo "controle" utilizado pela legislação retrocitada, o foi para traduzir a ideia, significação ou sentido de *fiscalização*.

Conhecido, assim, o conceito da palavra em questão, segue-se o estudo do que seja a expressão *gestão fiscal*.

A palavra "gestão" dispensa maiores comentários a seu respeito, pois é bastante utilizada no linguajar diário e, por isso, conhecida de todos, com o desígnio de significar *administração, gerenciamento, governo, chefia, comando ou direção*; expressões estas que traduzem definições assemelhadas. No texto da legislação nacional (art. 1º, LRF), a palavra "gestão" foi utilizada para designar a ideia de administração ou gerenciamento.

De posse do conhecimento do significado da palavra "gestão", cabe agora estudar a acepção do termo "fiscal".

A palavra "fiscal" deriva do termo *fisco* que, por sua vez, segundo a autoridade do eminente filólogo Aurélio Buarque de Holanda Ferreira, significa "1 – Fazenda; 2 – Conjunto de órgãos da Administração Pública encarregado da arrecadação de tributos e da fiscalização dos contribuintes".[12]

Na verdade, como se vê da significação acima, o vocábulo ali grafado fala do seu significado, em sentido estrito, traduzindo, apenas, uma das faces do que a palavra representa em seu sentido mais amplo, tal como foi aplicado dentro da nomenclatura jurídica utilizado pelo Direito Financeiro.

O termo traduz não só a ideia de um conjunto de órgãos criados e autorizados legalmente para desenvolver a fiscalização sobre os contribuintes e a arrecadação provinda dos tributos, mas também sobre a arrecadação das receitas não tributárias e, ainda, sobre o conjunto de órgãos públicos por via dos quais são utilizados esses recursos, em razão do pagamento da execução dos seus

---

[12] *Dicionário da língua portuguesa*: novo Aurélio. Rio de Janeiro: Nova Fronteira, p. 909.

respectivos programas de trabalho, que estes desenvolvem em favor da sociedade.

À luz da explicação oferecida já se pode assimilar a ideia de que *gestão fiscal*, no seu sentido mais amplo, nada mais significa do que a *administração geral* exercida pelos órgãos públicos sobre a execução da Lei Orçamentária Anual, tanto no que respeita à arrecadação de suas receitas, quanto na custódia destes recursos em instituições bancárias, como também na realização de suas despesas. É, por fim, nada mais do que o exercício da administração geral das atividades financeiras públicas postas em prática pelos entes federativos, mediante as autoridades administrativas competentes, na obtenção dos recursos financeiros (receita), na custódia desses recursos (caixa único – depósito bancário) e na sua utilização do custeio das necessidades públicas (despesas).

De posse dessa noção, agora já não é difícil saber o que se tem por *controle da gestão fiscal*, expressão utilizada pela legislação do Direito Financeiro pátrio.

13.3 Tipos de controles da gestão fiscal

Controle da gestão fiscal ou *controle da execução orçamentária* são expressões que se equivalem quanto aos seus sentidos, cujo exercício se concretiza mediante a atuação dos órgãos componentes dos *sistemas de controle externo* e do *controle interno*.

Além desses dois tipos de sistemas de controles retromencionados, que em razão de suas naturezas se caracterizam, um, como *controle legislativo*, e o outro como *controle administrativo*, avultam, no seio da Administração Pública, mais dois tipos, quais sejam, o *controle jurisdicional*, também de índole externa, praticado pelos órgãos do Poder Judiciário, e outro mais que, em face da natureza das partes autorizadas legalmente para pô-lo em prática, é conhecido por *controle popular* ou *controle social* dos atos públicos, visto que praticado pelas pessoas físicas e jurídicas privadas e pela Administração direta e indireta.

13.3.1 Sistema de controle externo

Controle externo é a denominação legal dada pela Constituição da República à fiscalização de natureza *contábil, orçamentária, financeira, patrimonial e operacional* que se executa sobre os atos e

188 | Afonso Gomes Aguiar
Tratado da Gestão Fiscal

atividades administrativos da gestão fiscal, neles incluídos os de aplicação das *subvenções e das renúncias de receitas*, exercitada quanto à *legalidade, legitimidade e economicidade* através do Poder Legislativo com o auxílio do Tribunal de Contas, matéria tratada pelo texto da Carta Política (arts. 70 e 71, CF) e regulamentada pela Lei Complementar nº 4.320/64, Lei de Responsabilidade Fiscal, e pela Resolução do SF nº 43/01.

Diz a Constituição Federal que "A fiscalização contábil, financeira, orçamentária e patrimonial da União e das entidades da administração direta e indireta, quanto à legalidade, legitimidade, economicidade, aplicação das subvenções e renúncia de receitas, será exercida pelo Congresso Nacional, mediante controle externo, e pelo sistema de controle interno, de cada Poder" (art. 70).

Diz, ainda, que o *controle externo* a cargo do Congresso Nacional será exercido com o auxílio do Tribunal de Contas da União, cabendo a este apreciar, mediante *parecer prévio*, a *prestação de contas de governo* apresentada, anualmente, pelo Presidente da República, para *julgamento exclusivo* do Poder Legislativo (arts. 71, I e 49, IX, CF).

Também foram deferidas constitucionalmente ao Tribunal de Contas da União outras competências, entre as quais destaca-se aqui, pela sua importância, o *julgamento* das *prestações de contas de gestão* dos ordenadores de despesas e de agentes públicos responsáveis por dinheiro, bens e valores públicos da Administração direta e indireta, incluídas as Fundações Públicas e sociedades instituídas e mantidas pelo Poder Público Federal.

É relevante esclarecer que o *controle externo* é, a princípio, da competência do Poder Legislativo, em cujo mister recebe o auxílio do Tribunal de Contas. Isso, porém, não significa dizer que ambos possam desenvolver, simultaneamente, de modo isolado ou em conjunto, as mesmas competências, em todos os momentos.

Ao repartir as competências que tornaram possíveis o exercício prático do controle externo, a Constituição Federal tanto deferiu ao Poder Legislativo competências *próprias e privativas*, autorizando-o a exercê-las isoladamente, quanto competências que só o autoriza a exercê-las com o auxílio do Tribunal de Contas. Quando, por exemplo, o Poder Legislativo discute e aprova a Lei Orçamentária Anual, que é o ato inaugural da execução da gestão fiscal, atua isoladamente, em atenção às competências que lhe são peculiares, isto é, competências *próprias e privativas*.

Da mesma forma, o referido texto constitucional também

Capítulo 13
Controles da Gestão Fiscal | 189

garantiu ao Tribunal de Contas as mesmas condições, isto é, no momento em que estiver a exercitar o controle externo, pode este órgão funcionar conjuntamente com o Poder Legislativo, na condição de seu órgão auxiliar, como, também, exercitar o referido controle isoladamente, dentro de suas competências *próprias e privativas*.

O Tribunal funciona como auxiliar do Poder Legislativo, quando emite parecer prévio sobre a prestação de contas de governo apresentado pelos Chefes de Poder Executivo, nas esferas federal, estadual, distrital e municipal.

Quando, *verbi gratia*, o Tribunal de Contas *examina e julga* a *prestação de contas de gestão*, da responsabilidade das autoridades administrativas que exerçam atribuições de *ordenador de despesa* (arts. 80, §§1º e 2º e 81 – DL nº 200/67) — consideradas como tais todas aquelas autoridades de cujos atos resultem, além de outras atividades administrativas inerentes à execução da gestão fiscal, a *emissão de empenho* (criação da obrigação financeira), *autorização de pagamento, suprimentos de fundos e dispêndios de recursos públicos* do respectivo ente federativo, ou pelos quais este responda —, está ele atuando *isoladamente* por força de suas competências *próprias e privativas*.

Destarte, dentro desta moldura jurídica traçada pelo texto constitucional, tanto o Poder Legislativo quanto o Tribunal de Contas possuem suas competências próprias e privativas que lhes garantem praticar, isoladamente, o controle externo, com independência mútua para atuarem, não podendo, entretanto, um invadir a competência do outro, sob pena de nulidade do ato praticado pelo órgão invasor.

Os controles sob análise, como se vê, se caracterizam, respectivamente, por suas naturezas *política e jurídica*:

Política, quando exercido pelo Poder Legislativo no uso de competências que lhe são *peculiares e privativas. Jurídica*, quando exercitado pelo Tribunal de Contas no desempenho de suas competências *próprias e privativas*.

Como já enfocado nesta obra, o *sistema de controle externo* é o sistema de fiscalização realizado pelo Poder Legislativo, com o auxilio do Tribunal de Contas, que submete ao seu revisionamento todos os atos da gestão fiscal praticados pelos outros Poderes, órgãos e entidades públicas e privadas da Administração direta e indireta, sem que com isso se tenha por desrespeitada a cláusula constitucional garantidora da independência harmônica dos Poderes (art. 2º, CF).

Aliás, a locução controle externo já denota a finalidade e

extensão desse tipo de controle, por ser uma fiscalização que se realiza de fora para dentro do Poder fiscalizado.

Nesse tipo de controle, quando exercitado pelo Poder Legislativo, visa-se, preponderantemente, em sua missão de *aprovação ou autorização* da conduta governamental, averiguar e aquilatar se os atos praticados pelo administrador público se contiveram nos limites traçados pelos princípios *político* (discricionariedade política, ou governamental – ato de governo, ou ato político), da *legalidade* (observância à lei), da *economicidade* (equivalência entre os valores do custo desprendido e o valor do benefício ou utilidade pública produzido) e da *probidade administrativa* (comportamento de honestidade exigido pelos padrões sociais).

Já quando exercitado pelo Tribunal de Contas, visa ele de modo precípuo examinar os princípios da *legalidade* (observância à lei), da *exação* (exame da exatidão dos valores recebidos e valores empregados) e da *fidelidade funcional* (probidade funcional, no ato de gestão praticado).

Não se está aqui a afirmar, nos casos dos controles acima mencionados, o desemprego dos demais princípios que regem a Administração Pública, aos quais esta estará sempre a dever obediência quando externa, de alguma forma, a sua vontade.

O que se pretende dizer, neste ensejo, é que especificamente correlacionados com os *atos de governo e atos de gestão* praticados pelo administrador público, quando atua no âmbito da *gestão fiscal*, os princípios aqui tratados tomam posições mais preeminentes e, assim, bem mais exigíveis, em face à natureza desses atos.

13.3.1.1 Competências dos órgãos do sistema de controle externo

Poder Legislativo

Como acima já anunciado, ao tratar das competências dos órgãos integrantes do *sistema de controle externo*, a Constituição Federal repartiu-as para serem exercitadas ora conjuntamente, ora isoladamente, pelos órgãos que compõem este sistema, quais sejam, o Poder Legislativo e o Tribunal de Contas.

Referentemente ao Poder Legislativo, e por serem, entre outras, as competências da mais alta significação deste, correlacionadas com o exercício do controle externo dos atos da gestão fiscal, menciona-se, no ensejo, a *aprovação da lei de diretrizes orçamentária, a aprovação do plano plurianual, a aprovação da Lei Orçamentária Anual,* compreendendo, na verdade, esta última o ato inaugural do controle externo, da execução da referida gestão, quando o citado Poder discute e aprova não só a autorização de realização dos programas de trabalho de governo, a serem postos em prática durante o exercício financeiro (autorização da despesa), como, também, a autorização para cobrança das receitas tributárias e não tributárias previstas por essa lei de meios (autorização da receita – art. 48, II, CF).

Afora as competências acima citadas, compete ao Poder Legislativo, por força das disposições descritas no texto da nossa Carta Política (arts. 48, 49, 51, 52, 167, CF):

1. aprovar o sistema tributário, arrecadação e distribuição de rendas;
2. aprovar o plano plurianual, as diretrizes orçamentárias, o orçamento anual e as operações de crédito;
3. aprovar os planos e programas nacionais, regionais e setoriais de desenvolvimento;
4. fixar o montante da dívida mobiliária federal;
5. fixar o limite global da despesa com o pessoal da Administração Pública;
6. fixar o limite global das despesas com a prestação de serviços terceirizados;
7. criar cargos públicos e fixar seus respectivos vencimentos e subsídios (*ato com repercussão na gestão fiscal*);
8. fiscalizar a contratação de pessoal, a qualquer título, pelos órgãos e entidades públicas ou privadas da administração direta e indireta;
9. fiscalizar o cumprimento da divulgação mensal dos montantes de cada um dos tributos arrecadados, dos recursos recebidos, dos valores tributários entregues e a entregar e a expressão numérica dos critérios do rateio;
10. resolver definitivamente sobre os tratados, acordos e outros atos internacionais dos quais acarretem encargos ou compromissos gravosos ao patrimônio nacional;
11. sustar os atos normativos praticados pelo Poder Executivo, que exorbitem do poder regulamentar ou dos limites da delegação legislativa, concernentes aos atos da gestão fiscal;
12. fixar a despesa dos subsídios dos Deputados Federais e Senadores;

13. fixar a despesa dos subsídios do Presidente e do Vice-Presidente da República e dos Ministros de Estado;
14. julgar, anualmente, as contas de governo apresentadas pela Presidente da República;
15. apreciar os relatórios sobre a execução sobre os planos de governo;
16. fiscalizar e controlar os atos de Poder Executivo, incluídos os da administração indireta, concernentes à gestão fiscal;
17. proceder a tomada de contas do Presidente da República quando não apresentadas ao Congresso Nacional dentro do prazo estabelecido pela Constituição Federal;
18. autorizar as operações externas de natureza financeira, de interesse da União, dos Estados, do Distrito Federal e dos Territórios e dos Municípios;
19. fixar, por proposta do Presidente da República, os limites globais para o montante da dívida consolidada da União, dos Estados, do Distrito Federal e dos Municípios;
20. dispor sobre os limites globais e condições para as operações de crédito externo e interno da União, dos Estados, do Distrito Federal e dos Municípios, e de suas autarquias e demais entidades controladas pelo poder público federal;
21. dispor sobre os limites e as condições para a concessão de garantia da União, em operações de crédito externo e interno;
22. dispor sobre os limites globais e condições para o montante da dívida mobiliária dos Estados , do Distrito Federal e dos Municípios;
23. controlar as medidas de incentivos fiscais, das quais resultem renúncia de receita, tais como anistia, remissão, subsídio, crédito presumido, concessão de isenção em caráter geral, alteração de alíquota, modificação da base de cálculo de tributos ou contribuições;
24. autorizar a concessão de subvenções sociais e econômicas;
25. autorizar alienação de bens móveis e imóveis;
26. fiscalizar, no projeto de lei orçamentária as dotações destinadas à educação e à saúde, nos limites exigidos pela Constituição Federal;
27. autorizar a abertura dos créditos adicionais;
28. autorizar a transposição, o remanejamento, e a transferência de recursos de uma categoria de programação para outra, ou de um órgão para outro;

29. aprovar a instituição de fundos especiais de qualquer natureza;
30. autorizar, por maioria absoluta, a realização de operação de crédito, com finalidade precisa, cujo montante ultrapasse o valor das despesas de capital previstas pelo orçamento, para a realização no respectivo exercício; e
31. autorizar a utilização de recursos dos orçamentos fiscal e da seguridade social, para suprir necessidade ou cobrir déficit de empresas, fundações ou fundos especiais.

As competências aqui relacionadas dizem respeito ao Congresso Nacional, dentre as quais há aquelas que o Poder Legislativo exerce ora *previamente* ou *a priori* (antes da realização do ato fiscalizado), ora *concomitantemente* (no momento da realização do ato fiscalizado), e ora *subsequentemente* ou *a posteriori* (após a execução do ato fiscalizado – art. 77 da Lei nº 4.320/64).

Cumpre esclarecer que, quanto ao controle externo praticado pelos Estados, pelo Distrito Federal e pelos Municípios, é este exercido pelos seus Poderes Legislativos, auxiliados pelos respectivos Tribunais de Contas, cabendo aos órgãos legislativos destes entes federativos, *mutatis mutandis*, as competências retromencionadas, que lhes são *próprias e privativas*, para serem exercitadas nos mesmos momentos, a estilo do Congresso Nacional, isto é, *prévio, concomitante e subsequente.*

Tribunal de Contas

Dentre as competências atribuídas pela Constituição Federal ao Tribunal de Contas, umas dizem respeito ao momento em que este funciona como órgão auxiliar do Poder Legislativo, servindo-lhe como órgão de assessoramento; outras dizem respeito às ocasiões em que funciona isoladamente, pondo em prática as suas competências próprias e privativas.

São competências do Tribunal de Contas, como órgão de auxílio ou assessoramento do Poder Legislativo:

1. apreciar a prestação de Contas de Governo apresentada, anualmente, pelo Presidente da República, mediante o oferecimento de Parecer Prévio, ato administrativo de natureza técnico-opinativa;
2. realizar inspeções e auditorias de natureza contábil, financeira, orçamentária, patrimonial e operacional, em todas as unidades administrativas dos Poderes Legislativo, Executivo e Judiciário, e demais entidades públicas e privadas

da administração direta e indireta, quando solicitadas pelo Poder Legislativo;

3. prestar informações solicitadas pelo Congresso Nacional, ou por qualquer de suas Casas e respectivas Comissões, sobre a fiscalização contábil, financeira, orçamentária, operacional e patrimonial, e sobre os resultados das auditorias e inspeções realizadas;

4. participar, ao Poder Legislativo, sobre todas as ilegalidades ou irregularidades constatadas na execução dos contratos celebrados pela Administração Pública; e

5. emitir pronunciamento conclusivo nos casos da constatação de indícios de despesas não autorizadas, ainda que sob forma de investimentos não programados, ou de subsídios não aprovados, quando solicitado por Comissão Mista Permanente do Poder Legislativo, oportunidade em que o Tribunal de Contas, conforme o caso, proporá ao Congresso Nacional a sustação do ato.

São competências *próprias e privativas* do Tribunal de Contas, que lhe autorizam atuar isoladamente e, portanto, com total independência do Poder Legislativo:

1. julgar a prestação de contas de gestão apresentadas, anualmente, pelos administradores e demais responsáveis por dinheiros, bens e valores públicos da administração direta e indireta, incluídas as fundações e sociedades instituídas e mantidas pelo Poder Público;

2. julgar as tomadas de contas especiais instauradas sobre aqueles que derem causa a perda, extravio ou outra irregularidade de que resulte prejuízo ao erário;

3. apreciar, para fins de registro a legalidade dos atos de admissão de pessoal, a qualquer título na administração direta e indireta, incluídas as fundações e sociedades instituídas e mentidas pelo Poder Público, excetuadas as nomeações para cargo de provimento em Comissão;

4. apreciar, para fins de registro a legalidade dos atos de concessão das aposentadorias, reformas e pensões, ressalvando-se os atos correlacionados com as melhorias posteriores, que não alterem o fundamento legal dos atos concessivos;

5. efetuar, observada a legislação pertinente, os cálculos das quotas referentes aos fundos de participação (nos Estados, o cálculo das quotas do ICMS pelos TCEs);

6. representar ao Poder competente sobre irregularidades ou abusos apurados;
7. representar, ao Poder Legislativo, no caso de contrato, sobre as irregularidades deste ato;
8. solicitar, ao Poder Legislativo, a sustação de ato do Poder Executivo, referente a contrato ressentido de ilegalidade;
9. decidir, no prazo de 90 (noventa) dias contados da data do conhecimento do fato pelo Poder Legislativo, sobre as ilegalidades constatadas nos atos contratuais que, no caso, não tenha o referido Poder adotado qualquer decisão;
10. sustar, se não atendido, a execução de ato impugnado, comunicando a decisão ao Poder Legislativo;
11. assinar prazo para que o órgão ou entidade adote as providências necessárias ao exato cumprimento da Lei, quando constatado ilegalidade;
12. proceder, por iniciativa própria à fiscalização contábil, financeira, orçamentária, operacional e patrimonial de todas as unidades administrativas dos Poderes Legislativo, Executivo e Judiciário e das demais entidades, públicas ou privadas, da administração direta ou indireta;
13. fiscalizar a aplicação de quaisquer recursos repassados mediante convênio, acordo, ajuste ou outros instrumentos congêneres, a Estado, ao Distrito Federal ou a Município;
14. acompanhar a arrecadação da receita pública a cargo das entidades federativas e das entidades públicas e privadas da administração indireta, incluídas as fundações e sociedades instituídas e mantidas pelo Poder Público;
15. aplicar aos responsáveis, em caso de ilegalidade de despesa ou irregularidade de contas, as sanções previstas em lei, que estabelecerá, entre outras cominações multa proporcional ao dano causado ao erário;
16. decidir sobre denúncia que lhe seja encaminhado por qualquer cidadão, partido político, associação ou sindicato; e
17. decidir sobre consulta que lhe seja formulada por autoridade competente a respeito de dúvida suscitada na aplicação de dispositivos legais e regulamentares concernentes à matéria de sua competência.

Cumpre realçar que as competências aqui elencadas se referem ao Tribunal de Contas da União e servem de parâmetro para fixação das competências de todos os demais Tribunais de Contas, no Brasil (art. 75, CF), dentre as quais existem aquelas que o Tribunal de Contas da União exerce ora *previamente* ou *a priori* (antes da realização do ato fiscalizado), ora *concomitantemente* (no momento da realização do ato fiscalizado) e ora *subsequentemente* ou *a posteriori* (após a execução do ato fiscalizado – art. 77 da Lei nº 4.320/64).

Para concluir, é oportuno esclarecer que quanto ao controle externo praticado pelos Estados, pelo Distrito Federal e pelos Municípios, é este exercido pelos respectivos Tribunais de Contas, ora auxiliando o Poder Legislativo pertinente, ora atuando, isoladamente, na forma já explicada, cabendo a estes Pretórios, *mutatis mutandis*, as mesmas competências retromencionadas, para serem exercitadas nos mesmos momentos, a estilo do Tribunal de Contas da União, isto é, *prévio, concomitante e subsequente*.

13.3.2 Sistema de controle interno

Como é sabido, além do tipo de controle acima examinado, a nossa Carta Política instituiu, também, outro sistema de fiscalização para os atos da gestão fiscal, ao qual denominou de *sistema de controle interno*, o qual deverá ser organizado, obrigatoriamente, no âmbito de cada Poder (art. 70, CF).

Porém, antes do exame a se proceder sobre o sistema de fiscalização denominado de controle interno, é necessário que o leitor tenha ciência de quais são e de como são organizadas as atividades administrativas que o Estado desenvolve para atingir as suas finalidades.

Saiba-se, de logo, que a Administração Pública desenvolve as mais diversas espécies de atividades administrativas, visando à persecução das finalidades estatais correlatas ao atendimento ao bem-comum ou de socorro às necessidades públicas.

Estas atividades são reunidas em dois grupos, denominados de *atividades-meios* e *atividades-fins*.

Atividades-meios ou *atividades-auxiliares* são todas aquelas que a Administração Pública desenvolve, como necessariamente preparatórias das atividades-fins.

É exemplo desse tipo de atividade a nomeação de médicos destinados ao desenvolvimento, em concreto, da atividade social da saúde pública para atender as necessidades dos indivíduos integrantes da coletividade, sendo esta última uma das atividades-fins do Estado.

Atividades-fins são todas aquelas atividades administrativas que têm por finalidade a concretização de um interesse do *bem-comum* ou a prestação de um serviço de *interesse público*, como são os casos da prestação dos serviços de *saúde, educação, segurança pública, transporte, habitação* e outras mais.

Em resumo, enquanto as *atividades-meios* ou *atividades-auxiliares* são todas aquelas realizadas em proveito do melhoramento da máquina administrativa, com a finalidade de prepará-la e adequá-la para executar de modo eficiente as atividades-fins — sendo, portanto, a Administração Pública, a própria destinatária e beneficiária das atividades-auxiliares —, tendo estas por destinatários e beneficiários os próprios indivíduos da comunidade.

De acordo com a legislação regulamentadora da matéria (art. 30, DL nº 200/67), no âmbito da Administração Pública Federal são *sistemas de atividades-auxiliares* ou *atividades-meios* os seguintes:

a) sistema de atividades de pessoal;

b) sistema de atividades orçamentárias;

c) sistema de atividades estatísticas;

d) sistema de atividades de administração financeira;

e) sistema de atividades de contabilidade e auditoria; e

f) sistema de atividades de serviços gerais.

Em decorrência dessa organização e para atender as necessidades daí surgidas, tornou-se necessária a criação de um órgão situado no Poder Executivo para cuidar, isoladamente, de cada um desses sistemas de atividades, ao qual se deu a denominação de *órgão central*, competindo-lhe a missão de, entre outras funções, baixar normas sobre a execução das atividades incluídas em cada um dos respectivos sistemas de atividades acima relacionados.

Criou-se, outrossim, na estrutura orgânica de todos os órgãos componentes dos três Poderes e das entidades públicas e privadas da Administração direta e indireta, um órgão responsável pela realização das atividades integradas nestes mencionados sistemas de atividades, ao qual se deu o *nomem legis* de *órgão setorial*.

A partir daí, passou a Administração Pública a ter todas as suas atividades administrativas organizadas através destes sistemas de atividades, ficando cada um deles subordinado ao comando disciplinar do seu respectivo *órgão central*, a cujas normas disciplinares por este baixadas passou a se subordinar o *órgão setorial* de cada sistema.

Na estrutura administrativa da União, por exemplo, o órgão central do sistema de atividade orçamentária, como um todo da Administração Pública Federal, é o *Ministério do Planejamento, Orça-*

mento e Gestão, a quem cabe, entre outras atribuições, as de baixar as normas de disciplinamento sobre a matéria orçamentária.

Disciplinada essa atividade, cabe, então, ao *órgão setorial*, incluído na estrutura organizacional de cada Ministério e dos órgãos administrativos integrantes dos Poderes Legislativo e Judiciário, do Tribunal de Contas da União e das entidades públicas e privadas da Administração direta e indireta, aplicar, na prática, estas normas no momento em que executam as suas atribuições.

Outro exemplo semelhante é o que ocorre com o Ministério da Fazenda, que é o *órgão central* do sistema de *atividade da administração financeira*, cabendo-lhe a atribuição de elaborar normas a serem observadas pelo *órgão setorial*, quando este executa, no âmbito interno de cada Ministério, de cada órgão administrativo dos Poderes Legislativo e Judiciário e das entidades públicas ou privadas da Administração direta e indireta, as atividades financeiras que lhes são afetas.

É necessário esclarecer, contudo, que pelo fato de os órgãos centrais de cada um dos sistemas em que se organizam as atividades administrativas públicas se encontrarem localizados na estrutura do Poder Executivo, isso não os autoriza ao exercício de fiscalização sobre os órgãos setoriais incluídos na estrutura organizacional dos outros Poderes, pois suas competências dizem respeito apenas à expedição de normas disciplinadoras das atividades inerentes às funções que lhes cabem por delegação de competência, como já explicado.

Do contrário, se pudesse cada Poder ou órgão fiscalizar os atos de gestão uns dos outros, não se distinguiria um controle (controle interno) do outro (controle externo) e gerar-se-ia uma verdadeira batalha de retaliações no âmbito da Administração Pública, que terminaria por levá-la ao caos.

Por essa razão, dentro do sistema do controle interno, o Poder Executivo não tem autorização constitucional para fiscalizar os atos dos demais Poderes, fiscalização esta só permitida, constitucionalmente, aos órgãos participantes do controle externo (Poder Legislativo e Tribunal de Contas).

Cumpre ressaltar que a filosofia administrativa adotada pelo Governo Federal foi estendida, obrigatoriamente, às organizações administrativas dos demais entes da Federação, com a finalidade de adequar a organização das Administrações Públicas, no País, às questões disciplinadas pela Lei Complementar nº 4.320/64.

Esta organização administrativa foi implantada, na União, por força do Decreto-Lei nº 200/67. Enquanto a Lei Complementar nº 4.320/64 diz *o que* deve ser feito, quanto à administração financeira pública, à elaboração de orçamentos e prestações de contas, o Decreto-Lei, em referência, indica *por quem* devem ser realizadas as tarefas previstas pela citada lei, o que importa que ambas caminhem paralelas e harmonicamente.

A matéria aqui tratada tem disciplinamento no DL nº 200/67, com aplicação exclusiva para os serviços públicos da União. Contudo, tendo em vista a necessidade da uniformização a ser dada a todas as organizações administrativas dos Estados, do Distrito Federal e dos Municípios — *com população, naquela época, superior a 200.000 mil habitantes* — semelhantemente à estrutura administrativa federal, o Governo Militar, de então, baixou o Ato Institucional nº 8, de 02 de abril de 1969, autorizando que a reforma administrativa das unidades federativas fosse realizada por Decreto dos seus Chefes de Poder Executivo, determinando, porém, que tais reformas obedecessem, obrigatoriamente, aos princípios fundamentais adotados pela reforma administrativa federal, objeto do DL nº 200/67.

É necessário que se saiba, todavia, que essa reforma administrativa teve a finalidade de adequar a máquina do Governo Federal às regras da Lei Complementar nº 4.320/64, lei ultramoderna, naquele tempo, e que até hoje vigora sem modificações de grandes valias. Como a referida lei cuidava (e ainda hoje cuida) de editar normas gerais de Direito Financeiro para elaboração e controle dos orçamentos e balanços da União, dos Estados, do Distrito Federal e dos Municípios, viu-se a imperiosa necessidade de dar uniformidade às estruturas organizacionais administrativas de todos os entes da Federação brasileira (Ato Institucional nº 8/69, art. 1º).

Esta é a razão pela qual os Estados, o Distrito Federal e os Municípios têm adotado para suas Secretarias denominações assemelhadas àquelas dadas aos diversos Ministérios do Governo Federal, atribuindo-lhes, também, atividades assemelhadas às destes órgãos federais. Essas Secretarias ocupam, nas administrações citadas, a posição de órgão central das atividades que desempenham, nos mesmos moldes dos Ministérios Federais.

De tudo quanto ficou exposto neste capítulo, já se pode vislumbrar que, enquanto o *sistema de controle externo* tem competência para revisionar os atos da gestão fiscal praticados por todos os órgãos administrativos integrados nos três Poderes, e pelas entidades públicas e privadas da administração direta e indireta, o *sistema de controle interno*, ao contrário daquele, é um sistema de fiscalização organizado na estrutura interna de cada Poder e de cada entidade da Administração direta e indireta, de natureza puramente administrativa e hierárquica, e que se caracteriza por se concretizar mediante a fiscalização feita em todos os órgãos públicos pelos seus respectivos Dirigentes superiores, tendo por objeto os *atos da gestão fiscal* praticados pelas autoridades administrativas e servidores imediatamente subordinados àqueles dirigentes.

Cumpre esclarecer que esse tipo de sistema de controle interno se realiza exatamente oposto ao sistema do controle externo, tanto no que diz respeito ao seu *modus operandi* ou modo de exercitação, quanto ao que se refere à extensão do seu alcance ou âmbito de atuação.

Quanto ao modo de exercitação, trata-se de um sistema de controle de natureza hierárquica, eis que se realiza, em concreto, em todos os níveis de chefias existentes na estrutura organizacional dos órgãos administrativos integrados nos três Poderes e dos órgãos e entidades públicas e privadas da Administração direta e indireta, compreendendo, em particular:

a) o exercício do controle, pelas chefias competentes, sobre os atos da execução do programa de trabalho e da observância das normas que disciplinam esta atividade específica do órgão controlado ou fiscalizado;

b) o exercício do controle, a ser feito pelos órgãos centrais de cada sistema das atividades administrativas, a se realizar sobre a observância das normas emanadas destes órgãos que regulam a execução das atividades-meios ou atividades-auxiliares da Administração Pública; e

c) o exercício do controle, pelas chefias competentes, sobre a aplicação dos dinheiros, bens e valores pertencentes ao ente federativo (*inclusive suas entidades públicas e privadas da administração direta e indireta*) a se realizar pelos órgãos centrais do sistema de contabilidade e auditoria.

Quanto à extensão do seu alcance, o controle interno somente tem atuação por via de suas autoridades competentes *dentro do espaço interno de cada Poder* e de cada órgão ou entidade pública e privada da Administração direta e indireta, revisionando seus próprios atos. Destarte, é vedado ao titular de um determinado Poder, órgão, ou entidade, exercer controle sobre os atos praticados pelos demais, sob pena de nulidade do ato praticado pelo órgão invasor de competências.

De acordo com a determinação contida na Constituição Federal (art. 74), os Poderes Legislativo, Executivo e Judiciário deverão manter de forma obrigatória e integrada o sistema de *controle interno* com a finalidade de:

a) avaliar o cumprimento das metas previstas no plano plurianual, a execução dos programas de governo e dos orçamentos da União;

b) comprovar a legalidade e avaliar os resultados quanto a eficácia e eficiência da gestão orçamentária, financeira e patrimonial nos órgãos e entidades da administração federal, bem como da aplicação dos recursos públicos por entidades de direito privado;

c) exercer o controle das operações de crédito, avais e garantias, bem como, dos direitos e haveres da União; e

d) apoiar o controle externo no exercício de sua missão institucional.

Por fim, os responsáveis pelo controle interno estão obrigados, pelo mesmo texto constitucional, a comunicar ao Tribunal de Contas todas as ilegalidades ou irregularidades que delas tenham conhecimento, sob pena de responderem solidariamente pelas mesmas.

São responsáveis, respectivamente, pelo sistema de *controle interno* nos Poderes Legislativo, Executivo e Judiciário: os Presidentes dos Poderes Legislativos na União, nos Estados e nos Municípios; os Chefes de Poder Executivo na União, nos Estados, no Distrito Federal e nos Municípios, e os Presidentes do Poder Judiciário na União, nos Estados e no Distrito Federal (art. 74, §1º, CF).

Também estão obrigadas a procederem dessa mesma forma e sob as mesmas penalidades, perante o Tribunal de Contas, todas as demais autoridades administrativas responsáveis pelo *sistema de controle interno*, nos níveis de suas chefias e respectivos funcionários, cabendo ainda a qualquer *cidadão, partido político, associação* ou *sindicato*, como parte legítima, na forma da lei, *denunciar irregularidades* perante o Tribunal de Contas.

13.3.2.1 Competências dos órgãos do sistema de controle interno

Cabem aos órgãos encarregados do exercício do sistema do *controle interno*, quando da execução orçamentária:

a) o controle da legalidade dos atos de que resultem a arrecadação da receita;

b) o controle da legalidade dos atos de que resultem a realização da despesa;

c) o controle da legalidade do nascimento dos direitos e obrigações existentes entre os contratados e a Administração Pública;

d) o controle da legalidade da extinção dos direitos e obrigações que se geraram entre os contratados e a Administração Pública;

e) o controle da fidelidade funcional dos agentes responsáveis por dinheiros, bens e valores da Administração Pública;

f) a fiscalização do cumprimento dos programas de trabalho, expressos em termos monetários, em termos de realização de obras e de prestação de serviços;

g) o acompanhamento da execução dos convênios celebrados com outros entes federativos, avaliando os resultados dos atos deles decorrentes;

h) o controle e a execução de todos os contratos celebrados pela Administração Pública relativos a fornecimento de material, prestação de serviços, obras públicas, examinando sua legalidade e o regular emprego dos numerários e os resultados deles decorrentes;

i) o controle da inscrição das despesas não pagas na conta restos a pagar, examinando os cancelamentos havidos e a evolução do mesmo no exercício;

j) o controle da inscrição das receitas da conta dívida ativa, examinando os recebimentos ocorridos em razão da mesma, as ações administrativas ou judiciais de cobranças promovidas para recuperação dessas receitas e sua evolução durante o exercício;

k) o controle dos limites estabelecidos por lei para as diversas espécies de despesas, examinando, inclusive, as providências adotadas pelo órgão que extrapolar esses limites;

l) o controle sobre os recursos provindos da alienação de bens públicos móveis e imóveis;

m) o controle da arrecadação provinda das contribuições sociais e dos respectivos repasses aos seus destinatários;

n) o controle sobre os bens públicos móveis e imóveis, identificando os respectivos responsáveis e acompanhando sua evolução durante o exercício de competência e os seguintes;

o) o controle do cadastramento geral dos servidores inativos e dos pensionistas amparados pela Previdência geral ou própria dos servidores públicos;

p) o controle dos valores correspondentes às parcelas financeiras do imposto de renda, nas folhas de pagamento dos servidores públicos, bem como em todos os pagamentos de despesas relativas à prestação de serviços e o seu recolhimento nas contas bancárias do respectivo ente federativo;

q) o controle sobre o cumprimento da programação financeira e do cronograma de execução mensal de desembolso;

r) o controle bimestral sobre a realização da receita, verificando se esta comporta o cumprimento das metas de resultado primário ou nominal, estabelecidas no anexo das metas fiscais;

s) o controle sobre os atos de limitação de empenho e movimentação financeira, quando observado que a receita arrecadada não comportará o cumprimento das metas de resultado primário ou nominal, estabelecidas no anexo de metas fiscais; e

t) o controle sobre a criação, expansão ou aperfeiçoamento de ação governamental que acarrete aumento de despesa, examinando a estimativa do impacto orçamentário financeiro do exercício e a declaração do ordenador de despesa de que o aumento verificado tem adequação orçamentária anual e compatibilidade com o plano plurianual e com a Lei de Diretrizes Orçamentárias.

Some-se às competências suprarreferidas outras mais cujas finalidades se ajustem à proteção dos objetivos da Administração Pública defendidos pelos *princípios da legalidade, da economicidade, da exação das contas, da legitimidade dos atos e da fidelidade funcional* dos administradores públicos responsáveis pelos atos da gestão fiscal, no âmbito de cada Poder e das entidades públicas e privadas da Administração direta e indireta.

Relativamente ao momento oportuno em que deve ser praticada a fiscalização pelos órgãos integrantes do sistema de controle interno, diz a Lei Complementar nº 4.320/64, regulamentadora da matéria, que o exercício prático da fiscalização, tanto do controle externo, quanto do controle interno, pode ser exercitada de forma *prévia, concomitante e subsequente.*

Quando o dispositivo faz referência aos momentos ou épocas do exercício da fiscalização, como podendo ser prévio, concomitante e subsequente, há de se indagar sob o ponto de referência a ser tomado para se ter ideia do exato momento do início do exercício dessa fiscalização. *Prévio a quê? Concomitante a quê? Subsequente a quê?* Naturalmente que a Lei Financeira deseja se reportar, como ponto de referência, aos *momentos de elaboração* e do *surgimento fático dos efeitos* dos *atos de gestão fiscal*, aqui tratados.

Destarte, se a fiscalização detecta uma ilegalidade de um ato que ainda está sendo elaborado e ainda não produziu os seus efeitos jurídicos, já pode esta impedir o prosseguimento do mesmo, operando-se, assim, a fiscalização *prévia*, isto é, anterior ao momento de concretização do ato. De outra forma, se a fiscalização detectar um ato ilegal, já concretizado, mas que está prestes a produzir seus efeitos, pode esta determinar a suspensão da execução do ato, para inibir os seus efeitos, antes que este os produza na prática, decorrendo dessa providência a fiscalização *concomitante*, isto é, no momento em que o ato está em fase inicial para sua execução.

Finalmente, se a fiscalização só detecta a ilegalidade do ato após sua elaboração e posteriormente aos efeitos por ele já produzidos, a ela compete adotar as medidas cabíveis para a anulação do respectivo ato, cessando seus efeitos, adotando medidas punitivas ao responsável, que podem ir da simples imposição de multa ou imputação de débito no valor da despesa até a responsabilidade civil do administrador público ou ordenador da despesa que lhe deu causa, inclusive aplicação de sanções administrativas e penais, quando for o caso, e então ter-se-á a fiscalização *subsequente*.

Quanto ao exame prévio e subsequente, informa-se que estes momentos de fiscalização também são conhecidos como exame *a priori* e exame *a posteriori*.

CAPÍTULO 14

GESTÃO FISCAL – EXECUÇÃO, FISCALIZAÇÃO E TRANSPARÊNCIA

Sumário: 14.1 Noções preliminares – **14.2** Atos constitutivos e executórios da gestão fiscal – **14.3** Instrumentos de deflagração da fiscalização dos atos da gestão fiscal – **14.4** Instrumentos da transparência da gestão fiscal

14.1 Noções preliminares

As preleções que aqui se levantam no ensejo deste capítulo, antepondo-se ao estudo particularizado que segue articulado nos capítulos seguintes (15, 16 e 17), correlatas aos *atos constitutivos e executórios da gestão fiscal*, os *instrumentos de deflagração da fiscalização dos atos da gestão fiscal* e os *instrumentos da transparência da gestão fiscal*, perseguem a finalidade de:

a) dar ao leitor uma oportunidade de rememorar a matéria já vista no curso dos capítulos anteriores, proporcionando-lhe, assim, maior familiarização e memorização do tema;

b) fazer recordar que *gestão fiscal* é aquela atividade pública exercitada pelos órgãos fazendários e demais agentes públicos regularmente autorizados a exercitarem atividades inerentes ao *fisco*, tais como a prática dos atos de *arrecadação, recolhimento, guarda ou custódia, gerenciamento, utilização de dinheiros, bens e valores públicos* ou pelos quais os entes da Federação respondam, ou que, em nome destes sejam criadas e assumidas obrigações financeiras, inclusive quanto à aplicação das *subvenções e renúncias de receita,* ficando seus responsáveis, pessoas físicas ou jurídicas, públicas ou privadas, obrigadas à prestação de contas perante os órgão competentes do *controle interno e controle externo,* nos termos da Constituição Federal e normas complementares;

c) informar que os *atos constitutivos e executórios da gestão fiscal* são todos aqueles que estão regularmente previstos pela legislação pertinente, dispostos legalmente dentro de certa ordem sequencial e que deverão ser praticados com obediência a esta ordem cronológica imposta pela lei, como instrumentos de uma execução ordenada e harmoniosa da *gestão fiscal*;

d) advertir que os atos aqui enfocados são todos atos próprios da *gestão fiscal*, isto é, que somente são praticados em atividades administrativas inseridas no contexto geral da *gestão fiscal*, embora, dentre eles, existam alguns que são praticáveis em atividades administrativas de outras naturezas, como são os casos dos atos de *planejamento, homologação, supervisão hierárquica, coordenação, descentralização e delegação de competências*; e

e) por fim, ensejar a oportunidade de um exame, em conjunto, dos *atos constitutivos e executórios da gestão fiscal* em contrasteação com os *instrumentos de deflagração da fiscalização dos atos da gestão fiscal* e dos *instrumentos de transparência da gestão fiscal*, dizendo que:

1. os primeiros (atos constitutivos e executórios da gestão fiscal) são aqueles, por via dos quais, os organismos fazendários e não fazendários, mas legalmente autorizados, põem em prática a execução da gestão fiscal da União, dos Estados, do Distrito Federal e dos Municípios; e

2. os segundos (instrumentos de deflagração da fiscalização dos atos da gestão fiscal) são aqueles atos e procedimentos mediante os quais as partes legalmente interessadas ou autorizadas solicitam da Administração Pública a precipitação dos órgãos responsáveis pelo controle interno e controle externo, o exercício de suas fiscalizações sobre os atos da gestão fiscal, para que averiguem se estes atos foram editados ou praticados com plena obediência à legislação pertinente;

3. os terceiros (instrumentos da transparência da gestão fiscal) são documentos por via dos quais os administradores públicos reúnem todos os resultados gerais ou específicos dos atos que praticaram no desempenho da gestão fiscal, para submetê-los ao exame fiscalizatório dos órgãos responsáveis pelos sistemas do controle interno e controle externo.

14.2 Atos constitutivos e executórios da gestão fiscal

Em síntese apertada, tem-se por *atos constitutivos e executórios da gestão fiscal* aqueles (administrativos e legislativos) predeterminados pela legislação pertinente, que devem ser executados pela Administração Pública para pôr em prática a referida gestão. São atos que, quando se encontram no seu estado de inércia ou latente na legislação pertinente, constituem o todo da *gestão fiscal* em seu estado potencial, e que, quando executados, põem em prática, isto é, põem em movimento, a retrocitada atividade administrativa de natureza fiscal.

Na dinâmica administrativa, esses instrumentos que põem em execução prática todos aqueles tipos de atividades administrativas, que se inserem no contexto da *gestão fiscal*, são formalizados mediante atos (administrativos e legislativos) e *procedimentos administrativos*, que, ao serem praticados pelas autoridades públicas competentes, *veiculam a externação da vontade* da Administração perante os administrados em geral. Estes tomam conhecimento desses atos por via de suas publicações oficiais, devendo, por isso, ostentar, com toda fidelidade e sem reservas de sigilos, todos os elementos informativos de sua constituição e os motivos que deflagraram a sua edição, para que a sociedade possa bem avaliar a situação de legalidade desses atos e fiscalizar as condutas de *probidade administrativa* e de *fidelidade funcional* que infundiram o comportamento com que se houveram essas autoridades públicas.

Os atos e procedimentos aqui tratados devem, pois, se apresentar, diante dos olhos dos administrados, como verdadeiras "salas de vidros transparentes", de modo que, qualquer que seja o posicionamento tomado pelo observador ou analista desses atos, tenha este, sem qualquer dificuldade ou empecilho, não só a visão da existência dos atos praticados pela Administração Pública, mas também o conhecimento, em toda a sua inteireza, das utilidades públicas perseguidas ou dos interesses públicos alvejados pelo administrador.

De acordo com a legislação vigente, os *atos constitutivos e executórios da gestão fiscal* são os a seguir discriminados, os quais, quando postos em prática, sofrem o policiamento fiscal dos órgãos que compõem os controles interno e externo:

1. planejamento;
2. coordenação;
3. descentralização administrativa;

4. delegação de competência;
5. supervisão hierárquica;
6. homologação;
7. plano plurianual;
8. Lei de Orçamento Anual;
9. Lei de Diretrizes Orçamentárias;
10. plano geral de governo;
11. créditos adicionais;
12. operações de créditos;
13. lançamento;
14. arrecadação;
15. recolhimento;
16. programação financeira de desembolso;
17. empenho de despesa;
18. liquidação de despesa;
19. pagamento de despesa;
20. suprimento de fundos;
21. inscrição da dívida ativa;
22. inscrição em restos a pagar;
23. avaliação patrimonial.

Os atos supramencionados estão postos pela legislação pertinente como *atos constitutivos e executórios da gestão fiscal* para serem praticados *de ofício* pelas autoridades públicas competentes.

Contudo, não significa isso a afirmação de que alguns desses atos não possam vir a ser praticados por essas mesmas autoridades, *a pedido* dos administrados em geral (pessoas físicas ou jurídicas), quando se encontram em determinadas situações, entre as quais, a de verem os seus direitos defendidos quando prejudicados por ato de ação ou omissão da Administração Pública.

É o que ocorre quando algum administrado, ao ter o seu direito ameaçado de lesão ou lesionado, ou que visando proteger o patrimônio público e desejando vê-lo restabelecido em sua plenitude, socorre-se de determinados *procedimentos administrativos ou judiciais próprios*, adequados a cada caso, que são postos à sua disposição e por via dos quais a parte interessada expressa o seu *interesse de agir*, o que será objeto de estudo logo após o exame de cada um dos *atos constitutivos e executórios da gestão fiscal*.

Os *procedimentos administrativos ou judiciais próprios*, acima referidos, são:
1. Direito de Petição;
2. Pedido Inicial de Prestação Administrativa;

3. Pedido de Reconsideração;
4. Recurso Administrativo;
5. Recurso de Revisão;
6. Mandado de Segurança;
7. Ação Anulatória;
8. Ação Popular; e
9. *Habeas Data*.

Cabe dizer que os *atos constitutivos e executórios da gestão fiscal* ora focalizados, bem como os *procedimentos administrativos e judiciais* retroalinhados, que, em certas circunstâncias, provocam a execução dos atos da *gestão fiscal*, serão objetos de estudo a ser feito de modo particularizado no capítulo 15.

14.3 Instrumentos de deflagração da fiscalização dos atos da gestão fiscal

Cumpre dizer que, paralelamente aos *atos constitutivos e executórios da gestão fiscal* acima enfocados, coexistem no sistema da Administração Pública os *instrumentos de deflagração da fiscalização dos atos da gestão fiscal*, que são procedimentos mediante os quais as pessoas físicas e jurídicas (públicas e privadas) se utilizam para fazer funcionar as atividades de fiscalização dos órgãos legalmente autorizados para o exercício do controle interno e do controle externo.

Saiba-se que os *instrumentos de deflagração da fiscalização dos atos da gestão fiscal* são formalizados através de documentos escritos e são atos ou procedimentos por via dos quais alguém, como parte interessada e legalmente autorizada por lei (pessoa física ou jurídica pública e privada), deles se utiliza para acionar o exercício da fiscalização sobre os atos administrativos da *gestão fiscal*, quando esta fiscalização não se realizou de ofício, isto é, não se iniciou por ação espontânea e própria dos órgãos competentes ou quando o interessado, por alguma outra razão, deseja vê-los fiscalizados.

Os atos e instrumentos tratados neste capítulo não devem ser confundidos em razão dos seus fins, visto que os primeiros (atos constitutivos e executórios da gestão fiscal) são atos ou procedimentos escritos que, ao pôr em prática a *gestão fiscal*, oferecem grande riqueza e confiabilidade de elementos de informação contidos nos respectivos textos, servindo como peças básicas, elucidativas e hábeis para a fiscalização, mediante as quais os órgãos competentes analisam e aprofundam suas investigações sobre a matéria fiscalizada.

Já os segundos (instrumentos de deflagração da fiscalização dos atos da gestão fiscal) são atos ou procedimentos que as pessoas físicas e jurídicas (públicas e privadas) podem utilizar para fazer movimentar a fiscalização a se concretizar mediante os sistemas de controle interno e externo sobre aquelas atividades que escaparam da vigilância rotineira dos órgãos de fiscalização ou que, por alguma razão, desejam vê-las reexaminados, do que são exemplos: *a representação administrativa, a denúncia administrativa, o pedido de sindicância administrativa, a denúncia legislativa e a sindicância legislativa.*

São *instrumentos de deflagração da fiscalização dos atos da gestão fiscal*, que movimentam o exercício prático do controle interno ou do controle externo:

1. consulta administrativa;
2. representação administrativa;
3. denúncia administrativa;
4. sindicância administrativa;
5. consulta legislativa;
6. representação legislativa;
7. sindicância legislativa;
8. denúncia legislativa;
9. reclamação legislativa;
10. pedido de sustação de ato; e
11. pedido de inquérito.

Cumpre esclarecer que esses *instrumentos de deflagração da fiscalização dos atos da gestão fiscal*, sejam eles exercitados de modo *preventivo* ou *repressivo*, poderão ser utilizados tanto por *via administrativa*, mediante o exercício do controle interno de qualquer órgão público, quanto perante o controle externo, quando exercitado apenas pelo Tribunal de Contas, e por *via legislativa*, relativamente ao controle externo exercitado exclusivamente pelo Parlamento.

Conhecidos quais são, em que consistem e quais as utilidades dos atos e procedimentos tratados neste capítulo, veja-se nos capítulos seguintes a exposição que se fará individualizadamente sobre cada um dos mesmos.

14.4 Instrumentos da transparência da gestão fiscal

Desde os mais remotos tempos em que se organizou juridicamente e socialmente, o homem sentiu a necessidade de que o Poder Público prestasse contas dos seus atos a todos os indivíduos da sociedade, em especial daquelas atividades que envolviam gastos suportados pelos dinheiros públicos arrecadados do patrimônio dos particulares.

Diante desse pensamento, surgiu a ideia da criação dos órgãos de fiscalização, bem como da instituição da *prestação de contas* perante estes, a se realizar por todos os administradores públicos responsáveis pela arrecadação ou despesas amparadas pelas receitas públicas. Destarte, o instituto da *prestação de contas* é tão antigo quanto a figura do administrador de coisas alheias, em virtude de não possuir este a livre disposição dos bens que administra, privilégio reconhecido apenas ao legítimo proprietário desses bens.

Nasce, assim, esse instituto, a princípio, no seio do Direito Civil, deslocando-se algum tempo depois para o âmbito do Direito Financeiro, ramo do Direito ao qual na realidade ele se integra.

No âmbito do Direito Privado brasileiro, a matéria tem tratamento no texto do art. 668 do Código Civil Brasileiro, ao fixar a regra de que "O mandatário é obrigado a dar contas de sua gerência ao mandante, transferindo-lhe as vantagens provenientes do mandato, por qualquer título que seja".

No campo do Direito Público, a matéria tem sua base de institucionalização e tratamento na Constituição Federal (art. 70, parágrafo único), na qual está assinalada a obrigação de prestar contas por parte de qualquer pessoa física ou jurídica, pública ou privada, que *utilize, arrecade, guarde, gerencie ou administre dinheiro, bens e valores públicos, ou pelos quais o ente federativo responda, ou que em seu nome assuma obrigações de natureza financeira*, havendo, também, tratamento da matéria, através da edição de *normas gerais*, na Lei Complementar nº 4.320/64.

Regulamentando o tema, a Lei Complementar nº 4.320/64 prescreveu que poderão ser criadas por lei prestações de contas em duas ou mais espécies. A partir dessa autorização foram criadas várias espécies de prestação de contas, destacando-se uma em atenção aos resultados dos *atos de governo*, também denominados de *atos políticos*, que são aqueles atos praticados pelos governantes (Presidente da República, Governadores e Prefeitos Municipais), durante o ano financeiro, com respaldo na *discricionariedade governamental ou política*, respeitando sempre a criação de uma utilidade de interesse público. Outra, para reunir, em torno de si, todos os resultados decorrentes da execução dos *atos de gestão* praticados pelas autoridades administrativas em geral, durante o exercício financeiro, que são aqueles editados pela Administração

Pública quando age no mesmo nível dos particulares, contrariamente do que ocorre com os *atos políticos ou de governo* (arts. 78 e 101).

Com o advento da lei da responsabilidade fiscal, os institutos jurídicos acima nomeados passaram a se integrar, ao lado de outros tipos de simples demonstração de resultados de aplicações feitas com dinheiros públicos, a um conjunto de institutos da mesma natureza denominados de *instrumentos da transparência da gestão fiscal* (art.48).

De acordo com o que estabeleceu o art. 48 da Lei de Responsabilidade Fiscal, além dos planos, orçamentos e das leis de diretrizes orçamentárias, passaram a se incluir neste conjunto de instrumentos as *prestações de contas, o parecer prévio dos Tribunais de Contas, o relatório resumido da execução orçamentária, o Relatório de Gestão Fiscal* e todos os documentos elaborados em versões simplificadas dos referidos instrumentos.

A LRF no texto redacional do artigo supramencionado (art. 48) não fez qualquer menção a respeito das *tomadas de contas*. Isso, porém, não significa dizer que a legislação em tela não as considere como *instrumentos da transparência da gestão fiscal*, tanto quanto considerou os instrumentos acima mencionados.

Postas estas considerações, resta dizer em que consiste cada um destes *instrumentos da transparência da gestão fiscal*, estudo que será realizado no capítulo 17. Os *instrumentos da transparência da gestão fiscal* aqui questionados são:

1. relatório resumido da execução orçamentária;
2. relatório da gestão fiscal;
3. prestação de contas de gestão;
4. prestação de contas de governo;
5. prestação de contas especiais;
6. tomada de contas de gestão;
7. tomada de contas de governo; e
8. tomada de contas especiais.

CAPÍTULO 15

ATOS CONSTITUTIVOS E EXECUTÓRIOS DA GESTÃO FISCAL

Sumário: 15.1 Introdução – **15.2** Planejamento – **15.3** Coordenação – **15.4** Descentralização administrativa – **15.5** Delegação de competência – **15.6** Supervisão hierárquica – **15.7** Homologação – **15.8** Plano plurianual – **15.9** Lei de Orçamento Anual – **15.10** Lei de Diretrizes Orçamentárias – **15.11** Plano geral de governo – **15.12** Créditos adicionais – **15.13** Operações de créditos – **15.14** Lançamentos – **15.15** Arrecadação – **15.16** Recolhimento – **15.17** Programação financeira de desembolso – **15.18** Empenho de despesa – **15.19** Liquidação de despesa – **15.20** Pagamento de despesa – **15.21** Suprimentos de fundos – **15.22** Inscrição da dívida ativa – **15.23** Inscrição em restos a pagar – **15.24** Avaliação patrimonial – **15.25** Dos procedimentos administrativos e judiciais – **15.25.1** Direito de petição – **15.25.2** Pedido inicial de prestação administrativa – **15.25.3** Pedido de reconsideração – **15.25.4** Recurso administrativo – **15.25.5** Recurso de revisão – **15.25.6** Mandado de segurança – **15.25.7** Ação anulatória – **15.25.8** Ação popular – **15.25.9** *Habeas data*

15.1 Introdução

Como anteriormente multianunciado, neste capítulo será estudado, de modo isolado, cada um dos atos ou procedimentos que o autor está a denominar de *atos constitutivos e executórios da gestão fiscal* e, porquanto, na condição de atos concernentes à execução das atividades compreendidas na *gestão fiscal*.

Todavia, é necessário que se advirta ao leitor que dentre os denominados *atos constitutivos e executórios da gestão fiscal* se encontram alguns que são de aplicação *específica*, no desenvolvimento das atividades administrativas condizentes ao desempenho *das atividades fiscais* (receita e despesa), quais sejam, o *plano plurianual*, a *Lei de Orçamento Anual*, a *Lei de Diretrizes Orçamentárias*, o *plano geral de governo*, os *créditos adicionais*, as *operações de crédito*, o *lançamento*, a *arrecadação*, o *recolhimento*, a *programação financeira de desembolso*, o *empenho de despesa*, a *liquidação de despesa*, o *pagamento de despesa*, o *suprimento de fundos*, a *inscrição da dívida ativa*, a *inscrição em restos a pagar*, a *avaliação patrimonial* e outros institutos, cuja aplicação pode incidir sobre qualquer tipo de *atividade administrativa* e, dentre estas, as que têm também *natureza fiscal* (receita e despesa), como são os casos do *planejamento*, da *coordenação*, da *supervisão hierárquica* e da *homologação*.

15.2 Planejamento

Planejamento, no âmbito da Administração Pública, é uma atividade obrigatória e de especial importância não só para a organização das atividades administrativas, em geral, como também para o exercício do controle da transparência dos atos da gestão fiscal, em razão dos documentos da política governamental que ele gera.

Não é por outra razão, senão pela grande importância de sua obediência nas ações governamentais, que desde 1967 já era objeto de aplicação obrigatória à Administração Pública por força de sua previsão em texto legal.

O primeiro diploma legal a exigir obediência ao *princípio de planejamento*, nas ações governamentais, foi o Decreto-Lei nº 200/67 (art. 6º, inciso I), que o considerou como *princípio norteador* das atividades da Administração Pública Federal.

Posteriormente, foi este princípio fortalecido pela LRF ao estabelecer que a "responsabilidade na gestão fiscal pressupõe a ação planejada e transparente" (art. 1º, §1º), com o objetivo de prevenir a Administração Pública contra os *riscos e desvios* suscetíveis de afetar o equilíbrio das contas públicas (receita e despesa), decorrente de uma administração desorganizada.

Exige, pois, a legislação vigente que as ações governamentais sejam todas praticadas com a observação de planejamento, e com muito mais razão, em particular, as atividades administrativas com repercussão no âmbito da gestão fiscal como forma de alcançar os objetivos e metas administrativas mediante a utilização de métodos ou procedimentos racionalmente eficientes e capazes de produzir, com a máxima celeridade e os menores custos possíveis, maiores, mais completos e mais adequados resultados no atendimento das necessidades públicas, prevenindo contra o risco de alocar demasiadamente recursos financeiros em determinados programas, deixando outros a descoberto dessa proteção financeira ou, até mesmo, evitando a ocorrência de execução de programas repetitivos ou já em execução.

Prevenindo a possibilidade da desorganização das finanças públicas gerada pela execução das ações governamentais realizadas sem obediência ao princípio do planejamento, originando daí desastrosas consequências, tal como, a instalação da situação de desequilíbrio das contas públicas, é que hoje, no Brasil, é este um dos princípios da maior importância no norteamento da atuação da Administração Pública e que mais tem preocupado os administradores que alcançam o valor da sua eficácia.

Deste princípio se originam como *ato constitutivo* de sua aplicação ou observação prática o *plano geral de governo, os programas gerais, setoriais e regionais de duração plurianual, o orçamento-programa anual e a programação financeira de desembolso* (art. 7º, "a" e "b", DL nº 200/67).

De acordo com o Decreto-Lei nº 200/67, ainda em vigor, toda atividade administrativa deve obedecer à elaboração desses *atos constitutivos e executórios da gestão fiscal*, supracitados, que, com relação às atividades de natureza orçamentária, deverão ser supervisionados pelo órgão central responsável pela política de planejamento que, por exemplo, no âmbito do Governo Federal, incumbe essa missão ao Ministério do Planejamento, Orçamento e Gestão (art. 17, DL nº 200/67), cabendo a aprovação desses atos constitutivos, em última instância administrativa, ao Chefe do Poder Executivo (art. 15, §3º, DL nº 200/67).

Prevê, igualmente, o referido diploma legal a instituição de uma *programação de desembolso financeiro* que visa ajustar toda a programação governamental e os compromissos financeiros desta decorrentes com as disponibilidades financeiras existentes em *caixa*, de modo a compatibilizar o *equilíbrio* entre a despesa e a receita públicas (art. 7º, "d", DL nº 200/67).

Da leitura da Lei de Responsabilidade Fiscal (art. 1º, §1º), vê-se que a mesma em nada se distanciou do Decreto-Lei nº 200/67, mas, ao contrário, reforçou-o, numa demonstração inconcussa de que aquele diploma legal já dispunha, naquela época, de matéria de suprema importância em sua aplicação à Administração Pública, que é o *princípio do planejamento*.

Como bem salienta a LRF (art. 1º, §1º), a "responsabilidade na gestão fiscal pressupõe a ação planejada", de cuja afirmação legal emerge não só a obrigatoriedade, mas a relevância do *planejamento* como um eficaz instrumento de organização dos *atos constitutivos e executórios da gestão fiscal*, quando, por intermédio desse instrumento, a Administração Pública o utiliza como recurso ou meio por via dos quais "se previnem riscos e corrigem desvios capazes de afetar o equilíbrio das contas públicas, mediante o cumprimento de metas de resultados entre receitas e despesas, e obediência a limites e condições no que tange à renuncia de receita, geração de despesa com pessoal, da seguridade social e outras, dívidas consolidada e mobiliária, operações de crédito, inclusive por antecipação de receita, concessão de garantia e inscrição em Restos a Pagar" (art. 1º, §1º, LRF nº 101/00).

Cumpre informar que o *planejamento* tem por objetivos:

a) organizar, unificar e coordenar os atos de elaboração dos planos e programas gerais de governo e a promoção da integração dos planos setoriais e regionais;

b) o acompanhamento da execução desses planos e programas;

c) o asseguramento, mediante normas e procedimentos orçamentários, da aplicação dos critérios técnicos, econômicos e administrativos no estabelecimento das prioridades entre as atividades governamentais;

d) a modernização das estruturas e dos procedimentos da Administração Pública, objetivando o seu contínuo aperfeiçoamento e maior eficiência nos programas governamentais;

e) o estabelecimento de fluxo permanente das informações entre as unidades componentes do sistema de planejamento, a fim de facilitar os processos de decisão e coordenação das atividades governamentais; e

f) a integração de todos os órgãos da administração direta e indireta incumbidos, especificamente, das atividades de planejamento, orçamento e modernização administrativa.

É lastimável, entretanto, que muitos dos administradores municipais ainda não tenham conseguido alcançar o valor desse instrumento administrativo, que tem por finalidade uniformizar a organização das atividades públicas, tornando suas decisões mais operativas e eficientes em favor dos interesses públicos, mormente no que respeita às decisões adotadas no atendimento dos casos individuais.

15.3 Coordenação

Todas as atividades públicas e, de modo particular, as atividades administrativas ligadas à gestão fiscal, como é o caso da execução dos planos e programas de governo, previstos orçamentariamente, deverão ser objeto de permanente *coordenação*.

Por ser um dos *atos constitutivos e executórios da gestão fiscal*, a coordenação deverá ser exercida em *todos os níveis hierárquicos* existentes na organização da Administração Pública, concretizando-se através de reuniões das chefias individuais e a realização sistemática dessas reuniões, das quais também participem as chefias de menores graus hierárquicos, e, igualmente, de comissões de coordenação especificamente criadas para esse fim (art. 8º, DL nº 200/67).

Em nível de direção superior da Administração, a coordenação deverá ser assegurada mediante concretização de reuniões entre os órgãos auxiliares dos órgãos superiores (Ministérios, Secretarias Estaduais, Distritais e Municipais), reuniões entre os chefes superiores, (Ministros, Secretários Estaduais, Distritais e Municipais), por áreas de atuações afins, devendo, nestes casos, a coordenação geral ficar a cargo de uma destas chefias superiores.

Para auxiliá-los nas discussões de assuntos de interesses de mais de um órgão superior, pode o Chefe do Poder Executivo designar um dos seus auxiliares (Ministros, Secretários Estaduais, Distritais e Municipais) para exercer a *coordenação* dos estudos dessas atividades, sem prejuízo de suas funções no órgão que ocupa.

O certo é que, quando os assuntos discutidos forem submetidos ao Chefe do Poder Executivo, já devem ter sido objeto de *discussões coordenadas* em todos os níveis dos órgãos superiores neles interessados.

Deverão se submeter à *coordenação* todos aqueles órgãos que operem na mesma área geográfica com o objetivo de assegurar a programação e execução integradas dos serviços públicos federais, estaduais, distritais e municipais.

Visa a *coordenação* assegurar a eficiência, a economia dos recursos públicos e a adequação das atividades administrativas às reais necessidades ou carências públicas.

15.4 Descentralização administrativa

Ao tratar do assunto, comporta distinguir, no princípio deste estudo, a existência de quatro tipos de *descentralização* utilizadas pelo Poder Público, a saber:

a) descentralização política;

b) descentralização administrativa;

c) descentralização orçamentária; e

d) descentralização financeira.

Embora seja a *descentralização administrativa* o centro dos interesses que despertam a disposição de fazer a análise, que será levada a efeito neste espaço, a alegação aqui levantada não impede, contudo, que se diga com poucas palavras em que consiste cada uma das outras formas de descentralizações mencionadas.

Perseguindo-se, de início, o significado do vocábulo "descentralizar", ver-se-á que este objetiva explicar a ideia da ação de *afastar algo do centro*, ou, ainda, de *retirar algo do centro* para *deslocá-lo para a periferia*.

O vocábulo *descentralização* foi utilizado pela legislação do Direito Administrativo pátrio para traduzir a ideia da ação que retira algo do centro e o desloca para a periferia. De posse dessa ideia, veja-se a seguir em que consiste cada uma dessas espécies de descentralização acima enumeradas.

Descentralização política é um instituto jurídico próprio dos regimes federativos, que importa em promover a repartição dos Poderes do Estado entre o governo central e os governos regionais e locais, isto é, entre o Governo Federal e os Governos dos entes federativos adotados pela organização político-administrativa do respectivo Estado federado, os quais assumem, em regra, o *status* de entes autônomos, tal como ocorre com a organização do Estado brasileiro, que reconhece à União, aos Estados, ao Distrito Federal e aos Municípios essa condição, nos termos da Constituição Federal de 1988 (art. 18).

Descentralização orçamentária é aquela através da qual o Poder Legislativo reparte, entre os órgãos integrados em cada um dos Poderes Públicos, o montante das receitas públicas, reconhecendo-os como *unidades orçamentárias*, com a finalidade de alocar a estes órgãos a soma de recurso necessário ao custeio de seus respectivos programas de trabalho, que serão administrados mediante relativa autonomia dos mesmos. É, pois, a repartição dos recursos públicos entre todos os órgãos da Administração Pública, os quais passam a geri-los autonomamente (art. 4º, LC nº 4.320/64).

Descentralização financeira é aquela por via da qual o Tesouro Público, a par da descentralização orçamentária, praticada pela Lei de Orçamento Anual, repassa, para as contas bancárias abertas em nome ou da titularidade dos órgãos públicos da administração direta, os recursos financeiros necessários ao atendimento das despesas por estes realizadas, quando estão pondo em execução os seus respectivos programas de trabalho (arts. 47 e 48 da LF nº 4.320/64 e art. 8º da LRF). Postas estas colocações, examina-se, a seguir a *descentralização administrativa*.

Descentralização administrativa é o ato pelo qual os órgãos públicos superiores transferem aos órgãos que lhes são subordinados a execução de certas atividades administrativas consideradas de natureza casuística, reconhecendo-lhes, para a realização deste mister, um certo grau de autonomia.

Esse tipo de *descentralização* tanto pode ser operada por via de texto legal, quanto mediante ato escrito praticado pelos órgãos competentes, através do qual deslocam atividades que não sejam de suas competências privativas ou exclusivas para se integrarem às competências de órgãos que lhes são subordinados, para que estes passem a decidir sobre o desempenho daquelas atividades administrativas casuísticas, que foram descentralizadas, devendo ser entendidas como tais aquelas decisões que são adotadas na resolução dos casos individuais, quando do atendimento das aspirações ou necessidades das pessoas nelas interessadas.

Essa medida adotada largamente pela Administração Pública objetiva assegurar maior celeridade e objetividade às decisões situadas nas proximidades dos fatos, das pessoas ou das soluções dos problemas a serem atendidos em proveito dos indivíduos do agrupamento social.

Correlacionadamente com a Administração Pública Federal, o assunto é objeto de preocupação legal do Decreto-Lei nº 200/67, pelo qual a *execução* das atividades administrativas deverá ser amplamente *descentralizada*.

Estabelece o ato normativo em referência (art.10) que a descentralização deverá ser posta em prática em níveis de três planos, a saber:

a) o primeiro, dentro dos próprios quadros da Administração Pública Federal, de modo a se distinguir o *nível de direção* daquele que ostenta o *nível de execução*;

b) o segundo, deslocando a execução de certas atividades públicas do *âmbito* da Administração Pública Federal para a *órbita* das unidades federadas, quando estas estejam devidamente aparelhadas, mediante a *celebração de convênios*; e

c) o terceiro, deslocando-se do *âmbito* da Administração Pública Federal a *execução* de certas atividades administrativas para a *órbita* da iniciativa privada mediante a celebração de contrato ou por via de concessão.

Objetiva, outrossim, esse proceder da Administração Pública liberar os *órgãos centrais* ou de *direção* das rotinas da *execução* de atividades casuísticas e das tarefas de mera *formalização* de atos administrativos sobre aquelas atividades compreendidas nos sistemas em que estes órgãos estejam integrados, para que os mesmos passem a se concentrar, apenas, no *planejamento, supervisão, coordenação* e *controle*.

Obedecida essa organização administrativa inspirada no *princípio da descentralização*, isto é, operada a descentralização das atividades de natureza casuística, passará a competir aos órgãos setoriais somente o nível de execução destas atividades, mormente quanto àquelas de caráter local, quais sejam, as que estão mais em contato com os fatos a serem solucionados e com o público a ser por elas atendido.

Respeitada essa organização, à qual se submetem as atividades públicas, os órgãos federais responsáveis pelos programas de trabalho, mesmo havendo promovido a descentralização da execução de suas atividades por força de convênio, continuam a conservar consigo a autoridade dos poderes normativos, exercendo o controle e fiscalização indispensáveis sobre a atuação destas unidades federadas encarregadas pela execução local das atividades casuísticas descentralizadas, condicionando, inclusive, a liberação dos respectivos recursos financeiros ao fiel cumprimento dos *programas* e *convênios*.

Cumpre revelar que, quando a *descentralização administrativa* decorre de ato da autoridade administrativa competente, ela só se concretizará à vista de edição de um ato público escrito denominado de *delegação de competência*.

De resto, deve ficar informado que a descentralização administrativa é um procedimento de larga utilização apara o desenvolvimento das atividades inerentes à gestão fiscal, por isso, utilizada em grande escala pelas Administrações Públicas.

15.5 Delegação de competência

O instituto jurídico sob vista dispensa maiores comentários a seu respeito.

O vocábulo *delegação* deriva da palavra "delegar", que traduz a ideia de *transferências de encargos* ou *transferências de atribuições a outrem*. *Delegação* é, portanto, o ato através do qual se opera a transferência de encargos ou de atribuições a outrem.

No campo do Direito Administrativo a expressão *delegação de competência* significa o ato escrito, editado pela Administração Pública, por via do qual o órgão competente, isto é, o órgão de direção transfere para os órgãos que lhes são subordinados, ou seja, para os órgãos setoriais, as *decisões* a serem adotadas na execução das atividades administrativas de natureza casuística descentralizadas.

Destarte, a *delegação de competência* é um instrumento mediante o qual a Administração Pública se utiliza para assegurar maior *rapidez e objetividade* às decisões, deslocando-as dos *órgãos de direção* para os *órgãos setoriais*, que lhes são subordinados, por estarem mais próximos dos fatos e das pessoas que delas necessitam, isto é, mais próximas dos problemas que essas decisões visam atender.

No âmbito do Direito Público se distinguem dois tipos de delegação, quais sejam, a *delegação legislativa* e a *delegação de competência administrativa*.

Delegação legislativa é o ato partido do Poder Legislativo que permite ao Poder Executivo exercitar, excepcionalmente, o Poder de elaborar determinados atos legislativos, do que é exemplo a *Lei Delegada* (arts. 59, IV e 68 da CF).

Enquanto a *delegação legislativa* diz respeito somente à transferência de atividades exclusivamente de natureza legislativa, a *delegação de competência administrativa* se prende, unicamente, à transferência de atividades desta natureza, exceto as que, por lei, sejam da competência exclusiva ou privativa do órgão descentralizador.

De acordo com a legislação que trata da matéria (Decreto-Lei nº 200/67), é facultado ao Chefe do Poder Executivo Federal, aos Ministros de Estado e, em geral, a todas as autoridades federais delegar competência para a prática de atos administrativos, nos termos das normas regulamentadoras da matéria (art. 12).

O ato de *delegação de competência administrativa* deverá expressar com toda precisão a *autoridade delegante*, *a autoridade delegada*, *as atribuições delegadas* e, se for o caso, o *período* durante o qual o referido ato terá vigência.

A *delegação de competência* é um instrumento utilizado em larga escala pela Administração Pública, principalmente no tocante às atividades inerentes à execução da gestão fiscal.

15.6 Supervisão hierárquica

O que o autor nomeia de *supervisão hierárquica* é aquilo que a doutrina denomina de *supervisão ministerial*.

Deixa-se de adotar essa denominação (supervisão ministerial), porque o autor está a tratar de um instituto jurídico do Direito Administrativo nacional aplicável não só à União, mas também às autoridades estaduais, distritais e municipais.

Como *ato constitutivo e executório da gestão fiscal*, a *supervisão hierárquica* tem que ser adotada de modo obrigatório não só na área do Governo Federal, mas também na Estadual, na Distrital e na Municipal, por todas as autoridades públicas auxiliares do Poder Executivo, como, igualmente, pelos Chefes dos Poderes Legislativo e Judiciário, os dirigentes das entidades públicas e privadas da Administração direta e indireta e, ainda, pelos dirigentes dos Tribunais de Contas, consoante se conclui do *caput* do art. 74, §1º da Constituição Federal.

Têm, portanto, todas as autoridades públicas a obrigação funcional de supervisionar os atos dos seus subordinados, o que se concretiza mediante o exercício da *supervisão hierárquica* que, em regra, se materializa ou se realiza por meio da expressão externada por essas autoridades públicas mediante o despacho de "visto". Objetiva, pois, esse ato da autoridade superior *orientar e coordenar* as atividades dos órgãos que lhe são subordinados.

Assim, tanto é da competência dos Ministros de Estado a utilização dessa forma de orientação e coordenação, quanto dos Secretários de Estado, dos Secretários Distritais e dos Secretários Municipais. Essa competência decorre do escalonamento hierárquico que caracteriza o próprio Poder Executivo.

É, destarte, esse "rio caudaloso" cheio de níveis e desníveis, denominado de escalonamento hierárquico que como aquela "cachoeira, dá luz e força"[13] a todas as autoridades públicas brasileiras, para se utilizarem desse tipo de coordenação e orientação administrativas, que o autor denomina de *supervisão hierárquica*.

Quando utilizada sobre o ato administrativo da gestão fiscal, este *ato constitutivo e executório da gestão fiscal* enseja excelente oportunidade para que as autoridades públicas submetam a um determinado sistema uniforme todos os atos praticados pelos seus subordinados no desenvolvimento da referida gestão.

---

[13] Referência ao ilustre jornalista e poeta cearense Jáder de Carvalho.

Além dos dispositivos constitucionais indicados como base legal desse tipo de *supervisão* a ser utilizada por todas as autoridades públicas, já referidas, citam-se aqui, as determinações dos arts. 19 e 20 do DL nº 200/67, tratando o primeiro de submeter todos os órgãos existentes na estrutura de cada Ministério à supervisão do respectivo Ministro de Estado, e o segundo de responder o Ministro de Estado perante o Presidente da República, quando aquele se omitir de praticar essa *supervisão*.

De resto, cumpre esclarecer que a natureza do ato acima referido alcança, obrigatoriamente, todas as autoridades que ocupam a posição de agente auxiliar do Poder Executivo, em qualquer das áreas de governo (Federal, Estadual, Distrital e Municipal).

15.7 Homologação

A *homologação* é um dos *atos constitutivos e executórios da gestão fiscal* com ampla utilização não só no âmbito do Poder Executivo, com vista à unção de validade e eficácia das atividades administrativas já praticadas, como também, empregada pelo Poder Legislativo e Poder Judiciário, utilizando o primeiro (Poder Legislativo), com a finalidade de emprestar validade e eficácia a determinados atos de natureza administrativa, sujeitos ao seu controle, e o segundo (Poder Judiciário), objetivando o reconhecimento de validade e eficácia de determinadas decisões tomada por seus órgãos, em instâncias inferiores, bem como, sobre decisões adotadas por organismos estrangeiros, inclusive a concessão de *exequatur* correlacionadas às cartas precatórias (art. 105, I, "i", CF).

A medida aqui tratada, quando utilizada pelos Tribunais de Contas, no exercício do controle externo, conserva as mesmas características daquela utilizada pelos Poderes Executivo e Legislativo, em que ambos a utilizam para o reconhecimento de *validade e eficácia* dos atos administrativos praticados pelo primeiro (Poder Executivo). Destarte, esta medida guarda consigo as características da *unilateralidade*, da *vincularidade* e da *posterioridade*.

Da *unilateralidade*, porque essa medida somente se perfaz validamente através da *única e exclusiva* externação de vontade dos órgãos ou Poder com a competência legal para declaração da mesma, isto é, da homologação, em cujo mister age isoladamente, não podendo ser substituído por outro órgão ou Poder e, igualmente, não havendo a necessidade nem possibilidade de externação de outra vontade por parte da Administração Pública para aperfeiçoá-la.

Vinculada, porque estando o ato examinado em plena conformidade com as normas legais que regem sua elaboração, não pode o órgão ou Poder competente para declarar-lhe a homologação se opor a fazê-la sem a existência de motivo que lhe assegure a recusa da concessão positiva desta medida, a menos que contrário ao interesse público. A partir desta característica não poderá, por exemplo, o Tribunal de Contas deixar de homologar ato elaborado regularmente por qualquer dos Poderes, órgão ou entidade da Administração direta e indireta, o qual, em não o fazendo, está a expor à censura de ilegalidade o ato de sua recusa, por mandado de segurança perante o Poder Judiciário (art. 5º, XXXV, CF).

Posterioridade, porque esta medida quando adotada por qualquer dos três Poderes, órgãos ou entidades públicas e privadas da Administração direta e indireta, sua efetivação ou declaração se realiza sempre após a elaboração do ato pendente de homologação, para que este seja dotado dos efeitos de validade e eficácia necessários, para que o ato homologado possa produzir os efeitos para os quais foi editado.

Recepcione-se como exemplo de atividade administrativa carente de homologação, da parte do Tribunal de Contas, o momento em que este aprecia (não julga) para os fins de registro os atos de admissão de pessoal, a qualquer título, excetuadas as nomeações feitas para o exercício de cargos em comissão, bem como a apreciação (e não julgamento) dos atos de concessões iniciais das aposentadorias, reformas e pensões, dispensados desta os atos concessivos de melhorias financeiras posteriores que não alterem o fundamento legal dos atos que concederam, inicialmente, referidos benefícios (art. 71, III, CF).

É, pois, o ato administrativo *vinculado*, *unilateral*, com declaração *a posteriori* ao ato validado, mediante o qual o Poder, órgão ou entidade (pública ou privada) da Administração direta e indireta confere ao ato examinado a eficácia e validade para que este produza os efeitos desejados.

Do exposto, depreende-se que o *ato de homologação* não só se estabelece como um *ato constitutivo e executório da gestão fiscal*, ao dar eficácia a outro ato da mesma gestão, como também oferece ótima oportunidade, tanto para autoridade superior quanto ao órgão ou Poder que a exercita (homologação), para fiscalizar ou controlar a atividade administrativa posta em prática, sendo, destarte, excelente instrumento quando exercitado nos atos de *lançamentos tributários* (art. 150, CTN) e nos casos dos procedimentos dos *processos licitatórios* (arts. 38, VII; 43, VI, LF nº 8.666/93).

Mediante essa visão geral aqui exposta, este é um *ato constitutivo e executório da gestão fiscal* com larga prática nas atividades concernentes à gestão fiscal, que também brota e produz seus efeitos, como visto, no campo do controle externo, praticado não só pelos Tribunais de Contas, mas também pelo Poder Legislativo sobre atividades administrativas praticadas pelo Poder Executivo (art. 49, XII, CF).

15.8 Plano plurianual

O *ato constitutivo e executório da gestão fiscal* que o Decreto-Lei nº 200/67 denomina de *programas gerais, setoriais e regionais de duração plurianual* (art. 7º, "b") e que a Constituição Federal de 1967 chamou de *orçamento plurianual de investimento* (art. 60, parágrafo único e art. 63) e, finalmente, a Lei Complementar nº 4.320/64 cognominou de *quadro de recursos e de aplicação de capital* (arts. 23 e 24), nada mais é do que o *plano plurianual*, objeto do inciso I do art. 165 da atual Constituição Federal.

Na verdade, o *plano plurianual* é um instrumento que a Administração Pública elabora com a finalidade de utilizá-lo não só como objeto de planejamento das ações governamentais, mas também como *ato constitutivo e executório da gestão fiscal*, pois, como se sabe, é ele um orçamento público aprovado por lei, que contém um *programa de trabalho de governo*, planejado e transparente, para ser posto em prática durante um determinado período de gestão administrativa; programa este elaborado em termos quantificados de obras a serem executadas e serviços a serem prestados, em termos dos seus respectivos quantitativos financeiros, a serem despendidos na realização dessas ações governamentais.

Neste documento são indicados o valor total das despesas por ele fixadas e o valor total das receitas por ele previstas e a serem arrecadadas, com a indicação das respectivas fontes de onde serão obtidos estes recursos.

Por fim, trata-se de uma lei cujo projeto é elaborado pelo Poder Executivo, mas discutido e aprovado pelo Poder Legislativo.

É um tipo de orçamento público, porém, de natureza meramente *programática*, pois, os programas de trabalho e as metas a serem alcançadas em cada um dos exercícios por ele compreendidos, somente se realizam, na prática, por via da Lei de Orçamento Anual, que é de caráter *operativo*.

Destarte, o *plano plurianual* é um ato constitutivo e executório da gestão fiscal, sobre o qual a Administração Pública exerce o seu controle para fiscalizar a transparência da gestão fiscal (art. 48, LRF nº 101/00).

15.9 Lei de Orçamento Anual

O orçamento público que o DL nº 200/67 (art. 7º, "c") denomina de orçamento-programa anual é o mesmo orçamento que a nossa Constituição Federal cognominou de orçamento anual (art. 165, III, CF).

A *Lei de Orçamento Anual*, além de ser um instrumento com origem na atividade da prática do planejamento, também funciona como um eficaz *ato constitutivo e executório da gestão fiscal*. Este documento tem seu projeto elaborado pelo Poder Executivo, que o encaminha ao Poder Legislativo para discussão e aprovação, transformando-o em lei autorizativa da realização das receitas nele previstas e da execução das despesas nele fixadas.

Como um *ato constitutivo e executório da gestão fiscal*, a Administração Pública dele se utiliza para acompanhar, *pari passu*, todos os atos de arrecadação das receitas públicas e, bem assim, todos os atos da realização das despesas públicas.

Em face a esses acompanhamentos feitos pela Administração Pública sobre os atos da execução das receitas e da realização das despesas, pode esta controlar facilmente tais atos com a finalidade de garantir o equilíbrio das contas públicas, que é de substancial importância para o ente federativo e para todos os indivíduos da sociedade, como medida asseguratória da estabilidade econômica do País e consequente estabilidade do padrão monetário nacional, isto é, do Real.

15.10 Lei de Diretrizes Orçamentárias

A *Lei de Diretrizes Orçamentárias* (LDO) é uma criação do Direito Financeiro positivo introduzida pela atual Constituição Federal promulgada em 05 de outubro de 1988 (art. 165, II).

Trata-se, na verdade, de uma lei mista de disciplinamentos a serem aplicados na elaboração da *Lei Orçamentária Anual* e de feições orçamentárias propriamente ditas, em razão do seu conteúdo. Sua elaboração, de caráter obrigatório para todas as unidades federativas, se interpõe entre a elaboração do *plano plurianual* e a *Lei Orçamentária Anual*, a viger no exercício seguinte ao de sua feitura.

Na verdade, essa interposição assumida pela LDO, neste espaço existente entre esses dois tipos de orçamentos públicos, não é simplesmente aleatória, mas, ao contrário, proposital, em virtude de funcionar não só como norma disciplinadora da elaboração do orçamento anual, como também por ser uma forma de transportar, para o seu texto, programas de trabalho governamentais colhidos do plano plurianual para serem executados mediante a *Lei Orçamentária Anual*.

Além dessas atividades ligadas à gestão fiscal, tem a LDO o viso de veicular o estabelecimento das atividades administrativas consideradas como metas prioritárias, distinguindo-as das demais, de trazer disposições disciplinadoras das alterações a se processarem na legislação tributária e de fixar regras sobre a política de aplicações a serem adotadas pelas agências financeiras oficiais de fomento, atribuições estas também compreendidas no desenvolvimento de atividades da *gestão fiscal* (art. 165, §2º, CF).

Ao regulamentar infraconstitucionalmente a matéria, a LRF estabeleceu que a LDO disporá de forma obrigatória sobre o equilíbrio das contas públicas (receitas e despesas), fixando, inclusive, os critérios e a forma da edição do ato de limitação de empenho e movimentação financeira, o qual deverá ser praticado por quem assuma responsabilidades pela administração financeira quando constatar que a realização da receita não comportará o atendimento das despesas realizadas no custeio das metas de resultados primário e nominal (arts. 4º e 9º, LRF nº 101/00).

Constitui, igualmente, conteúdo obrigatório da LDO a consignação de regras a respeito dos procedimentos de controle dos custos e avaliações dos resultados decorrentes da execução dos programas de trabalho financiados por meio de recursos orçamentários e, bem assim, a inserção de regras sobre as condições e as exigências legais concernentes à realização de repasses financeiros feitos entre as entidades federativas e, também, as suas pessoas jurídicas administrativas públicas e privadas (art. 4º, I, "a", "b", "e" e "f", LRF nº 101/00).

Integrará, de modo coercitivo, como peça imprescindível da LDO o *anexo de metas fiscais*, no qual serão registradas:

a) todas as metas anuais que a Administração planeja realizar, que deverão ser especificadas e quantificadas em termos de obras a serem executadas, e a prestação de serviços a serem

realizadas, ambas, em termos indicativos de valores numerários a serem utilizados e continuamente corrigidos;
b) a indicação dos resultados primário e nominal que se deseja alcançar; e
c) o montante da dívida pública, que se pretende contrair no exercício de sua realização, e nos dois exercícios seguintes (art. 4º, §1º, LRF nº 101/00).

Exige-se, ainda, que o *anexo de metas fiscais*, peça integrante da LDO, contenha:
a) demonstração da avaliação dos resultados obtidos por via do cumprimento das metas, que foram previstas orçamentariamente para o exercício anterior;
b) demonstração das metas anuais, instruídas com a memória e metodologia de cálculos feitas com o objetivo de justificar os resultados, que se pretende alcançar, no exercício seguinte, comparando-as com as fixadas para execução durante o decurso dos três exercícios anteriores, inclusive, evidenciando a consistência das previsões de suas realizações, à luz das possibilidades e dos objetivos da política econômica, a ser adotada nacionalmente;
c) demonstração da evolução do patrimônio líquido atualizado e dos últimos três exercícios, dando ênfase, particularizadamente, sobre a origem e a aplicação dos recursos obtidos em virtude das alienações de ativos;
d) demonstração da avaliação das situações financeira e atuarial do regime geral da previdência social, e do regime próprio da previdência social dos servidores públicos e programas estatais de natureza atuarial; e
e) demonstração da estimativa e da compensação da renúncia de receita, a se realizar no exercício a que se refira o orçamento anual, bem como da margem de expansão dos resultantes das despesas obrigatórias de caráter continuado (art. 4º, §2º, I a IV, "a" e "b" e V, LRF nº 101/00).

Além desse anexo, é obrigatório contar da LDO, o *anexo dos riscos fiscais*, no qual deverão ser registrados e avaliados todos os dados dos passivos contingentes e de quaisquer outros riscos capazes de causarem o desequilíbrio das contas públicas, devendo, também, ser informadas as medidas ou providências que serão adotadas pela Administração Pública, caso esses fatos venham a se concretizar (art. 4º, §3º, LRF nº 101/00).

Obriga, finalmente, a LRF que a mensagem, por via da qual é encaminhado o projeto da LDO ao Poder Legislativo, apresente em anexo específico os objetivos que a Administração Pública deseja ver alcançados ao praticar as políticas *monetária, creditícia e cambial* e, também, os parâmetros e projeções que deverão ser adotados para os seus principais agregados e variáveis, e a previsão das metas de inflação para o exercício seguinte (art. 4º, §4º, LRF nº 101/00).

Da exposição feita sobre a matéria, chega-se à conclusão de que a Lei de Diretrizes Orçamentárias é um diploma legal que cuida exclusivamente dos assuntos afetos ao desenvolvimento da gestão fiscal.

Essa lei tem o seu projeto elaborado pelo Poder Executivo, que o remete ao Poder Legislativo, a quem cabe discuti-lo e modificá-lo, quando assim entender, e aprová-lo total ou em parte, devolvendo-o, em seguida, à origem (Poder Executivo), que o sancionará ou o vetará, parcial ou totalmente, sob a alegativa de inconstitucionalidade ou de contrariedade aos interesses públicos originadas das emendas introduzidas.

É, também, o momento em que o Poder Legislativo participa de maneira efetiva da elaboração ou construção dos programas de trabalho de governo, e para isto é que foi instituída a Lei de Diretrizes Orçamentárias, que também se constitui num instrumento de fiscalização, por parte do Legislativo, quando confere se os programas de trabalho fixados pelo plano plurianual (que é um orçamento puramente programático) foram corretamente transportados para o corpo da Lei Orçamentária Anual (que é um orçamento operativo), por via do qual estes programas de trabalho serão postos em concretização.

Diga-se, por oportuno, que no passado o Poder Legislativo se conformava, apenas, em dizer sim ou não (aprovar ou não) aos projetos de lei dos orçamentos públicos a ele encaminhados pelo Poder Executivo, os quais, após aprovados, em nada havia aquele Poder contribuído para a elaboração ou construção dos programas de trabalhos governamentais.

Dada a sua substancial importância, tanto no tocante à fixação das metas governamentais ligadas à gestão fiscal, quanto na política de acompanhamento da execução destas metas e de sua respectiva fiscalização, a Lei de Diretrizes Orçamentárias é considerada pela LRF como um *ato constitutivo e executório da gestão fiscal* (art. 48).

15.11 Plano geral de governo

O *plano geral de governo* não se trata propriamente de um orçamento público como são os casos dos orçamentos conhecidos por *plano plurianual* e *orçamento anual*.

Trata-se este *ato constitutivo e executório da gestão fiscal*, originado da prática do *planejamento*, de um simples programa de trabalho de governo que a Administração Pública elabora para levá-lo a efeito durante um determinado período, objetivando alcançar as mais diversas metas e áreas de atuação, com a finalidade de promover celeridade no desenvolvimento das atividades atacadas pelo referido plano.

Vislumbra, também, adotar certas medidas de natureza tributária e econômicas, bem como injetar expressiva soma de recursos financeiros públicos na economia privada do País, como meio de alcançar o seu crescimento e, com ele, a geração de renda e emprego.

É exemplo desse tipo de instrumento da atuação pública, o que o atual Governo[14] está a desenvolver com a denominação de *Programa de Aceleração de Crescimento* (PAC).

Tem este programa, como acima enfatizado, a finalidade não só de imprimir maior celeridade ao desenvolvimento de certas atividades administrativas de interesse público, como também de injetar na economia nacional uma grande soma de recursos, percalçando, com isso, o alargamento do mercado de emprego e da geração de renda. É, pois, um programa de grandes proporções que, na verdade, traduz um novo conceito de investimento na infraestrutura do País que, aliado às medidas econômicas adotadas, persegue a estimulação dos setores produtivos e dos benefícios sociais destinados às diversas regiões do País.

Persegue, outrossim, o *plano de aceleração de crescimento* a estimulação do PIB e do mercado de emprego, intensificando, com isto, maior inclusão social e melhor distribuição de renda.

Para tanto, prevê o PAC a desoneração de tributos com a finalidade de incentivar a realização de maiores investimentos no Brasil. Essa desoneração tributária tem seu direcionamento específico à redução de tributos relacionados com as atividades desenvolvidas pelos setores de semicondutores, de equipamentos aplicados à TV digital, de microcomputadores, de insumos e serviços utilizados em obras de infraestrutura.

---

[14] Referência à administração do Presidente Lula.

O PAC contempla, também, outras medidas de natureza fiscal, mas de longo prazo, prevendo o controle de despesas com pagamento de folha com seu pessoal, bem como, cuidando da modernização do processo de licitação, medidas estas fundamentais à garantia do equilíbrio das contas públicas.

As medidas de viabilização de estímulo do crescimento econômico do País buscam sua concretização através das *atividades de estímulo ao crédito e ao financiamento, da melhoria do ambiente de investimento, da desoneração e administração tributária, das medidas fiscais de longo prazo e consistência fiscal*, do que resulta a possibilidade de o Brasil investir uma grandiosa soma de recursos financeiros, sem prejuízo da estabilidade econômica nacional sustentável, na infraestrutura das áreas de *transportes, energia, saneamento, habitação e recursos hídricos*.

Relativamente à área da infraestrutura de transporte, as atividades previstas no PAC envolvem o desenvolvimento de construção e ampliação de *rodovias, ferrovias, portos, aeroportos e hidrovias*.

Correlacionadamente à área de infraestrutura do setor energético, o referido plano cuida das atividades inerentes à geração e transmissão de *energia, produção, exploração e transporte de petróleo, gás natural e combustíveis renováveis*.

Alusivamente à infraestrutura da área sociourbana, o plano em questão passa a se preocupar com a realização das atividades inerentes ao *saneamento, habitação, metrôs, trens urbanos, universalização do programa de luz para todos e a distribuição de recursos hídricos*.

Estes Planos, segundo a LRF, além de constituírem *atos constitutivos e executórios da gestão fiscal*, juntamente com o plano plurianual, a Lei de Orçamento Anual e as leis de diretrizes orçamentárias, também são considerados como *instrumentos da transparência da gestão fiscal* (art. 48).

15.12 Créditos adicionais

Ao tratar da elaboração dos orçamentos públicos, estabeleceu a Lei Complementar nº 4.320/64 que a Lei Orçamentária Anual deverá obedecer, entre outros princípios, o da *unidade orçamentária* (art. 2º).

Entende-se por princípio da unidade orçamentária a proibição dirigida aos entes federativos consistente na elaboração de mais de um orçamento anual para cada um deles. Determina este princípio que o ente da federação somente poderá elaborar, para si, um *só e único* orçamento anual, para cada exercício financeiro, no qual se consolidem todas as suas receitas e todas as suas despesas.

Com a finalidade de flexibilizar a rigidez desse princípio orçamentário, e para que possam ser atendidos os casos em que as dotações orçamentárias se tornem insuficientes para suportar o encargo das despesas previstas pelo orçamento, ou pela falta de dotação orçamentária específica para o custeio de certas despesas que venham a surgir no decorrer do exercício, e que, em razão da importância do atendimento das necessidades públicas a serem socorridas, através delas, se torne imperativo este socorro das mesmas ou, ainda, para o caso de atendimento de despesas urgentes e imprevisíveis, tais como nos casos de *guerra, comoção intestina* ou *calamidade pública*, a Lei Complementar nº 4.320/64 previu a utilização dos chamados *créditos adicionais*.

Da inteligência que emerge do texto da Lei Complementar nº 4.320/64, destila o entendimento de que *créditos adicionais* são autorizações legislativas para abertura de *créditos* destinados a atenderem a realização daquelas despesas que não foram previstas pela Lei Orçamentária Anual e, igualmente, para reforçar aquelas dotações consignadas, inicialmente, pela lei orçamentária, que em razão de sua utilização durante o exercício financeiro se tornaram insuficientes.

Cumpre esclarecer que os créditos adicionais são autorizações de crédito que modificam a Lei de Orçamento Anual, e, por ser esta uma lei, somente mediante outra lei pode ser modificada ou alterada, daí por que a autorização dos créditos em focalização é objeto da competência do Poder Legislativo.

Créditos adicionais são instrumentos do Direito Financeiro por via dos quais o Poder Legislativo autoriza o Poder Executivo à abertura de créditos destinados à realização de despesas não computadas ou insuficientemente dotadas na Lei Orçamentária Anual.

De acordo com a Lei Complementar nº 4.320/64, os créditos adicionais se classificam dentro das seguintes espécies:

a) Créditos Suplementares;

b) Créditos Especiais; e

c) Créditos Extraordinários.

Créditos suplementares são aquelas autorizações que o Poder Legislativo dá ao Poder Executivo, para que este suplemente as dotações orçamentárias que se tornaram insuficiente em razão de sua utilização na execução orçamentária.

Essa insuficiência pode ser originada tanto da fixação inicial do valor da dotação orçamentária, que se tornou incompatível com a realidade das despesas a serem por ela atendidas, quanto em decorrência da anulação total ou parcial da mesma, para o atendimento de suplementação de outra dotação orçamentária.

Como os créditos suplementares alteram a Lei Orçamentária Anual, eles só podem se processar mediante autorizações legislativas através de lei. Via de regra, essa autorização é dada pelo Poder Legislativo no próprio texto da Lei de Orçamento Anual, ocasião em que se fixa, também, o limite global em termos percentuais do total da suplementação orçamentária a ser procedida pelo administrador durante o exercício financeiro.

Autorizados legislativamente os créditos suplementares, estes, na prática, se concretizam através de sua abertura por *decreto* do Chefe do Poder Executivo.

Créditos especiais são as autorizações legislativas que o Poder Executivo recebe do Poder Legislativo para a abertura de créditos destinados a custearem aquelas despesas que não foram previstas pela Lei de Orçamento Anual, mas que, dada a importância do atendimento das necessidades públicas a serem socorridas, se tornam imperativas e inadiáveis.

Na prática, o procedimento que dá origem aos créditos especiais se processa da mesma forma como se processam os *créditos suplementares*, sendo, portanto, autorizados pelo Poder Legislativo e abertos por *decreto* do chefe do Poder Executivo.

Finalmente, reporta-se o referido diploma legal (LC nº 4.320/64) à espécie de abertura de créditos denominados de *crédito extraordinário*. Utiliza-se a Administração Pública dessa espécie de abertura de crédito, sempre que se deparar com a necessidade de realizar despesas de natureza *urgente e imprevista*, isto é, despesas que não comportam demora em seu atendimento e, ainda, que, em face do seu caráter, não eram perfeitamente previsíveis, como já anteriormente indicadas, ou seja, despesas decorrentes de *guerra, comoção intestina* ou *calamidade pública*.

Os *créditos extraordinários*, diversamente das duas primeiras espécies de créditos referidos, independem, para sua abertura pelo Chefe do Poder Executivo, de *autorização legislativa prévia*, ficando, contudo, o *decreto* do Chefe do Poder Executivo sujeito ao crivo do Poder Legislativo.

Finalmente, cumpre explicar que esses créditos aderem ao orçamento anual ao qual se refiram, daí a razão de serem denominados de *créditos adicionais*, isto é, adicionais ao orçamento vigente.

15.13 Operações de créditos

Operações de crédito são compromissos de natureza financeira assumidos por entes federativos no mercado interno, ou no mercado exterior, originados de *mútuo, abertura de crédito, emissão e aceite de títulos, aquisição financiada de bens, recebimento antecipado de valores da venda a termo de bens e serviços, arrendamento mercantil* e outras operações assemelhadas, inclusive com o uso de derivativos financeiros, com a finalidade de angariar dinheiro necessário ao custeio de seus investimentos.

Equiparam-se as *operações de crédito*:

a) aos valores recebidos antecipadamente das empresas em que o Poder Público detenha, direta ou indiretamente, a maioria do capital social com direito a voto, excluídos os valores correspondentes à distribuição de lucros e dividendos;

b) à assunção direta de compromisso, confissão de dívida ou operação assemelhada, com fornecedor de bens, mercadorias ou serviços, mediante emissão, aceite ou aval de títulos de crédito; e

c) à assunção de obrigação, sem autorização orçamentária, com fornecedores para pagamento *a posteriori* de bens ou serviços (art. 3º, Resolução SF nº 43/01).

Cumpre advertir, porém, que por força do que dispõe o art. 5º da Resolução SF nº 43/01, com suas alterações promovidas pela Resolução SF nº 03/02, são vedadas aos Estados, ao Distrito e aos Municípios as práticas das operações financeiras aludidas, bem como a realização de operações de crédito que representem a violação de acordo de refinanciamento com a União.

São vedadas, outrossim, a esses mesmos entes políticos, e em relação aos créditos decorrentes do direito dos Estados, do Distrito Federal e dos Municípios, de participação obrigatória nas modalidades de *royalties*, participações especiais e compensações financeiras no resultados da exploração do petróleo e gás natural, de recursos hídricos, de energia elétrica e de outros recursos minerais no respectivo território, plataforma continental ou zona econômica exclusiva:

a) a concessão de direitos que digam respeito a períodos posteriores ao mandato do Chefe do Poder Executivo, exceto quando destinada à capitalização de *fundos previdenciários* ou para amortização extraordinária de dívidas com a União; e

b) concessão de título de garantia ou a captação de recursos a título de adiantamento ou antecipação, cujas respectivas obrigações contratuais ultrapassem o período do mandato do Chefe do Poder Executivo.

De resto, deve ser reafirmado que, ressalvadas as operações financeiras relativas à assunção direta de compromissos, confissão de dívida ou qualquer outra operação assemelhada, com fornecedor de bens, mercadorias e serviços, das quais resulte emissão de *títulos, aceite ou aval* de títulos de crédito quando praticados por empresa estatal dependente, todas as demais operações acima mencionadas estão vedadas aos Estados, ao Distrito Federal e aos Municípios, por força do que dispõe a Resolução SF nº 43/01, com suas modificações (art. 5º) que regulamenta a matéria.

Postas estas considerações, convoca-se a atenção do leitor, que pretender conhecer com mais profundidade o assunto, para a leitura do capítulo 08 desta obra.

15.14 Lançamentos

Como sabemos, grande parte dos recursos financeiros arrecadados pelos entes federativos deriva de suas receitas tributárias, isto é, da cobrança de todos os seus tributos instituídos por lei.

No trato dessa atividade, o Estado exerce especializada e rigorosa fiscalização sobre os contribuintes, não permitindo que estes se desviem de suas obrigações para com o *fisco*, policiando o pagamento dos créditos tributários de que são devedores, e não permitindo que estes, através de atos de prestação de informações omissivas ou fraudulentas, possam reduzir ou exonerar-se do pagamento dos valores exatos destes créditos.

Ao pôr em prática a fiscalização concernente à execução da receita orçamentária, a Administração Pública o faz através de um procedimento administrativo vinculado, composto dos *atos de lançamento, arrecadação e recolhimento,* no qual cada um destes atos constitui, isoladamente, um dos *atos constitutivos e executórios da gestão fiscal* relativamente à receita pública.

Ao iniciar a concretização da fiscalização da receita, compete à autoridade fazendária pública determinar a realização do lançamento, que é o primeiro ato inserido no sistema de *ato constitutivo e executório da gestão fiscal*, que tem por objetivo o exame da transparência da gestão fiscal, correlacionadamente com a execução da receita, exercitando o seu policiamento sobre os elementos de informação da pessoa do contribuinte, que propiciam a identificação do sujeito passivo da obrigação tributária, a natureza, o valor e a data do vencimento desta obrigação (arts. 52 e 53, LC nº 4.320/67 e, 142, Código Tributário Nacional).

O *lançamento* é uma atividade administrativa fazendária obrigatória e de natureza vinculada, o que significa dizer que a autoridade fazendária competente, ao praticá-la, terá que executá-la com estrita observância das regras legais norteadoras da matéria, sob pena de nulidade do seu ato (art. 142, parágrafo único, CTN).

Lançamento é o ato da autoridade fazendária competente, disciplinado por lei, que busca a finalidade de identificar a pessoa do *contribuinte ou sujeito passivo* da obrigação tributária, a *ocorrência do fato gerador* do tributo, o *quantitativo* da respectiva obrigação fiscal para o efeito de cobrança e a *oportunidade ou época do pagamento* da obrigação e, se for o caso, aplicar de logo, a *penalidade cabível*, ou no dizer do Código Tributário Nacional "procedimento administrativo tendente a verificar a ocorrência do fato gerador da obrigação correspondente, determinar a matéria tributária, calcular o montante do tributo devido, identificar o sujeito passivo e, sendo o caso, propor a aplicação de penalidade cabível" (art.142, CTN).

Dada a existência das mais diversas naturezas e características com que os tributos se mostram juridicamente, teve o legislador nacional o cuidado de distinguir na legislação tributária três tipos ou modalidades de lançamentos, quais sejam: o *lançamento de ofício* (unilateral ou direto), *lançamento por declaração* e o *lançamento por homologação* ou *autolançamento*, visando atender essas nuanças próprias de cada espécie de tributo.

Lançamento de ofício

Para atender essa necessidade, o Direito Tributário positivo do Brasil previu a instituição do *lançamento de ofício*, também conhecido por unilateral ou direto, que é aquele realizado pela autoridade competente, sem a audiência, participação ou qualquer intervenção de vontade da parte da pessoa do contribuinte.

Neste tipo de lançamento, a própria autoridade administrativa, por conhecer previamente a ocorrência do fato gerador da obrigação tributária, já determina a matéria a ser tributada, calculando o seu respectivo valor, identificando o sujeito passivo e, em atendimento ao mandamento legal, havendo motivos, propondo de imediato a imposição de penalidade cabível.

São objeto desse tipo de lançamento os *impostos diretos* (art. 52, LC nº 4.320/64), tais como o *imposto territorial rural*, o *imposto predial e territorial urbano*, o *imposto sobre propriedade de veículos automotores*, o *imposto sobre a renda e proventos de qualquer natureza.*

Esse lançamento tem essas denominações (lançamento de ofício, unilateral e direto) em face dos diversos nomes que lhes são dados pelos doutrinadores.

Para alguns, a denominação é *lançamento de ofício*, por decorrer da vontade da própria legislação ou da própria obrigação funcional imposta à autoridade fazendária que a realiza, não espontaneamente, mas por razões estritamente legais, isto é, por obrigação funcional.

Outros o nomeiam de *lançamento unilateral*, por decorrer unicamente da externação de vontade do órgão fazendário, sem audiência ou participação de informações prestadas pelo contribuinte e, finalmente, outros mais, chamam-no, também, de *lançamento direto*, por valorizarem a atuação direta e exclusiva da autoridade fazendária na execução dessa forma de *lançamento.*

A modalidade de lançamento ora discutida, qual seja, o *lançamento de ofício*, também é o tipo de lançamento do qual se utiliza o órgão fazendário quando revisiona, *de ofício*, isto é, por iniciativa própria em decorrência do dever legal, aqueles lançamentos comprometidos por omissão da obrigação daqueles cujas declarações estavam obrigados a prestar.

Nos casos de notificação para correções de lançamentos, esta será expedida pelo órgão que administra o tributo e deverá conter obrigatoriamente os elementos correspondentes à *qualificação do notificado*, ao *valor do crédito tributário*, ao *prazo para recolhimento* ou *impugnação do mesmo* e à *disposição legal infringida.* Se for o caso, a assinatura do chefe do órgão expedidor ou de outro servidor autorizado a promover a notificação, a indicação do seu cargo ou função e o número de matrícula (art. 11, Decreto nº 70.235/72).

Lançamento por declaração

O *lançamento por declaração* é aquele feito pela autoridade fazendária, no qual ela se utiliza dos elementos de informações prestados pelo próprio contribuinte, podendo os órgãos fazendários promover as retificações que se façam necessárias, em face de falhas cometidas, inclusive arbitrando, quando for o caso, novos valores e preços que possam vir a influenciar nos cálculos do crédito tributário (art. 148, CTN).

O exemplo clássico desse tipo de lançamento é aquele realizado pela Receita Federal e correlacionado com o *imposto sobre a renda e proventos de qualquer natureza*, que é concretizado por este órgão, com base nas declarações prestadas pelo contribuinte.

Lançamento por homologação

Também conhecido por *autolançamento*, o *lançamento por homologação* é aquele procedimento administrativo de que os órgãos fazendários se utilizam apenas naqueles casos em que a lei obriga o contribuinte a antecipar o pagamento do valor do respectivo crédito tributário, antes mesmo de qualquer exame prévio por parte da Administração Pública.

Nesta forma de lançamento, o pagamento antecipado do crédito tributário é feito sob condição resolutiva da realização posterior da respectiva *homologação*, com prazo certo, declarado em lei. Decorrido o prazo legal sem ter sido cumprida a *homologação* e, após, vencido o prazo de cinco anos contados da data do fato gerador da obrigação tributária, sem que tenha havido qualquer manifestação do órgão fazendário, ter-se-á por homologado o lançamento e, como consequência, definitivamente extinto o crédito tributário (art. 150, CTN).

São exemplos típicos dos impostos sujeitos a essa modalidade de lançamento, o *imposto sobre circulação de mercadorias e prestações de serviços de transportes interestaduais e intermunicipais*, o *imposto sobre produtos industrializados*, etc.

Da exposição realizada vê-se que o lançamento é um eficaz *ato constitutivo e executório da gestão fiscal*, servindo, também, como instrumento de transparência da execução da receita pública, visto que por via dele é que se identifica a natureza da obrigação tributária, o seu valor, a respectiva data para o cumprimento da obrigação e o sujeito passivo da obrigação.

É esse ato, portanto, que enseja a movimentação de um outro *ato constitutivo e executório da gestão fiscal*, qual seja, o ato de *arrecadação da receita*, segundo ato do procedimento da execução da receita orçamentária.

15.15 Arrecadação

Conhecidos os elementos de informação oferecidos e colhidos através do *ato de lançamento*, competirá, então, aos servidores e agentes públicos responsáveis pela atividade da *arrecadação*, a movimentação do aparelhamento administrativo fazendário para o efetivo desempenho desse *ato constitutivo e executório da gestão fiscal*, forçando o contribuinte a efetuar o pagamento do crédito tributário devido ao *fisco*, originado de sua obrigação fiscal.

A *arrecadação da receita* é, e assim funciona, como um ato de execução de receita, inserido no sistema de organização dos *atos constitutivos e executórios da gestão fiscal*, utilizado pelo aparelhamento fazendário público, para fazer executar a cobrança do crédito tributário em razão das informações conhecidas através do ato de lançamento.

A *arrecadação* ou recebimento dos ingressos financeiros pelos *cofres públicos* (tributários ou não) se efetiva por intermédio de um aparelhamento administrativo fazendário composto por *agentes públicos* e *agentes privados* na condição de agentes arrecadadores desses dinheiros públicos, todos, porém, legalmente autorizados para o exercício desta função pública (arts. 7º, 83 e 84 do CTN).

Participam da execução desse *ato executório da gestão fiscal* (arrecadação), os órgãos fazendários públicos criados e autorizados por lei, em que, por razão do ofício, ao arrecadarem esses recursos financeiros, ficam inteiramente responsáveis perante a Administração Pública pela sua *exatidão, guarda ou custodia* até enquanto não ocorra o *ato de recolhimento* desses valores ao caixa único da Fazenda ou Tesouro Público.

O *recolhimento* compõe outro tipo de *ato constitutivo e executório da gestão fiscal*, completando-se com a execução deste a inteireza do *procedimento administrativo vinculado* da execução da receita tributária. É um ato praticado sobre o produto financeiro originado da atividade da *arrecadação da receita*, em que, especificamente, se denomina a cada um dos atos aqui discutidos (lançamento, arrecadação e recolhimento) de *estágio da receita*.

Destarte, o recolhimento é ato por via do qual os agentes arrecadadores legalmente autorizados recolhem ao caixa único do Tesouro Público todos os valores recebidos dos contribuintes, exonerando-se de suas responsabilidades pelos valores que cada um arrecadou, repassando ao titular do órgão fazendário a responsabilidade pela *guarda, conservação e manuseio legal* desses recursos públicos recolhidos.

Os agentes públicos arrecadadores aqui mencionados desempenham esse trabalho em razão de obrigação funcional, já que são servidores da Administração e foram convocados mediante concurso público para exercerem cargos com poderes legais para o exercício dessa atividade.

Depois de arrecadados os recursos públicos, em razão de suas obrigações funcionais, ficam os agentes públicos obrigados a promover, dentro de prazo determinado, o seu devido recolhimento ao caixa único do Tesouro Público. Em não o fazendo, dentro do referido prazo, ou não o fazendo de forma alguma, ou o fazendo em valores menores do que os devidos, estão cometendo os crimes previstos nos arts. 312 (peculato) e 319 (prevaricação) do Código Penal, sem prejuízo das aplicações das penas previstas pelos seus respectivos regimes jurídicos, que vão de simples advertência à demissão do cargo, e das sanções civis previstas pelo Código Civil Brasileiro (art. 186 c/c 927).

Além destes agentes arrecadadores públicos, também atuam nessa atividade de arrecadação dos dinheiros públicos, em ação suplementar à Administração Pública, alguns agentes privados, tais como as agências bancárias, as agências lotéricas e, até mesmo, as farmácias.

Esses colaboradores do Poder Público, depois de regularmente autorizados para o desempenho dessa função, a título oneroso para a Administração Pública, assumem, perante esta, a inteira responsabilidade pela exatidão e custódia dos recursos públicos que arrecadam até enquanto não ocorra o recolhimento do total destes valores ao caixa único, já referido, momento em que prestam contas de suas atividades de agentes arrecadadores ao Poder Público e se exoneram de todas as suas responsabilidades.

Havendo arrecadado os recursos públicos e não os repassando ao caixa único no prazo devido, deixando de repassá-los ou os repassando à Administração Pública em valores menores do que aqueles por eles efetivamente arrecadados, estão estes agentes aqui tratados desafiando o cumprimento do princípio da fidelidade funcional (art. 75, LC nº 4.320/64), porquanto, nesta condição de agentes arrecadadores, se colocam em posição de *fiéis depositários* dos recursos públicos e, por isso, responderão pelos crimes previstos nos arts. 168-A do Código Penal (apropriação indébita) e art. 1º, II, da Lei Federal nº 8.137/90, que define os crimes praticados contra a ordem tributária (crimes praticados por particulares), sem prejuízo das sanções civis (arts. 186 c/c 927 do Código Civil Brasileiro).

Por fim, fazem parte dessa máquina de arrecadação dos dinheiros públicos, como agentes arrecadadores, na condição de *depositários fiéis* e, assim, subordinados ao *princípio da fidelidade funcional*, a pouco referido, toda pessoa física ou jurídica que, na prática de atos de comércio e de prestações de serviços aos seus clientes, recebem destes os valores dos créditos tributários daí gerados, os quais já ficam incluídos no preço do produto ou serviço de forma destacada, no documento de extração obrigatória por esses empresários que é a *nota fiscal*.

Em razão dos recursos públicos a serem recebidos por essas pessoas físicas e jurídicas e, igualmente, pelos demais agentes arrecadadores, fica esse numerário sob a tutela e responsabilidade do agente arrecadador que, por eles, responde perante a Administração Pública pela exatidão dos seus valores, pela sua custódia e pelo prazo de recolhimento junto ao caixa único do Tesouro Público, momento em que prestam contas perante o Poder Público dos recursos que arrecadaram, sob pena de sofrerem as mesmas sanções penais e civis já declinadas com relação aos agentes arrecadadores de natureza privada.

Superado o momento dessas explicações postas, cumpre esclarecer que todos esses agentes arrecadadores estão obrigados a fornecer aos contribuintes os correspondentes recibos de quitação da obrigação fiscal, cujas segundas vias se constituem como documentos de caixa dos agentes arrecadadores, por via dos quais demonstram a exatidão dos valores recebidos, quando da oportunidade das suas prestações de contas junto ao caixa único do Tesouro Público, no momento do *ato de recolhimento* dos recursos arrecadados (art. 55 da LC nº 4.320/64 e o art. 162, CTN).

Cumpre ressaltar, também, que do confronto ou da contrasteação dos valores dos créditos tributários conhecidos por via do ato de lançamento com os valores efetivamente recebidos através do ato de arrecadação é que a Administração Pública passa a conhecer os valores de seus créditos tributários não recebidos, mas a receber, que são contabilizados em contas denominadas de *dívida ativa tributária* e *dívida ativa não tributária*.

Ao final desta exposição, volta-se a lembrar ao leitor que os *atos constitutivos e executórios da gestão fiscal* exercitados sobre o comportamento do contribuinte e da obtenção dos recursos públicos, necessários ao custeio das necessidades públicas, tais como, *saúde, educação, transporte, segurança, saneamento básico*, etc., são próprios e da inteira e exclusiva utilização dos órgãos fazendários, que os desempenham tanto através de seus servidores nomeados para o exercício destas atribuições legais quanto, também, por outros agentes de natureza privada legalmente autorizados para tanto.

Os demais órgãos públicos não compreendidos no aparelhamento administrativo fazendário, por uma questão de competência ou poderes para o agir dentro dessa área de atribuições, estão proibidos de desenvolverem essas atividades, constituindo-se em *usurpação de função pública*, com resultâncias de sanções administrativas e penais sobre os infratores (art. 328, Código Penal).

15.16 Recolhimento

Recolhimento é o último ato administrativo vinculado e que complementa o *procedimento administrativo* da execução da receita orçamentária em toda a sua inteireza. Constitui-se, pois, em um dos *atos constitutivos e executórios da gestão fiscal* (art. 56 da LC nº 4.320/64).

Após a efetiva execução do *ato de arrecadação*, os agentes arrecadadores responsáveis pelo recebimento do numerário provindo dos pagamentos dos créditos tributários ou não, ficam obrigados a promoverem, por determinação de lei, no prazo legal, o recolhimento dos valores que arrecadaram ao *caixa único*, conta esta da titularidade do Tesouro Público, momento em que estes prestam contas da exatidão dos valores recebidos dos contribuintes, quando então se exoneram de todas as suas responsabilidades por esses valores arrecadados.

Das explicações colocadas, viu-se que a arrecadação da receita pública se processa por via de um procedimento administrativo composto dos atos de *lançamento, arrecadação e recolhimento*.

Viu-se, também, que cada um desses atos ou estágios da receita vai recolhendo e oferecendo dados ou elementos de informações para serem utilizados na execução do ato ou estágio subsequente, o que enseja que a autoridade responsável por cada um destes estágios da receita tenha a condição de poder executar a sua tarefa em face das informações recolhidas do estágio anterior.

Como se viu da exposição realizada, ao serem desempenhadas as atividades de arrecadação da receita pública (tributária ou não) a partir do *ato de lançamento*, percorre-se um conjunto de atos ou estágios que vão, cronologicamente, oferecendo de umas às outras autoridades responsáveis por cada estágio da receita as informações necessárias ao exame ou contrasteamento da prestação de contas da autoridade responsável pelo ato ou estágio antecedente, até chegar-se ao último estágio da receita, qual seja, o ato de recolhimento, momento em que a autoridade máxima do órgão fazendário (Ministro da Fazenda, Secretários Estaduais de Fazenda e Secretários Municipais de Finanças) exercita sua supervisão hierárquica sobre a prestação de contas realizadas pelas autoridades imediatamente subordinadas, isto é, pelos agentes arrecadadores.

A partir de então, isto é, da realização do *ato de recolhimento* dos recursos financeiros arrecadados pelos agentes arrecadadores (públicos e privados), em que se concretiza o *princípio de unidade de caixa* ou de *tesouraria*, a responsabilidade pela exatidão dos mesmos, pela custódia e pelo desgaste destes recursos, com pagamentos efetuados no atendimento das despesas públicas, passarão a ser do chefe geral ou superior do órgão fazendário (Ministro da Fazenda, Secretários Estaduais de Fazenda e Secretários Municipais de Finanças) que um dia prestará contas destes recursos financeiros perante os órgãos do *controle externo*.

15.17 Programação financeira de desembolso

De acordo com a legislação pertinente, em vigor, até 30 (trinta) dias após a publicação da *Lei Orçamentária Anual*, o Poder Executivo, por intermédio do seu *órgão central* responsável pela administração financeira, deverá elaborar uma programação financeira e o correspondente cronograma de execução mensal de desembolso dos respectivos recursos que cada um dos órgãos ou entidade pública ou privada ficará autorizada a receber e a utilizar nos pagamentos de suas despesas originadas das execuções dos seus programas de trabalho e da manutenção dos seus próprios serviços, tais como: o *pagamento de pessoal, aquisição de materiais permanentes e de consumo, pagamento de consumo de energia elétrica, água e serviços de telefonia* etc. (art. 47, LC nº 4.320/64 e art. 8º da LRF).

A fixação dessas cotas financeiras, destinadas aos órgãos e entidades públicas e privadas, tem a finalidade de assegurar às unidades administrativas ou unidades orçamentárias a soma de recursos financeiros necessários e suficientes ao atendimento de suas despesas, bem como, acompanhar e estabelecer o equilíbrio das contas públicas durante o exercício financeiro, compatibilizando o total das *despesas* efetivamente executadas, com o total das *receitas* públicas efetivamente arrecadadas (art. 48, LC nº 4.320/64).

Para tanto, à medida que os agentes arrecadadores vão recolhendo estes recursos ao caixa único do Tesouro Público, representada por conta bancária de sua titularidade, estes valores recolhidos passarão a ser custodiados sobre a inteira responsabilidade das autoridades superiores dos órgãos fazendários (Ministro da Fazenda, Secretários Estaduais de Fazenda, Secretário Distrital de Fazenda e Secretários Municipais de Finanças) assim, como, também, passarão a ser de suas inteiras responsabilidades a movimentação destes recursos, quando dos pagamentos dos compromissos assumidos pelos entes federativos (exemplo: empréstimos, refinanciamentos e outros compromissos) bem como, quando da realização dos repasses das cotas financeiras mensais feitas do caixa único do Tesouro Público para as contas bancárias abertas em nome de cada órgão e entidade pública e privada da Administração direta e indireta.

Esses recursos financeiros, ao serem alocados para as contas bancárias dos órgãos e entidades referidas, tornar-se-ão, de modo gradativo, do conhecimento das autoridades públicas responsáveis pelos sistemas de *controle interno* e *controle externo*, autoridades estas que, de modo concomitante, irão acompanhar essas movimentações financeiras, de forma que, a cada passo transcorrido durante o exercício financeiro até chegar ao seu final, estes terão o devido conhecimento de quanto cada uma, dessas unidades administrativas, recebeu durante o transcurso do ano financeiro e, da mesma forma, também irão acompanhar, *pari passu*, os desgastes destes valores feitos por estes órgãos e entidades no pagamento das despesas correlacionadas com a execução dos seus respectivos programas de trabalhos e suas correspondentes manutenções.

Do exposto, já se pode antevê, que a *programação financeira de desembolso* é um *ato constitutivo e executório da gestão fiscal* de vital importância ao controle da transparência da receita pública, posto que, por intermédio de sua prática, podem, as autoridades responsáveis pela fiscalização, corrigir os desvios ou excessos de gastos que ultrapassem os limites impostos por lei a determinadas espécies de despesas públicas, tais como acontece *com as despesas com pessoal, com a seguridade social, com a concessão de garantias, com as operações de crédito, com as dívidas consolidada e mobiliária* e que, quando mal administradas, podem gerar o *desequilíbrio das contas públicas*.

É, assim, uma oportunidade que têm essas autoridades fiscalizadoras de não permitir que os gastos públicos mal administrados possam causar esse malefício ao equilíbrio das finanças do Estado.

Neste sentido, a legislação pertinente oferece às autoridades públicas responsáveis pela administração de recursos financeiros um *instrumento de controle* conhecido por *limitação de empenho e movimentação financeira*, que tem por finalidade reduzir os gastos públicos quando estes extrapolam os seus limites fixados por lei, pondo em risco o *equilíbrio das contas públicas* (art. 9º, LRF).

Esse instrumento de controle deve ser utilizado, obrigatoriamente, pelas autoridades responsáveis pela administração de recursos financeiros públicos que, em não o adotando, no momento devido, como medida corretiva do aumento indevido dos gastos públicos, pode ele ser imposto pelas autoridades responsáveis pelos sistemas de controle interno e controle externo.

Para concluir, avulta dizer que é mediante a prática da atividade da *programação financeira de desembolso* e o seu movimento junto às *contas bancárias especificadas* para cada órgão ou entidade, suprimentos de fundos, convênios e fundos especiais, que a fiscalização dos sistemas retrorreferidos exercita a maior parte de suas atribuições, utilizando-se desse tipo de *ato constitutivo e executório da gestão fiscal*.

15.18 Empenho de despesa

Segundo o conceito dado pela Lei Complementar nº 4.320/64, constitui empenho [...] "o ato emanado da autoridade competente que cria para o Estado uma obrigação de pagamento pendente ou não do implemento de condições" (art. 58, LC nº 4.320/64).

Examinado à luz do texto legal, *empenho de despesa* é o ato de autoridade competente que, ainda que submeta as partes (contratante e contatado) ao cumprimento de condições nele preestabelecidas, *cria*, em definitivo, uma obrigação financeira de pagamento da responsabilidade do Estado, mas é claro, desde que cumpridas essas condições ajustadas por ambas as partes.

Tem esse *ato constitutivo e executório da gestão fiscal* importância fundamental no exercício de controle do equilíbrio das contas públicas, visto que não pode haver realização de despesa sem a existência prévia deste *ato de empenho*, o que garante ao administrador o conhecimento prévio de todo dispêndio que deseja realizar, oferecendo oportunidade para exercitar um controle eficaz das despesas que venham a ser executadas pelo órgão público que dirige, sempre com observação dos recursos financeiros existentes.

Através desse ato administrativo, tem o administrador o ensejo de conhecer com quem a Administração Pública está contratando, o que é que está sendo objeto de contrato, *quais as condições* oferecidas no contrato pela parte contratada, *quais as qualidades e quantidades* que estão sendo oferecidas pelo contratado para o objeto do contrato, *qual o prazo* em que este se obriga a cumprir a sua obrigação e *qual o valor* da obrigação criada (art. 61, LC nº 4.320/64).

Além desses elementos de informação, ainda tem, a autoridade, a oportunidade de saber *por qual* dotação orçamentária está a correr o dispêndio, *qual o valor* do saldo atualizado da dotação orçamentária, *qual o valor* do saldo restante dessa dotação após a dedução da despesa, dados estes que fazem com que essa autoridade administrativa esteja sempre em contato direto com o desgaste das dotações orçamentárias (execução orçamentária) consignadas ao órgão público que dirige e, de cuja movimentação indevida destas dotações, poderá lhe advir a sujeição de sanções administrativas, civis, penais e jurídico-contábeis.

Desse *ato de empenho* depende muito a organização e equilíbrio das finanças do órgão, visto que nele é obrigatória a demonstração da execução orçamentária posta em prática, prevenindo a autoridade administrativa contra os riscos de realizar despesas sem autorização orçamentária ou que, tendo esta, não realize despesa de valor superior às disposições orçamentárias existentes (saldo orçamentário), sob pena de ter que responder pelas sanções acima declinadas.

O ato em causa, como se vê, visa ao conhecimento, à segurança e ao equilíbrio do orçamento do órgão, de cuja execução orçamentária anual resulta os elementos de informações denominados de *resultados específicos* do exercício, que consubstanciam sua respectiva prestação de contas, que é a *prestação de contas de gestão* (arts. 77 e 78, LC nº 4.320/64).

É mediante esse tipo de ato executório que se oferece a oportunidade do administrador em exercer a sua missão obrigatória de fiscalização, que lhe impõe a lei, e que lhe reservou o sistema de controle interno, posto que, é nesse momento que o mesmo pode *examinar a legalidade* do nascimento das obrigações de pagamento e a *fidelidade dos agentes* que lhe são subordinados, expressada no ato do recebimento das mercadorias, na guarda e conservação das mesmas e de outros questionamentos ou das prestações de serviços (art. 75, I e III, LC nº 4.320/64).

Como o objetivo do estudo aqui realizado é apenas o de demonstrar a importância da função do empenho de despesa, como *ato constitutivo e executório da gestão fiscal*, deixa-se de tecer considerações a respeito dos tipos ou espécies de empenhos existentes na legislação nacional, visto que qualquer uma de suas espécies tem a mesma importância e segue o mesmo destino que lhe foi reservado dentro desse sistema dos atos inerentes à execução da gestão fiscal, não se registrando, neste sentido, nenhuma distinção de uma para outra.

15.19 Liquidação de despesa

Igualmente ao empenho e ao pagamento conhecidos como estágios da despesa, a *liquidação é*, no procedimento da realização da despesa, o ato seguinte ao do empenho e, portanto, semelhantemente aos dois acima citados, também, é um *ato constitutivo e executório da gestão fiscal*.

Na verdade, mesmo com essa denominação, esses estágios da despesa não passam de instrumentos de controle utilizados nos sucessivos atos praticados pela Administração, quando da realização da despesa pública.

Liquidação da despesa, como um ato constitutivo e executório da gestão fiscal, é aquele procedimento através do qual a autoridade administrativa tem a oportunidade de fiscalizar não só o *direito adquirido pelo credor*, o que faz com base nos títulos por esse apresentado, e documentos comprobatórios do respectivo crédito, como, também, de averiguar o exato e correto cumprimento da obrigação assumida por parte do contratado, no pertinente à entrega do material ao órgão adquirente, conferindo-lhes as suas *quantidades, qualidades e o seu estado de conservação, sem avarias ou vícios redibitórios* que impeçam sua utilização normal, bem como, nos casos em que o objeto do contrato seja a prestação de serviços, *verificar* se a execução desta se efetivou em proveito real do órgão contratante e nos termos especificados no ato aquisitivo dos mesmos.

Cumpre realçar que os documentos que servem de base a esse instrumento de conferência são, conforme cada caso, a *nota de empenho*, os *termos do contrato, ajuste ou acordo*, os *comprovantes da entrega do respectivo material* ou da *prestação de serviços*.

De resto, deve ser informado que os dados constantes da documentação apresentada pelo contratado, tais como *notas fiscais, faturas, notas-faturas* devem ter seus elementos de informação contrasteados com aqueles elementos contidos na *nota do empenho de despesa* para tornar essa fiscalização mais confiável e segura.

Como se vê, a *liquidação da despesa* oferece ao administrador excelente oportunidade para que este se inteire dos direitos adquiridos pela parte contratada, em razão do cumprimento correto de suas obrigações perante a contratada (Administração Pública), bem assim, a *origem da obrigação financeira a ser honrada, o objeto de aquisição por parte da contratada, a importância exata a ser paga, a pessoa a quem deve ser paga para que se extinga legalmente a obrigação assumida.*

Ademais, oferece, outrossim, os elementos de informação confiáveis e necessários para que a Administração Pública cumpra a sua obrigação perante o contratado, qual seja, o *pagamento da despesa.*

15.20 Pagamento de despesa

Tendo o contratado ou credor da obrigação cumprido corretamente todos os seus compromissos perante a contratante, resta à Administração Pública cumprir perante aquele sua obrigação, qual seja, a satisfação financeira que se realiza mediante o *pagamento da despesa.*

Pagamento da despesa é, pois, o ato mediante o qual a Administração retira do seu patrimônio próprio certa quantidade em dinheiro e a repassa para o seu credor (contratado), que ingressa, em definitivo, no patrimônio deste, a título de indenização, remuneração ou retribuição pelo fornecimento de material, execução de prestação de serviço ou execução de obra pública, com a intenção de ver extinta sua obrigação perante o contratado. É, pois, o momento em que a Administração Pública efetua a satisfação financeira em favor do contratado, em razão de haver este cumprido as obrigações perante ela assumidas.

Sendo este, o último *ato constitutivo e executório da gestão fiscal* de realização da despesa e, consequentemente, também, a última oportunidade que tem o administrador público de se assegurar da regularidade da despesa que está realizando, este ato deve ser realizado com base nos elementos de informação oferecidos pela liquidação de despesa, que lhe serve de subsídio no momento da solvência da obrigação financeira a se efetivar por via do pagamento.

Assim, funciona o *ato de pagamento* como mais um *ato constitutivo e executório da gestão fiscal* que deverá se realizar através de documentos escritos que comprove a operação, devendo, estes documentos, ser elaborados ou preenchidos à luz dos dados contidos, tanto no *ato de empenho de despesa,* quanto no *ato da liquidação da despesa.*

Como se sabe, esse pagamento tanto pode ser efetivado através de *cheques nominativos* ao credor, quanto mediante a expedição de *ordem de crédito bancária* (arts. 64 e 65 da LC nº 4.320/64). Deve o administrador, entretanto, examinar apuradamente a quem de fato vai efetuar o pagamento, de modo a extinguir legalmente a obrigação, visto que não terá qualquer efeito quanto à liquidação da obrigação o pagamento realizado a pessoa diferente daquela que está autorizada para tanto. Destarte, deve ficar dito que pagamento realizado sem a devida observância da pessoa a quem deve ser paga não tem qualquer valor, ficando o administrador responsável civilmente pela quantia paga indevidamente, pois, "quem paga mal, paga duas vezes" (art. 308 a 310 do Código Civil Brasileiro).

Por fim, é necessário que se diga que o pagamento de obrigação financeira também pode ser realizado por via de outros bens que não sejam exatamente dinheiro em espécie, desde que o credor consinta em receber prestação diversa daquela que lhe é devida. Assim, fixado o preço da coisa ou bem que serão dadas em pagamento (da ação em pagamento), as relações entre as partes regular-se-ão pelas normas do contrato de compra e venda (arts. 355 a 357 do CCB).

Aliás, essa forma de pagamento, desde que consentida pelo credor, tanto pode ser utilizado pelo Poder Público para pagar seus débitos perante os particulares, quanto por estes, para pagar seus débitos perante a Administração Pública.

15.21 Suprimentos de fundos

Suprimentos de fundos é o procedimento excepcional de forma de pagamento de despesas que, em razão de sua natureza e da imediata satisfação financeira que elas exigem para extinção de sua obrigação, se caracteriza pela entrega de dinheiro a servidor público credenciado, para pagamento dos gastos indicados na portaria concessiva do suprimento de fundos, ato que funciona como o *empenho de despesa*.

O Decreto-Lei nº 200/67, no Título X, destinado às normas de Administração Financeira e de Contabilidade, dispôs em seu art. 74 e seus §§2º e 3º que o pagamento da despesa se realizará de rede bancária, com a utilização da ordem bancária ou cheque nominativo, e que, só excepcionalmente, quando houver despesas cujo atendimento não possa ocorrer pelos meios normais do processamento das despesas será utilizado o suprimento de fundos.

A concessão do suprimento de fundos é feita mediante portaria da autoridade competente, que indicará, obrigatoriamente, o *nome do servidor responsável*, o *cargo que ocupa*, o *valor do suprimento*, *sua finalidade*, o *período em que este deve ser utilizado*, e o *prazo para sua prestação de contas*.

Somente as despesas indicadas na portaria de concessão de suprimento de fundos poderão ser atendidas, e dentro do período de aplicação indicado na referida portaria. Sua concessão deverá recair em servidor que, preferencialmente, não ocupe cargo em comissão ou que desempenhe função em almoxarifado.

Como a responsabilidade principal da prestação de contas do suprimento de fundos é do servidor que o detém em seu nome, tanto a custódia do numerário em instituição bancária, quanto o pagamento da despesa será da inteira responsabilidade deste servidor que, ao efetuar os dispêndios, deverá exigir dos credores recibos passados em seu próprio nome. Estes recibos podem e devem ser exigidos em duas vias, para que o servidor responsável pelo suprimento de fundos possa organizar sua prestação de contas, também, em duas vias:

a) uma, organizada com as primeiras vias para apresentar à autoridade concessora do suprimento de fundos, que a apresentará perante o Tribunal de Contas; e

b) a outra prestação de contas, organizada com as segundas vias, para que o servidor a tenha sobre seu poder, como garantia de que prestou contas, no caso de extravio da primeira via, cuja exoneração da responsabilidade só acontecerá com a declaração de sua aprovação feita pelo Tribunal de Contas.

Exaurido o prazo para a apresentação da prestação de contas por parte do servidor responsável pelo suprimento de fundos, cabe à autoridade concessora exigir a sua apresentação, tomando-lhe devidamente suas contas ou participando o fato ao Tribunal de Contas, para que se livre de responder solidariamente com o servidor responsável, em face do descumprimento do dever legal.

15.22 Inscrição da dívida ativa

Legalmente, a matéria tem o seu tratamento no art. 39 e parágrafos da Lei Complementar nº 4.320/64.

O disposto focalizado no *Caput* do art. 39 da citada lei exalta o princípio que inspira o regime contábil de *caixa* previsto para as receitas públicas no Território Nacional.

Obedientemente ao regime de *caixa*, o texto do artigo determina que tanto os créditos tributários, quanto os não tributários existentes em favor da Fazenda Pública (Federal, Estadual, Distrital e Municipal) constitutivos da receita pública, devem ser escriturados como sendo receitas do exercício financeiro em que forem arrecadados, obedecendo, inclusive, na escrituração, o registro na respectiva rubrica orçamentária.

Na verdade, o que está determinado no dispositivo em comento parece ser perfeitamente dispensável diante do que já assinalaram o art. 35 e seus incisos, da citada lei, quando estabeleceu o regime contábil misto para as contas públicas no Brasil (receita e despesa). De acordo com o disposto, o crédito público tributário ou não será receita do exercício em que for arrecadado e não do exercício em que se gerou a obrigação ou ocorreu o lançamento.

As receitas orçamentárias originadas dos créditos tributários ou não são sempre previstas nos orçamentos para serem arrecadadas dentro do exercício em que se gera a obrigação de pagamento ou do lançamento do crédito em favor da Fazenda Pública. Todas elas têm fixadas suas respectivas datas para o pagamento da obrigação por parte do devedor.

Quando a obrigação não é cumprida espontaneamente pelo contribuinte, na data fixada para o seu cumprimento, pode a Fazenda Pública acrescer, à obrigação principal, os juros, correções e multas autorizadas por lei nos créditos tributários ou em instrumento contratual, neste último caso, quando se tratar de créditos não tributários.

Não sendo pagos nas datas aprazadas, os créditos existentes em favor da Fazenda Pública serão escriturados numa conta denominada de *dívida ativa*, que serve como *ato constitutivo e executório da gestão fiscal*, com a finalidade de conhecer a liquidez e a certeza do crédito, para colocá-los à disposição dos órgãos competentes para a cobrança judicial dos mesmos através da ação de execução judicial (art. 1º, Decreto nº 20.910/32).

Ao ser levado à conta da *dívida ativa*, o órgão encarregado por esses registros deve acercar-se dos cuidados de fazê-los, apurando, cuidadosamente, o *valor do débito, sua origem* e o *nome do verdadeiro devedor da obrigação*. Cumpre advertir que, ao se fazer os registros na conta *dívida ativa* dos créditos públicos não pagos espontaneamente pelos seus devedores, nas datas aprazadas para o cumprimento de suas respectivas obrigações, deve o órgão responsável por esses assentamentos contábeis distinguir a *dívida ativa* relativa aos créditos tributários da *dívida ativa* correspondente aos créditos não tributários.

De resto, acrescenta-se que o termo de lavratura da dívida ativa deve conter:

a) o nome do devedor, dos corresponsáveis e, sempre que conhecido, o domicílio e residência dos mesmos;

b) o valor originário da dívida, bem como o termo inicial e a forma de calcular os juros de mora e demais encargos previstos em lei ou em contrato, quando for o caso;

c) a origem, natureza ou fundamento legal ou contratual do débito;

d) a indicação, se for o caso, de estar a dívida sujeita à atualização monetária, bem como, o respectivo fundamento legal;

e) o termo inicial do cálculo, a data e o número da inscrição no registro da dívida ativa; e

f) o número do processo administrativo ou auto de infração, se neles estiver apurado o valor da dívida.

Atualmente, a matéria correlata à cobrança dos créditos públicos, tributários ou não tributários, inscritos na dívida ativa, está regulada no texto da Lei Federal nº 6.830/80.

Depois de haver distinguindo a dívida ativa em *tributária e não tributária*, a Lei Complementar nº 4.320/64, no §2º do art. 39, enumera os créditos que devem ser escritos, convenientemente, nestas duas categorias em que se divide a dívida ativa da Fazenda Pública.

Como *crédito tributário* deve ser entendido aquele que tem origem nas obrigações tributárias determinadas por lei, tais como, o *decorrente dos impostos, taxas e contribuições de melhoria* e, ainda, as *parcelas pecuniárias adicionais, atualizações monetárias, juros e multas*, bem como *outros créditos provindos de obrigações reputadas de natureza tributária por força de lei*.

Como *crédito não tributário* deve ser entendido todos os demais créditos existentes em favor da Fazenda Pública que, não tendo origem nos tributos ou nos seus adicionais ou em obrigação reputada por lei, como sendo dessa natureza, constitua *receita pública*.

Em face deste dispositivo legal, todos os créditos existentes em favor da Fazenda Pública, tendo eles a natureza *tributária* ou *não tributária*, e quando não satisfeitos pelo respectivo devedor da

Atos Constitutivos e Executórios da Gestão Fiscal | 253

obrigação nas devidas datas, serão contabilizados ou inscritos na conta denominada *dívida ativa*, respeitada a distinção determinada pelo citado parágrafo, para os fins da cobrança judicial.

Para finalizar, adverte-se ao leitor que tanto os exemplos dos créditos tributários, quanto os não tributários enumerados no parágrafo em epígrafe, são eles apenas exemplificativos, isto porque, outros casos podem acontecer, perfeitamente, por força de lei, e se enquadrarem nas categorias dos créditos acima referidos.

Cuida o §3º do art. 39 da Lei Complementar nº 4.320/64 dos créditos públicos em favor da Fazenda Pública expressos em moeda estrangeira. Os créditos aqui tratados podem ser tanto de natureza tributária, quanto não tributária.

Estabelece o dispositivo, em referência, procedimentos que devem ser adotados, obrigatoriamente, pelos órgãos da Administração Pública, quando da ocorrência do pagamento dos créditos da natureza dos previstos no citado parágrafo.

De acordo com esta disposição legal, os créditos em favor da Fazenda Pública expressos em qualquer moeda, que não a de nacionalidade brasileira, serão convertidos para a nossa moeda com a observância da taxa cambial oficial para compra, fixada para a data do dia em que se promoveu a notificação ou intimação do débito ao devedor. Por precaução, diz o parágrafo em apreço que, na hipótese de não ter havido fixação da taxa cambial para compra na data do dia acima referido, será utilizada, na conversão, a taxa cambial do dia em que se operou a inscrição do débito como *dívida ativa*.

Conhecido o valor da obrigação principal por via do procedimento determinado, sobre este serão calculadas as demais parcelas pecuniárias correspondentes à atualização *monetária, juros e multa* nos termos estabelecidos em lei ou em contrato, quando for o caso.

Cuidou, outrossim, a Lei Complementar nº 4.320/64, por intermédio do §4º do artigo já citado, em demonstrar a amplitude de abrangência da *dívida ativa*, dizendo que, além dos créditos referidos nos parágrafos anteriores (1º, 2º e 3º), também serão inscritas como tal as parcelas pecuniárias decorrentes das obrigações principais levadas à inscrição da citada conta.

É uma consequência lógica a afirmativa do disposto, mas que parece desnecessária, pois, se a obrigação principal, em razão de não ter sido satisfeita na época devida, teria que ser escrita, obrigatoriamente, como *dívida ativa*, juntamente com suas parcelas acessórias, em obediência ao princípio jurídico que orienta que os acessórios acompanham ou integram ao principal. Os artigos e decretos-leis retrocitados se ocupam de outra questão que não a das parcelas de atualização *monetária, juros e multas.*

Finalmente, através do §5º do seu art. 39, a Lei Complementar nº 4.320/64 se ocupou ainda de fazer referência à matéria. Neste parágrafo a referida lei preocupou-se em estabelecer a competência do órgão que deverá apurar e inscrever os créditos públicos da União na conta da *dívida ativa,* fixando essa atribuição à Procuradoria da Fazenda Nacional.

Mediante o disposto legal fica, assim, atribuída à Procuradoria da Fazenda Nacional a competência para apurar a liquidez das obrigações financeiras dos exercícios findos ou encerrados e promover a inscrição dos créditos públicos na referida conta *dívida ativa da União.*

Advirta-se, porém, que essa determinação é específica para a União, não tendo aplicação obrigatória aos Estados, ao Distrito Federal e aos Municípios, que podem a seus critérios estabelecer essa competência ao órgão que julgar mais conveniente e adequado, dentro de suas respectivas estruturas administrativas.

Por fim, acrescenta-se a informação de que a inscrição dos créditos públicos na conta *dívida ativa* constitui um importantíssimo *ato constitutivo e executório da gestão fiscal,* correlacionados com estes créditos existentes a favor da Fazenda Pública Federal, Estadual, Distrital, Municipal e de suas respectivas autarquias visando, este ato, garantir a apuração da liquidez e a certeza destes créditos, para os fins de proposição da *ação de execução fiscal.*

Como se vê do exposto, a conta patrimonial, aqui estudada, tem importância fundamental como *ato constitutivo e executório da gestão fiscal,* eis que se destaca como um eficaz controle de resguardo à recuperação das receitas públicas.

15.23 Inscrição em restos a pagar

Já viu o leitor, em outras oportunidades oferecidas neste livro, que o Estado, para satisfazer as *necessidades públicas,* precisa gastar recursos financeiros. Neste mister, ele *empenha, liquida e paga* a obrigação financeira por ele criada. Ao *constituir* a obrigação de pagamento está ele *empenhando a despesa.* Depois de empenhada a despesa, segue-se outra fase que consiste em verificar, através dos documentos que formam o processo de pagamento da obrigação, a origem desta, o valor exato a ser pago e a quem deve ser paga a importância para extinguir legalmente a obrigação. Essa verificação é denominada de *liquidação da despesa*. Depois desses procedimentos, resta o principal que é a extinção da obrigação e que se processa mediante o *pagamento da despesa*.

Quando uma despesa é legalmente *empenhada e liquidada* dentro do exercício financeiro ao qual ela pertence, mas por qualquer razão somente vem a ter seu pagamento realizado no exercício seguinte, é que surge a necessidade temporária de se mandar ou de se inscrever essa despesa numa conta denominada *restos a pagar*.

Restos a pagar é a conta na qual são inscritas todas as obrigações de natureza financeira de responsabilidade do Poder Público que foram empenhadas, liquidadas, mas não pagas até o último dia do exercício financeiro ao qual elas pertencem, isto é, até 31 de dezembro.

Ao se arrolar essas despesas à conta restos a pagar, diz, o artigo 36 da Lei Complementar nº 4.320/64, que se deve ter cuidado de distinguir as despesas processadas das não processadas.

Cumpre esclarecer que as *despesas processadas* são aquelas cujo pagamento não se realizou até 31 de dezembro, mas que já foram devidamente empenhadas e liquidadas, tendo, porquanto, o contratado cumprido sua obrigação perante a Administração Pública, consistente numa prestação de serviço ou na entrega de material.

Despesas não processadas são aquelas que em virtude do contratado não haver sua obrigação, isto é, não houver entregado o material ou prestado os serviços, não podem ser liquidadas e, portanto, não podem ser pagas (art. 62).

Pede o artigo em tela que ao serem contabilizadas essas despesas, que sejam elas distinguidas, separando as processadas das não processadas.

Regulamentando, o assunto, o Decreto nº 93.872/86 estabeleceu que o registro das despesas na conta *restos a pagar* se faça por *exercício* e por *credor* (§2°, art. 67) e que a inscrição dar-se-á, automaticamente, na data de encerramento do exercício financeiro da emissão da *nota de empenho*, cuja inscrição ou condição de *restos a pagar* perdurará até 31 de dezembro do exercício financeiro subsequente (art. 68), quando será cancelada a inscrição da despesa da conta restos a pagar e cujo pagamento, quando reclamado pelo credor, será realizado através de dotação destinada a despesas de exercícios anteriores (art. 69).

Os resíduos passivos levados à conta restos a pagar prescrevem em 05 (cinco) anos, segundo o mesmo *decreto* (art. 70), e ainda de acordo com o que estabelece o Decreto nº 20.910 de 06 de janeiro de

1932 (art. 1º) que regula a prescrição quinquenal nas dívidas passivas contra a Fazenda da União, dos Estados e dos Municípios.

É bom lembrar que o direito do crédito não extingue com a prescrição, permanecendo em pleno vigor. O que se extingue com a prescrição é o *direito de utilização da ação judicial competente*, por parte do credor, de solicitar a tutela jurisdicional capaz de compelir o pagamento da obrigação devida pela pessoa jurídica de direito público, ou por seus entes menores.

A Constituição Federal de 1946, Carta Constitucional vigente na época do advento da Lei Complementar nº 4.320/64, *não tratou dos créditos com vigência plurianual.*

Tanto a Constituição Federal de 1967, como a Emenda Constitucional nº 01/69 trouxeram nos seus respectivos textos dispositivos neste sentido. Na Constituição de 1967 o assunto teve curso no §5º do art. 65, e na Emenda Constitucional citada, no §4º do art. 62, encontrando, assim, o parágrafo único em tela, plena receptividade por parte das constituições retromencionadas e, ainda, por parte da Carta Constitucional de 1988, atualmente em vigor.

Segundo a permissibilidade estatuída no §2º do art. 167 da Constituição Federal em vigor, "Os créditos especiais e extraordinários terão vigência no exercício financeiro em que forem autorizados, salvo se o ato de autorização for promulgado nos últimos quatro meses daquele exercício, caso em que, reabertos nos limites de seus saldos, serão incorporados ao orçamento do exercício financeiro subsequente".

Os créditos com vigência plurianual referidos neste parágrafo são os chamados *créditos adicionais*, aos quais se reportam os artigos que formam o Título V, desta lei. É necessário ressaltar que dos créditos adicionais previstos pela legislação pertinente, apenas os créditos especiais e os créditos extraordinários têm o privilégio de poderem vigorar por mais de um exercício financeiro, mas quando autorizados nos últimos quatro meses do exercício.

Quando o Poder Executivo, por autorização do Poder Legislativo, abre créditos das naturezas acima referidas (especiais e extraordinários), e ao chegar ao último dia do exercício financeiro (31 de dezembro), tenham eles algum saldo, este saldo será reinscrito nos seus respectivos valores, para utilização no exercício seguinte ao de suas promulgações, incorporando-se ao orçamento desse novo exercício, como créditos adicionais deste, e, assim, serão contabilizados e fiscalizados pelos órgãos dos controles interno e externo.

As despesas empenhadas por conta destes créditos adicionais e não pagas até o fim do exercício só poderão ser arroladas como resíduos passivos na conta *restos a pagar*, no exercício seguinte ao de suas promulgações permanecendo nesta conta até 31 de dezembro deste exercício financeiro, quando será cancelada sua inscrição como tal, e a partir daí, se iniciando o período prescritivo do crédito. Quando reabertos nos limites dos seus saldos para serem utilizados no exercício seguinte ao de sua promulgação, as despesas empenhadas e não pagas até o último dia do ano financeiro em que forem utilizados só poderão ser arrolados como *restos a pagar* a partir do exercício seguinte ao de suas reaberturas.

Para melhor compreensão da matéria, deve-se explicar em primeiro lugar como se opera o ato de despesa pública, de onde se originam os *restos a pagar*.

A despesa pública, na sua consumação, percorre obrigatoriamente três estágios, a saber, *empenho, liquidação e pagamento*.

Empenho é o ato da autoridade administrativa que cria a obrigação financeira para ser paga pelo Poder Público. É, portanto, o primeiro estágio da despesa pública a ser cumprido por obrigação legal.

Liquidação da despesa é o momento em que, após haver o fornecedor ou prestador de serviço cumprido sua obrigação, isto é, haver entregado o material adquirido ou prestado os serviços contratados, os órgãos responsáveis pela administração financeira verificam a origem e o objeto a ser pago, bem como o valor exato da operação e a quem deve ser paga para extinguir legalmente a obrigação. É, portanto, a fase da despesa em que se examina o direito do credor em face do objeto da obrigação.

Procedida a liquidação da despesa, segue-se o terceiro estágio, que é o pagamento da obrigação. *Pagamento* é a satisfação financeira da obrigação assumida pelo Poder Público.

Cumpre informar que a regra é a de que o pagamento da obrigação aconteça dentro do exercício em que a despesa foi empenhada. Contudo, pode ocorrer que, por razões justificadas, a despesa empenhada não venha a ser paga até o dia 31 de dezembro do mesmo exercício em que foi criada (empenhada), transferindo-se para o exercício seguinte a execução do seu pagamento. Quando isso ocorre, o valor desse débito do Poder Público é lançado numa conta contábil denominada restos a pagar. Nessa conta, portanto, são contabilizados todos os débitos públicos decorrentes de despesas empenhadas, mas não pagas até 31 de dezembro do exercício financeiro da geração da despesa. Ao arrolar esses débitos na conta restos a pagar, devem os serviços contábeis responsáveis por essa atividade distinguir os *restos a pagar processados* dos *restos a pagar não processados* (art. 36 e parágrafo único, Lei nº 4.320/64).

São considerados *restos a pagar processados* ou *liquidados* aqueles débitos em razão dos quais já tenham sido recebidos pelo Poder Público o material adquirido ou executada a obra ou a prestação de serviço contratado, ainda que estes venham ocorrer após o encerramento do exercício financeiro de origem da obrigação.

São considerados *restos a pagar não processados* ou *não liquidados* aqueles dispêndios em que não tenham o fornecedor ou o prestador de serviço cumprido a sua obrigação, caso em que pode e deve a Administração cancelar o empenho.

Restos a pagar são, portanto, resíduos passivos de natureza financeira do exercício findo ou de exercícios encerrados, cujo pagamento da obrigação é transferido pela Administração por motivos justificados, para ser honrado no exercício seguinte.

Deve-se complementar dizendo que os *restos a pagar*, por força do Decreto nº 20.910/32, somente prescrevem em cinco anos contados da data de sua constituição. Fica claro, porém, que os débitos públicos amparados pelo referido *decreto* são aqueles inscritos como *restos a pagar processados* ou *liquidados*, ou aqueles que tendo sido arrolados como *restos a pagar não processados* venham a ser liquidados no exercício seguinte antes do seu cancelamento.

Ao ser regulamentada a matéria no âmbito da Administração Federal, o Chefe do Poder Executivo baixou o Decreto nº 4.049/01, que sofreu alterações provocadas pelo Decreto nº 4.167/02, no qual se estabelece que as despesas que forem inscritas em *restos a pagar em 2001*, bem como em exercícios anteriores e não liquidadas até 31 de maio de 2002 serão integralmente anuladas naquela mesma data (art. 2º, Decreto nº 4.049/01, com a redação dada pelo Decreto nº 4.167/02).

Na verdade, em face do que dispõe o art. 42 da LRF é vedada, ao titular de Poder ou de órgãos mencionados no art. 20 do mesmo diploma legal, a criação de despesas nos dois últimos quadrimestres precedentes ao final do seu mandato, cuja execução do pagamento não se efetue integralmente dentro do mesmo exercício financeiro, ou que tendo parcela a vencer no exercício seguinte, não tenha a correspondente disponibilidade de *caixa*.

A disponibilidade de *caixa* à qual faz referência a Lei de Responsabilidade Fiscal (parágrafo único, art. 42) se define como sendo aquela que, após considerados todos os encargos e despesas já devidamente compromissados para serem pagos até o final do exercício, reste recurso financeiro suficiente ao atendimento integral dos encargos e despesas alusivos às parcelas da despesa criada nos dois quadrimestres precedentes ao final de mandato. Aliás, a Lei Complementar nº 4.320/64 (§§1º e 2º, art. 59) já previa em seu texto a vedação feita ao Município de que não pode o Prefeito Municipal *empenhar*, no último mês do seu mandato, mais do que o equivalente a um duodécimo da despesa prevista orçamentariamente, para execução após o término do seu mandato, bem como a proibição de no mesmo período, assumir, por qualquer forma, compromisso financeiro para ser cumprido após o final do mandato.

As vedações ressaltadas somente deixarão de ser aplicadas nos casos comprovados de calamidade pública (art. 59, §3º, LC nº 4.320/64).

Em que pese à vedação do art. 42 da LRF, já citado, referir-se à impossibilidade de ser levado à conta de *restos a pagar* os resíduos passivos decorrentes de compromissos financeiros contraídos nos dois últimos quadrimestres precedentes ao final de mandato, enten-de-se que, implicitamente, a LRF veda a inscrição de débitos como restos a pagar, em todo e qualquer exercício, desde que não se leve, do exercício encerrado, a disponibilidade de *caixa* (disponibilidade financeira) suficiente para saldar todos os compromissos assumidos no exercício anterior. Se não, veja-se a seguir o demonstrado.

Considere-se, inicialmente, que a LRF não pode ser analisada fora do universo dos atos baixados pelo Governo Federal para a *criação, implantação* e *estabilização do Plano Real*. Com o objetivo de criar um clima de equilíbrio econômico sustentável para o Real, o legislador brasileiro se preocupou em adotar uma série de imposi-ções às Administrações Públicas dos entes da Federação, visando, através dessas imposições, conseguir o *equilíbrio das contas públicas*, até então tão desequilibradas e responsáveis pela geração de altos índices inflacionários, inobstante as determinações que, neste senti-do, já se constavam da Lei Complementar nº 4.320/64 (arts. 47 a 50). Neste mister, adotou medidas necessárias ao aumento das receitas públicas, bastante sacrificadas, ora pela sonegação de Impostos, ora pelo desregramento da despesa pública e, muitas vezes, pela malversação dos dinheiros públicos (arts. 11 a 14, LRF).

Por outro lado, estabeleceu outro tanto de restrições à criação da despesa, com o intuito de ver compatibilizada a despesa realizada com a receita arrecadada (arts. 15 a 24, LRF), dedicando, inclusive, regras limitativas de comportamento quanto à dívida e à capacidade de endividamento dos entes federativos (arts. 29 a 42, LRF).

Finalmente, perseguindo a finalidade de ver, ao final do exercício, uma execução orçamentária estável, sem os costumeiros *déficits* orçamentários geradores e aumentadores das dívidas públicas já existentes, em razão das despesas realizadas sem a existência de disponibilidade de *caixa* necessária às suas satisfações, e levadas à *conta de restos a pagar*, legou alguns dispositivos obrigando as Administrações à verificação, a curto e médio prazo, de que a despesa realizada vem tendo perfeita compatibilização com a receita arrecadada, como impeditivo de uma execução orçamentária desequilibrada, isto é, deficitária (arts. de 8 a 10, 13 e 52 a 55 da LRF).

Todas essas providências adotadas pelo legislador nacional objetivam o quê? A implantação de um clima de equilíbrio econômico decorrente do equilíbrio das contas públicas como sustentáculo da estabilidade do Plano Real. Ora, se a finalidade precípua do diploma legal em alusão é a estabilidade das contas públicas, para garantir a estabilidade do padrão monetário nacional (Real), cabe à questão considerar ou definir o que é *estabilidade das contas públicas*.

Por estabilidade das contas públicas tenha-se, pelo menos, o resultado orçamentário em que a *receita arrecadada* menos a *despesa realizada* é igual a zero, resultado esse denominado *resultado nominal* exigido pela LRF (art. 4º, §1º e 9º), para a execução orçamentária levada a efeito por um ente federativo durante o exercício financeiro, resultado este previsto pela Lei Orçamentária Anual, ao prever a *despesa fixada* em igual valor ao da *receita prevista*.

De fato, o que deseja o texto legal em apreço é que o ente federativo só gaste aquilo que efetivamente arrecadou. Levando-se em consideração que os débitos arrolados ou inscritos como *restos a pagar*, muitas vezes, decorrem da realização de despesas para as quais o ente federativo não dispunha de recursos financeiros para honrar estes compromissos, no momento de sua criação, gerando anualmente o acréscimo da dívida pública e, portanto, provocando o desequilíbrio das contas públicas, situação financeira não admitida pela Lei de Responsabilidade Fiscal. Há de se compreender que a inscrição de débitos em *restos a pagar* só é possível legalmente, em qualquer época e exercício, quando comprovada a existência de disponibilidade financeira suficiente para saldar todos os compromissos financeiros contraídos durante o exercício, incluindo-se os débitos inscritos como restos a pagar. Aliás, deve-se ressaltar que o resultado nominal da execução orçamentária somente poderá ser igual a zero quando se tratar daquelas unidades federativas que não se encontram em situação de dívida originada dos exercícios passados.

É bom dizer que o *resultado nominal*, com relação aos entes políticos em situação de dívida a honrar, deve ser representado por um valor financeiro positivo, como economia feita com a finalidade de com este resultado pagar as dívidas do passado. Do contrário, entende-se não ser possível acontecer outra forma, pois, estando em situação de débito, *como poderá honrá-lo o ente federativo que gastar com despesas do exercício tudo quanto arrecadou?* Por fim, retira-se a certeza desse entendimento do disposto na alínea "4" do Inciso III do art. 55 da LRF, *quando se refere aos débitos não inscritos em restos a pagar por falta de disponibilidade financeira* cujos respectivos *empenhos serão cancelados.*

Ao término das colocações postas aqui para explicarem o que se tem por Inscrição em *restos a pagar*, convoca-se a atenção do leitor para o capítulo 10, desta obra, no qual o mesmo irá colher maiores detalhes sobre a matéria.

15.24 Avaliação patrimonial

É o ato administrativo por via do qual o administrador público, mediante comissão de avaliação especificamente constituída para a prática dessa atividade ou por perito avaliador, submete bem móvel ou imóvel a exame econômico com a finalidade de alcançar pelo menos, aproximadamente, o seu valor na sua respectiva praça comercial, de cujo exercício dessa atividade os responsáveis (ou responsável), pela avaliação econômica do bem emitem um *laudo no qual descreve todos os elementos relativos ao bem municipado, seu estado de conservação, a presunção da vida útil do bem e a sua localização,* quando se tratar de bem imóvel (se em área nobre ou não), inclusive, é óbvio, a indicação do *preço avaliado.*

Esse *ato constitutivo e executório da gestão fiscal* é bastante utilizado nas aquisições de bens móveis e imóveis de propriedade dos particulares (pessoas físicas e jurídicas), por via de *compra* (bem móvel) ou *desapropriação* (bem imóvel), bem como, nos casos de alienações dos bens públicos, com a finalidade de, nas aquisições, não vir a Administração Pública a adquirir bens por preços superfaturados e também inibir a atuação ímproba do administrador público, quanto ao recebimento de vantagens financeiras ou de outro caráter, quanto, também, nos casos de alienação de seus bens (bens públicos) não sejam estes alienados aos particulares por preços bem inferiores aos seus verdadeiros valores, beneficiando o adquirente em detrimento do patrimônio público.

A atividade, ora examinada, está tratada na Lei Federal nº 8.666/93 (art. 17), na LRF (art. 4º, §2º, I e IV) e no Decreto-Lei nº 3.365/41 (arts. 14 e 26), e quando praticada nos seus bons propósitos é *ato constitutivo e executório da gestão fiscal*, útil e confiável aos seus interesses.

Por ser um documento gerado por ação da própria Administração Pública constitui-se num documento público, em razão do que passa a gozar da *fé pública* contra a qual não poderá ser recusada em sua veracidade por qualquer órgão das Administrações Públicas federal, estadual, distrital e municipal, ressalvada a hipótese de prova material inconteste, em contrário (art. 19, II, CF).

15.25 Dos procedimentos administrativos e judiciais

Ao tratar, em tese, dos *atos constitutivos e executórios da gestão fiscal*, no capítulo anterior, ficou visto que, os atos públicos, ali relacionados, estão postos pela legislação para serem praticados *de ofício* pelas autoridades administrativas.

Contudo, ficou ali explicado, que muito embora tenha a legislação obrigado as autoridades públicas à execução de *ofício* daqueles atos, independentemente de solicitação dos administrados em geral, isso não significava uma afirmação de que não pudessem os mesmos atos virem a ser praticados por solicitação das partes interessadas (pessoas físicas ou jurídicas privadas), quando estas se sentissem ameaçadas ou lesionadas em seus direitos por qualquer desses atos decorrentes da ação ou omissão da Administração Pública, o que ocorreria através da utilização dos *procedimentos administrativos* ou de *procedimentos judiciais* com a finalidade de obrigar a Administração Pública a proceder novo ato e, desta feita, com observância à legislação pertinente.

Os *procedimentos administrativos ou judiciais* acima referidos são o *direito de petição*, o *pedido Inicial de prestação administrativa*, o *pedido de reconsideração*, o *recurso administrativo*, o *recurso de revisão*, o *mandado de segurança*, a *ação anulatória*, a *ação popular* e o *habeas data*, sobre os quais se falará a seguir.

15.25.1 Direito de petição

Toda atividade administrativa é posta em prática ora de ofício, isto é, iniciada pela própria Administração Pública, independentemente de qualquer provocação exterior partida de administrados, ora a pedido dos administrados, em geral (pessoas físicas e jurídicas), mediante postulação formulada por escrito ou oralmente, quando a legislação assim o permitir.

A partir dessa possibilidade legal, podem os administrados exigir do Estado, através de provocação escrita ou oral, que lhes sejam concedidas a fruição de certas situações jurídicas constitutivas de direitos ou de garantias de liberdades individuais, ou gerais da coletividade, para que sejam incluídos no rol dos beneficiários dessa atividade, como é o caso, por exemplo, das pessoas proprietárias de imóveis cuja isenção do respectivo imposto, prevista por lei, tem sua concessão subordinada a despacho da autoridade fazendária, ou para solicitar da autoridade competente o pagamento de alguma soma de recurso que o Estado está a lhe dever e, igualmente, outras dezenas de situações a estas assemelhadas (art. 5º, XXXIV, "a" e "b", CF).

O certo é que o administrado pode provocar a Administração Pública para praticar certas atividades administrativas do seu interesse individual ou geral da coletividade.

Quando isto acontece, fica a Administração Pública obrigada a oferecer, ao administrado, uma resposta, por se tratar do exercício de um *direito subjetivo público* deferido a este, resultando na concessão ou no indeferimento do pedido.

Havendo a Administração Pública indeferido o pedido, cabe ao interessado se socorrer dos recursos que lhes são postos a sua inteira disposição (art. 5º, LV, CF), ora solicitando a reforma total ou parcial da decisão perante a mesma autoridade que prolatou esta decisão (pedido de reconsideração); ora perante a autoridade imediatamente superior àquela que prolatou a decisão (recurso hierárquico próprio); ora perante a autoridade que, embora não sendo hierarquicamente superior, a lei tenha deferido a ela os poderes para tanto (recurso hierárquico impróprio).

O que se deseja demonstrar com a explicação aqui exposta é o fato de que, a prestação de fato das atividades públicas administrativas, tanto podem ser provocadas por via de postulações em grau de pedidos iniciais quanto em grau recursal, quando denegada à postulação veiculada mediante procedimento administrativo que, por falta de um *nomem juris*, ou de denominação mais técnica, mais adequada e mais inteligente adotada pela doutrina, passa-se aqui a cognominá-lo de *pedido inicial de prestação administrativa*, justificando que:

a) por pedido, se tenha a ideia de súplica, solicitação ou postulação feita por alguém perante a Administração Pública, que deseja ver posta em concretização uma atuação prática da Administração Pública;

b) inicial, para designar como sendo a vez primeira que o interessado provoca essa atuação da Administração Pública para praticar a atividade postulada; e

c) prestação administrativa como sendo o objeto do direito subjetivo público do peticionante e a obrigação legal da Administração Pública perseguida pelo interessado.

Na verdade, a expressão *direito de petição*, utilizada pela legislação pertinente (art. 5º, XXXIV, "a", CF), finaliza a indicação do gênero do qual são espécies o pedido inicial de prestação administrativa, e todos os recursos administrativos a ela inerentes, tais como o pedido de reconsideração, o recurso hierárquico próprio, o recurso hierárquico impróprio e o recurso de revisão, e outros procedimentos assemelhados, em sede de processo administrativo ou judicial, conforme for o caso (art. 5º, LV, CF).

Findadas aqui, estas explicações, cabe agora explicar o que se entende por *pedido inicial de prestação administrativa*.

15.25.2 Pedido inicial de prestação administrativa

É o procedimento administrativo por via do qual o interessado provoca a Administração Pública à prática de determinada *prestação administrativa*, que pode se constituir na concessão de um direito, de uma garantia individual ou coletiva, ou na defesa destes, ou no controle ou fiscalização de atividade administrativa praticada de forma irregular, que está a ameaçar de lesão ou a lesionar direitos individuais, difusos e coletivos próprios ou de terceiros, ou como expresso na lúcida lição do abalizado administrativista Carlos Pinto Coelho Mota, quando leciona que "o exercício do direito de petição, quanto à defesa de direitos, é bem amplo, compreendendo direitos individuais e coletivos, próprios ou de terceiros, desde que reflita a possibilidade jurídica do administrado provocar a Administração para que esta exerça o seu dever, sob pena de ignorando-o, incorrer esta em responsabilidade nos termos do art. 37, §6º da Constituição Federal; ou enseja a impetração de mandado de segurança nos termos da Constituição Federal, art. 5º, LXIX"[15] (1999, p. 556).

É, assim, um procedimento que tem por finalidade provocar, entre outras *prestações administrativas*, o controle ou a fiscalização da Administração Pública sobre todos os atos praticados por todos os órgãos públicos, inclusive as entidades públicas e privadas da administração direta e indireta, com o objetivo de fazer cessar o comportamento por estes adotados, por desconformidade com a lei e que está prestes a causar lesão, ou já causando lesão a direitos (individuais e coletivos), como são exemplos os pedidos de controle feitos com o objetivo de assegurar a proteção contra a dilapidação do *patrimônio público*, tomando-se este, em sentido amplo, como sendo todos os direitos e bens suscetíveis de avaliação em termos de valores econômico, histórico, artístico, cultural, turístico, paisagístico, arqueológico e ambiental patrocinada por atos praticados pelos administradores públicos, dentre estes, os servidores públicos ou pelos próprios administrados.

Por se tratar de uma atividade vinculada não pode a Administração Pública se furtar da obrigatoriedade da resposta a ser dada ao peticionante interessado, ainda que seja para comunicar o indeferimento do seu pedido, e cuja decisão terá que ser devidamente motivada, restando, a este, os recursos inerentes ao seu pedido (art. 5º, LV, CF).

O *Pedido Inicial de Prestação Administrativa* poderá ser realizado perante todas as autoridades públicas dos três Poderes e das entidades (públicas e privadas) da administração direta e indireta, porém, por *via administrativa*, e somente perante as autoridades que exerçam atividades de natureza *exclusivamente administrativa*, funcionando, assim, como um instrumento de precipitação da prática de atos administrativos em geral e, dentre estes, os *atos constitutivos e executórios da gestão fiscal*, por parte da Administração Pública.

São legitimados por lei como partes interessadas para a utilização do procedimento administrativo aqui em estudo:

a) as pessoas físicas e jurídicas que iniciem o processo como titulares de direitos ou de interesses individuais, ou no exercício do direito de representação;

---

[15] *Prática de direito administrativo*. Belo Horizonte: Del Rey, 1999. p. 556.

b) aqueles que, sem ter iniciado o processo, têm direitos ou interesses individuais que possam ser afetados pela decisão adotada pela autoridade administrativa;

c) as organizações e associações representativas quanto aos direitos e interesses coletivos; e

d) as pessoas ou associações legalmente constituídas, quanto a direitos ou interesses difusos (art. 9º, LF nº 9.784/99).

O *pedido inicial de prestação administrativa* deverá ser formalizado *por escrito*, devendo a petição:

a) indicar o nome do órgão ou da autoridade a quem se dirige;

b) indicar o nome completo, qualificação e endereço do peticionante para onde deverão ser encaminhadas as comunicações oficiais;

c) descrever de forma clara e circunstanciada os fatos e a base jurídica que fundamentam o pedido;

d) indicar de forma clara e circunstanciada o pedido feito perante a Administração Pública;

e) indicar o local, data e assinatura do peticionante.

15.25.3 Pedido de reconsideração

É um dos tipos de recursos administrativos que complementa o direito de petição exercido através do pedido inicial de prestação administrativa. Diferentemente deste, o pedido de reconsideração pressupõe a existência de uma decisão anterior que, tendo tido o seu pedido indeferido total ou parcialmente, o interessado, inconformado com decisão anterior, reitera o seu pedido perante a mesma autoridade administrativa que prolatou a decisão, objeto da reforma requerida através do *pedido de reconsideração*.

Por se tratar de um direito subjetivo público individual (art. 5º, LV, CF) e, portanto, de uma atividade vinculada da parte da Administração Pública, não pode esta deixar sem resposta a súplica de reforma de decisão feita através do pedido de reconsideração, sob pena de poder o interessado arguir coação a ser censurada por meio de mandado de segurança perante o Poder Judiciário, como forma de proteger o seu direito líquido e certo (art. 5º, LXIX, CF).

Diversamente do recurso hierárquico (próprio), o pedido de reconsideração será sempre apresentado, obrigatoriamente, perante a mesma autoridade que prolatou a decisão recorrida.

É um recurso de ampla utilização no seio dos órgãos administrativos da Administração Pública e, também, com larga utilização perante os Tribunais de Contas, naquelas atividades administrativas correlacionadas com a gestão fiscal (art. 32, I, LF nº 8.443/92 – Lei Orgânica do TCU).

São legitimadas para o exercício do pedido de reconsideração as mesmas pessoas (físicas e jurídicas) legalmente autorizadas para o exercício do pedido inicial de prestação administrativa, que o fazem quando provocam da Administração Pública, a correção de atos em face de ilegalidade, ou de vício de mérito, ou quando estão a perseguir o deferimento de situações jurídicas, que entendem ser-lhes de direito.

O *pedido de reconsideração* não será conhecido, quando interposto:

a) fora do prazo determinado por lei;

b) perante órgão incompetente para o exame da matéria, caso que será indicado, ao recorrente, a autoridade competente;

c) por quem não seja legitimado para o seu exercício; e

d) quando exaurida a esfera administrativa.

Exemplifica-se como sendo, também, oportunidade a ser objeto de pedido de reconsideração, o indeferimento de pedido inicial feito por qualquer cidadão ou pessoa jurídica privada perante os órgãos fazendários competentes para reformar, no todo ou em parte, a decisão que indeferiu, por ocasião do primeiro exame, seu pedido de isenção de tributo ou o pagamento de certa importância em dinheiro, que o recorrente se acha no direito de obtê-los.

Quanto a sua formalização, deverá ela ser apresentada *por escrito* perante a autoridade competente para o exame da matéria (aquela que prolatou a decisão anterior), devendo conter os mesmos elementos de informação anteriormente indicados para o caso do *pedido inicial da prestação administrativa*, acrescido da indicação clara da decisão recorrida.

15.25.4 Recurso administrativo

É o procedimento administrativo mediante o qual o recorrente pede o *reexame de decisão* já adotada pela Administração Pública *em grau de recurso* e prolatada sobre matérias de interesse dos administrados em geral, incluindo-se, entre estes, os servidores públicos, com a finalidade de vê-la modificada parcial ou total por autoridade superior àquela que adotou a decisão recorrida.

Diferentemente do *pedido de reconsideração, o recurso hierárquico* (próprio) é dirigido à autoridade hierarquicamente superior àquela que prolatou a decisão, da qual se pede a reforma, tendo em regra efeito apenas *devolutivo*, qual seja o efeito de devolver ao órgão recorrido o conhecimento da matéria discutida e, às vezes, quando assim o reconhece expressamente a legislação específica, o *efeito suspensivo*, que é a produção do efeito de suspensão da atividade sob questionamento até final decisão do recurso.

O *recurso hierárquico* (próprio) se limitará a tramitar no máximo por três instâncias administrativas, ressalvadas autorizações legais para casos específicos, e sua interposição independerá de prestação cauções por parte do recorrente, salvo exigência de natureza legal, diz o art. 56, §2º e o art. 57 da LF nº 9.784/99, que quanto a nosso ver, se trata de uma manifesta inconstitucionalidade, eis que, impõe obstáculo à *ampla defesa*, a que faz referência a Constitucional Federal (art. 5º, LV).

No caso do recurso hierárquico de que trata o art. 109, I, "a" e "b" da Lei nº 8.666/93, esta atribui-lhe efeito suspensivo, determinando, outrossim, que a autoridade competente poderá, desde que motivadamente e quando presentes razões de interesse público, atribuir ao recurso interposto eficácia suspensiva aos demais recursos, se encontrando, entre estes, o pedido de reconsideração (art. 109, III, §§2º e 3º, LF nº 8.666/93), autorizando, a referida lei, que o recurso hierárquico (próprio) deverá ser dirigido à autoridade superior, porém, por intermédio daquela que praticou o ato, que poderá reconsiderar a sua decisão (art. 109, §4º).

Como se vê, o *recurso hierárquico* (próprio) é o procedimento administrativo posto à disposição dos administrados em geral (pessoas físicas e jurídicas), com a finalidade de ver posto em prática, pela autoridade administrativa superior, o ato ou atividade administrativa perseguido mediante o referido recurso.

Além do recurso administrativo denominado *recurso hierárquico próprio*, existe outro conhecido da doutrina pelo nome de *recurso hierárquico impróprio* que é dirigido à autoridade superior àquela da qual emanou a decisão recorrida.

Este recurso também é conhecido como *recurso de tutela* por ocorrer entre autoridades que não guardam entre si qualquer distanciamento de grau ou vínculo hierárquico, como é o caso do recurso dirigido ao Chefe do Poder Executivo para reexame de decisão adotada pelos dirigentes dos entes autárquicos da administração indireta (autarquias, fundações, empresas pública e economias mistas).

Ao se aproximar do final destas considerações tecidas sobre os recursos administrativos (próprio e impróprio), não poderia o autor furtar-se de enriquecer este livro com a elucidativa e oportuna lição dada pelo ilustre e abalizado administrativista, Jessé Torres Pereira Junior, ao discorrer sobre os recursos de aplicação específica aos casos ligados à Lei Federal nº 8.666/93, Estatuto das Licitações e Contratos da Administração Pública, ao assinalar que: "A previsão de recursos administrativos é de ordem geral porque atende ao direito fundamental à ampla defesa, que o art. 5º, LV, da CF/88 garante aos acusados, tanto em sede processual judicial quanto administrativa. O procedimento de sua interposição, porém, cabe nas competências concorrentes do art. 24, XI, e suplementar do art. 30, II, da Carta Básica, de maneira a habilitar Estados, Distrito Federal e municípios a legislar na matéria. Assim, com relação a prazos, efeitos, autoridade ad quem e atos de intimação, poderão os demais entes públicos e suas entidades vinculadas dispor sobre recursos em processo licitatório, desde que não os suprimam ou dêem aos interessados menos do que prescreve a Lei Federal"[16] (2002, p. 883).

Cumpre dizer que, por ser o Chefe do Poder Executivo a mais alta autoridade pública, ocupando o mais alto grau da hierarquia e, também, o mais alto posto do Poder Executivo, cabe a ele a competência de decidir em nível de última instância administrativa os *recursos próprios e impróprios*.

De resto, deve ser realçado que os recursos administrativos deverão ser formalizados por escrito, devendo a petição:

a) indicar o nome do órgão ou da autoridade a quem se dirige;

b) indicar o nome completo, qualificação e endereço do recorrente, para recebimento das comunicações oficiais;

c) descrever de forma clara e circunstanciada os fatos e a base jurídica que fundamenta o pedido do recurso;

d) indicar com clareza a decisão recorrida;

e) indicar de forma clara e circunstanciada o pedido feito perante a Administração Pública; e

f) indicar o local, data e assinatura do requerente.

15.25.5 Recurso de revisão

Com origem no genérico *direito de petição* deferido a todas as pessoas pela Constituição Cidadã (art. 5º, XXXIV, "a" e LV, CF)

---

[16] *Comentários à lei das licitações e contratações da Administração Pública.* 5. ed. Rio de Janeiro: Renovar, 2002. p. 883.

o recurso de revisão é um procedimento administrativo que tem por objetivo provocar o controle da Administração Pública para reexaminar decisão por ela já adotada em grau de recurso.

Tal como visto por ocasião do estudo feito sobre o recurso de reconsideração e os recursos administrativos (próprios e impróprios), no qual foram focalizadas suas finalidades de reexame de decisão adotada pela Administração Pública, ora dirigida à mesma autoridade que a proferiu (pedido de reconsideração), ora à autoridade superior que prolatou a decisão anterior (recurso hierárquico próprio), ora à autoridade que, embora não se achando na mesma linha hierárquica daquela que decidiu a questão, tem competência para tanto (recurso hierárquico impróprio), o recurso de revisão pode, a qualquer tempo, provocar um novo reexame de decisões já adotadas pela Administração Pública, mesmo que já prolatadas em grau de recurso, desde que da decisão recorrida tenha resultado em aplicação de sanções e o recorrente esteja apresentando fatos novos ou circunstâncias relevantes capazes de justificar e remover a inadequação da sanção aplicada, não podendo do exame do recurso de revisão se originar o agravamento da pena (art. 65, parágrafo único, LF nº 9.784/99).

Em sede processual administrativa que viabilize por via administrativa o recurso de revisão, o polo passivo dessa relação (sujeito passivo) será sempre a Administração Pública ou qualquer de suas entidades (públicas ou privadas) da administração direta ou indireta.

Já como polo ativo dessa relação (sujeito ativo), a Lei Federal nº 9.784/99, que regula o processo administrativo no âmbito da Administração Federal legitimou em seu art. 58 que são:

a) todos os titulares de direitos e interesses que forem partes no processo;

b) todos aqueles cujos direitos ou interesses forem indiretamente afetados pela decisão recorrida;

c) todas as organizações e associações representativas, no tocante aos direitos e interesses coletivos; e

d) todos os cidadãos ou associações, quanto a direitos ou interesse difusos e coletivos.

O recurso de revisão também é objeto de disciplinamento feito pela Lei Federal nº 8.112/90, que dispõe sobre o Regime Jurídico dos Servidores Públicos Civis da União, de suas Autarquias e Fundações (art. 174), na qual está prevista sua interposição, a qualquer tempo, a pedido ou de ofício, quando o interessado apresentar fatos novos ou circunstâncias capazes de justificar a inocência do punido ou a inadequação da pena aplicada. Tal como previsto na LF nº 9.784/99, do exame do recurso de revisão previsto pelo Regime dos Servidores Públicos Civis da União, também, não poderá originar o agravamento da pena (art. 182, parágrafo único, LF nº 8.112/90).

Alusivamente ao recurso de revisão disciplinado pela Lei Federal nº 8.112/90, somente os Servidores Públicos Civis Federais, regidos por esta lei, é que estão legitimados para o exercício da impetração deste recurso, cabendo, excepcionalmente, aos sucessores destes servidores sua impetração, quando destinado a apagar alguma mácula na honra do servidor falecido, sendo sujeitos passivos dessa relação processual a Administração Pública ou qualquer de suas entidades (públicas ou privadas) da administração direita e indireta.

Também tratam da matéria (recurso de revisão), as leis orgânicas dos Tribunais de Contas sediados no território brasileiro, cujo disciplinamento se apresenta mais ou menos uniforme.

A Lei Federal nº 8.443/92, que dispõe sobre a Lei Orgânica do Tribunal de Contas da União, admite a interposição do *recurso de revisão*, desde que interposto uma única vez pelo seu responsável ou por seus respectivos sucessores, ou pelo Ministério Público, gozando de efeito suspensivo, mas desde que apresentado no prazo máximo de 05 (cinco) anos contados da data da publicação oficial da decisão recorrida, e que apresente fatos novos, tais como:

a) erro de cálculo nas contas;

b) existência de falsidade ou insuficiência de documentos em que se tenha fundamentado a decisão recorrida; e

c) superveniência de documentos novos com eficácia sobre provas produzidas.

Por fim, diz o referido diploma legal que "A decisão que der provimento a recurso de revisão ensejará a correção de todo e qualquer erro, ou engano apurado" (art. 35, parágrafo único, CF).

Relativamente ao recurso de revisão, especificamente correlacionado com os Tribunais de Contas, o sujeito passivo dessa relação processual administrativa será sempre o Poder Público, e o sujeito ativo qualquer das pessoas físicas sujeitas à jurisdição destas Cortes de Contas e, excepcionalmente, o Ministério Público (art. 70, parágrafo único, CF).

A quem quer que se dirija o recurso de revisão, deverá este ser formalizado por escrito, devendo a petição:

a) indicar o nome do órgão ou da autoridade a quem se dirige;

b) indicar o nome completo, a qualificação e endereço do recorrente para onde deverão ser encaminhadas as comunicações oficiais;

c) se constar da descrição, clara e circunstanciada, dos fatos e da base jurídica que fundamentam o pedido;

d) indicar a decisão recorrida;

e) constar de forma clara e circunstanciada o pedido postulado perante a Administração Pública; e

f) indicar o local, data e assinatura do peticionante.

15.25.6 Mandado de segurança

Este *instrumento de provocação de controle* jurisdicional tem por fundamento institucional os Incisos XXXIV, "a" e LXIX do art. 5º da Constituição Cidadã.

Tem ele a finalidade de provocar o Poder Judiciário para amparar ou proteger direito líquido e certo não amparado pelo *habeas corpus*, ameaçado de lesão ou que sofrer lesão em razão de ato ilegal ou abuso de poder praticado por autoridade pública ou dirigente de atividade pública ou privada no exercício de atribuições do Poder Público.

O *mandado de segurança* tanto pode ser impetrado por pessoas físicas e jurídicas públicas e privadas, como por qualquer órgão público detentor de capacidade processual para defesa dos seus interesses institucionais, tais como as Assembleias Legislativas, as Câmaras de Vereadores e outros órgãos assemelhados, que não possuem personalidade jurídica própria, seja de natureza pública ou privada.

Pode ser impetrado individualmente ou coletivamente. Neste último caso, são legitimados para se utilizarem do mandado de segurança o partido político, desde que detenha *representação no Congresso Nacional,* as *organizações sindicais,* as *entidades de classe ou associações,* exigindo-se de todas elas suas constituições devidamente legalizadas e que já se encontrem em funcionamento há pelo menos um ano, no exercício da defesa dos interesses dos seus respectivos membros ou associados (art. 5º, LXX, CF).

Trata-se de uma ação de natureza civil, com rito sumário especial e próprio, regida pela Lei Federal nº 1.533/51, sendo-lhe aplicado, apenas em caráter supletivo, as disposições do Código de Processo Civil, mediante a qual se pode solicitar da autoridade judiciária competente, conhecedora desse remédio jurídico, o pedido de prestação jurisdicional em caráter liminar, mesmo antes de ouvida a autoridade responsável pelo ato coator, podendo a autoridade judiciária deferi-la ou não, ou concedê-la após a audiência do responsável pelo abuso de poder, através da prestação das denominadas informações.

Informações são as explicações dadas por escrito pelo autor do ato coator, prestadas por solicitação da autoridade judiciária, mediante as quais o infrator do direito líquido e certo questionado esclarece os motivos que o levaram a praticar o ato ou atividade reclamada através do mandado de segurança.

Por ser um procedimento que tem por objetivo a atuação do Poder Judiciário para proteger um direito líquido e certo, não pode o mandado de segurança viabilizar provocação da tutela jurisdicional de matéria que não se configure rigorosamente como tal, o que expõe o pedido da referida medida judicial ao seu indeferimento por parte da autoridade judiciária, tomando-se por direito líquido e certo, aquele cuja evidência de sua existência já se põe ostensivo de plano, dispensando um processo constitutivo de meios probatórios ou como no dizer de Hely Lopes Meirelles, que expressa a lição de que "Direito líquido e certo é o que se apresenta manifesto na sua existência, delimitado na sua exclusão e objeto a ser exercitado no momento da impetração".

Por ser medida judicial que visa à proteção Estatal, tanto para os casos de lesão como de ameaça de lesão a direito adquirido líquido e certo, pode ser ele impetrado como medida preventiva ou suspensiva. Cumpre dizer que não cabe mandado de segurança contra a lei em tese, mas tão somente sobre caso concreto.

Denomina-se impetrante aquele que, tendo tido o seu direito líquido e certo ameaçado de lesão ou ferido, propõe perante o Poder Judiciário a medida de segurança na qualidade de autor desta. Denomina-se impetrado, a autoridade autora do ato coator contra quem se promove a medida de segurança em tela.

Por fim, cumpre informar que é uma ação de natureza civil muito utilizada pelos administrados em geral contra a exigibilidade de créditos tributários instituídos sem a devida observância constitucional, o que faz do *mandado de segurança* um eficaz *ato constitutivo e executório da gestão fiscal*.

15.25.7 Ação anulatória

A expressão em epígrafe é utilizada, de modo geral, para designar a ação judicial por via da qual se persegue, através da prestação jurisdicional exigida do Estado, a declaração de anulação dos atos jurídicos em geral, praticados defeituosamente.

Importa dizer, logo aqui de início, que a *ação anulatória* e a *ação rescisória* são procedimentos processuais instituídos por lei, para serem utilizados em fins diferentes, oferecendo, cada um deles, os seus objetivos processuais próprios consoantes normas escritas estabelecidas pelo Código de Processo Civil (arts. 485 e 486).

Ação anulatória ou *ação de anulação* são expressões usadas para identificar o mesmo procedimento processual, isto é, para identificar a ação judicial que tem por finalidade anular ou declarar anulação parcial ou total de ato ou negócio jurídico, independentemente da natureza do direito a que estes se refiram, podendo, assim, ser interposta tanto para anular os atos jurídicos inerentes à execução da gestão fiscal, praticado defeituosamente, quanto a um ato de caráter meramente administrativo, como é o caso do *ato de demissão* de servidor público estável editado injustamente pela Administração Pública, ou por fim, ato que se tenha gerado nos campos do Direito Privado ou do Direito Público, praticado com desatenção à vontade legal, causando ameaça de lesão ou lesão nos direitos alheios, não se levando em consideração a natureza desta ação, que poderá ser *declaratória, constitutiva* ou *condenatória*.

Tem, assim, essa ação a finalidade de retirar, do mundo jurídico, aqueles atos que, embora praticados com vícios insanáveis, se apresentam, aparentemente, como atos realizados em sua perfeição para produzir os efeitos desejados e que, ao serem declaradas as suas nulidades, são estes atos deslocados do âmbito do mundo jurídico para o mundo dos fatos, Em face de suas transformações de atos nulos em atos juridicamente inexistentes.

Quanto ao rito processual, poderá a *ação anulatória* seguir o rito ordinário ou comum e o rito sumário (arts. 274 e 275 do CPC).

Segundo o Código de Processo Civil, a *ação anulatória* tem por finalidade a anulação dos atos jurídicos que não dependem de sentença ou em que esta for meramente homologatória, como igualmente, a anulação dos atos jurídicos, em geral, nos termos da Lei Civil (art. 486, CPC).

De acordo com as normas escritas postas pela legislação pertinente, são legitimados para propor a *ação anulatória* todas as pessoas físicas e jurídicas que se enquadrem nas hipóteses previstas pelo Código de Processo Civil (art. 487), que, demonstrando legitimo interesse para agir (art. 3º, CPC), visem à anulação do ato jurídico, em geral, cujo pedido de interesse do autor poderá limitar-se à declaração da existência ou da inexistência de determinada relação jurídica ou da autenticidade ou da falsidade de documento (art. 4º, CPC).

Destarte, tem capacidade processual para se apresentar em Juízo, através da ação anulatória, para exigir do Estado a prestação jurisdicional que lhe é devida, toda pessoa que se achar no exercício regular dos seus direitos (art. 7º, CPC).

Além das pessoas que preenchem as condições retrorreferidas, cabe, também, ao Ministério Público não só interpor *ação anulatória* (art. 487, III, CPC), como, igualmente, intervir neste tipo de ação sempre que nela se esteja discutindo *interesses de incapazes, o estado da pessoa, o pátrio poder, a tutela, a curatela, a interdição, o casamento, a declaração de ausência, a disposição de última vontade, litígios coletivos pela posse de terra rural* e, nas causas em que hajam interesses públicos evidenciados pela natureza da lide ou qualidade da parte (art. 82, CPC).

Quanto à União, os Estados, o Distrito Federal e os Territórios serão estes representados em Juízo por seus Procuradores. Relativamente aos Municípios por seu Prefeito ou Procurador (art. 12, I e II, CPC).

A *ação anulatória* tem início por meio do pedido do autor, que deverá ter forma escrita e se constar das seguintes indicações:

a) o juiz ou tribunal ao qual está sendo dirigido o pedido;
b) os nomes, prenomes, estado civil, profissão, domicílio e residência do autor e do réu;
c) o fato e os fundamentos jurídicos do pedido;
d) o pedido com suas especificações;
e) o valor da causa;
f) as provas com que o autor pretende demonstrar a verdade dos fatos alegados, e
g) o requerimento para a citação do réu.

Informe-se, outrossim, que a petição inicial terá que se fazer acompanhada dos documentos indispensáveis à propositura da ação. Na falta de qualquer desses elementos de informação ocorrida na peça da petição inicial, esta omissão autorizará ao juiz o indeferimento da petição em razão de sua inépcia (arts. 282 e 283, CPC).

Feita a citação, é vedada à parte autora a modificação do pedido ou da causa do pedido, sem o consentimento do réu, mantendo-se na relação processual as mesmas partes, ressalvadas aquelas substituições permitidas por lei (art. 264, CPC). Contudo, é necessário que se saiba que, após a exaração do despacho saneador, feita pelo juiz competente, em nenhuma hipótese será admitida a alteração do pedido ou da causa de pedir (art. 264, parágrafo único, CPC).

Preenchidos os pressupostos e condições legais para a propositura da *ação anulatória*, visando eliminar do mundo jurídico o ato juridicamente defeituoso, deve ser esta interposta perante o Juízo de primeiro grau ou de primeira instância, cabendo, portanto, ao juiz monocrático o conhecimento e julgamento da matéria.

Para concluir, deve ficar realçado que a *ação anulatória* é, sem sombra de dúvidas, um processo de bastante utilidade e uso, quando do exercício do controle da legalidade praticado pelo Poder Judiciário, sobre os atos editados pela Administração Pública, mormente os concernentes à *execução da gestão fiscal*.

Decretada, por sentença judicial, a nulidade do ato da Administração Pública pertinente à execução da gestão fiscal e, sendo do interesse da Administração que esse ato deva existir, terá esta que editar novo ato, mas, desta feita, com obediência à vontade legal para que não gere ameaça ou lesão nos direitos dos administrados.

15.25.8 Ação popular

É o *instrumento de provocação de controle jurisdicional* posto à inteira disposição de qualquer cidadão, visando à invalidação de determinados atos ou atividades ensejadoras de lesão ao *patrimônio público* da União, dos Estados, do Distrito Federal e dos Municípios, das entidades públicas e privadas da Administração direta e indireta e, ainda, das entidades das quais o Poder Público participe ou que feriram a moralidade administrativa ou, ainda, ao meio ambiente e aos patrimônios históricos e culturais (art. 5º, LXXIII, CF).

Em síntese, tem a *ação popular* o objetivo de proteger o *patrimônio público*, em sentido amplo, isto é, tomado como sendo o conjunto de bens e direitos pertencentes às unidades da Federação (União, Estados, Distrito Federal e Municípios) e às entidades públicas e privadas da administração direta e indireta, suscetíveis de avaliação em termos de valores *econômico, artístico, estético, paisagístico, histórico, arqueológico, turístico e ambiental* (art. 5º, LXXIII, c/c art. 24, VI a VIII, CF, e art. 1º, §1º, LF nº 4.717/65).

Cuida-se de *ação judicial* por via da qual o sujeito ativo da relação processual (impetrante ou ajuizante) provoca do Poder

Judiciário uma prestação jurisdicional voltada à tutela requerida, com o viso de invalidar o ato ou atividade danosa ao patrimônio público (sentido amplo) ou à moralidade administrativa praticada pelo sujeito passivo.

A *ação popular* tem procedimento e contencioso próprio ou especial regido pela Lei Federal nº 4.717/65 respeitadas, na sua aplicação, as regras que contrariarem a atual Carta Constitucional. Esta ação obedece ao procedimento ordinário previsto pelo Código de Processo Civil, tendo de ser observadas, porém, algumas normas modificativas previstas pelo texto da Lei Federal nº 4.717/65. Tem ela, pois, o seu procedimento contencioso próprio e especial.

O *instrumento de provocação de controle jurisdicional* ora estudado ganhou bastante amplitude quanto ao universo dos bens patrimoniais por ela amparados, no texto da atual Constituição Federal, quando comparado com o tratamento que lhe deram as Constituições anteriores (art. 141, §38, CF/46).

A ação em causa deve ser impetrada perante o Juiz de 1ª Instância da Justiça Federal ou da Justiça Estadual, cuja respectiva organização judiciária tenha dada a competência para o julgamento das causas de interesses das respectivas pessoas jurídicas.

Podem ser partes atuantes na relação processual que envolve o pedido de prestação jurisdicional, por via da ação popular, qualquer cidadão, desde que prove essa condição, através do Título de Eleitor ou documento equivalente, na qualidade de sujeito ativo da referida relação processual (impetrante ou ajuizante) e como sujeito passivo as pessoas indicadas pela LF nº 4.717/65, quais sejam as pessoas públicas e as privadas (União, os Estados, o Distrito Federal e os Municípios, autarquias, fundações, sociedades de economia mista, empresas públicas e entidades da administração direta) e Sociedades Mútuas de Seguros, nos termos do art. 1º da citada lei.

São, pois, aquelas entidades públicas e privadas, para cuja criação exige-se que se faça obrigatoriamente por força de lei específica (art. 37, XIX e XX, CF), bem como, contra as autoridades, funcionários ou administradores de cujos atos tenha resultado autorização, aprovação e ratificação para a prática do ato impugnado ou que, por omissão, tenham viabilizado a lesão ocorrida e, igualmente, contra aqueles que se tenham beneficiado diretamente dos resultados decorrentes dos atos combatidos por via judiciária.

Na hipótese da inexistência de beneficiários diretos do ato lesivo ou, se existindo, se tornem eles em determinados ou desconhecidos, a ação será proposta apenas contra as pessoas acima indicadas.

Constituem requisitos legais caracterizadores para o pedido de anulação dos atos lesivos ao patrimônio público (sentido amplo) quando:

a) ficar comprovado que o ato praticado não se insere nas atribuições do agente que o praticou (incompetência);

b) ficar comprovado de que o ato não se conteve do seu texto redacional, daqueles requisitos exigidos para a sua formalização e considerados essenciais para sua eficácia, nos termos da lei (vício formal);

c) ficar comprovado que o resultado do ato praticado provoca violação de lei, regulamento ou outro ato normativo (ilegalidade do objeto);

d) ficar comprovado que os motivos justificadores do ato, tanto com relação à situação de fato quanto à situação de direito, são materialmente inexistentes ou juridicamente desrazoáveis ou inadequados em contraste com os resultados obtidos (inexistência dos motivos); e

e) ficar comprovado que o agente, ao praticar o ato, o reveste de roupagem enganosa, visando alcançar fins diversos daqueles vinculados às regras de competência ou desviados da conveniência ou oportunidade públicas (desvio de finalidades).

Também constituem motivos legais para anulação, os atos ou contratos praticados ou celebrados por qualquer das pessoas jurídicas públicas ou privadas, já referidas, que se correlacionarem com:

a) admissão remunerada de pessoas ao serviço público, com desobediência quanto às condições de habilitações preestabelecidas pelas normas legais, regulamentos ou constantes de instruções gerais;

b) operação bancária ou de crédito real realizada com o desatendimento das regras gerais, regulamentares, estatutárias, regimentais internas ou quando o valor real do bem oferecido como garantia, em hipoteca ou penhor for inferior ao indicado na escritura, contrato ou avaliação;

c) empreitada, tarefa ou concessão de exploração de serviço público, cuja celebração do contrato tenha se efetivado sem a execução prévia da respectiva modalidade de licitação ou, que, no edital de convocação desta se tenha inserido condição comprometedora do seu caráter de competitividade, ou ainda, que a licitação se tenha processado com a utilização de meios redutores das condições necessárias à moralidade de sua competição;

Capítulo 15
Atos Constitutivos e Executórios da Gestão Fiscal | 279

d) concessão de modificações ou vantagens, inclusive prorrogações contratuais, durante a execução dos contratos de empreitadas, tarefas e concessão de serviços públicos, sem que tenham previsão em lei ou nos respectivos instrumentos do procedimento licitatório (edital, propostas de licitantes e termos do contrato);

e) com contratos de compra ou de venda de bens móveis ou imóveis, nos casos de dispensa de licitação, cuja despesa se verificar com inobservância das normas legais e regulamentares ou de instruções gerais, ou, quando ficar constatado que o preço da venda é inferior ao praticado no mercado, na época da operação;

f) quando a concessão de licença para importação ou exportação, em qualquer de suas modalidades, tiver sido praticada com violação das normas legais regulamentares ou de instruções ou de ordens de serviços, cuja concessão resulte comprovada como exceção ou privilégio em favor do exportador ou importador;

g) com operação de redesconto em que sob qualquer aspecto, inclusive quanto ao limite do seu valor, não se tenha observadas as determinações legais regulamentares e outros atos normativos pertinentes;

h) com empréstimo concedido pelo Banco Central do Brasil, que tenha sido concedido com desobediência à legislação pertinente, ou em que, o valor dos bens dados em garantia, na data da operação, tivesse o valor inferior àquele indicado pela avaliação; e

i) emissão de papel moeda ou de títulos da dívida pública, sem a devida observância das normas Constitucionais e legais pertinentes à matéria (arts. 21, VII e 48, XIV, CF).

A formalização do pedido inicial da ação popular obedecerá a forma escrita cuja petição deverá se conter dos seguintes elementos de informação ou requisitos legais:

a) indicação do órgão judiciário ao qual se está a dirigir a petição (Vara Judiciária);

b) nome e qualificação completa do peticionante (impetrante), domicílio ou endereço para onde deverão ser remetidas as correspondências oficiais;

c) nome completo do réu, com a indicação do seu respectivo domicílio ou endereço para onde deverão ser remetidas as correspondências oficiais;

d) a descrição circunstanciada e clara dos fatos contra os quais combate o ajuizante da ação popular;

e) indicação da legislação que ampara o pedido formulado;

f) exposição circunstanciada e clara do pedido;

g) prova documental por via da qual o peticionante pretende demonstrar a veracidade dos fatos alegados;

h) requerimento para que o réu seja citado; e

i) local, data e assinatura do promovente da ação popular.

De resto, deve ficar o leitor advertido que, verificando o Juiz que o pedido inicial não preenche as exigências da lei ou que apresenta defeitos e irregularidades suscetíveis de dificultarem o julgamento da matéria, o Juiz concederá ao autor um prazo de 10 (dez) dias para que ele emende ou complete o pedido, que, em não fazendo no prazo assinalado, a autoridade judiciária indeferirá o pedido (art. 284, CPC).

Por fim, como arremate final, deve-se dizer que a *ação popular* é um eficiente *instrumento de provocação de controle*, que se realiza por via judiciária, posto que quando utilizado na proteção de atividades ligadas à gestão fiscal, fazendo estancar, de imediato e em definitivo, do ato impugnado, o efeito prejudicial ao patrimônio público (sentido estrito), tomando-se este por um conjunto de bens e direitos suscetíveis de valorização em termos econômicos.

15.25.9 *Habeas data*

Como espécie de direito subjetivo público do gênero *direito de petição*, a Constituição da República assegura a todo cidadão e às pessoas jurídicas privadas o direito de se utilizarem do *habeas data* como instrumento de provocação do controle jurisdicional visando obterem qualquer informação a seus respeitos, que se constem de registros ou de bancos de dados de entidades públicas ou privadas, governamentais ou de caráter público, para que estes possam pedir suas retificações ou, até mesmo, o cancelamento se for o caso, bem como saber os fins para que se destinam e a origem das mesmas (art. 5º, XXXIV, "a" e "b"; e LXXII, "a" e "b", CF), quando não preferir, o interessado, utilizar de processo sigiloso de caráter judicial ou administrativo (art. 5º, LXXII, "b", CF).

De outro modo, podem ser sujeitos da relação processual instalada por essa medida judicial, toda e qualquer entidade pública ou privada da Administração direta ou indireta federal, estadual, distrital ou municipal, bem como aquelas entidades que não pertencendo à

Administração Pública têm caráter público, do que são exemplo, as que desenvolvem Serviços de Proteção ao Crédito (SPC). A matéria ora questionada é regulamentada pelos comandos legais da Lei Federal nº 9.507/97 e, subsidiariamente, pelo Código de Processo Civil que, segundo o art. 8º, da referida lei (LF nº 9.507/97), a petição inicial observará os requisitos previstos nos arts. 282 a 285 do mencionado Código de Processo.

De acordo com as normas do Código de Processo Civil que rege a formalização da petição inicial do *habeas data*, deverá este conter obrigatoriamente:

a) da indicação do Juiz ou Tribunal ao qual é dirigida a petição;

b) o nome completo, sua qualificação, domicílio e endereço do autor, para onde devam ser encaminhadas as informações oficiais;

c) o nome completo, qualificação, domicílio e endereço do réu, isto é, daquele contra quem é promovido o *habeas data*;

d) da exposição clara e circunstanciada dos fatos ensejadores desta medida judicial;

e) da exposição clara e circunstanciada dos fundamentos jurídicos do pedido;

f) da indicação clara do pedido com suas especificações;

g) as provas com que o autor pretende demonstrar a verdade dos fatos alegados;

h) o pedido para citação do réu;

i) o valor estipulado para a causa; e

j) indicação do local, data e assinatura do proponente da medida.

Recebido o pedido do *habeas data*, a autoridade judiciária competente para sobre ela decidir, se Juiz ou Tribunal, conforme o responsável pelo ato coator, dentro do mesmo estilo de procedimento adotado no *mandado de segurança*, notificará a autoridade coatora a prestar os esclarecimentos, nos quais são consubstanciados os motivos que levaram a autoridade coatora reclamada, após verificar a autoridade judiciária que o pedido foi formulado nos termos da legislação competente.

Observado, porém, que o *pedido inicial* não preenche os requisitos exigidos pelas regras legais que lhe comandam, deve esta ser de logo indeferida, cabendo do despacho do indeferimento do pedido inicial *apelação*, que ao ser deferido, terá este recurso efeito meramente devolutivo (art. 10, LF nº 9.507/97).

Em Juízo, o *habeas data* prefere aos demais atos judiciais, exceto quanto ao *habeas corpus* e ao mandado de segurança, devendo, na instância superior ser levado a julgamento na primeira sessão seguinte àquela em que forem conclusos, após feita sua distribuição.

O processamento e o julgamento do *habeas data* caberá originariamente:

a) ao Supremo Tribunal Federal quando o ato coator for do Presidente da República, das Mesas da Câmara dos Deputados ou do Senado Federal, do Tribunal de Contas da União, do Procurador Geral da República e do próprio Supremo Tribunal Federal (art. 102, I, "d", CF);

b) ao Superior Tribunal de Justiça quando ato coator for da responsabilidade de Ministro de Estado, Comandantes da Marinha, do Exército, da Aeronáutica, ou do próprio Superior Tribunal de Justiça (art. 105, I, "b", CF);

c) aos Tribunais Regionais Federais quando for contra ato deste Tribunal ou de Juiz Federal (art. 108, I, "c", CF);

d) ao Juiz Federal contra ato de autoridades federais, excetuadas aquelas incluídas nas competências dos Tribunais Federais, como é o caso dos Ministros de Estado (art. 109, VIII, CF);

e) aos Tribunais de Justiça Estaduais contra os atos dos Governadores de Estado, da Mesa e da Presidência das Assembleias Legislativas, do próprio Tribunal ou de alguns de seus órgãos, do Tribunal de Alçada ou de alguns de seus órgãos, dos Secretários de Estado, dos Tribunais de Contas dos Estados ou de alguns de seus órgãos, dos Tribunais de Contas dos Municípios ou de alguns de seus órgãos, do Procurador Geral de Justiça, do Procurador Geral do Estado, do Chefe da Casa Militar, do Chefe do Gabinete do Governador, do Ouvidor Geral do Estado, do Defensor Público Geral do Estado e das demais autoridades estaduais a estas equivalentes; e

f) ao Juiz Estadual nos casos não incluídos na competência dos Tribunais de Justiça dos Estados (art. 20, LF nº 9.507/97).

Quando a matéria for objeto de discussão em grau de recurso, o julgamento deste caberá:

a) ao Supremo Tribunal Federal quando se tratar de decisão em única Instância dos Tribunais Superiores (art. 102, II, "a", CF);

b) ao Superior Tribunal de Justiça quando a decisão tiver sido proferida em única Instância pelos Tribunais Regionais Federais (art. 103, III, CF);

c) aos Tribunais Regionais Federais quando a decisão tiver sido proferida por Juiz Federal (art. 108, II, CF); e

d) aos Tribunais de Justiça Estaduais e Tribunal de Justiça do Distrito Federal de acordo com que dispuserem a respectiva Constituição Estadual e Leis de organização do Distrito Federal (art. 20, II, "d", LF nº 9.507/97).

Do exposto, vê-se que o procedimento judicial atinente ao *habeas data*, tem bastante semelhança com o que se desenvolve em processo judicial em mandado de segurança.

Em linhas gerais, deixo aqui as noções mais básicas sobre este instrumento de provocação de controle jurisdicional que tem por finalidade proteger as pessoas legitimadas por lei para utilizá-las contra o cadastramento de informações falsas e deformadoras da imagem das mesmas, junto aos Bancos de Dados de natureza pública (SPC) ou governamentais.

CAPÍTULO 16

INSTRUMENTOS DE DEFLAGRAÇÃO DA FISCALIZAÇÃO DOS ATOS DA GESTÃO FISCAL

Sumário: 16.1 Noções gerais – **16.2** Funções estatais – **16.3** Instrumentos de deflagração da fiscalização dos atos da gestão fiscal – **16.3.1** Consulta administrativa – **16.3.2** Representação administrativa – **16.3.3** Denúncia administrativa – **16.3.4** Sindicância administrativa – **16.3.5** Consulta legislativa – **16.3.6** Representação legislativa – **16.3.7** Denúncia legislativa – **16.3.8** Sindicância legislativa – **16.3.9** Reclamação legislativa – **16.3.10** Pedido de sustação ao legislativo de ato

16.1 Noções gerais

Nos Estados Democráticos de Direito, como é o caso do Estado Brasileiro, não só os indivíduos e suas pessoas jurídicas privadas se sujeitam ao império das leis, mas também o próprio Estado e as pessoas jurídicas públicas e privadas de sua criação.

Releva dizer, porém, que na prática dos atos da vida civil — Direito Privado — a sujeição imposta às pessoas em geral (físicas e jurídicas privadas) resume-se em fazer tudo aquilo que a lei determina, ou se abster de tudo aquilo que a lei proíba. Desse modo, sobressai o entendimento de que, não havendo determinação ou proibição legal a cumprir, os atos da vida civil poderão se constituir, com plena validade, segundo os ditames produzidos pela *autonomia da vontade* de cada pessoa, observados, é claro, os bons costumes e as cláusulas respeitantes ao objeto lícito e a forma prescrita ou não defesa em lei.

Referentemente às atividades e aos atos praticados pela Administração Pública, para dar existência e ânimo aos fins estatais, a liberdade deste agir trilha por vias bem mais estreitas.

É que, ao contrário da liberdade com que se externa a expressão de vontade dos particulares, acolhida pela legislação privada, no Direito Público a legislação que rege a externação de vontade ou atuação do Poder Público só se tornará possível, validamente, quando *alicerçada previamente* em texto de lei que autorize tal conduta pública, sob pena de expor à anulação o seu *agir*. Não havendo lei que autorize previamente determinada atividade, esta não poderá ser realizada.

O silêncio da lei no Direito Público, ao contrário do que ocorre no campo do Direito Privado, implica necessariamente na *desautorização* para o agir da Administração Pública.

Em decorrência dessa sujeição legal, à qual se submetem o Estado e as entidades públicas e privadas, pode acontecer que, mesmo na hipótese da existência de legislação autorizativa de sua atuação, venha a Administração Pública praticar atividade em desconformidade com a lei ou fora dos parâmetros estabelecidos pelo aconselhamento da *conveniência* e *oportunidade* públicas, de modo a submeter os direitos e interesses individuais, difusos e coletivos à ameaça de lesão ou até mesmo ao cometimento concreto de lesão destes ou do próprio patrimônio público, do que decorrerá a obrigatoriedade da assunção da responsabilidade civil por parte do administrador responsável pela prática dessa atividade (art. 37, §3º, CF e arts. 186 c/c 927, Código Civil Brasileiro).

Diante da responsabilidade de poder vir a acontecer atividade pública ocasionadora de prejuízos ao patrimônio dos administrados, em geral, e até mesmo ao próprio patrimônio público, e inspirado nos princípios regentes do Estado Democrático de Direito, viu-se a necessidade da instituição de certos *sistemas de controle* (administrativo, legislativo e jurisdicional), com fito de policiar o comportamento dos administradores públicos, quando da prática da atividade administrativa, em geral, mormente quando de suas atuações no campo das *atividades administrativas financeiras públicas*, tidas como sendo atuação da Administração Pública.

Aliás, filosoficamente falando, não se pode atribuir diretamente, ao Estado, a responsabilidade civil pelos danos por ele causados, em decorrência de atos praticados ilegalmente pelos administradores públicos, já que estes ocupam estas posições para praticarem a vontade daquele, vontade esta, declarada e externada de forma inequívoca através dos textos legais, que devem ser, no mínimo, do conhecimento obrigatório de todos nós e, com muito mais razões, dos administradores públicos (art. 3º, DL nº 4.657/42 – Lei de Introdução ao Código Civil).

Partindo-se dessa premissa, de que quando agem em desconformidade com a lei, estão as autoridades administrativas, praticando suas vontades pessoais e não a vontade do Estado, que se acha expressa no texto da lei, ficam estas expostas ao sofrimento das correspondentes sanções legais. Deixa-se claro que quando estas autoridades praticam atos em perfeita sintonia com a vontade estatal, isto é, de acordo com a vontade da lei, seus atos se tornam imunes à censura de ilegalidade.

O certo é que, tendo em vista a possibilidade da prática de atividade em desconformidade com a vontade estatal, isto é, com a vontade da lei, e com base no *princípio do poder de polícia*, que é o Poder que tem o Estado de ditar as regras de comportamento de natureza impessoal, abstrata e geral, ao mesmo tempo em que se coloca como fiscal do cumprimento destas normas, impondo as sanções cabíveis aos seus transgressores, é que o Poder Público instituiu alguns sistemas de controles (administrativo, legislativo, jurisdicional e popular), com o objetivo de corrigir as atividades praticadas fora da lei.

Todavia, nenhum objetivo prático se colheria da instituição desses sistemas de controle, se não tivesse a legislação adotado cada um destes sistemas com seus instrumentos próprios para provocá-los ou convocá-los ao funcionamento prático, quando acionados pelos administrados em geral (pessoas físicas e jurídicas privadas) ou pela própria Administração Pública, instrumentos estes que, por falta de denominação legal ou doutrinária, o autor batiza-os aqui de *instrumentos de deflagração da fiscalização dos atos da gestão fiscal.*

Destarte, dentre os *instrumentos de deflagração da fiscalização dos atos da gestão fiscal* se encontram indicados alguns deles que têm aplicação genérica a todas as atividades administrativas, dentre as quais aquelas inerentes à gestão fiscal, como são os casos dos procedimentos: *consulta administrativa, representação administrativa, denúncia administrativa, sindicância administrativa, consulta legislativa, representação legislativa, sindicância legislativa, denúncia legislativa, reclamação legislativa, pedido de sustação de ato e o pedido de inquérito.*

Portanto, os instrumentos de controle que o autor está a denominá-los, especificamente, por *instrumentos de deflagração da fiscalização dos atos da gestão fiscal*, são meios de que dispõem tanto a Administração Pública quanto os administrados em geral para provocarem ou deflagrarem o *exercício de fato* da fiscalização ou controle, sobre os atos das *atividades financeiras*, por parte dos órgãos competentes para tanto.

Por fim, comporta aqui fazer uma advertência ao leitor: não confundir os procedimentos administrativos instituídos pela legislação, a serem utilizados de ofício pelos administradores, no exercício obrigatório do controle hierárquico, quando estão a praticar suas funções administrativas em razão dos cargos que ocupam, com a finalidade de avaliar a transparência da legalidade e do mérito dos atos praticados por seus subordinados, com aqueles procedimentos criados pela legislação, com o objetivo de provocar, da Administração Pública, o controle ou fiscalização, para que, por intermédio de qualquer dos seus sistemas de controle, possa esta exercitar sua fiscalização sob os atos dos administradores praticados em desconformidade com a lei ou fora do atendimento da conveniência e oportunidade públicas, corrigindo-os, anulando-os ou revogando-os, conforme o caso.

16.2 Funções estatais

Com o objetivo de oferecer ao leitor mais informações sobre os atos e atividades que põem em prática os fins da Administração Pública ou suas atividades-fins, julga-se procedente a tecedura de algumas considerações sobre as funções estatais, em face da existência de algumas particularidades que elas escondem no emaranhado complexo do assunto e que, aqui ou ali, estão se apresentando aos olhos dos estudiosos da matéria.

Ao idealizar a tríplice divisão dos poderes estatais, o gênio-filósofo idealizador, sistematizador e defensor desse pensamento, Montesquieu, entendia que a concentração de todos os poderes governamentais nas mãos de um único governante terminaria por resultar na corrupção destes poderes, quando afirmava que "Corrompe-se o espírito da democracia não só quando se perde o princípio da igualdade, mas, também, quando cada qual se apodera do espírito de igualdade ao extremo, pretendendo ser igual àquele que lhe escolhe para governá-lo. Deste modo, o povo não podendo suportar o próprio poder que escolheu, quer fazer tudo por si só: quer deliberar pelo senado, executar pelos magistrados e destituir todos os juízes"[17] (*Do espírito das leis*, p. 124).

---

[17] *Do espírito das leis*. São Paulo: Martin Claret, 2003. p. 182-195.

Capítulo 16
Instrumentos de Deflagração da Fiscalização dos Atos da Gestão Fiscal | 289

Defendia, por isso, que as funções estatais deveriam obedecer a uma distribuição feita de tal forma que, aquele que executasse as leis de ofício (governante) não deveria fazer as leis (legislar), nem aplicá-las na resolução de litígio (julgar); aquele que fizesse as leis (o legislador) não deveria executá-las de ofício (governar), nem aplicá-las na resolução de litígio (julgar); finalmente, aquele que aplicasse as leis na resolução de litígio (o julgador) não deveria fazer as leis (legislar) nem executá-las de ofício (governar).

Via, por outro lado, na separação dos Poderes Legislativo, Executivo e Judiciário a necessidade da existência de Poder que freasse o próprio Poder estatal como forma de proteção dos indivíduos contra as investidas indevidas que viessem a ser praticadas pelo Poder Público, mediante o mau uso dos Poderes Públicos, com abuso de autoridade.

Inspirada neste pensamento político de origem longínqua, a República Federativa do Brasil constituiu-se em "Estado Democrático de Direito" (art. 1º, CF), tipo esse de Estado que conseguiu reunir, em torno de si, o que de melhor havia em termos de princípios oferecidos tanto pelo Estado de Direito, quanto pelo Estado Democrático, que obedeciam a princípios diferentes.

O certo é que, atualmente, os Estados Democráticos de Direito desempenham, separadamente, os três tipos de Poderes ou de Funções Estatais, que são: os de *declaração do direito* ou os de *fazer as leis* (legislativos), os de *executar de ofício as leis* na prática administrativa (executivos), e os de *aplicar as leis* a pedido, na resolução de conflitos (jurisdicionais).

Ao distribuir estas funções estatais entre os respectivos órgãos públicos, a própria Constituição Federal se houve por batizar com os nomes destas funções estatais, os órgãos aos quais foram atribuídas as incumbências para o desenvolvimento prático das mesmas. Com esse tratamento dado pela nossa Carta Política Maior, as funções estatais executivas ficaram ao encargo de um órgão público, que passou a denominar-se de Poder Executivo; as funções estatais legislativas passaram a ser desenvolvidas por um órgão público, que veio a ser chamado de Poder Legislativo; as funções estatais jurisdicionais passaram a ser desenvolvidas por um órgão público, que veio a ser conhecido por Poder Judiciário.

Conhecidas as três funções estatais ou poderes estatais, e conhecidos, igualmente, os órgãos públicos, aos quais a Constituição Cidadã deferiu-lhes as competências para desenvolvê-los, cumpre agora informar que, embora estas funções ou Poderes estatais tenham ficado assim distribuídos, disso não resulta proibição absoluta de que, em dados momentos, um Poder não possa desempenhar, de modo excepcional, esporádico ou acidental, uma dessas outras funções estatais inseridas na competência de outros Poderes, que os praticam de *modo sistemático, eminente* ou *precípuo.*

São exemplos desses tipos de exercício de Poderes, praticados excepcionalmente, as funções legislativas e as funções jurisdicionais postas em prática pelo Chefe do Poder Executivo, ora quando baixa Decretos regulamentares, com força de lei ou quando baixa Leis Delegadas (legislativas – arts. 84, IV e 68, CF); ora quando julga agentes públicos (civil ou militar), em razão do que lhe confere o poder hierárquico (jurisdicionais – arts. 37, §3º, III e 42, CF).

Da mesma forma acontece com o Poder Legislativo, quando desempenha, excepcionalmente, funções administrativas e quando, do mesmo modo, desempenha funções jurisdicionais. Pratica funções administrativas, quando concede licença para tratamento de saúde aos seus próprios membros (art. 55, III, CF). Pratica funções jurisdicionais, quando julga o Presidente da República, nos crimes de responsabilidade (arts. 49, IX e 52, I, CF).

Também não se passa diferentemente com o Poder Judiciário, que ora pratica, excepcionalmente, funções legislativas, quando vota o seu *regimento interno* (art. 96, I, "a", CF); ora pratica funções administrativas, quando realiza a promoção de Juízes de Direito ou quando concede, aos seus membros, afastamentos de exercício de seus cargos (art. 96, I, "f", CF).

Tendo-se de princípio advertido o leitor, sobre a existência dessas particularidades, que ocorrem quando do exercício prático das funções ou Poderes estatais, saiba-se agora que, em razão destas particularidades, aqueles *instrumentos de deflagração da fiscalização dos atos da gestão fiscal* vinculados à deflagração ou propulsão efetiva do controle interno (controle administrativo), podem ser interpostos perante qualquer dos três Poderes, junto às autoridades encarregadas das atribuições de natureza, exclusivamente, administrativo-financeira, como forma de provocar, destas autoridades, o exercício de fato de suas respectivas obrigações fiscalizadoras ou de revisionamento dos seus próprios atos, ou dos atos e atividades praticadas pelos seus subordinados, que se tenham realizado em desconformidade com a lei ou fora dos limites de orientação da conveniência e oportunidade públicas.

Findas estas considerações, que são da maior importância para a compreensão da matéria a ser detalhadamente estudada, o autor convida o leitor para o estudo que se fará a seguir, sobre cada um dos *instrumentos de deflagração da fiscalização dos atos da gestão fiscal.*

16.3 Instrumentos de deflagração da fiscalização dos atos da gestão fiscal

Prefacialmente advirta-se que os *instrumentos de deflagração da fiscalização dos atos da gestão fiscal* a serem aqui estudados, como o próprio título do capítulo está a indicar, são aqueles utilizados por *via administrativa*, pelos administrados em geral (pessoa física ou jurídica), perante as autoridades administrativas situadas no âmbito dos três Poderes, responsáveis pela prática de atividades *administrativo-financeiras*, bem como, perante as autoridades dirigentes das entidades públicas e privadas da Administração direta e indireta, para despertar do estado de potencialidade aquele controle de natureza administrativa, denominado de *controle interno.*

Ademais, embora sirvam eles para provocar o controle a ser exercido em prol da correção de qualquer atividade administrativa, inclusive financeira, praticada ao desconforto da lei, o propósito deste estudo se volta mais acentuadamente à análise dos controles das atividades que põem em prática a gestão fiscal, isto é, das *atividades financeiras*, daí os exemplos apresentados se reportarem sempre a atos dessa natureza.

Como visto nas exposições colocadas nos tópicos deste e dos capítulos anteriores, a legislação nacional pertinente cuidou de dotar, para cada espécie de função estatal, um tipo de sistema de controle correspondente (administrativo, legislativo e judiciário). Com outras palavras, para cada espécie de função estatal, corresponde um respectivo sistema de controle, dotando-os, inclusive, com seus procedimentos próprios, para alavancá-los do seu estado de repouso ou potencial, e colocando-os à disposição das autoridades públicas e dos administrados em geral, para fazê-los efetivos nas suas práticas.

Urge que se diga, neste ensejo, que em face da nossa forma de Estado Federado, e do modo como foram repartidos os Poderes estatais entre as unidades federadas (art. 18, CF), não há (nem pode haver) no Brasil um diploma legal que condense no seu texto todos os tipos de instrumentos de provocação de controle da atividade administrativa, em geral, inclusive, das atividades da gestão fiscal, para aplicação simultaneamente obrigatória à União, aos Estados, ao Distrito Federal e aos Municípios sem que não venha a se expor às censuras da inconstitucionalidade tal diploma legal.

Portanto, o estudo que se faz sobre os *instrumentos de deflagração da fiscalização dos atos da gestão fiscal* tem por base a legislação com a aplicação exclusiva ao âmbito federal. Apesar disso, o estilo jurídico utilizado pela Legislação Federal, na regulamentação dos seus procedimentos de provocação de controle, em nada se distancia daquela regulamentação a ser realizada pelos demais entes federativos que, além de respeitá-las, tem que segui-la ao editá-la através de suas normas legais, regionais e locais, regulamentadoras da espécie.

Inobstante isso, e na hipótese de haver algum ente federativo que não disponha de legislação própria sobre a matéria, pode ele aplicar diretamente o texto da Constituição Federal (art. 5º, XXXIV, "a" e "b", LV e LXXIII, CF) e, pelo emprego da analogia, a própria legislação federal. Mas, se a lacuna disser respeito ao Município, situado em Estado que possua legislação própria, é bem mais aconselhável que se aplique esta, por estar mais próxima da realidade administrativa carecedora de correções e, por isso, se ajustando melhor às condições do revisionamento a ser praticado.

16.3.1 Consulta administrativa

A *consulta administrativa* é um *instrumento de deflagração da fiscalização dos atos da gestão fiscal* que a Administração Pública põe à disposição não só das autoridades públicas, como, também, dos administrados, em geral (pessoas físicas e jurídicas), com a finalidade de provocar do órgão público competente para controlar ou fiscalizar atividade pública consultada o seu entendimento a respeito de interpretação de dispositivos legais e regulamentares, para a aplicação futura, a casos concretos, por parte do consulente (art. 59, LF nº 8.884/94; art. 1º, XVII, LF nº 8.843/92 e art. 46, DF nº 70.235/72).

É um procedimento de ampla utilização, por gozar da confiabilidade do conteúdo da resposta, que se consta da interpretação de dispositivos legais e regulamentares a serem aplicados à atividade consultada, tratando-se, pois, de orientação segura por se originar do próprio órgão encarregado da missão fiscalizadora da atividade, que o consulente pretende levar a efeito.

É uma atividade vinculada, o que traduz afirmar que os órgãos públicos responsáveis pelo solucionamento de consulta não podem

Capítulo 16
Instrumentos de Deflagração da Fiscalização dos Atos da Gestão Fiscal | 293

deixar de oferecer a respectiva resposta ao consulente, a menos que esta tenha se referido a situações *concretas* e *não abstratas* e, cuja recusa, poderá se constituir em ato coator, a ser corrigido por interposição de mandado de segurança perante o Poder Judiciário.

Por se tratar de um instrumento em que o interessado busca dos órgãos consultados o seu entendimento sobre a interpretação de dispositivos legais e regulamentares, em termos de situação puramente abstrata, para aplicação a casos futuros, não pode a consulta referir-se a caso concreto, já consumado pelo consulente, sob pena da mesma não ser recebida pelo órgão consultor, visto que o procedimento administrativo que veicula a opinião sobre casos concretos é o *parecer*, e não a *consulta*.

Especificamente correlacionado com a consulta feita perante os Tribunais de Contas, sobre matérias que também lhes cabem fiscalizar, esta somente pode ser formulada pelas autoridades públicas indicadas pela lei regulamentadora do assunto, no âmbito da Administração Pública a que pertença cada um desses órgãos existentes no território nacional.

Elaborada a resposta da consulta, pelos serviços de instrução processual dos Tribunais de Contas, é esta encaminhada ao exame do Plenário, a quem cabe aprová-la, modificá-la parcial ou totalmente, constituindo-se em ato de julgamento, após sua aprovação, pelo mesmo (art. 1º, §2º, LF nº 8.443/92). Contudo é dever informar que não seja exatamente este o entendimento da jurisprudência que entende tratar-se de atividade legislativa por parte de órgãos incompetentes para o exercício desta atividade.

Apesar de ter aplicação bastante difundida no âmbito das Administrações Públicas, não há (nem pode haver) no Brasil um diploma legal, infraconstitucional, que condense em seu texto, o tratamento a ser dado sobre a consulta para aplicação simultaneamente obrigatória a todos os órgãos competentes para o exercício da mesma, em face da repartição dos Poderes feitos à luz da autonomia de que goza cada uma das unidades federativas, em termos de legislação (arts. 18, 22/25 e 30, CF), circunstância esta, que dificulta o conhecimento da matéria, cujo disciplinamento legal, mesmo em cada unidade da Federação, é feito através de leis esparsas para cada órgão ao qual conferiu decidir sobre esse tipo de atividade.

Diversamente da restrição que faz a legislação pertinente, no tocante à competência para se formular consulta junto aos Tribunais de Contas, deferida legalmente apenas às autoridades integrantes da Administração Pública, da respectiva unidade federativa, a legislação disciplinadora da consulta a ser apresentada perante os órgãos fazendários federais, legitima não só as autoridades públicas, como também, todo e qualquer administrado (pessoa física e jurídica), que ocupe posição frente à Administração Pública como sujeito passivo de obrigação tributária fiscal (art. 48, DF nº 70.235/72).

Igualmente à consulta feita diante dos Tribunais de Contas, a consulta apresentada pelos interessados perante os órgãos federais, também, busca o consulente, a interpretação de dispositivos legais e regulamentares, para que lhe sirva de orientação, quando da aplicação prática destes dispositivos a casos concretos, que deseja levar a efeito, de futuro, não cabendo, em ambas as hipóteses, oposição de recurso às suas repostas (art. 48, §3º, LF nº 9.430/86).

Contra a resposta destes órgãos, dada em razão de resolução de consulta, não cabe recurso, posto que a matéria nela discutida, não envolve questões ligadas à decisão de direitos ou de interesses pessoais do consulente ou de seus representados, como já visto, eis que as matérias submetidas à consulta envolvem apenas as questões do conhecimento de interpretação da legislação que o consulente revela interesse em conhecer para que possa desempenhar suas atividades com a devida segurança perante a legislação pertinente.

Porém, alusivamente à consulta feita perante o órgão fazendário federal, cumpre enfatizar que, quando ocorrer divergências em conclusões de consultas feitas sobre a mesma matéria, e que tenham tido o mesmo fundamento legal, caberá recurso especial sem efeito suspensivo, cujo recurso deverá ser apresentado perante o órgão central da Secretaria da Receita Federal (art. 48, §5º, LF nº 9.430/96).

A competência para decidir sobre consulta formulada por órgão central da Administração Pública Federal ou por entidade de representação de categoria econômica ou profissional, de âmbito nacional, é do órgão central da Secretaria da Receita Federal. Nos demais casos, essa competência se transfere para os órgãos regionais da Secretaria da Receita Federal (art. 48, §1º, I e II, LF nº 9.430/96).

Condizente, especificamente, com as consultas a serem formuladas perante os Tribunais de Contas, estão estas, obrigadas a se formalizarem mediante petição escrita, e quando referirem-se a situações abstratas, devendo conter:

    a) o nome da autoridade ou do órgão a que se dirige a consulta;

    b) o nome da autoridade ou do órgão que está a formular a consulta;

Capítulo 16
Instrumentos de Deflagração da Fiscalização dos Atos da Gestão Fiscal | 295

c) a exposição clara e circunstanciada do texto da consulta, que não pode se referir a caso concreto, a indicação dos respectivos dispositivos legais ou regulamentares, dos quais se deseja suas interpretações e orientações, para aplicá-los a casos futuros;

d) a exposição clara e circunstanciada sobre os pontos de dúvidas levantadas pelo consulente; e,

e) a indicação do local, data e assinatura do consulente.

Já, relativamente às consultas a serem procedidas perante os órgãos fazendários federais, com a finalidade de obter destes a interpretação sobre dispositivos legais ou regulamentares, isto é, ao órgão central da Secretaria da Receita Federal (art. 48, §1º, I, LF nº 9.430/96), ou aos seus órgãos regionais (art. 48, §1º, II, LF nº 9.430/96), estas deverão ser formuladas através de petições escritas, se referirem-se a situações abstratas e se contiverem:

a) o nome da autoridade ou órgão a quem está sendo dirigida a consulta;

b) o nome completo, endereço, telefone, número de inscrição no Cadastro Geral de Contribuintes (CGC), no caso de pessoa jurídica;

c) o carimbo padronizado do CGC, aposto no cabeçalho da petição;

d) o nome completo, endereço, telefone, atividade profissional e número de inscrição no Cadastro de Pessoas Físicas (CPF), quando pessoa física;

e) a identificação do representante legal ou procurador, quando for o caso;

f) a exposição clara e circunstanciada do texto da consulta, que não pode se referir a caso concreto, a indicação dos respectivos dispositivos legais ou regulamentares, dos quais se deseja suas interpretações e orientações, para aplicá-los a casos futuros;

g) a exposição clara e circunstanciada sobre os pontos de dúvidas levantadas pelo consulente; e

h) a indicação da cidade, data e assinatura do consulente ou de seu representante.

Tratando-se, porém de consulta sobre *classificação de mercadoria*, na Tabela de Incidência de Imposto Sobre Produtos Industrializados (TIPI) e na Tabela Aduaneira do Brasil (TAB), deverão ser fornecidos, obrigatoriamente, pelo consulente, os seguintes elementos de informação sobre o produto:

a) nome vulgar ou popular, comercial, científico e técnico;
b) marca registrada, modelo, tipo e fabricante;
c) função principal e secundária;
d) princípio e descrição resumida do funcionamento;
e) aplicação, uso ou emprego;
f) forma de acoplamento de motor a máquinas ou aparelhos, quando for o caso;
g) dimensões e peso líquido;
h) peso molecular, ponto de fusão e densidade, para produtos, conforme o caso;
i) forma líquida, pó, escamas, etc.; e
j) material ou materiais de que é constituída a mercadoria e suas respectivas percentagens em termos de peso e volume (N43/79 – Coordenadoria do Sistema de Tributação – CST).

Em linhas gerais, a *consulta* é esse procedimento ou instituto administrativo, que consiste em ser um *instrumento de deflagração da fiscalização dos atos da gestão fiscal*, exercitado *previamente* pelo órgão fiscalizador da matéria consultada.

16.3.2 Representação administrativa

Com origem institucional na Carta Magna da República, que tratou a matéria com a denominação genérica de *direito de petição, a representação administrativa* é mais um procedimento administrativo que funciona como um *instrumento de deflagração da fiscalização dos atos da gestão fiscal* posto à disposição ora das autoridades públicas, ora dos administrados em geral (pessoas físicas e jurídicas), conforme a natureza com que se apresente o ato ou atividade que se deseja ver corrigida pela Administração Pública (arts. 5º, XXXIV, "a" e 37, §3º, CF).

Este procedimento administrativo tem sido entendido por alguns doutrinadores de escol, como sendo uma "denúncia solene", isto é, uma denúncia que quando realizada por escrito, não encontra qualquer traço que as diferencie entre si no momento da contrasteação feita entre ambas.

Quanto ao autor, está ele inteiramente convencido de que a *representação* e a *denúncia* são institutos que servem a objetivos diferentes, e por isso, diferentes entre si, sendo utilizados em situações bastante distintas, e se expondo a produzirem resultados diferentes, do que emergem alguns traços distintivos que as separam com certa nitidez. Embora ambas sejam institutos jurídicos que têm por objetivo a provocação de controle da parte da Administração Pública, e a ser exercido sobre determinadas atividades desta, cada uma delas tem finalidade específica, para sua utilização, do que decorre a exclusão de um ou do outro, em cada uma das situações em que estes são exigidos.

A *representação* é um procedimento administrativo utilizado pelos administrados, em geral, ou por autoridade pública que, tendo tomado ciência de um comportamento irregular ou abusivo da função pública, e, reconhecendo não dispor dos poderes legais necessários ao conhecimento da matéria e do respectivo julgamento e aplicação das sanções legais ao infrator, dela faz uso para participar ou noticiar à autoridade competente a existência da ocorrência irregular em serviços de sua responsabilidade, para que esta, mediante os meios legais postos ao seu alcance adote as medidas necessárias aos resguardos dos objetivos legais.

A *representação* tanto pode ser utilizada por via administrativa, perante as autoridades administrativas dos três Poderes, quanto junto às autoridades dirigentes das entidades públicas e privadas da Administração direta e indireta.

Exemplo típico dessa situação é a prevista pela Constituição Federal, quando atribui aos Tribunais de Contas o poder-dever de "representar ao Poder competente sobre irregularidades ou abusos apurados", praticados por agentes públicos, que o Tribunal de Contas venha a tomar conhecimento em razão do exercício de suas atribuições (art. 71, XI, CF).

Retirando o assunto do campo meramente inteligível para deslocá-lo ao terreno da praticidade de sua utilização, oferece-se, a seguir, dois exemplos sobre a matéria que, por certo, iluminará a compreensão do assunto, facilitando o seu entendimento:

$1^{\underline{o}}$ *exemplo*: quando o Tribunal de Contas examina matéria incluída na sua competência de fiscalização, e se depara com ato irregular praticado pela autoridade administrativa, cabe ao Tribunal conhecer a matéria, julgá-la e aplicar ao responsável pelas infrações legais as sanções que lhes são conferidas por lei, tais como:

1) a sustação de execução do ato;
2) imposição de multa;
3) fixação de alcance de numerário em poder do responsável;
4) fixação do valor pecuniário atribuído a responsabilidade do agente público;

5) a impugnação da despesa, atribuindo ao infrator a responsabilidade civil pela mesma; etc.

Adotadas estas providências, ficam exauridas as competências do Tribunal, visto que dentro de sua missão constitucional já adotou todas as medidas *cabíveis* e *possíveis*, segundo sua competência.

2º exemplo: admita-se, agora, idêntica situação à acima descrita e que, examinada a questão, constatou o Tribunal de Contas ocorrência de ilícitos, uns, que lhe cabe conhecer e julgá-los e, outros, de ilícitos que escapam a sua competência, como é o caso da "ordenação de despesa" não autorizada por lei, que, de acordo com o Código Penal Brasileiro, constitui Crime Contra as Finanças Públicas (art. 359-D).

Nos ilícitos subordinados à competência de conhecimento por parte do Tribunal de Contas, este adotará as providências legais de sua alçada, como enfatizadas no exemplo anterior, e quanto à *infração penal* ocorrida é obrigado que este órgão represente o fato ao Chefe do Poder competente. Tratando-se, no exemplo dado, de autoridade auxiliar do Poder Executivo (Ministro, Secretário de Estado, Secretário Distrital e Secretário Municipal), essa representação a ser formulada pelo Tribunal de Contas deverá ser dirigida aos respectivos Chefes de Poder Executivo (Presidente da República, Governador de Estado ou Distrital e Prefeito Municipal) a quem caberá a adoção das medidas legais de que o caso seja merecedor.

Como, também, não cabe ao Chefe do Poder Executivo ingressar diretamente perante o Poder Judiciário, a quem cabe o conhecimento e resolução em definitivo do questionamento penal, terá o Mandatário Público de, por sua vez, formular perante o correspondente Ministério Público, a *representação*, por via da qual participa ou noticia o fato criminoso, para que este adote as providências de sua alçada, qual seja, a formulação da *denúncia* perante o Poder Judiciário, dando, com essa última peça, a movimentação ou deflagração inicial do processo-crime contra aquela autoridade desidiosa (art. 129, I, CF).

Como se viu da exposição, a *representação* é uma peça meramente expositiva e informativa feita por autoridade pública ou servidor público, que não goze dos poderes legais para *conhecer* e *julgar* os ilícitos por ela informados e, tão pouco, para aplicação das sanções cabíveis por via da qual participa a existência de determinada ocorrência ilícita, sem, contudo se constituir num procedimento que inicie ou tenha força para deflagrar a instauração do respectivo processo, por via do qual será conhecido, investigado, discutido e julgado o fato ilícito representado.

Já a *denúncia*, do pouco que se viu no último exemplo demonstrado, é a peça da qual faz uso a autoridade pública para desenvolver as atribuições compreendidas entre as suas obrigações funcionais, como é o caso do Ministério Público nas ações penais públicas e ações penais condicionadas em que, nesta última, recebe previamente da parte interessada uma *representação*, mediante a qual toma conhecimento do fato criminoso e, através da *denúncia*, inicia ou deflagra o devido processo-crime perante o Judiciário.

Do exposto é possível constatar que a *representação* é peça simplesmente, informativa de fato ilícito, feita por autoridade pública que não detém poderes legais para conhecê-lo e solucioná-lo ou pelos administrados, em geral, nos casos autorizados por lei, enquanto a *denúncia* é peça feita por autoridade competente ou por administrado legalmente autorizado, para abrir diretamente o processo de investigação, apuração e julgamento sobre o fato ilícito denunciado, o que não é o objetivo da representação.

Por fim, com a finalidade de focar mais claridade em apoio ao entendimento, que aqui fica exposto e, objetivando ao mesmo tempo que o leitor procure tirar sua própria conclusão a respeito da matéria estudada, reproduz-se, a seguir, o texto redacional do art. 2º, da Lei Federal nº 4.898/65, que dispõe sobre a representação, quando diz literalmente que:

> Art. 2º – O direito de representação será exercido por meio de petição:
>
> a – dirigida à autoridade superior que tiver competência legal para aplicar, a autoridade civil ou militar, a respectiva sanção;
>
> b – dirigida ao órgão do Ministério Público que tiver competência para iniciar processo-crime contra a autoridade culpada.

Do texto legal, acima reproduzido, conclui-se, induvidosamente, que se a autoridade pública detivesse os poderes para o conhecimento e julgamento da matéria, nenhuma razão justificaria para que ela informasse o fato ilícito a outra autoridade que não fosse competente para o caso, mediante representação.

Não assiste nenhuma razão de ordem lógica ou prática, para que tivesse a legislação criado dois institutos jurídicos idênticos a serem impetrados pelas mesmas pessoas legitimadas pelo texto legal para utilizá-las nos mesmos momentos de necessidade, sobre as mesmas matérias e com as mesmas finalidades. Logo, se não são idênticos, como de fato não o são, oferecendo, cada um deles os seus próprios serviços, é porque são desiguais, e se são desiguais é porque são diferentes, e por isto, instituído com pleno respeito ao *princípio da identidade jurídica*, que ensina que "uma determinada coisa não pode ser e deixar de ser ao mesmo tempo".

Destarte, conclui-se que: uma coisa (representação) não é exatamente a outra (denúncia), embora, em determinados momentos ou situações uma (denúncia) dependa da necessária existência da outra (representação), o que ressalta aos olhos serem institutos diferentes, tendo cada um deles o seu objetivo próprio.

De outro modo é o tratamento dado pela legislação ao instituto da denúncia, que fê-lo como sendo a peça de acusação (e não informativa) hábil à abertura do processo de investigação e julgamento do fato ilícito, ainda, quando formulada pelos administrados. Veja-se o que prescreve neste sentido a Lei Federal nº 1.079/50, que define os Crimes de Responsabilidades das Autoridades Públicas Federais e Estaduais e regula o respectivo processo de julgamento:

> Art. 75 – É permitido a todo cidadão DENUNCIAR o governador perante a Assembléia Legislativa, por crime de responsabilidade. (grifado)
>
> Art. 76 – A denúncia assinada pelo denunciante e com a firma reconhecida, dever ser acompanhada dos documentos que a comprovem, ou da declaração de impossibilidade de aprensentá-los, ou com a indicação do local em que possam ser encontrados. Nos crimes de que houver prova testemunhal, conterá o rol das testemunhas em número de 5 (cinco) pelo menos.
>
> Parágrafo Único – Não será recebida a denúncia depois que o governador, por qualquer motivo, houver deixado definitivamente o cargo.
>
> Art. 77 – Apresentada a denúncia e julgada objeto de deliberação, se a Assembléia Legislativa, por maioria absoluta, decretar a procedência da acusação, será o governador imediatamente suspenso de suas obrigações.

No caso dos Tribunais de Contas, correlacionado com o inciso XI, do art. 71 da Constituição Federal, a atividade inerente à formulação de *representação* é *ato vinculado*, pois se trata de um *poder-dever* atribuído a estes órgãos que, além de não poderem se omitir desta obrigação constitucional, terão, ainda que desempenhá-la tal como determina o texto da Constituição Federal, isto é, ao formularem suas representações terão de fazê-las exclusivamente perante o Poder competente, isto é, aquele que estiver sofrendo a ação ilícita a ser representada, e não diretamente ao Ministério Público como sistematicamente fazem alguns Tribunais de Contas, com ostensivo desrespeito à Carta Magna do País, expondo-se estes, a uma representação.

Da mesma natureza jurídica é a representação que se exige dos responsáveis pelo controle interno a ser formulada perante os Tribunais de Contas, e que sendo eles conhecedores de situação de ilegalidade ou irregularidade e dela não participarem aos Tribunais de Contas sua existência, passarão os mesmos a responder, solidariamente com o infrator, as sanções legais daí resultantes (art. 74, §1º, CF).

A representação deverá ser formalizada através de documento escrito, devendo a petição:

a) indicar o nome do órgão ou da autoridade a quem se dirige;

b) indicar o nome completo, qualificação e endereço do representante (pessoa responsável pela representação), para onde deverão ser encaminhadas as comunicações oficiais;

c) descrever de forma clara e circunstanciada os fatos representados e seu fundamento jurídico;

d) anexar documentos comprobatórios sobre o fato representado;

e) indicar o órgão e a respectiva data em que o fato representado ocorreu;

f) indicar o nome da autoridade infratora que está sendo representada;

g) indicar o local, data e assinatura do representante.

Quanto às representações tratadas em algumas leis esparsas ou específicas, têm elas a natureza jurídica de direito público subjetivo para as pessoas por elas legitimadas, quanto a suas formulações. Admitindo-se que todo direito é renunciável por vontade expressa ou tácita do seu titular, neste caso, qualquer das pessoas legitimadas ao seu uso, ainda que conhecedora de prática criminosa poderá fazê-la ou deixar de fazê-la, sem a superveniência de qualquer consequência, entendimento este arrimado nas disposições dos arts. 1º e 2º da Lei Federal nº 4.898/65 e art. 5º, §3º do Código de Processo Penal.

Excepcionada a representação a ser dirigida perante a autoridade policial, cuja legislação permite sua oralidade, nos demais casos será ela feita mediante documento escrito, devendo se constar dos elementos de informação já declinados.

16.3.3 Denúncia administrativa

É um *instrumento de deflagração da fiscalização dos atos da gestão fiscal* a ser utilizado por determinadas autoridades públicas ou pelos administrados em geral (pessoas físicas e jurídicas), com a finalidade de promover a acusação e consequentemente a deflagração da abertura do processo de investigação e julgamento da ocorrência caracterizada como ilícito administrativo ou ilícito penal.

Igualmente à representação administrativa, a *denúncia administrativa* tanto pode ser utilizada por via administrativa perante as autoridades administrativas situadas nos três Poderes, quanto perante os dirigentes das entidades públicas ou privadas da administração direta e indireta.

Quanto às pessoas legitimadas para utilização desse procedimento administrativo, inclusive junto aos Tribunais de Contas, na verdade, para elas, trata-se de uma faculdade e não de uma obrigação legal, do que não resultam consequências para aquelas pessoas que, embora tendo conhecimento de ocorrência irregular do serviço público, não a denuncia.

Adverte-se, na oportunidade, que dentre as pessoas legitimadas para formular denúncias perante os Tribunais de Contas, não se encontram os agentes públicos, em geral (autoridades administrativa, servidores públicos, etc.), consoante se vê do texto redacional do §2º do art. 74 da Constituição Federal. Contudo, as pessoas investidas das condições de agentes públicos podem formular tais denúncias, desde que as façam na simples condição de cidadão participante do grupo social.

Ao ser formulada a denúncia e haver esta ingressado no Tribunal de Contas tem este procedimento o objetivo e a força legal para detonar diretamente a abertura do respectivo processo de investigação e julgamento do ilícito denunciado, independentemente da providência de qualquer outro ato ou atividade administrativa, devendo as Cortes de Contas, em qualquer das hipóteses, comunicarem aos denunciantes e denunciados as decisões adotadas, que terão de ser devidamente motivadas (art. 93, X, CF).

Por outro lado, por se tratar de uma atividade vinculada, não podem estes Tribunais deixar de recebê-la, examiná-la e julgá-la, ressalvada a hipótese de esta não preencher as condições exigidas por lei, para o seu recebimento, mas, mesmo assim, a decisão do órgão terá que ser obrigatoriamente motivada e comunicada às pessoas do denunciante e do denunciado que, se for o caso, poderá processar criminalmente o denunciante por denunciação caluniosa, cuja pena varia de 02 (dois) a 08 (oito) anos de reclusão (art. 139, Código Penal Brasileiro).

A formalização da denúncia deverá ser realizada, obrigatoriamente, mediante documento escrito, do qual se conste:

a) indicação do nome do órgão ou da autoridade a quem se dirige;

b) indicação do nome completo, qualificação e endereço do denunciante, para onde deverão ser encaminhadas as comunicações oficiais;

c) descrição clara e circunstanciada dos fatos denunciados e do seu fundamento jurídico;

d) anexação dos documentos comprobatórios dos fatos denunciados;

e) indicação do órgão e respectiva data em que o fato denunciado ocorreu;

f) indicação do nome da autoridade denunciada; e

g) indicação do local, data e assinatura do denunciante.

Quanto ao Ministério Público, a atividade institucional ou profissional condizente com a promoção da denúncia é de natureza vinculada, não podendo seus membros declinar do ofício, a menos que, a *representação* que lhe tenha submetido à apreciação tenha se caracterizado de total improcedência, devendo ser arquivada, mas ainda assim, por força de parecer devidamente motivado (art. 93, X, CF).

Ao final da discussão aqui empreendida, comporta dizer que a denúncia constitui uma peça de acusação feita pela pessoa do denunciante, com o propósito de ver o denunciado investigado, julgado e condenado, prestando contas, assim, do seu ato irregular através da abertura do processo de investigação, que esta deflagra, isto é, para isto instaurado. Enquanto a representação é uma peça meramente informativa da existência de uma ocorrência ilícita (administrativa ou penal) desprovida ou destituída da força legal necessária para deflagrar diretamente a abertura ou instauração do processo de investigação (administrativa ou criminal), contra a pessoa do representado (arts. 24 e 27 do Código de Processo Penal).

Para concluir, cumpre ressaltar que a denúncia administrativa, como *instrumento de deflagração da fiscalização dos atos da gestão fiscal*, pode ser formulada por qualquer cidadão, partido político e associação ou sindicato mediante via administrativa, perante qualquer autoridade que exerça funções administrativas, em qualquer dos três Poderes ou das entidades públicas e privadas da administração direta e indireta, bem como, perante o Tribunal de Contas, isto é, ante o controle externo (§2º, art. 74, CF).

16.3.4 Sindicância administrativa

Como *instrumento de deflagração da fiscalização* sobre as atividades administrativas, mormente em se tratando, especificamente, de investigação sobre fatos ilícitos praticados por agente público no âmbito das atividades da gestão fiscal, correlacionados com desvios, emprego irregular ou outro tipo qualquer de malversação de dinheiro, bens e valores públicos ou pelos quais responda a unidade federativa, ou que em nome desta possa assumir obrigações de natureza pecuniária, tem o *pedido de sindicância administrativa* desempenhado importante função de interesse da Administração Pública.

Procedimento de natureza *sumária*, o pedido de sindicância administrativa tem por finalidade investigar fatos ilícitos ocorridos nos órgãos públicos, oferecendo os elementos necessários à comprovação da *existência real* da ocorrência que se investiga, bem como a identificação da sua autoria, isto é, indicadores da pessoa do autor do ilícito cometido.

O *pedido de sindicância administrativa* tem início com a comunicação feita à autoridade pública competente através de representação administrativa que, ao tomar conhecimento do fato ilícito comunicado, dá início à abertura do respectivo *processo de sindicância*, mediante a edição do ato constitutivo da comissão sindicante que será formada por servidores públicos que gozem de estabilidade no serviço público, escolhendo-se, entre estes, aquele que irá presidi-la em todos os atos e termos do respectivo processo.

A instalação da sindicância independe do conhecimento completo do fato sindicado e de sua autoria, já que os objetivos da investigação promovida mediante ela têm a finalidade de se conhecer a real existência do ilícito ocorrido e o seu verdadeiro autor. Basta, portanto, que tenha a autoridade administrativa tomado conhecimento de alguma irregularidade acontecida em serviço público submetido à sua autoridade e responsabilidade (art. 143, LF nº 8.112/90).

O conhecimento do fato ilícito, por parte das autoridades públicas, tanto pode se originar de ciência própria quanto em razão de *pedido de sindicância administrativa*. Nos casos em que a autoridade pública toma conhecimento do fato ilícito por via de pedido de sindicância administrativa, esta só será apurada quando a pessoa do postulante houver se identificado devidamente na peça acusatória, indicando inclusive, o seu verdadeiro endereço e tê-la feita *por escrito*, assinando-a, de forma a assumir a responsabilidade pelo seu ato, que o sabendo inverídico, estará cometendo crime previsto no art. 339, do Código Penal Brasileiro.

Após instalada a sindicância, poderá esta ser arquivada quando ficar comprovada a *inexistência dos fatos arguidos* ou quando, mesmo tendo ocorridos os fatos, não se tenha conseguido identificar a *verdadeira autoria*. Em caso contrário, será aplicada a respectiva penalidade legal ao infrator que pode variar de simples *advertência* até *suspensão* de no máximo 30 (trinta) dias, se este for servidor público.

A sindicância terá que ser concluída dentro do prazo de 30 (trinta) dias contados da data de sua abertura, podendo este prazo ser prorrogado por mais 30 (trinta) dias pela autoridade pública que determinou sua abertura, a pedido da comissão sindicante.

Além dos resultados mencionados, pode, ainda, a *sindicância* decorrer da abertura de processo administrativo, sempre que, em face das responsabilidades dos fatos apurados, estas ensejem impo-sição de *penalidades de suspensão superior a 30* (trinta) *dias; demissão, cassação de aposentadoria* ou de *disponibilidade,* ou *destituição de cargo em comissão* (art. 146, LF nº 8.112/90).

Quando houver possibilidades de o agente público sindicado poder influenciar na apuração da irregularidade investigada, a autoridade que autorizou a abertura da sindicância determinará o seu afastamento do cargo, pelo prazo máximo de 60 (sessenta) dias, contudo sem prejuízos de sua remuneração, prazo este que poderá ser prorrogado se assim determinar o interesse da Administração Pública. Findo o prazo de prorrogação, cessarão todos os seus efeitos, mesmo que ainda não se tenham concluído os trabalhos da sindicância (art. 147, LF nº 8.112/90).

Concluída a *sindicância,* e constatado que, além do ilícito admi-nistrativo, também se configurou ilícito penal, deve a autoridade administrativa responsável pela abertura da sindicância adotar as medidas punitivas do direito disciplinar, ao infrator, bem como, participar o fato criminoso ao Ministério Público, para que este adote as providências de sua alçada no resguardo dos objetivos legais.

Para o leitor que desejar maior aprofundamento da matéria, deixa-se no ensejo a informação de que a sindicância tem o seu integral disciplinamento nos *Títulos IV e V da Lei Federal nº 8.112/90* que dispõe sobre o Regime Jurídico dos Servidores Públicos Civis da União. Informa-se, outrossim, que nos Estados, Distrito Federal e nos Municípios o procedimento administrativo ora estudado tem quase o mesmo tratamento que lhe deu a Lei Federal retrorreferida para a União.

16.3.5 Consulta legislativa

O Regimento Interno do Senado Federal fixa atribuição à Comissão Permanente de Assuntos Econômicos para responder consulta sobre as matérias que lhes sejam afetas (art. 99, Resolução nº 18/89).

Idêntica providência foi adotada pelo Regimento Interno da Câmara dos Deputados quando deferiu à Comissão de Constituição, Justiça e Cidadania a competência para responder *consulta* sobre as matérias submetidas a suas atribuições (art. 32, III, "c", Resolução nº 17/89).

É verdade que as *consultas* a serem formuladas perante as Comissões de Assuntos Econômicos e de Constituição, Justiça e Cidadania, estão restritas aos pedidos de formulações feitas pelo Presidente do Senado Federal, do Plenário ou por solicitação feita por outras Comissões da referida Casa Legislativa.

Tem a consulta a finalidade de submeter a estudo e consequente resposta da parte da Comissão de Assuntos Econômicos sobre matérias que se subordinam ao *controle* ou *fiscalização* de sua respectiva competência, e cuja formulação deve referir-se a pedido de interpretação de dispositivos legais ou regulamentares, analisados abstratamente, para aplicação futura, em casos concretos, por parte dos órgãos legislativos consulentes.

Trata-se de um ato vinculado do órgão competente, visto que, estando a *consulta* formulada em termos regulares e por quem tenha a legitimidade para fazê-la, não pode a Comissão de Assuntos Econômicos se recusar a respondê-la, posto se tratar do cumprimento de um dever determinado por lei.

É a consulta um excelente *instrumento de deflagração da fisca-lização dos atos da gestão fiscal* por ser exercitada perante o órgão competente para fiscalizar a matéria consultada, oferecendo, de modo prévio ao consulente, a orientação necessária para que este pratique, com a devida segurança legal, a atividade que deseja vê-la levada a efeito, e com a certeza de que seu ato obterá a respectiva aprovação do órgão fiscalizador.

Feita a *consulta* e tendo o consulente recebido a resposta, e praticado o seu ato rigorosamente de acordo com a orientação dada pelo órgão consultado, não pode este, posteriormente, promover qualquer restrição ao comportamento do consulente, a não ser que tenha havido alguma modificação dos dispositivos legais ou regulamentares sobre o objeto da consulta, algum tempo depois da resposta desta.

Do exposto, se ver que se trata de um procedimento que tem por objetivo provocar, *previamente*, o exercício de fato do controle de atividades, no âmbito do Poder Legislativo, por parte do órgão competente para exercitar a fiscalização da matéria, o que o faz ser tratado como sendo um *instrumento de deflagração da fiscalização dos atos da gestão fiscal* praticado nas entranhas do referido Poder.

A consulta não foge à regra dos atos praticados no âmbito da Administração Pública. Tem que ser formulada por escrito, por autoridade legitimada para o exercício dessa atribuição, e cuja for-malização deve conter:

a) a indicação do nome do órgão ou da autoridade legislativa a quem a consulta é dirigida;

b) a exposição clara e circunstanciada dos pontos de dúvidas que o consulente pretende se esclarecer;

c) a indicação dos dispositivos legais ou regulamentares que pretende vê-los interpretados para aplicação a casos futuros;

d) a exposição clara de que a consulta se refere à situação abstrata;

e) a indicação do nome do órgão ou da autoridade legislativa que está a formular a consulta; e

f) local, data e assinatura do consulente.

O instituto aqui estudado pode ser utilizado, também, junto às Assembleias Legislativas dos Estados, à Câmara Legislativa do Distrito Federal e às Câmaras de Vereadores dos Municípios, desde que, previsto nos respectivos regimentos internos destas Casas Legislativas.

16.3.6 Representação legislativa

Semelhantemente àquela utilizada perante as autoridades administrativas, pode qualquer autoridade pública ou pessoa física ou jurídica privada apresentar diante do Senado Federal ou da Câmara Federal, ou ainda de qualquer de suas Comissões Permanentes a *representação legislativa* com o intuito de noticiar ou participar a estes órgãos a existência de um fato ilícito da competência de controle do Poder Legislativo (art. 58, IV, CF).

A *representação legislativa* tanto pode se referir ao exame de *atividades administrativas* praticadas pelo Poder Executivo, entre estas as atividades de execução da gestão fiscal, quanto pode *noticiar comportamentos irregulares* praticados por qualquer dos membros que compõem as duas Casas Legislativas — Senado Federal e Câmara Federal (art. 253, Resolução nº 17/89 do Regimento Interno da Câmara dos Deputados [RICD]).

Trata-se de um direito subjetivo público deferido a todas as pessoas (administradores e administrados) e, como tal, torna-se um ato vinculado, não podendo o Poder Legislativo deixá-lo sem a devida resposta à pessoa do representante, ainda que venha a concluir por sua inaceitação, por considerá-la destituída de qualquer fundamentação, ou por não ser de sua competência ou porque os fatos noticiados não constituíram em ilícitos, e por isso, não carecedores de reparos.

Por ser uma peça puramente de caráter informativo, difere a *representação da denúncia.* Enquanto o primeiro é um *instrumento de deflagração da fiscalização dos atos da gestão fiscal* que tem a finalidade de dar à autoridade legislativa competente a notícia de que está a ocorrer um fato ilícito merecedor da atenção do controle fiscalizatório do órgão competente. Contudo, não tem este procedimento a força legal necessária para abrir, por si só, a *instauração do processo* de investigação e julgamento do referido ilícito administrativo, ou de infração penal; a *denúncia,* ao contrário, constitui peça que veicula acusação contra o infrator, constituindo-se numa peça processual com força suficientemente necessária, por si própria, para a *abertura obrigatória* do respectivo processo de investigação.

Como afirmado anteriormente, são dois institutos jurídicos diferentes, desiguais, embora um (denúncia) dependa do outro (representação). Só esta condição já demonstra inequivocamente se tratarem de procedimentos diferentes, em que pese alguns administrativistas de escol entenderem, sobre a matéria, como

Capítulo 16
Instrumentos de Deflagração da Fiscalização dos Atos da Gestão Fiscal | 309

sendo um único instituto jurídico, não encontrando nada que os distinga entre si.

Como todo documento público, em geral, a *representação legislativa* é formalizada por escrito, de preferência em duas vias para que uma delas fique na posse do denunciante e a outra seja apresentada à autoridade legislativa competente, para que esta, através do instituto jurídico próprio, determine a instauração do processo de investigação do ilícito noticiado.

Não pode ser apresentada sob a proteção do anonimato (art. 5º, IV, CF), devendo o representante (aquele que assina a representação) formalizá-la por escrito, indicando na referida peça:

a) o nome da autoridade legislativa para a qual está sendo dirigida ou apresentada a representação;

b) o nome completo do signatário da peça representativa, inclusive com a indicação do número de seu registro geral e o endereço para onde deverão ser encaminhadas as comunicações oficiais;

c) a exposição com toda clareza do ilícito que está sendo noticiado através da representação e a data de sua ocorrência;

d) os artigos de lei que fundamentam o seu procedimento;

e) o órgão onde os fatos estão ocorrendo e o nome e a indicação do cargo exercido pela respectiva autoridade infratora; e

f) local, data e assinatura do representante.

Nos casos dos procedimentos relativos à apuração de comportamentos dos membros do Poder Legislativo, considerados incompatíveis com o decoro parlamentar, após admitida a *representação*, pelo voto do Plenário do Senado, será esta encaminhada à Comissão de Constituição, Justiça e Cidadania que, sobre a matéria, após a defesa do acusado, emitirá seu *parecer*, mediante a qual, referida Comissão apresentará sua denúncia ou acusação, concluindo pelo pedido da perda de mandato do Senador ou, se ao contrário, concluirá pelo arquivamento da representação legislativa (art. 32, II, §§4º e 5º e art. 33, §§1º e 2º, Resolução nº18/89, Regimento Interno do Senado Federal [RISF]).

Também cabe esse tipo de participação popular e das autoridades públicas, por via de *representação legislativa*, perante a Câmara Federal (art. 253, Resolução nº 17/89, Regimento Interno da Câmara dos Deputados [RICD]), cabendo a suas Comissões Permanentes, em razão das matérias de suas competências, o recebimento desta (art. 24, VI, Resolução nº 17/89, RICD).

Exemplo típico de representação legislativa junto à Câmara Federal é a que pode ensejar, quando o Chefe do Poder Executivo deixa de apresentar ao Congresso Nacional a sua prestação de contas anual, dentro do prazo legal de 60 (sessenta) dias contados da abertura da sessão legislativa (art. 49, IX, CF), cuja apresentação será feita à Comissão de Finanças e Tributação que, após averiguada a veracidade da notícia do fato, procederá à respectiva Tomada de Contas de Governo (art. 215, Resolução nº17/89, RICD).

Outro exemplo típico de atividade administrativa correlacionada com a gestão fiscal é a realização de despesa sem a devida autorização orçamentária. Na verdade, a representação legislativa a ser promovida perante o Poder Legislativo poderá ter por objeto qualquer atividade inerente à gestão fiscal, que a Administração Pública esteja pondo em prática por desconformidade com o texto legal.

Dentro dessa visão geral, ficam aqui expostas as linhas básicas e norteadoras deste procedimento como *instrumento de deflagração da fiscalização dos atos da gestão fiscal*, denominado de *representação legislativa*, acrescentando-se, ao exposto, que esse procedimento pode ser interposto, também, perante as Assembleias Legislativas dos Estados, a Câmara Legislativa do Distrito Federal e as Câmaras de Vereadores dos Municípios, quando do exercício de fiscalização da execução dos atos administrativos da gestão orçamentária, financeira, patrimonial e operacional pública, praticado por qualquer órgão administrativo integrantes dos três Poderes, dos Tribunais de Contas e das entidades públicas e privadas da Administração direta e indireta.

16.3.7 Denúncia legislativa

Tal como a representação e a reclamação, a denúncia legislativa tem origem no *direito de petição* a que alude a Constituição Federal (art. 5º, XXXIV, "a", CF).

É, pois, a *denúncia*, um direito subjetivo público deferido, legalmente, não só às autoridades públicas, como também, a todos os administrados em geral (pessoas físicas e jurídicas privadas), a quem desperte o interesse de ver corrigido, certa atividade administrativa, posta em execução pela Administração Pública, sem a devida conformação com o texto legal que a regulamenta, inclusive aquelas atividades relativas à execução da receita e despesa públicas, isto é, respeitante à execução da gestão fiscal.

Por se tratar de um direito subjetivo público, após oferecida a denúncia, não pode o órgão legislativo que dela tomar conhecimento deixar de oferecer resposta ao denunciante, seja qual for a decisão adotada pelo referido órgão que, em qualquer hipótese, terá de motivá-la.

Como já explicado, deve a *denúncia* ser formalizada por escrito, não podendo se esconder por trás da indigna proteção do anonimato (art. 5º, IV, CF), devendo ser indicado na respectiva peça acusatória:

a) o nome da autoridade legislativa ou órgão diante do qual está sendo apresentada a denúncia legislativa;

b) o nome completo, qualificação, número da identidade e endereço do denunciante, para onde deverão ser encaminhadas as comunicações oficiais;

c) exposição clara e circunstanciada dos fatos constitutivos do objeto da denúncia legislativa e respectivos fundamentos legais que embasam a mesma;

d) nome do órgão ou da autoridade infratora;

e) data da ocorrência da infração;

f) anexação dos documentos comprobatórios dos fatos alegados na denúncia legislativa; e

g) local, data e assinatura do denunciante.

São exemplos típicos de fatos que conduzem à denúncia legislativa perante o Poder Legislativo, os crimes de responsabilidades disciplinados na Lei Federal nº 1.079/50, por força da qual legitima qualquer cidadão a promovê-la contra as autoridades indicadas no seu próprio texto.

Alusivamente aos crimes de responsabilidade previstos pelo referido diploma legal, a *denúncia legislativa* deverá ser apresentada junto à Câmara dos Deputados, e somente por esta poderá ser recebida, enquanto o denunciado não tenha deixado, em definitivo, a função na qual haja cometido respectivo crime (art. 15, LF nº 1.079/50).

Recebida a denúncia legislativa, esta será lida logo na sessão seguinte e encaminhada para exame de Comissão Especial, eleita com essa finalidade, a quem caberá proceder às diligências que entender necessárias e oferecer *parecer* sobre a mesma.

Encerrada a discussão sobre o *parecer*, após haver sido submetido à votação nominal, será o processo de denúncia arquivado, desde que não tenha sido considerado objeto de deliberação por ser improcedente. Caso contrário, será dado ao denunciado oportunidade para que este se utilize do seu amplo direito de defesa, inclusive com o uso do contraditório e dos recursos a ela inerentes (art. 5º, LV, CF).

Sendo a denúncia legislativa dada por procedente pela Comissão Especial, será seu *parecer* incluído na ordem do dia da Sessão imediata, quando então será submetido a duas discussões, com um interregno de 48 (quarenta e oito) horas, entre uma e outra discussão.

Decretada a acusação, o denunciado será imediatamente intimado pela Mesa da Câmara dos Deputados que, conforme a natureza do crime, o processo será enviado ao Supremo Tribunal Federal – STF (art. 102, I, "b" e "c", CF, ou, Senado Federal, art. 52, I e II, Constituição Federal).

São exemplos de comportamentos que constituem crimes de responsabilidades, as atividades administrativas concernentes à gestão fiscal tais como, *ordenar despesas não autorizadas em lei, ou sem as formalidades legais exigidas, abrir crédito adicional sem autorização legal, contratar empréstimo sem autorização legislativa, alienar imóveis ou empenhar rendas sem autorização legal, negligenciar a arrecadação das rendas, impostos e taxas, bem como, a conservação do patrimônio público, exceder ou transportar sem ter a devida autorização legal, as dotações orçamentárias, etc.*

Além dos exemplos acima citados, cabe dizer que a denúncia legislativa, a ser formulada perante o Poder Legislativo, tem, na verdade, por objeto, qualquer ilícito administrativo ou penal que se cometa no exercício da execução dos atos administrativos da gestão orçamentária, financeira, patrimonial e operacional pública, praticado por qualquer órgão administrativo integrantes dos três Poderes, dos Tribunais de Contas e das entidades públicas e privadas da administração direta e indireta, podendo, também, ser apresentadas perante as Assembleias Legislativas dos Estados, a Câmara Legislativa do Distrito Federal e as Câmaras de Vereadores dos Municípios.

16.3.8 Sindicância legislativa

Haverá *pedido de sindicância legislativa* sempre que algum Deputado cometer, no âmbito da Casa Legislativa da Câmara dos Deputados, qualquer ato ou omissão que configure ilícito ofensivo à disciplina da citada Casa.

Conhecido o ilícito praticado, cabe ao Presidente da Câmara Federal ou do Presidente da respectiva Comissão promover a abertura da sindicância legislativa destinada à apuração da responsabilidade do membro infrator e propor as sanções cabíveis aos resguardos dos objetivos legais (art. 268, Resolução nº 17/89, Regimento Interno da Câmara dos Deputados [RICD]).

No caso de ilícito praticado pelo Deputado e se esse ilícito se tratar de delito, isto é, de infração penal cometida nos recintos dos edifícios da Câmara Federal, a *sindicância legislativa* ou *inquérito* será instaurado pelo Corregedor da Câmara ou pelo Corregedor substituto. Nesta hipótese, servirão de orientação legal os preceitos do Código de Processo Penal e dos Regulamentos Policiais do Distrito Federal (art. 269, §1º, Resolução nº 17/89, RICD).

Em se tratando de *sindicância legislativa* ou de *inquérito* em razão de ilícito cometido no recinto dos edifícios da Câmara Federal por qualquer dos seus membros, concluído esta, será ela encaminhada à autoridade judiciária competente.

Tem o pedido de sindicância legislativa a finalidade de apurar a existência de fatos ocorridos nos recintos dos edifícios da Câmara Federal praticado por Deputado, bem como, para apurar sua autoria, perseguindo o deflagramento da aplicação da respectiva sanção pela Mesa ou de Comissão responsável pela apuração da ocorrência.

Cabe à Mesa Diretora da Câmara a manutenção da ordem e da disciplina dos seus membros no recinto dos edifícios desta. Logo após efetivada sua eleição, a Mesa designará 04 (quatro) Deputados efetivos para, como Corregedores substitutos, se responsabilizarem pela ordem e pela disciplina no âmbito da Casa (art. 267, Resolução nº 17/89, RICD).

Compete, finalmente, à referida Mesa Diretora ou ao Presidente de Comissão aplicar a penalidade de censura escrita a Deputado, ou a de perda temporária do exercício do seu mandato, nos termos dos artigos 15, XV c/c §2º do art. 205 e §2º do art. 246 da Resolução nº 17/89, RICD.

É importante que se diga que o pedido de sindicância legislativa não se presta a deflagrar a abertura de processo investigatório sobre, apenas, as situações acima estudadas, quanto ao comportamento dos parlamentares, mas também serve para determinar a abertura de processos de investigação sobre malversações ou desvios de recursos públicos, bem como, de mais outras irregularidades que venham a ocorrer nos atos administrativos da gestão orçamentária, financeira, patrimonial e operacional praticados pelos órgãos admi nistrativos situados em qualquer dos três Poderes, dos Tribunais de Contas e das entidades (públicas e privadas) da administração direta e indireta.

Igualmente a qualquer dos outros *instrumentos de deflagração da fiscalização dos atos da gestão fiscal*, o *pedido de sindicância legislativa* pode ser utilizado por qualquer dos Poderes Legislativos, isto é, pelas Assembleias Legislativas dos Estados, Câmara Legislativa do Distrito Federal e as Câmaras de Vereadores dos Municípios, desde que, previsto na respectiva legislação, ou seja, nos seus Regimentos Internos.

16.3.9 Reclamação legislativa

Como um *instrumento de deflagração da fiscalização dos atos da gestão fiscal*, cabe a qualquer autoridade pública ou às pessoas físicas e jurídicas privadas em geral, a utilização desse procedimento com a finalidade de fazer movimentar, na prática, o *controle ou fiscalização* da competência do Poder Legislativo (controle externo) sobre deter-minadas atividades administrativas praticadas pela Administração Pública em desacordo com a vontade legal (art. 58, IV, CF).

Trata-se indubitavelmente de um direito subjetivo público deferido às autoridades públicas e, igualmente, aos administradores, em geral (pessoas físicas e jurídicas privadas), como partícipe da fiscalização das atividades públicas (art. 253, Resolução nº 17/89, RICD e art. 90, IV Resolução nº18/89, RISF).

A reclamação legislativa deverá ser apresentada à Comissão Permanente de qualquer das duas Casas Legislativas do Congresso Nacional (Câmara Federal e Senado Federal) competente para o exa-me da matéria, e por se tratar de uma atividade vinculada, destas, não podem as mesmas deixar de oferecer resposta ao reclamante, sejam quais forem suas decisões, que deverão ser devidamente motivadas.

Como os demais instrumentos de deflagração da fiscalização dos atos da gestão fiscal já estudados, deve ela ser formalizada por escrito onde sejam indicados:

a) o nome da autoridade legislativa ou órgão diante do qual está sendo apresentada a reclamação legislativa;

b) o nome completo, qualificação, número da identidade, e endereço do reclamante, para onde deverão ser encaminhadas as comunicações oficiais;

c) exposição clara e circunstanciada dos fatos constitutivos do objeto da reclamação legislativa e respectivos fundamentos legais que embasam a mesma;

d) nome do órgão ou da autoridade infratora;

e) data da ocorrência da infração;

f) anexação dos documentos comprobatórios dos fatos alegados na reclamação legislativa; e

g) local, data e assinatura do reclamante.

Recebida a reclamação legislativa, a Comissão por ela responsável emitirá *parecer* sobre esta, encaminhando-a à Mesa para as providências de alçada desta e do Plenário.

Confirmada a reclamação legislativa, a respectiva Comissão deverá encaminhar ao Ministério Público, à Advocacia-Geral da União, cópia do processo da reclamação, para que estes órgãos adotem as medidas de suas alçadas, em face às infrações apuradas. Sendo o caso, deverá encaminhar, também, ao Chefe do Poder Executivo, para que este adote as providências de sua responsabilidade (art. 37, §§2º e 6º, CF).

São exemplos de atividades administrativas a serem corrigidas pelo Poder Legislativo, através da reclamação legislativa, as *nomeações de servidores públicos, para cargos de provimento efetivo, sem observância do respectivo concurso público, por criar despesas indevidas para o erário, os danos causados a terceiro pelas pessoas jurídicas de direito público, e as de direito privado prestadoras de serviços públicos, o respeito aos prazos dos concursos públicos e, neste mesmo sentido, o respeito pela legalidade e prazos dos procedimentos licitatórios.* Os casos aqui mencionados são apenas exemplificativos, posto que, na prática, o universo dos atos administrativos, principalmente os ligados à gestão fiscal, constituem uma imensa lista.

Igualmente aos demais *instrumentos de deflagração da fiscalização dos atos da gestão fiscal,* o procedimento aqui em questão também pode ser apresentado perante as Assembleias Legislativas dos Estados, a Câmara Legislativa do Distrito Federal e as Câmaras de Vereadores dos Municípios, constituindo-se objeto da *reclamação legislativa* qualquer atividade administrativa praticada pelos órgãos administrativos no âmbito dos três Poderes, dos Tribunais de Contas e das entidades públicas e privadas da administração direta e indireta.

16.3.10 Pedido de sustação ao legislativo de ato

Com o advento do Estado Democrático de Direito, como é o caso do Estado Brasileiro, não só as pessoas físicas e jurídicas privadas passaram a se conduzir com submissão ao império da lei, como também, o próprio Estado (art. 1º, CF).

Como garantia dessa nova visão comportamental, ditada pelos princípios regentes do Estado Democrático de Direito, em que sobressai o respeito de todos ao império da vontade legal, a nossa Constituição Federal reservou, em seu texto, um *Capítulo* direcionado, exclusivamente, às regras de proteção *Dos Direito e Garantias Fundamentais* dos indivíduos e da coletividade, em geral, dentre os quais se insere a lei como o único ato suscetível para inovar o ordenamento jurídico nacional, conhecido por *princípio da legalidade* (art. 5º, II, CF), portanto, o único ato normativo capaz de estabelecer direito e obrigações a serem respeitados por todos os indivíduos, inclusive, pelo próprio Estado.

Neste sentido, expressa literalmente a nossa Carta Política Maior que "ninguém será obrigado a fazer ou deixar de fazer alguma coisa senão em virtude de lei", do que resulta não poder a Administração Pública exigir dos administrados, em geral, conduta ou comportamento que não esteja rigorosamente determinado por regras escritas em lei (art. 5º, II, CF), impondo, destarte, com esta sentença constitucional, ao *princípio da legalidade*, o prestígio e a dignidade de haver a lei se tornado o primado do ordenamento jurídico brasileiro: *onde não há lei, não há direito, nem tão pouco obrigação, subsistindo, apenas, um espaço vazio, do qual não pode emanar autorização para atuação da Administração Pública, o que impede que esta, como rolo compressor, invada ilegalmente os direitos e garantias individuais e coletivos.*

Promulgadas as Constituições Federal, Estaduais e as respectivas Leis Orgânicas dos demais entes federativos, cabe à lei a função de regulamentar os textos dos diplomas legais supracitados, em nível de legislação infraconstitucional. Ao desempenhar essa função de normas regulamentadoras dos textos dos diplomas legais retrorreferidos, as leis terão que conformar os seus textos às regras estabelecidas pelos textos legais regulamentados, não podendo contrariá-los, sob pena de se expor à inconstitucionalidade e, portanto, à nulidade da regra inconforme, em razão do que prevalecerá o texto regulamentado, por gozar do prestígio da hierarquia suprema existente entre as leis.

Editadas as leis federais, estaduais, distritais e municipais, são estas postas, em prática, através dos atos públicos ou atos administrativos, desde que autoaplicáveis, isto é, não estejam os seus textos na dependência de regulamentação por decreto regulamentar a ser baixado pelo Chefe do Poder Executivo (art. 84, IV, CF).

Por *decretos regulamentares*, tenha-se os atos normativos que o Chefe do Poder Executivo elabora, quando assim o exige o texto legal, com a finalidade de explicar o texto da lei regulamentada, facilitando sua compreensão e aplicação por parte das demais autoridades públicas, e pelos administrados, em geral.

Ao pôr em prática a regulamentação da lei, por intermédio de ato normativo do Poder Executivo, denominado de decreto regulamentar ou simplesmente regulamento, não pode este ato restringir ou expandir o alcance, ou extensão dos direitos e obrigações estabelecidos pelo texto legal regulamentado, sob pena de se estar expondo aos efeitos de sua anulação.

Contudo, quando ocorre qualquer das duas hipóteses acima mencionadas, isto é, quando o *regulamento* fica aquém, ou além do texto legal regulamentado, torna-se, o mesmo, viciado ou acometido de ilegalidade, em razão do que deve ser corrigido de ofício pelo próprio Poder Executivo ou pelo Poder Legislativo (art. 49, V, CF), ou a pedido ou por provocação de quem se faça legitimado para isto (pessoas físicas e jurídicas) em defesa de direito ou interesse individual, difuso ou coletivo, podendo, ainda, se assim desejar o interessado, se socorrer do Poder Judiciário.

Quando sua correção se processa a pedido, este poderá:

a) ser realizado por via administrativa, através de postulação feita pela parte interessada e dirigida ao próprio Poder Executivo (art. 5, XXXIV, "a", CF);

b) ser realizado por via legislativa, perante o Poder Legislativo (art. 49, V, CF); e

c) ser realizado por via judiciária, perante o Poder Judiciário (art. 5º, XXXV, CF).

Destarte, se o *ato normativo regulamentar* se torna extravagante dos seus limites de regulamentação, invadindo o campo da *reserva legal*, por estar alterando matérias afetas a direitos ou a obrigações que somente cabe tratamento de lei, não deve o ato normativo continuar *existindo e produzindo efeitos indevidos*. Quando isto ocorrer, tem qualquer das partes legitimadas (pessoa física ou jurídica) o direito de, se assim o desejar, ingressar por *via legislativa* com o *pedido de sustação de ato normativo* com a finalidade de fazer sustar o referido ato do Poder Executivo (art. 49, V, CF).

Também estão subordinadas ao mesmo procedimento aqui estudado, as *leis delegadas*, quando estas exorbitarem dos limites estabelecidos pelo Poder Legislativo, através da delegação legislativa dada ao Chefe do Poder Executivo (arts. 49, V e 68, CF), mediante *Resolução*.

Com efeito, é assim e nestas ocasiões em que o *pedido de sustação de ato normativo* funciona como um *instrumento de deflagração da fiscalização dos atos da gestão fiscal*, com a finalidade de corrigir os atos normativos editados pelo Poder Executivo, que extrapolem os limites impostos pela delegação legislativa a este concedida.

De resto, cabe acrescentar que o *instrumento de deflagração da fiscalização dos atos da gestão fiscal*, aqui analisado, pode ser objeto de utilização por parte dos Poderes Legislativos Estaduais, Distrital e Municipais, desde que previsto em suas respectivas legislações, com a finalidade de sustar, tão somente, os *decretos regulamentares* editados pelos Chefes de Poder Executivo, nas áreas governamentais citadas, quando estes extrapolarem a autorização de regulamentação dos respectivos atos legislativos.

CAPÍTULO 17

INSTRUMENTOS DA TRANSPARÊNCIA DA GESTÃO FISCAL

Sumário: 17.1 Noções Preliminares – **17.2** Relatório resumido da execução orçamentária – **17.3** Relatório da Gestão Fiscal – **17.4** Prestação de contas de gestão – **17.5** Prestação de contas de governo – **17.6** Prestação de contas especiais – **17.7** Tomada de contas de gestão – **17.8** Tomada de contas de governo – **17.9** Tomada de contas especiais – **17.10** Parecer prévio

17.1 Noções Preliminares

Os *instrumentos da transparência da gestão fiscal* é a denominação genérica dada pela Lei Complementar nº 101/00 (LRF) aos documentos por via dos quais a Administração Pública organiza e divulga todos os elementos de informação concernentes aos dados inerentes à organização e à execução da gestão fiscal.

De acordo com o art. 48 da referida *Lei de Responsabilidade Fiscal*, a divulgação dos elementos de informação acima referidos devem acontecer não só através dos meios de divulgação oficial, como também, por via dos meios eletrônicos, considerando como *instrumentos da transparência da gestão fiscal*:

a) planos (Planos Gerais de Governos);

b) orçamentos (Plurianual e Anual);

c) Leis de Diretrizes Orçamentárias;

d) prestações de contas (Prestação de Contas de Governo, Prestação de Contas de Gestão e Prestação de Contas Especiais e ainda suas respectivas Tomadas de Contas);

e) parecer prévio dos tribunais;

f) relatório resumido da execução orçamentária; e

g) Relatório de Gestão Fiscal e versões simplificadas dos documentos retroindicados.

Quanto aos instrumentos respeitantes aos *planos* (Plano Geral de Governo), aos *orçamentos* (Anual e Plurianual) e à *Lei de Diretrizes Orçamentárias*, a matéria foi objeto de estudo no capítulo 15 — *Atos Constitutivos e Executórios da Gestão Fiscal*—, deste livro, restando apenas o estudo particularizado sobre os demais *instrumentos da transparência da gestão fiscal*, quais sejam, *prestações de contas* (prestação de contas de governo, prestação de contas de gestão e prestação de contas especiais), e ainda suas respectivas *tomadas de contas*, *Relatório de Gestão Fiscal*, *relatório resumido da execução orçamentária* e o *parecer prévio dos Tribunais de Contas*.

17.2 Relatório resumido da execução orçamentária

O *relatório resumido da execução orçamentária* é um dos *instrumentos da transparência da gestão fiscal* ao qual deverá ser assegurada ampla divulgação, inclusive através dos meios eletrônicos de acesso público. Esse documento público tem origem na Carta Constitucional da República (art. 165, §3º), e é de elaboração obrigatória da parte dos Poderes Públicos e do Ministério Público.

O *relatório resumido* tem a finalidade de demonstrar a execução orçamentária praticada por todos os órgãos públicos, relativamente à arrecadação da receita e à realização da despesa, durante o período de *um bimestre*.

O documento em apreço abrangerá toda a movimentação orçamentária relativa ao período correspondente a cada bimestre e, de acordo com o que estabelece a Constituição Federal, a responsabilidade pela publicação desse relatório é do Poder Executivo, cuja publicação deverá ocorrer até o trigésimo dia após o encerramento de cada período.

Por fim, cabe dizer que cumpre ao *Conselho de Gestão Fiscal* elaborar o modelo-padrão do relatório resumido a ser utilizado por todos os entes da Federação.

Na verdade esse documento teve a função de substituir outro que a legislação anterior denominava de balancete, e que, em razão das disposições constantes no art. 47 da Lei Complementar nº 4.320/64, era elaborado trimestralmente, como *controle da transparência da gestão fiscal*, em curto prazo, e que, em decorrência da disposição constitucional sobre a matéria, tornando obrigatória sua elaboração bimestral, revogou, desta forma, apenas a determinação da *trimestralidade* contida no dispositivo e na lei acima citados, passando à *bimestralidade*.

Sendo o relatório resumido um documento que põe em prática o *princípio da transparência da gestão fiscal* (arts. 1º, §1º e 48, LRF), referentemente a todas as receitas e despesas realizadas por todos os órgãos públicos integrantes dos três Poderes, inclusive o Ministério Público, durante cada bimestre do exercício financeiro, deve ele compor:

a) um balanço orçamentário, por via do qual se demonstre todas as receitas por categorias econômicas e por fonte de receita, registrando-se os valores das receitas realizadas e as que se encontram por realizar, informando-se, outrossim, a previsão atualizada destas últimas;

b) quanto à despesa, que seja representada por categoria econômica, por grupo de natureza de despesa e por elemento de despesa, nos quais fique claramente demonstrado o valor total da dotação consignada inicialmente pelo orçamento (LOA), para todo o exercício, inclusive, quando for o caso, as alterações havidas, o valor da despesa empenhada e liquidada e o saldo restante da respectiva dotação;

c) constar do balanço orçamentário, quadros demonstrativos da execução das receitas, agrupando-as por categorias econômicas e por fontes de receitas, em que se demonstrem a previsão inicial da receita, a previsão da receita atualizada para o exercício, a receita realizada no bimestre em que se apuraram os resultados e a previsão de receita a se realizar no resto do exercício;

d) quanto às despesas, devem ser elas apresentadas por categorias econômicas, por grupo de natureza de despesa e por função e subfunção discriminando-se o valor total da dotação consignada inicialmente pelo orçamento (LOA), para todo o exercício, inclusive as modificações havidas, quando estas estiverem ocorridas, o valor total das despesas empenhadas e liquidadas durante o bimestre de competência e durante o período do início do exercício até o bimestre de competência (art. 52, II, LRF).

Cumpre lembrar que, quanto aos valores relativos a refinanciamento da *dívida mobiliária*, devem estes ser apresentados, destacadamente, no demonstrativo das *receitas de operações de créditos*, assegurando-se a mesma demonstração, quanto à apresentação das *despesas* relativas à *amortização da dívida* (art. 52, §1º, LRF).

Segundo as exigências contidas na Lei Complementar nº 101/00 (art. 53), deverão acompanhar como peças integrantes e instrutivas do *relatório resumido*, os seguintes documentos:

a) demonstrativo da apuração da receita corrente líquida, sua evolução e previsão dos seus desempenhos até o final do exercício financeiro;

b) demonstrativo específico das receitas e despesas previdenciárias;

c) demonstrativo dos resultados nominal e primário;

d) demonstrativo das despesas realizadas com o pagamento de juros; e

e) demonstrativo dos resíduos passivos inscritos em restos a pagar, em que se detalhem estes resíduos por Poder e por órgão, informando-se o valor pago e o montante a pagar.

Cumpre dizer que, quando se tratar do *relatório resumido* correspondente ao último bimestre do exercício deverão acompanhar, ainda:

a) demonstrativo informando que as operações de crédito contratadas obedeceram às determinações do inciso III do art. 167 da Constituição Federal e §3º do art. 32 da Lei de Responsabilidade Fiscal;

b) demonstrativo em que se apresentem as projeções atuariais relativas aos regimes de previdência social geral e próprio dos servidores públicos;

c) demonstrativo em que se apresente claramente a variação patrimonial, distinguindo-se o valor da receita realizada da alienação de ativos e o valor da efetiva aplicação desta receita e, finalmente;

d) quando for o caso, a juntada de documentos justificando a utilização da medida da limitação de empenho e movimentação financeira durante o bimestre, bem como de explicações sobre os motivos que levaram à frustração da receita, informando sobre o assunto, que medidas foram tomadas no combate à sonegação e à evasão fiscal e as que serão adotadas para o futuro e, ainda, as providências adotadas na fiscalização e cobrança de receitas (art. 53, §§1º e 2º, LRF).

17.3 Relatório da Gestão Fiscal

O *Relatório da Gestão Fiscal* é um instrumento público, mediante o qual é posto em prática o *princípio da transparência dos atos administrativos da gestão fiscal* (arts. 1º, §1º e 48, da LRF), que tem a finalidade de demonstrar a execução orçamentária efetivamente realizada, com referência a todas as *receitas e despesas* praticadas por todos os órgãos integrantes dos três Poderes e, inclusive, o Ministério Público durante cada *quadrimestre* do exercício financeiro (art. 54 da LRF).

Por força de disposição expressa por essa citada lei (art. 55, §4º), compete ao Conselho de Gestão Fiscal elaborar o modelo padrão desse tipo de relatório que deverá ser utilizado por todos os entes federativos.

Segundo determina a citada lei (art. 54), o *Relatório da Gestão Fiscal* será, no Poder Executivo, da responsabilidade do chefe daquele Poder. No Poder Legislativo, cabe a responsabilidade ao seu Presidente e demais membros da mesa diretora, ou órgão equivalente, segundo disponha o regimento interno dos órgãos do Poder Legislativo. No Poder Judiciário a responsabilidade é do seu Presidente e demais membros de Conselho de Administração ou órgão decisório equivalente. No Ministério Público, a responsabilidade pela elaboração e publicação do *Relatório da Gestão Fiscal* é do Chefe do Ministério Público.

Cumpre lembrar que os Tribunais de Contas são órgãos que se encontram dentro do Poder Legislativo, sem subordinação hierárquica a ele, o que lhe faz pesar a responsabilidade da elaboração e fiscalização de seu *Relatório da Gestão Fiscal*.

Determina ainda a Lei de Responsabilidade Fiscal (art. 54, parágrafo único) que os *relatórios da gestão fiscal* deverão ser assinados, também, pelas autoridades responsáveis pela administração financeira e pelo controle interno (art. 74 da CF), bem como por outras autoridades que tenham sido designadas para tanto, através de ato próprio de cada Poder, ou de qualquer órgão da Administração Pública (art. 20, LRF).

O *Relatório da Gestão Fiscal* tem a finalidade de demonstrar, com toda a transparência possível, a execução orçamentária relativamente à arrecadação da receita e à realização da despesa, praticadas por todos os órgãos integrantes da Administração Pública durante cada quadrimestre do exercício (art. 52), e deverá conter:

a) quadro em que se demonstrem de forma comparativa os montantes das despesas com pessoal (distinguindo-se inativos e pensionistas), das dívidas consolidada e mobiliária, das concessões de garantias, das operações de crédito (inclusive por antecipação de receita) e das despesas com juros em atenção aos seus respectivos limites fixados pela LRF e Resolução SF nº 43/01 (art. 55, I, LRF);

b) documento que informe as medidas corretivas adotadas e a adotar pela Administração Pública, quando ocorrer a hipótese de haver ultrapassado qualquer dos limites fixados para as despesas em geral, inclusive as decorrentes das operações de crédito e concessões de garantias (art. 55, II, LRF). Quando, porém, o *Relatório da Gestão Fiscal* se referir ao último quadrimestre do exercício, além das providências retroindicadas, deve ele constar ainda de documento indicativo do montante das disponibilidades existentes em Caixa no dia 31 de dezembro, de cada exercício;

c) o valor total das inscrições feitas em restos a pagar, distinguindo os restos a pagar decorrentes de despesas empenhadas e liquidadas, mas inscritas até o limite do saldo das disponibilidades de Caixa realmente existentes em 31 de dezembro;

d) as despesas empenhadas, mas, não inscritas em restos a pagar por falta de disponibilidades financeiras de Caixa e cujos empenhos foram cancelados;

e) documento contendo as informações de que as operações de crédito por antecipação de receita contratadas pela Administração Pública foram liquidadas integralmente com relação ao principal, aos juros e demais encargos incidentes sobre as mesmas, até a data de 10 de dezembro do exercício em apuração dos resultados; e

f) a informação de que não foram realizadas quaisquer operações de crédito no último ano de mandato do Chefe do Poder Executivo (art.55, III, "c", LRF).

Cumpre informar, ainda, que as exigências postas em destaque, tanto para os relatórios dos três primeiros quadrimestres, quanto para relatório do último quadrimestre do exercício, somente são aplicáveis aos *Relatórios da Gestão Fiscal* da inteira responsabilidade dos Chefes de Poder Executivo (art. 55, §1º, LRF).

Alusivamente aos *Relatórios da Gestão Fiscal* dos Poderes Legislativo e Executivo e igualmente do Ministério Público e dos Tribunais de Contas, no momento da elaboração desses *controles da transparência da gestão fiscal* por esses órgãos, a lei exige apenas que eles constem de:

a) quadro comparativo que demonstre os montantes globais das despesas com pessoal (distinguindo-se as despesas com inativos e pensionistas), em atenção aos limites fixados pela legislação pertinente (LRF) para esse tipo de despesa; e

b) documento informativo sobre as medidas corretivas adotadas e a adotar por esses órgãos, quando tiver ocorrido ou venha a ocorrer a hipótese de haver ultrapassado qualquer dos limites fixados para as despesas com pessoal e com despesas de terceirizações (art. 55, §1º, LRF).

Quando o *Relatório da Gestão Fiscal* desses órgãos disser respeito ao último quadrimestre do exercício, deverá conter, ainda, além das exigências retromencionadas:

a) documento indicativo do montante das disponibilidades financeiras em *caixa* em 31 de dezembro do exercício em análise ou apuração;

b) os montantes da inscrição de *restos a pagar* das despesas empenhadas e liquidadas;

c) inscrição das despesas empenhadas e não liquidadas, inscritas em *restos a pagar* até o limite do saldo das disponibilidades existente em *caixa* na data de 31 de dezembro do exercício examinado ou em apuração; e

d) a indicação das despesas empenhadas e não liquidadas, que não foram arroladas ou inscritas como restos a pagar, em virtude de insuficiência das disponibilidades financeiras de *caixa* e cujos empenhos foram cancelados.

Segundo disposição expressa pela Lei de Responsabilidade Fiscal, o *Relatório da Gestão Fiscal* deverá ser publicado oficialmente dentro do prazo de trinta dias contados a partir do término do quadrimestre em apuração, devendo, inclusive, em sua divulgação, serem utilizados os meios eletrônicos de acesso público.

Quanto aos entes da federação que deixarem de publicar o relatório em questionamento, dentro do prazo determinado por lei, isto é, até o trigésimo dia do encerramento do quadrimestre de competência da apuração, ficam estes impedidos, enquanto perdure esta situação de atraso, de receber transferências voluntárias, bem como impedidos de realizarem qualquer contratação de operações de crédito, excluindo-se desta vedação aquelas operações destinadas a refinanciamento do valor principal atualizado da dívida mobiliária (arts. 55, §3º e 51, §2º, LRF).

Quanto às pessoas das autoridades compreendidas nos três Poderes Públicos das áreas de Governo Federal, Estadual, Distrital e Municipal, a Lei Federal nº 10.028 de 19 de outubro de 2000, a Lei Federal nº 1.079/50, que dispõe sobre os crimes de responsabilidade do Presidente da República, Ministros de Estados, Governadores e Secretário de Estado e do Distrito Federal e de demais autoridades dos Poderes Executivos e Judiciário Federal e Estadual e, ainda, o Decreto-Lei nº 201/67, que dispõe sobre os crimes de responsabilidades de Prefeitos e Vereadores, estabeleceram que "Constitui infração administrativa contra as leis de finanças públicas: I – Deixar de divulgar ou de enviar ao Poder Legislativo e ao Tribunal de Contas o Relatório de Gestão Fiscal nos prazos e condições estabelecidos em lei" (art. 5º, Inciso I, LF nº 10.028/00).

Advirtam-se os senhores Chefes de Poder Executivo de todas as unidades federativas que deixar de divulgar ou de enviar ao Poder Legislativo e ao Tribunal de Contas o *Relatório De Gestão Fiscal*, nas condições e prazos estabelecidos por lei, constitui infração às normas delineadoras das finanças públicas, cuja medida punitiva é multa correspondente a 30% (trinta por cento) do valor total dos subsídios percebidos anualmente por essas autoridades (art. 5º, inciso I, §1º, LF nº 10.028/00).

Afora esse aspecto, deve ser levado em consideração o disposto do Código Penal Brasileiro (art. 319) que define como crime de prevaricação, punido com pena de três meses de detenção, a autoridade pública que retardar ou deixar de praticar ato de ofício, como é o caso da obrigação legal de dar publicidade ao *Relatório da Gestão Fiscal* (art. 55, §2º, LRF).

17.4 Prestação de contas de gestão

O instituto jurídico da prestação de contas é tão antigo e remoto quanto a figura do administrador de coisas alheias. A obrigação de prestar contas decorre de ter o administrador de coisas alheias de demonstrar, perante o proprietário desses bens, que eles estão sendo bem administrados e que a responsabilidade assumida pelo administrador, neste sentido, está sendo bem cumprida de acordo com a vontade e o zelo ditado pelos interesses do proprietário.

Administrador dessa natureza não dispõe da livre disposição dos bens administrados, o que não acontece quando esses bens são administrados pelo próprio proprietário que dispõe da livre disposição sobre eles.

De princípio, esse instituto surgiu no âmbito do Direito Civil, passando-se, somente depois de algum tempo, para o domínio do Direito Financeiro, ramo de direito ao qual, na realidade, ele se integra.

No Brasil, o instituto da prestação de contas é figura jurídica tratada tanto pelo Direito Privado quanto pelo Direito Público. No campo do Direito Privado, o assunto ocupa o espaço do art. 668 do Código Civil Brasileiro, que determina que "O mandatário é obrigado a dar contas de sua gerência ao mandante, transferindo-lhe as vantagens provenientes do mandato, por qualquer título que seja". Já no Direito Público, a matéria teve sua institucionalização, no Brasil, através do texto da Constituição Imperial de 25 de março de 1824, por via de uma redação um tanto quanto vaga que dizia:

Art. 37 – Também participarão na Câmara dos Deputados:

I – O exame da administração passada, e reforma dos abusos nela introduzidos.

De acordo com a Constituição Federal em vigor (art. 70, parágrafo único), "Prestará contas qualquer pessoa física ou jurídica, pública ou privada que utilize, arrecade, guarde, gerencie ou administre dinheiros, bens e valores públicos ou pelos quais a União responda, ou que, em nome desta, assuma obrigações de natureza pecuniária".

No âmbito da Administração Pública a prestação de contas é o documento por via do qual o administrador reúne e demonstra perante o órgão fiscalizador os resultados gerais do exercício ou os resultados específicos do mesmo, conforme as funções do administrador, perante o órgão fiscalizador dos atos praticados durante um determinado período financeiro, no desempenho ou desenvolvimento dos atos administrativos da gestão fiscal do respectivo ente federativo ou de algum dos seus órgãos.

Regulamentando a matéria contida no Texto Constitucional do ano de 1946, posteriormente recepcionada pelas Constituições Federais de 1967 e 1988, atualmente em vigor, a Lei Complementar nº 4.320/64 dispôs que poderiam ser criadas por lei prestação de contas de algumas espécies em atenção aos *atos de governo* e aos *atos de gestão*, os primeiros, da competência exclusiva dos Chefes de Poder Executivo, os segundos, da atribuição das demais autoridades administrativas, praticados durante um determinado exercício financeiro, por fim de gestão ou a qualquer tempo, conforme situações previstas em lei (art. 78).

À luz da legislação em vigor, pode-se afirmar sem sombra de dúvidas que a expressão *prestação de contas* trata de designação genérica da qual são espécies a *prestação de contas de governo, prestação de contas de gestão e prestação de contas especial.*

O estudo da questão aqui focalizada obriga que se faça um recuo no tempo, para que se demonstre o tratamento dado à matéria pela legislação nacional, a partir da promulgação da Carta Constitucional de 1946 e antes da vigência da Lei Complementar nº 4.320/64.

Enquanto perdurou o período da administração financeira pública anterior à vigência da Lei Complementar nº 4.320/64, ou mais precisamente, até o dia primeiro de janeiro de 1965, com a entrada desta lei em vigor, as autoridades administrativas de então somente tinham a competência para praticar o ato de *empenho de despesa* (primeiro estágio da despesa), isto é, para criar a obrigação de pagamento da responsabilidade do Poder Público.

Quanto aos Municípios que não possuíam Tribunal de Contas próprio, cabia ao próprio Prefeito Municipal a tarefa de *empenhar, liquidar e pagar a despesa*, competindo à Câmara de Vereadores o exercício da fiscalização da atividade financeira pública municipal, fiscalização essa que, praticamente, inexistia e que a lei autorizava à respectiva Câmara a contratação de contadores para fazer o levantamento das contas municipais necessárias para efeito de fiscalização.

Após o credor haver entregado o material ou executado a prestação de serviço contratado pelo órgão público, esses processos de despesa eram todos encaminhados pelos chefes ou dirigentes desses órgãos, ao Tribunal de Contas da respectiva unidade federativa, a quem a Constituição Republicana de 1891 conferia a competência para praticar o ato de liquidação da despesa (segundo estágio da despesa), quando, então, julgava ou não pela legalidade da mesma (art. 89, Constituição Republicana de 1891). Por essa época, a fiscalização dos Tribunais de Contas se operacionalizava de forma *a priori*, significando dizer, que o julgamento dos Tribunais ocorria antes do pagamento da despesa.

Julgada legal a despesa, pelo Tribunal de Contas, era o processo encaminhado ao órgão fazendário competente para o cumprimento do terceiro estágio da realização da despesa, isto é, para o pagamento da despesa. Dentro desse procedimento fiscalizatório, vigente naquela época, os Tribunais de Contas examinavam e julgavam durante o transcorrer do exercício cada uma de todas as despesas realizadas pela Administração Pública, de modo que, encerrado o exercício somente restavam a ser fiscalizados os resultados gerais do exercício, decorrente da execução orçamentária, da responsabilidade dos Chefes de Poder Executivo, objetos da *prestação de contas de governo* (art. 101, LC nº 4.320/64).

A partir de janeiro de 1965, com a entrada em vigor da referida lei, que introduziu profundas modificações nos modos de praticar a administração financeira e da execução do Controle Externo exercido pelos Tribunais de Contas, aquelas autoridades administrativas que, no passado, somente detinham os poderes para praticar o *ato de empenho de despesa*, passaram a deter, também, a competência para praticar os *atos da liquidação da despesa*, que antes era da competência das Cortes de Contas e do *pagamento da despesa*, que eram realizados pelos órgãos fazendários, passando a fiscalização destes Tribunais a se realizar *a posteriori*, isto é, a se realizar após a efetivação do pagamento dessas despesas.

Com a implantação da nova sistemática de administração financeira pública, introduzida pela Lei Complementar nº 4.320/64, cada órgão público passou a ter uma conta bancária de sua titularidade, o que não existia antes da vigência da referida lei, em que, à medida da realização da receita e com ela compatível, o órgão fazendário competente obrigou-se a repassar mensalmente para cada uma dessas contas bancárias as cotas financeiras que cada órgão ficaria autorizado a utilizar no pagamento de suas contas (arts, 47/50, LC nº 4.320/64 e art. 8º, LC nº 101/00).

Como a partir do início desse procedimento administrativo-financeiro, os chefes responsáveis por órgãos públicos passaram a receber, custodiar, gerenciar e aplicar recursos financeiros públicos sob suas inteiras responsabilidades, também, passaram estes a ter a obrigação de prestar contas desses recursos recebidos durante todo o exercício financeiro, por via das respectivas contas bancárias dos órgãos sob suas chefias (arts. 70, parágrafo único e 71, II, CF).

A prestação de contas que, atualmente, essas unidades administrativas ficaram obrigadas a elaborar, anualmente, e apresentá-las perante o Tribunal de Contas é a que se denomina de *prestação de contas de gestão* ou simplesmente *contas de gestão* que tem sua origem na prática dos *atos de gestão* executados pelas autoridades administrativas.

Já não mais é necessário repetir que prestação de contas, em tese, é todo aquele documento mediante o qual o administrador de coisas alheias demonstra o sucesso ou insucesso de sua administração no trato dos bens e interesses alheios, submetendo-os ao exame e julgamento do legítimo proprietário desse patrimônio, se essa repetição não fosse de fundamental importância para a explicação a ser realizada do decorrer desta exposição.

Em Direito Privado, prestação de contas é o documento por via do qual o administrador de coisas alheias (mandatário) reúne os resultados decorrentes de todos os atos praticados, durante um determinado período na administração dos bens e interesses integrantes do patrimônio de propriedade de determinada(s) pessoa(s) ou mandante(s), com a finalidade de submeter estes resultados ao exame e julgamento do(s) mesmo(s).

Relativamente ao Direito Público *prestação de contas de gestão* ou *contas de gestão* é o documento por via do qual os administradores públicos submetem a exame e *julgamento jurídico* do Tribunal de Contas, os *resultados específicos* originados, em cada unidade administrativa, dos atos da administração orçamentária, financeira, patrimonial e operacional praticados, durante um determinado período denominado de exercício financeiro, pelos dirigentes ou *ordenadores de despesa* dos órgãos públicos (atos de gestão) para a manutenção e desempenho dos respectivos planos de trabalho dos órgãos sob suas chefias.

Essa espécie de prestação de contas não é formalizada através da elaboração de *Balanço Geral*, como ocorre com a prestação de contas de governo. Na verdade, sua elaboração é bem mais simples, tendo por finalidade demonstrar:

a) o valor inicial de cada dotação orçamentária consignada ao órgão público pela LOA;

b) as alterações dessas dotações orçamentárias ocorridas durante o exercício financeiro em decorrência de abertura de créditos suplementares, especiais e extraordinários por ventura ocorrida;

c) o valor final de cada dotação orçamentária consignada ao órgão ao final do exercício;

d) o valor dos saldos existentes em cada dotação consignada ao órgão ao final do exercício;

e) o valor total da despesa empenhada em cada dotação orçamentária consignada ao órgão público;

f) os valores parciais e totais dos recursos financeiros repassados pelo Tesouro Público e depositados na conta bancária da titularidade do respectivo órgão;

g) os valores totais da despesa empenhada e paga, em confronto com o valor da despesa a pagar (restos a pagar do exercício);

h) o saldo financeiro do exercício, se houver, e o seu recolhimento ao Tesouro Público;

i) o valor total da despesa paga com pessoal (ativo, inativo e pensionista) em confronto com o valor total da natureza dessa despesa correspondente ao limite máximo permitido por lei e calculado em termos de percentuais sobre Receita Corrente Líquida (art. 2º, IV, alíneas, §§ e art. 20, incisos, alíneas e §§, LC nº 101/00); e

j) o valor total da despesa realizada com as terceirizações ocorridas durante o exercício (art. 18, §1º, LC nº 101/00).

Além dessas demonstrações, deve, ainda, a prestação de contas aqui tratada, se fazer acompanhar de:

a) documento demonstrativo dos nomes dos servidores, valores e as respectivas datas de recebimentos de suprimentos de fundos concedidos durante o exercício;

b) documento demonstrativo das prestações de contas apresentadas pelos servidores que receberam suprimentos de fundos;

c) documento demonstrativo do tombamento feito dos bens públicos existentes e que se encontram sobre a guarda e responsabilidade do administrador do respectivo órgão, indicando o nome deste;

d) documento demonstrativo da movimentação de entrada e saída de material ocorrida no Almoxarifado, quando houver este, demonstrando as quantidades, a natureza e preços dos materiais nele ingressados, as quantidades dele saídas para utilização da Repartição e as quantidades existentes em estoque ao final do exercício, indicando o nome do responsável pelo Almoxarifado.

Convém que se informe às autoridades administrativas (ou seus ordenadores de despesas) que elas somente se exonerarão de suas responsabilidades pelos atos orçamentários e financeiros praticados em nome de suas Repartições (Estado) após o julgamento jurídico da sua respectiva prestação de contas pelo Tribunal de Contas, que se converta em aprovação da mesma.

Ressalte-se que o exame e julgamento jurídico dessa espécie de prestação de contas aqui estudada são da competência própria e exclusiva dos Tribunais de Contas que, ao julgarem a matéria, estarão editando decisões de natureza eminentemente jurisdicional, em que pesem afirmações de alguns, em contrário, contudo sem um apoio sólido para as suas concepções.

Por fim, deve aqui ficar expresso que, quando o Poder Legislativo julga a prestação de contas de governo, objeto dos resultados gerais do exercício vinculados à Administração Pública, como um todo, da exclusiva responsabilidade do Chefe de Poder Executivo e encontra razões para aprová-las ou desaprová-las, esses julgamentos jamais constituirão motivos ou razões para que fiquem liberadas, do exame e julgamento a serem procedidos pelo Tribunal de Contas, as prestações de contas de gestão, objeto dos resultados específicos do exercício vinculados à administração orçamentária e financeira de cada órgão público e da exclusiva responsabilidade dos seus respectivos administradores (ordenadores de despesas).

É esse o entendimento do Supremo Tribunal Federal que, sabiamente, distinguiu muito lucidamente em sua decisão, não só as duas espécies de prestação de contas (conta de governo e contas de gestão), mas, sobretudo, a quem cabe a responsabilidade por cada uma delas e a quem compete julgamento das mesmas (ADIN nº 849/MT – Relator: Ministro Sepúlveda Pertence). É, o seguinte, o teor da referida decisão da Suprema Corte:

> EMENTA: Tribunal de Contas dos Estados: competência: observância compulsória do modelo federal: inconstitucionalidade de subtração ao Tribunal de Contas da competência do julgamento das Contas da Mesa da Assembléia Legislativa — compreendidas na previsão do art. 71, c/c art. 49, IX, que é exclusivo da prestação de contas do chefe do Poder Executivo.
>
> [...]
>
> II – A diversidade entre as duas competências, além de manifestas, é tradicional, sempre restrita a competência do Poder Legislativo para o julgamento às contas gerais da responsabilidade do Chefe do Poder Executivo precedidas de parecer prévio do Tribunal de Contas: cuida-se de sistema especial restrito às Contas do Chefe de Governo, que não as presta unicamente como Chefe de um único dos Poderes, mas como responsável geral pela execução orçamentária: tanto assim que a aprovação política das contas presidenciais não libera do julgamento de suas contas específicas, os responsáveis diretos pela gestão financeira das inúmeras unidades orçamentárias do próprio Poder Executivo, entregue a decisão definitiva ao Tribunal de Contas.
>
> (ADIN 849/MT – Relator: Ministro Sepúlveda Pertence)

Observa-se da leitura do decisório acima transcrito que a prestação de contas discutida na referida decisão era a da Mesa

Diretora da Assembleia Legislativa do Estado de Mato Grosso, cuja espécie é a de *prestação de contas de gestão*.

17.5 Prestação de contas de governo

A *prestação de contas de governo* tem sua origem nos *atos de governo* exclusivamente praticados pelo Chefe do Poder Executivo no desenvolvimento da *atividade financeira* estatal (receita e despesa), com a finalidade de fazer a máquina da Administração Pública pôr em prática aquelas atividades administrativas de interesse do bem-comum.

Estão obrigados à apresentação desse tipo de prestação de contas, todos aqueles que exercem chefia de Poder Executivo nas unidades da federação que compõem a estrutura de organização político-administrativa do Brasil. Destarte, obrigam-se à sua apresentação, o Presidente da República, os Governadores dos Estados e do Distrito Federal e todos os Prefeitos Municipais.

Constituem objeto de demonstração da *prestação de contas de governo* todos os resultados da execução orçamentária vinculada não a órgãos, mas ao ente federativo que a pôs em prática por via dos atos executados sob a responsabilidade do Chefe do Poder Executivo, por isso, denominados pela Lei Complementar nº 4.320/64, de *resultados gerais do exercício*, cuja forma de prestação de contas se apresenta mediante a elaboração de *Balanços Gerais* (art. 101).

Em tese, prestação de contas é todo aquele documento elaborado pelo *administrador de coisas alheias*, mediante o qual reúne todos os resultados decorrentes dos atos que praticou durante um determinado período, na administração dos bens e interesses do seu respectivo proprietário, com a finalidade de mostrar não só a conservação destes bens, mas também o aumento patrimonial verificado, os lucros ocorridos dessa administração, o cuidado e o zelo no trato desse patrimônio, perante o proprietário ou mandante.

No Direito Privado, essa atividade de desenvolver ou administrar os negócios de interesses alheios decorre do chamado *contrato de mandato*, constituído por um acordo de vontade entre as partes pactuantes, denominada de um lado de *mandante*, que é o proprietário dos bens e interesse privados dados para serem administrados e, do outro lado, aquele que se denomina de *mandatário*, que é a pessoa que assume a responsabilidade para administrar referido patrimônio.

No Direito Público, a relação entre o mandatário público (administrador público de coisas alheias) e o respectivo proprietário dos bens públicos, o mandatário (povo) decorre da vontade deste, que se expressa por via do processo de eleição popular, se tornando assim, o administrador público, um representante direto do *povo* que o nomeou para o exercício do cargo de Chefe de Poder Executivo através do *voto*.

Dessa circunstância, nos Estados Democráticos de Direito, como é o caso do Brasil, só quem pode ditar as normas de comportamento desse mandatário (Governante), fiscalizá-lo no cumprimento destas normas, julgá-lo e puni-lo, é o *povo*, que, nesse tipo de Estado, se encontra representado na composição do Poder Legislativo.

Dito isso, cumpre expressar que *prestação de contas de governo ou contas de governo* é o documento através do qual o Chefe do Poder Executivo submete a *julgamento político* do Poder Legislativo os *resultados gerais do exercício*, originados dos seus *atos de governo* ou *atos políticos* de sua estrita ou exclusiva competência e responsabilidade, editados no âmbito da atividade financeira pública durante um determinado período, que se denomina de exercício financeiro, cujo início se dará sempre em primeiro de janeiro e o seu encerramento no dia trinta e um de dezembro de cada ano (arts. 34 e 101 da LC nº 4.320/64).

Essa espécie de prestação de conta, como acima ligeiramente anunciada, é elaborada através de *Balanço Geral*, daí denominar-se, também, de *Balanço Geral da União*, *Balanço Geral do Estado*, *Balanço Geral do Distrito Federal* e *Balanço Geral do Município* e se ocupa em demonstrar todos os *resultados gerais do exercício*, que se vinculam exclusivamente a um determinado ente federativo, a que se refira, originados da prática dos *atos de governo* da competência e responsabilidade exclusiva do Chefe do Poder Executivo, que deles (resultados gerais do exercício) fica este obrigado a prestar contas perante o Poder Legislativo (contas de governo), ficando ao encargo das *prestações de contas de gestão*, como já visto a demonstração dos *resultados específicos do exercício* decorrentes dos atos administrativos da gestão orçamentária, financeira, patrimonial e operacional praticados pelos demais administradores, tais como, os dirigentes dos órgãos auxiliares do Poder Executivo (art. 76, CF), os dirigentes das entidades públicas e privadas da Administração direta e indireta, os dirigentes do Poder Legislativo, os dirigentes dos Tribunais Judiciários e de Contas e outros mais (art. 101, LC nº 4.320/64 e art. 71, I e II da CF).

Como acima anunciado, o responsável pela apresentação da prestação de contas denominada de *prestação de contas de governo* é exclusivamente o Chefe de Poder Executivo. Tal como anteriormente explicado, todo Chefe de Poder Executivo é um *representante direto* do povo, cabendo tão somente a este (ao povo) ditar as normas de comportamento daquele, no exercício do seu cargo, bem como fiscalizá-lo no cumprimento destas normas, julgá-lo e puni-lo quando constatar que o mesmo está a se comportar de forma incompatível com a dignidade do cargo.

Também já ficou referido, que nos Estados Democráticos de Direito, o *povo* se encontra representado na formação do Poder Legislativo. Dessa circunstância, é que a competência para julgar as contas do Chefe de Poder Executivo e dos seus crimes de responsabilidade é do Poder Legislativo (arts. 49, IX e 52, I, CF).

Superadas estas explicações, resta dizer que compete exclusivamente ao Congresso Nacional o julgamento da prestação de contas de governo apresentada anualmente pelo Presidente da República (art. 49, IX, CF) e, nos Estados às respectivas Assembleias Legislativas. No Distrito Federal à Câmara Legislativa e nos Municípios suas Câmaras de Vereadores. Essa competência é atribuída pela Constituição Federal, como de natureza exclusiva dos respectivos Poderes Legislativos, não podendo de forma alguma serem julgadas por qualquer Tribunal de Contas com sede no território nacional, visto que, nesse tipo de prestação de contas somente cabe a eles a emissão de *parecer prévio*, que é um ato técnico-administrativo de natureza opinativa e não de decisão, embora de caráter conclusivo e imprescindível ao julgamento da espécie de prestação de contas aqui questionada.

Ao julgar essa prestação de contas, tanto pode o Poder Legislativo aprová-las, como encontrar razões para desaprová-las. Cumpre esclarecer que a aprovação dessa prestação de contas pelo Poder Legislativo não significa uma homenagem de honra ao mérito do administrador, nem tão pouco sua desaprovação significa uma medida punitiva aplicada pelo seu órgão julgador.

Aprovar, ou desaprovar, uma prestação de conta significa tão somente atestar uma situação de fato ocorrida durante o período de uma administração que, no caso da desaprovação, pode essa situação de fato se tratar de ato infracionário às normas jurídicas reguladoras da matéria, decorrendo daí sanções de natureza político-administrativa, da qual decorre a perda do mandato; penal, que origina a restrição de liberdade da locomoção de ir e vir, acarretando a perda do cargo; civil, da qual provém a obrigação da reparação dos danos causados ao erário.

Como acima enfocado, a *prestação de contas de governo* é formalizada mediante o Balanço Geral, que se constitui do *Balanço Orçamentário, Balanço Financeiro, Demonstração das Variações Patrimoniais e do Balanço Patrimonial*.

O *Balanço Orçamentário* é a peça do Balanço Geral mediante a qual são demonstradas todas as receitas e todas as despesas que foram previstas no orçamento em confronto com aquelas efetivamente realizadas durante a execução orçamentária do exercício financeiro. Por via desse balanço toma-se o conhecimento dos valores das dotações inicialmente consignadas pela Lei de Orçamento a todos os órgãos e entidades públicas e privadas da Administração direta e indireta; as alterações dessas dotações ocorridas durante o exercício, em decorrência da abertura de créditos suplementares, especiais e extraordinários e, bem assim, os saldos restantes ou economias orçamentárias destas dotações, existentes no final do exercício (arts. 101 e 102, Lei Complementar nº 4.320/64).

Já o *Balanço Financeiro*, peça integrante do Balanço Geral, visa demonstrar a *receita e a despesa orçamentária*, bem como os *recebimentos e os pagamentos* de natureza *extraorçamentárias* (receita e despesa extraorçamentárias) conjugados com *saldos em espécie* advindos do exercício financeiro anterior, e os que se transferem para o exercício seguinte. Nesta peça são demonstrados os *resíduos passivos* do exercício, que resultam da diferença dos valores constatados entre as despesas efetivamente empenhadas, liquidadas, mas não pagas até 31 de dezembro, e daquelas efetivamente pagas até esta data, isto é, das despesas a serem contabilizadas na conta denominada *restos a pagar* (art. 103, Lei Complementar nº 4.320/64).

Quanto às *Demonstrações das Variações Patrimoniais*, diga-se, a propósito, que esta peça do Balanço Geral finaliza *evidenciar as alterações patrimoniais* ocorridas durante o exercício financeiro, *decorrentes ou não dos atos* da execução orçamentária, indicando, inclusive, o resultado patrimonial do exercício.

Por último, diga-se que o Balanço Patrimonial, como peça integrante do Balanço Geral, tem por finalidade demonstrar:

a) Ativo Financeiro, que é a peça do Balanço Patrimonial onde se contabilizam os créditos, os valores e os numerários realizáveis independentemente de qualquer autorização orçamentária;

b) Ativo Permanente, que objetiva demonstrar todos os bens, créditos e valores cuja mobilização ou alienação só se pode proceder diante de autorização legislativa expressa através de Lei;

c) Passivo Financeiro, que finaliza espelhar todos os compromissos ou dívidas exigíveis, cujos pagamentos independam de qualquer autorização orçamentária;

d) Passivo Permanente, que é o documento por via do qual são indicadas ou contabilizadas todas as dívidas fundadas do ente federativo, quais sejam, aquelas contraídas para resgate em períodos superiores a doze meses e outras que dependam de autorização legislativa para a sua amortização ou resgate;

e) Contas de Compensação que é a parte do Balanço Patrimonial onde deverão ser registrados todos os bens, valores, obrigações e situações não compreendidas nas peças anteriormente citadas, mas que possam de forma mediata ou imediata vir a afetar o patrimônio da unidade federativa;

f) Saldo Patrimonial é a peça do Balanço Patrimonial que demonstra o patrimônio líquido ou patrimônio real da pessoa jurídica política, cuja avaliação dos elementos patrimoniais deverão se realizar abrangendo os débitos, créditos e títulos de renda pelo seu valor nominal; os bens móveis e imóveis, pelo valor de suas aquisições ou pelo custo de produção ou de construção; os bens de almoxarifado que serão avaliados pelos preços médios ponderados das compras; os valores em espécie tais como os débitos e créditos quando em moeda estrangeira, deverão figurar ao lado das correspondentes importâncias do padrão monetário nacional e as variações resultantes das conversões dos débitos, créditos e valores em espécie que serão levados à conta patrimonial (art. 106, Lei Complementar nº 4.320/64).

Sobre a matéria, convoca-se as atenções do leitor para o texto das Leis nº 1.079/50, que define os *crimes de responsabilidade* do Presidente da República, seus Ministros e outras autoridades federais, dos Governadores dos Estados e do Distrito Federal e seus respectivos Secretários, e bem assim de outras autoridades integrantes destas unidades federativas e, finalmente, o Decreto-Lei nº 201/67, que trata da mesma matéria correlacionadamente aos Prefeitos Municipais e Vereadores.

Além da legislação retroindicada, informa-se tamsbém, por se correlacionar com a mesma matéria, o Código Penal Brasileiro, indicando-se, precisamente, o Título XI – *Dos Crimes Contra a Administração Pública* que vai do Capítulo I ao Capítulo IV, tratando este último, *Dos Crimes Contra as Finanças Públicas* (Decreto-Lei nº 2.848 de 07.12.40, alterado pela Lei nº 10.028/00).

Diga-se ainda, que quanto à responsabilidade civil, a matéria é objeto do Código Civil Brasileiro (arts. 186 c/c 927) que trata da obrigatoriedade da composição ou reparação dos danos, por parte daquele que por ação ou omissão causar prejuízo a outrem.

Por fim, é valiosa a informação de que, ao examinar as *contas de governo*, portadora dos resultados gerais do exercício, e venha o Poder Legislativo aprová-las ou desaprová-las, isso não significa que as *contas de gestão* portadoras dos resultados específicos da administração orçamentária e financeira praticada pelos demais administradores fiquem ou estejam exoneradas da apreciação e julgamento a ser realizado pelo Tribunal de Contas.

17.6 Prestação de contas especiais

A *prestação de contas especiais* tem origem no surgimento de determinadas formas de utilização de recursos públicos realizados mediante procedimentos simplificados em relação àquelas empregadas, até hoje, através do processamento normal das despesas públicas.

Refere-se aqui, aos casos dos recursos financeiros repassados de uma para a outra unidade federativa em razão da prática do instituto da descentralização das atividades administrativas (art. 10, §1º, "b", Decreto-Lei nº 200/67), que são repassados mediante *convênio, contrato, ajuste, acordo e outros instrumentos congêneres*, com o objetivo de pôr em execução o projeto que tenha finalidade especial ou específica (art. 71, VI, CF).

Em decorrência dessa forma de utilização de dinheiro público e que se processa de modo bem menos burocrático do que aquela procedida por via dos procedimentos normais dos dispêndios públicos fica o responsável pelo emprego destes recursos obrigado a prestar contas dos seus atos, tanto perante o respectivo órgão do controle interno quanto junto ao respectivo Tribunal de Contas.

Paralelamente a esta forma de aplicação de recursos públicos, também estão os pagamentos feitos através de numerários entregues a servidor público, no âmbito interno de cada órgão da Administração direta e indireta, para pagamento de despesas em proveito destes órgãos, cuja satisfação financeira do dispêndio não comporta sua realização através de via bancária ou dos procedimentos relativos ao processamento normal das despesas, procedimento este ora analisado, que se denomina de *suprimento de fundos* (art. 74, §3º, Decreto-Lei nº 200/67).

Por fim, também dá origem a esse tipo de prestação de contas, aquelas situações em que o Tribunal de Contas assinala prazo para aquele cujos atos tenha originado a perda, o extravio ou outro tipo de irregularidade, do qual haja ocorrido prejuízo ao erário.

Prestação de contas especial é o documento através do qual o executor de projeto previsto por força de convênio, contrato, acordo, ajuste e outros instrumentos congêneres, reúne e submete ao exame e julgamento do respectivo órgão do controle interno e do Tribunal de Contas os resultados decorrentes dos atos por ele praticados, na aplicação dos recursos financeiros durante a execução do projeto ou, apresentado por servidor público responsável pela utilização de suprimento de fundos concedidos pela autoridade administrativa competente ou, ainda, por autoridade administrativa, quando por motivo de perda, extravio ou outro tipo de irregularidade, que tenha dado causa a prejuízo ao erário e o Tribunal de Contas assinale prazo para apresentação de prestação de contas, por parte destes.

17.7 Tomada de contas de gestão

Como ficou acima enfocado, quem quer que guarde, gerencie, administre ou utilize recursos públicos está obrigado a prestar contas do seu bom e regular emprego, nos termos da legislação e regulamentos disciplinadores da matéria.

Destarte, como já se sabe todos os administradores dos órgãos auxiliares do Poder Executivo (art. 76, CF), como igualmente, os dirigentes de todas as entidades (públicas e privadas) da Administração direta e indireta e, bem assim, os dos Poderes Legislativo, Judiciário e do Tribunal de Contas, que exerçam funções de ordenadores de despesas, estão obrigados a prestar contas dos atos de gestão orçamentária, financeira, patrimonial e operacional que praticam no âmbito dos respectivos órgãos que dirigem.

Tal como os mandatários públicos que têm prazo determinado para apresentação de suas prestações de contas, a legislação específica que rege a matéria, no âmbito interno de cada unidade da federação, também prevê para os administradores acima mencionados os prazos para a apresentação das *prestações de contas de gestão* da responsabilidade de cada uma dessas autoridades administrativas perante o Tribunal de Contas.

Quando essa prestação de contas não é apresentada perante o citado órgão, cabe a este (Tribunal de Contas) exigi-la da autoridade administrativa omissa, concedendo-lhe, se assim o entender, prazo para a sua apresentação que, em não o fazendo, o administrador faltoso no prazo concedido, o Tribunal de Contas adotará a medida extreme da *tomada de contas de gestão*.

17.8 Tomada de contas de governo

Como é sabido a legislação que trata das *prestações de contas*, estudadas nesta obra, concede tanto aos governantes, quanto aos demais administradores públicos um determinado prazo para que estes apresentem, espontaneamente, suas respectivas prestações de contas, perante os órgãos integrantes dos controles interno e externo.

Quando, porém, o responsável por apresentação de prestação de contas não a realiza espontaneamente, dentro do prazo determinado por lei, os órgãos competentes para recebê-las, examiná-las e julgá-las, assinalam prazos para que estes as apresentem sob pena de adoção de medida extrema, qual seja, a tomada de contas.

Decorrido esse prazo, sem que o responsável tenha apresentado a referida prestação de contas, os órgãos competentes para essa fiscalização adotam a medida da tomada de contas. Tomada de contas é, pois, medida extreme e coercitiva adotada pelo Poder Legislativo (sobre o governante – art. 51, II, CF) ou pelos Tribunais de Contas (sobre a autoridade administrativa – art. 78, LC nº 4.320/64), que força o recebimento da documentação necessária ao exercício da fiscalização, podendo inclusive penetrar no recesso dos arquivos desses órgãos faltosos, avocando toda a documentação ali existente para, sobre ela, exercer o devido exame.

É, portanto, da atitude de descaso ou omissão do governante ou da autoridade administrativa que enseja a iniciativa para que o órgão competente de fiscalização adote a providência acima referida, que tem o *nomem iuris* de *tomadas de contas*.

Finalmente, arremate-se a exposição, dizendo que, para cada espécie em que se divide o gênero *prestação de contas*, há uma *tomada de conta* correspondente que, por isso, passa cada uma delas a se denominar de *tomada de contas de governo*, *tomada de contas de gestão* e *tomada de contas especial*.

Tanto os Chefes de Poder Executivo quanto os demais administradores públicos estão obrigados a prestar contas dos seus atos praticados no âmbito da atividade financeira pública, para isso a lei concede-lhes um prazo para que o faça espontaneamente.

Findo o exercício, todo Chefe de Poder Executivo, seja o Presidente da República, os Governadores de Estado, o Governador do Distrito Federal ou Prefeitos Municipais, têm um prazo de 60 (sessenta) dias contados da abertura da sessão legislativa do exercício seguinte para apresentar perante o correspondente Poder Legislativo sua prestação de contas de governo. Decorrido esse prazo sem que o mandatário tenha cumprido a sua obrigação (art. 84, XXIV, CF), fica ele sujeito à medida extreme denominada de *tomadas de contas de governo*, que será adotada pela Câmara dos Deputados, na União, com relação ao Presidente da Republica (art. 51, II, CF), pelas Assembleias Legislativas, nos Estados, referentemente aos Governadores, pela Câmara Legislativa, quanto ao Governador do Distrito Federal e pelas Câmaras de Vereadores alusivamente aos Prefeitos Municipais.

Vale ressaltar que, nesse mister, nada impede que o Tribunal de Contas, ao tomar conhecimento do exaurimento do prazo para apresentação da prestação de contas da responsabilidade destes mandatários, participe o fato ao Poder Legislativo competente, para que este adote a medida cabível. Advirta-se, contudo, que não pode o Tribunal de Contas adotar essa medida com relação a estes governantes, posto que essa competência é exclusiva do Poder Legislativo.

Tomadas de contas de governo é, pois, a medida adotada pelo Poder Legislativo para exigir que o Chefe do Poder Executivo apresente sua respectiva *prestação de contas de governo*, a que o mesmo está obrigado a apresentar anualmente, nos termos da Constituição Federal (art. 84, XXIV, CF).

Contudo, deve ficar esclarecido que, se o Poder Legislativo assim o desejar, pode ele antes de adotar essa medida cobrar a referida prestação de contas, assinalando ao Chefe do Poder Executivo um prazo para sua apresentação. Exaurido esse prazo concedido, então, o Poder Legislativo adotará a medida da *tomada de contas de governo*.

17.9 Tomada de contas especiais

A *tomada de conta especial* é uma medida que se origina da omissão daqueles agentes públicos que em razão de haverem recebido *suprimentos de fundos*, ou terem se tornado *executores de recursos conveniados* ou, ainda, por haverem dado causa à *perda*, *extravio* ou cometido qualquer outra irregularidade de que dela tenha resultado em *prejuízo para o erário* e não apresentaram suas respectivas *prestações de contas especiais*, na ocasião devida, e por esse motivo se sujeitaram à referida medida.

A medida aqui tratada (tomada de conta especial) tanto pode ser executada pelos responsáveis pelo sistema de controle interno, sobre os agentes públicos que lhes são subordinados, quanto pelos órgãos componentes do sistema de controle externo.

Destarte, se o servidor público detentor de suprimento de fundo, após haver expirado o prazo para apresentação de sua respectiva prestação de contas perante a autoridade administrativa a que este sofra subordinação, fica ele sujeito a essa medida a ser adotada pela respectiva autoridade ou pelo Tribunal de Contas, em decorrência de participação do fato pela autoridade responsável pelo controle interno (art. 74, §1º, CF).

Da mesma forma ocorrerá com o agente público que, havendo se tornado aplicador de recursos públicos, por ser executor de convênios celebrados entre entidades (públicas e privadas) e que tendo se exaurido o prazo para apresentação de sua respectiva prestação de conta especial não a tenha apresentado aos órgãos competentes. Igualmente, ao que ocorre com a tomada de conta especial, correlacionada com os detentores de suprimentos de fundo, a situação aqui analisada enseja idênticos procedimentos.

Por fim, quando os responsáveis pelo sistema do controle interno ou do sistema de controle externo tomam conhecimento de perda ou extravio de bens ou outras irregularidades das quais resulte dano ao patrimônio público, poderão estas autoridades exigir dos agentes infratores que apresentem, dentro do prazo por elas determinado, a correspondente prestação de contas que, em não o fazendo, no prazo assinalado, poderão as mesmas autoridades adotar a medida extreme da *tomada de conta especial*.

17.10 Parecer prévio

Como é do conhecimento de todos, quem quer que guarde, gerencie, administre ou utilize dinheiro público está obrigado a prestar contas do seu bom e regular emprego, nos termos das leis e regulamentos disciplinadores da matéria.

Segundo prescreve a Constituição Federal "Prestará contas qualquer pessoa física ou jurídica, pública ou privada, que utilize, arrecade, guarde ou gerencie, ou administre dinheiros, bens e valores públicos ou pelos quais a União responda, ou que, em nome desta, assuma obrigações de natureza pecuniária" (art. 70, parágrafo único, CF).

Em meio às pessoas que figuram dentro da moldura jurídica traçado pelo texto constitucional indicado estão todos os Chefes de Poder Executivo, nas áreas de Governo Federal, Estadual, Distrital e Municipal. Diante dessa circunstância, o Presidente da República, os Governadores dos Estados e do Distrito Federal e os Prefeitos Municipais estão todos obrigados a apresentar as suas Prestações de Contas perante o Poder Legislativo, a quem cabe julgá-las, com o *parecer prévio* elaborado pelos respectivos Tribunais de Contas (arts. 49, IX e 71, I, CF).

Ao ingressar no Tribunal de Contas a Prestação de Contas da responsabilidade desses Mandatários Públicos (contas de governo), esta é encaminhada a um dos Juízes deste Órgão, o que é feito mediante sorteio, passando o referido membro a presidir toda a instrução processual dessa prestação de contas, inclusive o julgamento da mesma pelo Plenário, na condição de Juiz Relator da matéria ou, segundo a denominação dada legalmente a estes Juízes, Ministro Relator (no Tribunal de Contas da União) ou Conselheiro Relator (nos demais Tribunais de Contas).

Após ter sido a matéria encaminhada ao serviço de instrução processual por despacho do Relator, e ter sido a mesma examinada pelo serviço e devolvida ao Gabinete do Juiz Relator, este, à luz dos dados apresentados nas peças informativas da lavra daquele serviço de instrução processual (certificados de auditória, informações, ou relatórios), elabora o seu relatório, no qual disseca sob tudo quanto se contiver de acertos, erros ou defeitos existentes nas contas sob exame.

Cumpre advertir que, até enquanto esse *relatório* não for apresentado para exame do Plenário do Tribunal de Contas, o valor jurídico desse documento é puramente de externação do pensamento pessoal do Juiz Relator, de quem este está a expressar o seu entendimento sobre a matéria, e por isso, de valor tão somente pessoal, não se ungindo juridicamente daquele valor dos atos de externação de vontade deste referido Órgão.

Cumprida essa missão, o Relator é obrigado a submeter essa peça fruto do seu labor e responsabilidade ao exame do Plenário do Tribunal de Contas que o aprovará ou não, através de decisão tomada por maioria simples ou unanimidade, e materializada por via do ato decisório cognominado de Acórdão, tornando-se, então, o relatório a se constituir como ato de externação de vontade expressa pelo Pretório em questão, com o *nomen juris* de parecer prévio.

Parecer prévio é, pois, um ato administrativo de caráter técnico-opinativo elaborado pelo Tribunal de Contas, no prazo de 60 (sessenta) dias contados da data de entrada da prestação de contas no seu Serviço de Protocolo (art. 71, I, CF), no qual este órgão registra detalhadamente todas as ocorrências constatadas sobre a mesma, e por via do qual, emite ao mesmo tempo, a sua opinião junto ao Poder Legislativo, a quem cabe o seu julgamento para que este aprove ou não as contas apresentadas anualmente por Chefe de Poder Executivo (art. 49, IX, CF).

Quanto ao *parecer prévio* emitido pelo Tribunal de Contas sobre a prestação de contas de governo apresentada anualmente pelo Prefeito Municipal, cabe fazer aqui um registro especial. É que, de acordo com a Constituição Federal (art. 31, §2º) o parecer prévio emitido pelo Tribunal de Contas somente deixará de prevalecer, em todos os seus termos, por decisão tomada em contrário pela Câmara Municipal, mediante um quórum de dois terços dos seus membros, isto é, dois terços calculados sobre o número total de todos os vereadores que compõem a respectiva Câmara.

Essa exigência constitucional, todavia, não desfigura a imagem do *parecer prévio* de ser um ato administrativo de caráter técnico-opinativo, visto que, o que deseja a Constituição Federal com essa particular exigência feita é assegurar maior garantia de moralidade no ato de julgamento feito pelas Câmaras Municipais, por se presumir que seus componentes sejam mais vulneráveis às investidas do Poder Executivo, na conquista dos votos necessários à aprovação de sua prestação de contas, feitas muitas vezes, por métodos nada recomendáveis.

Acrescente-se, ao exposto, que o parecer prévio emitido pelos Tribunais de Contas em todo o Território Nacional é peça de presença imprescindível ao processo de prestação de contas, no momento de seu julgamento pelo Poder Legislativo, sendo, portanto, nulo de pleno direito o julgamento realizado com ausência desse documento.

Para concluir, deve-se dizer que como esse documento registra ou relata detalhadamente todas as ocorrências havidas durante a execução orçamentária do exercício financeiro, o legislador federal se houve por bem em inserir o parecer prévio dos Tribunais de Contas dentre os procedimentos que considerou como sendo *instrumentos de transparência da gestão fiscal*, consoante o testemunho que dá o texto do art. 48 da Lei de Responsabilidade Fiscal.

CAPÍTULO 18

DOS AGENTES PÚBLICOS NA GESTÃO FISCAL

Sumário: 18.1 Noções preliminares – **18.2** Conceito de agentes públicos – **18.2.1** Agentes políticos – **18.2.2** Agentes colaboradores ou honoríficos – **18.2.3** Agentes delegados – **18.2.4** Agentes administrativos – **18.2.4.1** Servidores Públicos Especiais – **18.2.4.2** Servidores públicos estatutários – **18.2.4.3** Servidores públicos celetistas – **18.2.4.4** Servidores públicos temporários – **18.3** Agentes públicos executores da gestão fiscal

18.1 Noções preliminares

Como é sabido, o Estado de Direito foi instituído e idealizado como uma *pessoa jurídica* constituída por um conjunto de órgãos e aparelhos administrativos com a finalidade de executar aquelas funções que lhes forem afetas por lei, isto é, suas *atividades-fins*, para assegurar o *bem-comum* ou o *bem-geral* de todos os indivíduos juridicamente organizados em sociedade e personalizados neste (Estado), através do desenvolvimento de *políticas públicas* de naturezas *econômica, social, cultural, educacional, habitacional, de segurança, de saúde, de proteção de seus direitos e liberdades individuais e de seus patrimônios, etc.*, postas em prática pelos *serviços públicos*, bem como oferecer a estes membros a prestação de serviços de *comodidades públicas* ou de *utilidades públicas*, tais como a *prestação dos serviços de telefonia, prestação de serviços de fornecimento de energia elétrica, prestação de serviço de fornecimento de gás encanado, prestação de serviço de fornecimento de água tratada para o consumo humano; prestação de serviço de esgotamento sanitário; etc.*

Para assegurar o desenvolvimento destas políticas e comodidades públicas em prol dos indivíduos, o Estado necessita, naturalmente, de uma boa soma de recursos financeiros capaz de garantir o custeio desses serviços públicos a serem concretizados pelos órgãos públicos ou por via de concessões feitas aos particulares.

Para tanto, vai o Estado buscar esses recursos financeiros ora, retirando-os, coercivamente, do patrimônio dos particulares mediante a instituição dos tributos (impostos, taxas e contribuições), utilizando-se do seu poder de império, através de lei; ora, angariando-os de forma contratual, em decorrência da exploração de seus serviços industriais ou da venda de seus bens patrimoniais; ora, indo buscá-los nas instituições bancárias ou financeiras por intermédio da contratação de empréstimos ou da emissão de títulos da dívida pública.

O certo mesmo é que, para desenvolver suas atividades-fins, em benefício do bem-comum, o Estado tanto necessita arrecadar recursos financeiros (receita pública), quanto despender estes recursos no financiamento dos gastos públicos originados da prática de suas políticas públicas (despesa pública).

Quando o Estado desempenha essa atividade financeira pública, para pôr em concretização os seus fins, isto é, nos momentos em que arrecada suas receitas, guarda, mantém ou custodia os recursos arrecadados sob sua responsabilidade, e realiza suas despesas, financiando suas políticas públicas em benefício da sociedade, ele concretiza uma atividade financeira estatal que se denomina legalmente de *gestão fiscal*, por se tratar de atividade administrativo-financeira concretizada, na prática pelo Estado, ao pôr em movimento a atividade *fiscal* ou do *fisco*, razão pela qual recebe, na "pia batismal" do Direito Financeiro, essa denominação.

Não constitui qualquer novidade informar ao leitor que a pessoa jurídica do Estado, em sua concepção ou composição orgânica, inspirou-se na anatomia do corpo humano, de onde decorre a coincidência da nomenclatura utilizada na descrição anatômica de ambos (corpo humano e pessoa jurídica pública), daí a utilização simultânea dos vocábulos: *pessoa, órgãos, funções e aparelho*, quando se faz referência à constituição e às funções das pessoas retrorreferidas.

Também não é novidade o conhecimento de que a pessoa jurídica do Estado não tem ânimo próprio, isto é, não age por si mesma, ou *sponte sua*, como ocorre com a pessoa natural, ou física do homem, que não só expressa sua vontade por meio de palavras, gestos e movimentos, como, também, desenvolve suas atividades por força de suas próprias energias, digo, *sponte propria*.

Diante da inércia ou da falta de ânimo próprio que caracteriza toda pessoa jurídica, e para que o Estado pudesse externar um tipo ou qualidade de vontade que lhe fosse atribuída como sua, visando ao desenvolvimento de suas atividades em benefício dos indivíduos, idealizou-se, então, que o mesmo deveria se utilizar, por "empréstimo", da vontade do homem. Destarte, a vontade do homem passa a servir de "veículo" para a concretização da vontade do Estado.

Com base nesse pensamento, idealizou-se, igualmente, a criação dos órgãos públicos instituídos e organizados por lei, como centros de competência ou de unidades de atuação do organismo da entidade estatal, dotados de atribuições próprias, sem, contudo, se constituírem em personalidade jurídica própria, já que estes se reúnem sob a personalidade jurídica do próprio Estado.

Diga-se mais que os órgãos públicos que compõem as unidades de atuação da entidade estatal constituem-se, por sua vez, num conjunto de cargos públicos, que são lugares inseridos no aparelho administrativo destas unidades de atuação, componentes do conjunto orgânico que constitui o corpo da Administração Pública (órgãos públicos) caracterizados ou identificados como sendo um conjunto de atribuições e de responsabilidades de caráter permanente, criados por lei, em número determinado, com denominação própria e a ser preenchido ou provido por via da presença indispensável do elemento humano.

Em face desse entendimento, e a partir daí, a teoria da natureza do órgão público explica que este se completa ou se perfaz pela conjugação de dois elementos, a saber: a) *elemento objetivo* e b) *elemento subjetivo*.

Por *elemento objetivo* tenha-se o próprio *cargo público*, em si, na condição de *núcleo* ou *centro de atribuições e responsabilidades permanentes*, com denominação própria e criado por lei, em número determinado, *enquanto não provido*.

Por *elemento subjetivo* entenda-se o *elemento humano* indicado para o provimento ou preenchimento do cargo, emprestando sua vontade a este, para que o Estado possa pôr em prática suas finalidades públicas, quando administra, legisla e julga os litígios dentre os indivíduos.

Pelo visto já se tem a ideia de que o Estado é uma pessoa jurídica pública constituída por órgãos que administram; órgãos que legislam e órgãos que julgam, com a finalidade de executar suas funções, que se concretizam mediante os órgãos que compõem o Poder Executivo, o Poder Legislativo e o Poder Judiciário.

Destarte, por tudo quanto até aqui ficou exposto, já é de se saber que todos os atos públicos, editados pelos órgãos do Estado, são praticados por pessoas naturais exercentes de cargos ou funções públicas, portanto detentoras de certa parcela de autoridade pública e que, por isso, como representantes do Poder Público, os praticam em nome deste. Estas pessoas exercentes de cargos e funções públicas são pessoas físicas ou naturais genericamente denominadas de agentes públicos.

Como anteriormente explicado, a execução prática das atividades públicas dependem imprescindivelmente da presença ou participação da vontade do elemento humano, como força motriz por via da qual o Poder Público se movimenta.

É verdade que, modernamente, muitas das atividades públicas estão sendo executadas através de aparelhos ou instrumentos que atuam mediante sensores que registram sons, imagens e sinais (placas de sinalização, sinais sonoros, fotossensores e radares) e de outros meios, do que são exemplos as atividades ligadas à fiscalização do tráfego e trânsito de pessoas e de veículos automotores (semáforos) e, bem assim, determinadas atividades correlacionadas com a segurança pública (câmeras de segurança) o que, contudo, não dispensa totalmente a presença do elemento humano, nem mesmo destas atividades retromencionadas.

Ademais, é básico saber que as atividades públicas, quanto ao tempo, se distinguem, entre si, como atividades de natureza *temporária ou esporádica* e atividades de caráter *permanente*, segundo a frequência com que surgem e são executadas pelo Estado, como objeto de sua preocupação (recenseamento, vacinações em massa contra epidemias, serviços temporários de socorro às secas, às enchentes e a outros fatos climáticos, etc.) ou como surgem e se tornam preocupação permanente deste, como objeto de carência das necessidades públicas ou sociais (saúde, educação, habitação, comunicação, segurança pública, etc.), do que enseja a criação das *funções públicas* para o atendimento das primeiras (atividades temporárias) e a criação dos *cargos públicos* para o atendimento das segundas (atividades permanentes).

Estas pessoas exercentes de funções e cargos públicos são denominadas, genericamente, de agentes públicos, distinguindo-se, entre estes, aqueles que mantêm com o Estado uma relação de subordinação ou de emprego (servidores públicos especiais, servidores públicos estatutários, servidores celetistas ou empregados públicos, servidores temporários); aqueles que mantêm com o Estado uma relação política decorrente da *representação popular*, como agentes ocupantes de cargos de confiança, auxiliares do Poder

Executivo (agentes políticos), tais como, os agentes do primeiro escalão governamental, ou seja, os Ministros de Estado, Secretário de Estado, Secretários Distritais e Secretários Municipais e os agentes componentes do segundo escalão do Governo, tais como, os Dirigentes do Ministério Público, da Advocacia-Geral da União, da Procuradoria-Geral da União, da Procuradoria-Geral da Fazenda Pública, Defensoria Pública, das Autarquias, das Fundações Públicas, das Empresas Públicas e das Sociedades de Economia Mista, no âmbito da União, dos Estados, do Distrito Federal e dos Municípios, etc., e, também, aqueles que ocupam cargos políticos, denominados de cargos eletivos, como são os casos dos Chefes de Poder Executivo (Presidente da República, Governador de Estado e do Distrito Federal e Prefeitos Municipais, e, seus respectivos Vices) e dos Parlamentares (Senadores, Deputados Federais, Deputados Estaduais e Vereadores).

Tendo-se feito, neste espaço dedicado às presentes notas preliminares, algumas referências à expressão agentes públicos, nasce a obrigação de se falar sobre seu conceito e de dizer que categorias funcionais ou de servidores públicos se acham abrangidas por esta expressão que, genericamente, agrupa todas aquelas pessoas físicas que, de alguma forma, desempenham funções ou atividades públicas em nome do Estado e de interesse comum dos indivíduos participantes do grupo social.

18.2 Conceito de agentes públicos

Agente público é a expressão genérica designativa de toda pessoa física que desempenha de modo permanente, temporário ou que, eventualmente, colabora com o Estado na prática de suas atividades-meios ou atividades-fins, objetivando o atendimento dos interesses públicos.

Na lição de José dos Santos Carvalho Filho, "A expressão agentes públicos tem sentido amplo. Significa o conjunto de pessoas que, a qualquer título, exercem uma função pública como prepostos do Estado. Esta função, é mister que se diga, pode ser remunerada ou gratuita, definitiva ou transitória, política ou jurídica. O que é certo é que, quando atuam no mundo jurídico, tais agentes estão de alguma forma vinculados ao Poder Público. Como se sabe, o Estado só se faz presente através das pessoas físicas que em seu nome manifestam determinada vontade, e é por isso que essa manifestação volitiva acaba por ser imputada ao próprio Estado. São todas essas pessoas físicas que constituem os agentes públicos".[18]

Tomando-se a expressão, nesse sentido, agentes públicos são, pois, todas aquelas pessoas físicas que, operando de modo permanente, temporário ou eventual e de forma remunerada ou não, desempenham algum tipo de atividade ou função pública, e que se agrupam, organizadamente, entre si, sob as designações de *agentes políticos, agentes colaboradores, ou honoríficos, agentes delegados e agentes administrativos* (servidores públicos, lato sensu).

Feitas essas referências, veja-se a seguir quais os tipos de agentes públicos se reúnem sob o título de cada uma das categorias funcionais acima anunciadas.

18.2.1 Agentes políticos

Na visão do autor, que não encontra abrigo no texto da Constituição Federal, *agentes políticos* somente são aquelas pessoas físicas que ocupam *cargos políticos* ou *cargos eletivos*, tomando-se como tais apenas aqueles cargos vinculados a exercício de atividade pública ligada a mandatos temporários, cuja investidura se processa tão somente mediante eleições populares e que, desta investidura, não deriva ou resulta qualquer relação de subordinação de profissionalismo, relação de emprego ou vínculo empregatício entre seus ocupantes e o Estado.

São exemplos desse tipo de agente público, os Chefes de Poder Executivo (Presidente da República, Governadores dos Estados e do Distrito Federal, Prefeitos Municipais, e respectivos ocupantes de cargos de Vices), os membros dos respectivos Poderes Legislativos Federal, Estadual, Distrital e Municipal (Senadores da República, Deputados Federais, Deputados Estaduais, Deputados Distritais e Vereadores Municipais) e as pessoas físicas que exercem cargos de confiança, na qualidade de *auxiliares governamentais* (Ministros de Estado, Secretários de Estado, Secretários Distritais e Secretários Municipais, e os Dirigentes do Ministério Público, da Advocacia-Geral da União, da Procuradoria-Geral da União, da Procuradoria-Geral da Fazenda Pública, Defensoria Pública, das Autarquias, das Fundações Públicas, das Empresas Públicas e das Sociedades de Economia Mista, no âmbito da União, dos Estados, do Distrito

---

[18] *Manual de direito administrativo.* 8. ed. rev. ampl. e atual. Rio de Janeiro: Lumen Juris, 2001. p. 447.

Federal e dos Municípios, etc.) cuja investidura se processa mediante livre escolha e nomeação de natureza política da autoridade nomeante, cujo provimento decorre da representação popular recebida do *povo*, por aqueles que as nomeiam.

São estes agentes públicos cuja incumbência é a de exercitar o *poder político* com ampla liberdade ou *discricionariedade governamental*, quando estão a organizar a estrutura dos poderes públicos, a distribuir suas respectivas competências e a estabelecer os modos de defesa das instituições e da ordem pública do Estado contra eventuais ataques, do que são exemplos os atos políticos da Decretação do Estado de Defesa (art. 136, CF), da Decretação do Estado de Sítio (art. 137, CF), da Decretação da Intervenção Federal (art. 34, CF) e, da Decretação da Intervenção Estadual (art. 35, CF) e mais outros a estes assemelhados.

Não se tratam, como se vê, de agentes que desempenhem suas atividades políticas subordinados a qualquer tipo ou natureza de relação de emprego como ocorrem, insofismavelmente, com todas as demais categorias de agentes públicos agrupadas sob a designação de *agentes administrativos*, que se ligam ao Estado mediante uma subordinação empregatícia.

São estes agentes públicos os responsáveis pela edição dos chamados *atos políticos* ou *atos de governo*, visto que promanam do *Governo*, na sua expressão mais pura, isto é, quando estes estão a exercitar, por excelência, o seu *Poder Político* ou a *discricionariedade governamental* como ocorre quando editam os atos acima nomeados, e que, por sua natureza política, não podem ser objeto de exame ou revisão, quanto ao seu mérito, por parte do Poder Judiciário, a menos que ameacem de lesão ou causem lesões individuais, hipótese em que poderão ser examinados, entretanto, apenas quanto aos seus aspectos formais.

Partindo desta visão, exclui-se do conceito de agente político os *Membros da Magistratura*, os *Membros dos Tribunais de Contas*, os *Membros do Ministério Público* e todos aqueles demais agentes públicos cuja investidura do cargo não decorra de eleição popular, excetuando-se, tão somente, aquelas pessoas exercentes de cargos de confiança, na qualidade de auxiliares do Poder Executivo, nas áreas de Governo declinadas, como já demonstrado (art. 76, CF), embora não seja este o pensamento recepcionado pela Constituição Federal que os reconhece como agentes políticos (art. 102, I, "c"; 105, I, "a"; 108, I, "a"; 52, II,CF)

Ademais, os membros das instituições suprarreferidas, além de não exercitarem os seus cargos em razão de mandatos temporários e de não terem sido indicados pela soberana vontade popular, por via de eleição, como ocorre com os cargos políticos ou cargos eletivos, ao contrário, são nomeados por ato administrativo editado por *autoridade administrativa já constituída* (alguns por ato administrativo complexo), para desenvolverem, de modo permanente, atribuições ligadas à competência daquelas instituições e de seus respectivos cargos, e mais, submetidos a uma relação de emprego perante o Estado, o que em hipótese alguma acontece com os agentes políticos.

18.2.2 Agentes colaboradores ou honoríficos

Agentes colaboradores ou *agentes honoríficos* são todas aquelas pessoas físicas que, em face a suas condições cívicas ou de suas reconhecidas qualidades pessoais, notoriedades profissionais, idoneidades ou honorabilidades pessoais, são convocadas, designadas ou nomeadas para prestarem, ainda que de modo transitório ou eventual, sem vinculação empregatícia e, às vezes, até mesmo sem remuneração, determinados tipos de atividades públicas que, em regra, se tratam, na verdade, de um *múnus* ou ofício público, caracterizando-se quase por uma obrigação cívica em razão da relevância dessas funções.

Dentre estes ofícios públicos estão os *jurados, mesários eleitorais* (mesas receptoras e mesas apuradoras), *os convocados para a prestação obrigatória do serviço militar, os participantes de comissões de vestibulares, os participantes de comissões de concursos públicos*, etc.

18.2.3 Agentes delegados

Agentes delegados são todas as pessoas físicas que recebam do Poder Público uma determinada delegação para executar tão somente em seus nomes e sob suas inteiras responsabilidades certos tipos de atividades públicas, tais como, as atividades materiais de construção de obras públicas ou da prestação de serviços de interesse ou utilidade pública com plena subordinação às normas ditadas pelo *delegante* (Poder Público) e sob a fiscalização deste.

Participam deste agrupamento de *agentes públicos*, os *permissionários* da execução dos serviços acima declinados (Pessoas Físicas

– art. 2º, IV, LF nº 8.987/95), os *serventuários de justiça* (art. 236, CF), os *leiloeiros e os tradutores ou intérpretes públicos*.

18.2.4 Agentes administrativos

Agentes Administrativos ou *servidores públicos* (sentido amplo) são todas aquelas pessoas físicas que se ligam profissionalmente ao Estado ou às suas pessoas jurídicas administrativas (autarquias, fundações, empresas públicas e economias mistas) mediante vínculo empregatício ou de uma relação de emprego justapostas numa organização, em regra, caracterizada por um escalonamento hierárquico, sujeitas a um determinado regime jurídico e que desenvolvem suas atribuições funcionais em razão de investiduras em cargos ou funções públicas e de forma remunerada.

Reunidos sob esta designação funcional genérica de agentes administrativos estão, pois, todos os servidores públicos (sentido amplo, locução utilizada pela Constituição Federal) civis (art. 39, CF) e militares (art. 42, CF) que compõem a grande massa daqueles que empregam suas forças de trabalho no desenvolvimento das mais diversificadas espécies em que se dividem as funções ou atividades públicas disseminadas nas esferas administrativas que formam os três Poderes do Estado (Executivo, Legislativo e Judiciário) e nas áreas de atuação de suas respectivas entidades autárquicas (autarquias, fundações públicas, empresas públicas e economias mistas).

Subsomem-se nesta expressiva massa profissional dos *agentes públicos* (agentes administrativos), as seguintes categorias profissionais:

a) servidores públicos especiais;
b) servidores públicos estatutários;
c) servidores públicos celetistas; e
d) servidores públicos temporários.

18.2.4.1 Servidores Públicos Especiais

Servidores públicos especiais, categoria funcional integrante dos *agentes administrativos*, são todas aquelas pessoas físicas investidas em cargos públicos vitalícios que mantêm com o Estado uma vinculação empregatícia, remunerados mediante subsídios e regidos por regimes jurídicos próprios, segundo a classe funcional à qual pertençam, e que na hierarquia piramidal em que se justapõem as atividades públicas, desempenham atividades que estão organizadas em plano inferior apenas ao do plano das atividades políticas.

Sob esta designação funcional genérica (servidores públicos especiais) estão reunidas as classes dos Magistrados (art. 93, CF); os membros dos Tribunais de Contas (art. 73, §3º, CF); os membros do Ministério Público (art. 128, CF); os membros da Advocacia Pública (art. 131, CF); os membros da Advocacia e Defensoria Pública (art. 133, CF) e, nos Estados, os membros correspondentes a estas instituições, aos quais, dentro de suas respectivas áreas de atuação, incumbe o desenvolvimento de uma das áreas de atuação estatal das mais relevantes, qual seja a administração da *atividade jurídica do Estado* provedora das necessidades gerais dos indivíduos no seio da coletividade quando interagem entre si, e entre estes e o próprio Estado, excluindo-se desta, apenas, as atividades respeitantes à *declaração do direito*, que se origina do exercício do Poder Político, isto é, da função legislativa, que é uma forma das formas de expressão deste Poder.

Os *agentes públicos*, ora questionados, são recrutados, em tese, para a assunção dos cargos iniciais de carreira, mediante a aprovação prévia em concursos públicos, prescindindo, entretanto, deste processo seletivo, quanto ao provimento dos cargos superiores, cujas investiduras são materializadas por via de *ato administrativo complexo* (nomeações), como são os casos de provimento dos cargos dos:

a) Ministros do Supremo Tribunal Federal (art. 101, parágrafo único, CF);

b) Ministros do Superior Tribunal de Justiça (art. 104, pará- grafo único, I e II, CF);

c) Ministros do Tribunal de Contas da União (art. 73, §§1º e 2º, CF) e outros.

Nos Estados, os *Desembargadores dos Tribunais de Justiça* e os *Conselheiros dos Tribunais de Contas* (art. 25, CF).

18.2.4.2 Servidores públicos estatutários

Servidores públicos estatutários é uma das categorias funcionais dos *agentes administrativos* constituída por todas aquelas pessoas físicas recrutadas para o *serviço público*, para exercerem, mediante *vínculo empregatício* e de forma *remunerada*, *cargo público* de provi- mento efetivo ou para exercerem, sem exigência de qualquer tipo de processo seletivo (concurso público), *cargo em comissão*, declarados por lei, como tal, e de livre nomeação e exoneração da autoridade administrativa competente, cujo tratamento da relação de emprego estabelecida entre estes e o Estado é disciplinado por um regime jurídico comum a todos, desta categoria e, cujas incumbências ou atribuições são, em regra, as de desenvolverem *atividades-meios* do Estado, como preparatórias das *atividades-fins*, deste.

Atualmente, é a Lei Federal nº 8.112/90, denominada de *Estatuto dos Servidores Civis da União* que rege a relação de emprego instalada entre esta categoria funcional e a União.

18.2.4.3 Servidores públicos celetistas

Servidores públicos celetistas também denominados de *empregados públicos*, categoria funcional integrante dos agentes administrativos, são todas aquelas pessoas físicas recrutadas mediante concurso público para exercerem, por força de vínculo empregatício com o Estado ou com suas entidades autárquicas (autarquias, fundações públicas, empresas públicas e economias mistas) e de forma remunerada, emprego público, cuja relação empregatícia estabelecida entre estes e o Poder Público é regida pelas regras constantes da Consolidação das Leis Trabalhistas (CLT), aprovada pelo Decreto-Lei nº 5.452, de 1º de maio de 1943, com suas alterações posteriores.

18.2.4.4 Servidores públicos temporários

Servidores públicos temporários, designados também por *contratados temporários*, genericamente denominados de agentes administrativos, são todas aquelas pessoas físicas recrutadas mediante processo seletivo simplificado ou excepcionalmente com a dispensa deste (art. 3º, §1º da LF nº 8.745/93), para prestarem serviços correlacionados com o atendimento das necessidades temporárias reconhecidas de excepcional interesse público, consoante previsão do Inciso IX do art. 37 da Constituição Federal, cuja relação temporária de emprego com o Estado observará, imprescindivelmente, a citada Lei Federal nº 8.745/93 (alterada pelas Leis nº 9.849/99, nº 10.667/03 e nº 11.123/05), determinando, o referido texto legal, que se aplique a esta categoria de agentes públicos "o disposto nos arts. 53 e 54; 57 a 59; 63 a 80; 97; 104 a 109; 110, I, in-fine, e II, parágrafo único; 117, I a V e IX a XVIII; 118 a 126; 127, I, II e III a 132, I a VII, IX a XIII; 136 e

142, I, primeira parte a III e §§1º a 4º; 236; 238 a 242 da Lei nº 8.112, de 11 de dezembro de 1990" (art. 11).

Acresça-se, ao exposto, que o *contrato* celebrado por estas pessoas físicas e o Estado extinguir-se-á na data prevista, sem que do mesmo resulte qualquer direito a estas pessoas (art. 12).

De acordo com o disposto no texto legal em referência (Lei nº 8.745/93) reputam-se de *necessidade temporária de excepcional interesse público* as seguintes atividades:

a) assistência a situações de calamidade pública;

b) combate a surtos endêmicos;

c) realização de recenseamentos e outras pesquisas de naturezas estatística efetuadas pela fundação Instituto Brasileiro de Geografia e Estatística;

d) admissão de professores substitutos e professores visitantes;

e) admissão de professores e pesquisadores visitantes estrangeiros;

f) atividades especiais nas organizações das forças armadas para atender à área industrial ou a encargos temporários de obras e serviços de engenharia;

g) atividades de identificação e demarcação desenvolvidas pela FUNAI;

h) atividades finalísticas do hospital das forças armadas;

i) atividades de pesquisa e desenvolvimento de produtos destinados a segurança de sistemas de informações, sobre responsabilidade do centro de pesquisa e de desenvolvimento para a segurança das comunicações (CEPESC);

j) atividades de vigilância e inspeção relacionadas à defesa agropecuária, no âmbito do Ministério da Agricultura e do Abastecimento, para atendimento de situações emergenciais ligadas ao comércio internacional de produtos de origem animal ou vegetal, ou de iminente risco à saúde animal, vegetal ou humana;

k) atividades desenvolvidas no âmbito dos projetos do sistema de vigilância da Amazônia (SIVAM) e do sistema de proteção da Amazônia (SIPAM);

l) atividades técnicas especializadas, no âmbito de projetos de cooperação com o prazo determinado, implementados mediante acordos internacionais, desde que haja, em seu desempenho, subordinação de contrato ao órgão, ou entidade pública; e

m) admissão de professor, pesquisador e tecnólogo substitutos para suprir a falta de professor, pesquisador, ou tecnólogo ocupante de cargo efetivo, decorrente de licença para exercer atividade empresarial relativa à inovação.

18.3 Agentes públicos executores da gestão fiscal

Conhecidas as diversas categorias funcionais nas quais se organizam as diversas classes dos agentes públicos, resta agora saber quais os agentes que se caracterizam como *agentes públicos da gestão fiscal*.

O que, neste trabalho, se denomina de *agente público da gestão fiscal* é toda aquela pessoa física que, integrante de qualquer das categorias funcionais públicas dantes enumeradas, pratique atribuições correlacionadas com a *atividade financeira pública*, do qual resulte *lançamento, arrecadação, recolhimento, utilização, gerenciamento, guarda, administração de dinheiros, bens e valores públicos* ou pelos quais o Estado responda ou que em nome deste assuma qualquer tipo de *obrigação de natureza pecuniária*.

Assumem, pois, esta condição de agentes públicos da gestão fiscal, todos aqueles agentes públicos que venham a se enquadrar em qualquer das categorias funcionais públicas, já mencionadas, e que, não interessando saber a que Poder pertençam, desempenhem, entre suas atribuições, aquelas correlacionadas com atividade financeira, do que são exemplos as autoridades públicas que exerçam as funções de *ordenadores de despesas* (§1º do art. 80, DL nº 200/67), dos órgãos que chefiam ou gestores de fundos especiais submetidos as suas responsabilidades.

Assumindo esta função de *ordenador de despesa*, poderão estar:

a) os Ministros de Estado, Secretários de Estado, Secretários Distritais e Secretários Municipais;

b) os Dirigentes do Ministério Público, da Advocacia-Geral da União, da Procuradoria-Geral da União, da Procuradoria-Geral da Fazenda Pública e da Defensoria Pública;

c) os dirigentes das Autarquias, das Fundações Públicas, das Empresas Públicas e das Sociedades de Economia Mista, etc.;

d) os Presidentes dos respectivos Poderes Legislativos;

e) os Presidentes dos Tribunais Judiciários em geral e os Presidentes dos Tribunais de Contas.

Qualquer das autoridades públicas retromencionadas, segundo pratique atos de natureza financeira da responsabilidade do Estado, estará enfrentando a condição irrecusável de agente público da gestão fiscal, assumindo, a partir do exercício desta atividade, todas as responsabilidades de seus atos, quais sejam, as de natureza *administrativa, político-administrativo* (conforme a natureza do agente político), *civil, penal e jurídico-contábil*, esta última, fundada no texto do Inciso VIII do art. 71 da Constituição Federal.

Quando o ato praticado na área da atividade financeira pública houver sido editado por Chefe de Poder Executivo, em qualquer dos níveis de Governo Federal, Estadual, Distrital e Municipal, este ficará submetido às responsabilidades civil, penal e político-administrativa, sendo esta última de aplicação exclusiva da parte do respectivo Poder Legislativo.

Além das autoridades públicas citadas, podem enfrentar a posição de *agente público da gestão fiscal* todos os demais servidores públicos que tenham sob suas responsabilidades funcionais o desempenho de atividade financeira pública, do que são exemplos os *diretores financeiros dos órgãos públicos, os ordenadores de despesas, os tesoureiros, caixas, pagadores, responsáveis por suprimentos de fundos, exatores, agentes arrecadadores* e outros mais.

Por fim, concentre-se na ideia de que *agente público da gestão fiscal* é todo aquele que, mesmo se enquadrando em qualquer das categorias de agentes públicos já declinadas, tenha de alguma forma sob sua responsabilidade a guarda, utilização, gerenciamento ou administração de dinheiro, bens e valores públicos pelos quais o Estado responda, ou que, em nome deste crie ou assuma obrigações de natureza pecuniária.

CAPÍTULO 19

DAS RESPONSABILIDADES DOS AGENTES PÚBLICOS NA GESTÃO FISCAL

Sumário: 19.1 Noções preliminares – 19.2 Agentes públicos da gestão fiscal – 19.3 Responsabilidade dos agentes públicos na gestão fiscal

19.1 Noções preliminares

Ao colocar sua máquina administrativa em movimento, mediante o desenvolvimento das *atividades-meios*, finalizando pôr em execução suas *atividades-fins*, o Estado por ação ou omissão dos seus agentes, no exercício de suas atribuições ou a pretexto de exercê-las, tanto poderá sofrer danos no seu próprio patrimônio, quanto causar danos ao patrimônio dos particulares, em geral (pessoas físicas ou jurídicas).

Em isto ocorrendo, não é justo que o Estado deixe de se recompor dos prejuízos sobre quem lhes causou os danos, e de ressarcir, quando for o caso, os prejuízos causados aos particulares em decorrência de sua atuação, evitando com isso que o particular sofra injustamente a diminuição de seu patrimônio em face dos danos ocorridos, em que o causador do mesmo não se submeta à condição obrigatória de *responder* pelo seu ato danoso.

De outra forma, os seus agentes também podem praticar atos ilícitos de outras naturezas contrariando *normas penais*, *normas administrativas*, regras definidoras de *infrações políticas* ou, até mesmo, *jurídico-contábeis*, ficando, destarte, esses agentes públicos obrigados a responderem pelos danos causados a estes bens jurídicos protegidos por lei.

É, portanto, em razão dessas *obrigações de responder* pelos danos que causam em decorrência de ferimento de norma legal, que surgiu a necessidade da existência do instituto jurídico denominado *responsabilidade*.

Na oportuna e elucidativa lição de Carlos Pinto Coelho Mota,

> Responsabilidade, termo originário da palavra responsabilitatis, do latim, tem em sua essência a significação de responsabilizar-se, vir garantindo, assegurar, assumir o pagamento do que se obrigou ou do ato que praticou.
>
> Na etimologia gera a qualidade de responsável, condição de responder; pode ser empregado no sentido de obrigação, encargo, dever, imposição de alguma coisa.[19]

Da lição retrorreproduzida emerge a aprendizagem de que o vocábulo *responsabilidade* traduz a ideia de *obrigação de responder* as consequências danosas decorrentes de *palavras ou atos* causadores de violação de determinado preceito legal, dever este de natureza eminentemente jurídica ou contratual de indenizar a outrem por danos morais ou patrimoniais causados de modo a restabelecer, integralmente, aquele estado ou situação que fora violado por palavra, ato ou conduta irregular.

O estudo do Instituto jurídico da *responsabilidade* que ora se propõe iniciar neste capítulo, diz respeito tão somente aos momentos do seu exame e emprego às *consequências danosas* originadas dos atos correlacionados com a execução da gestão fiscal, decorrentes da *ação* ou *omissão* das pessoas jurídicas de direito público, de suas entidades administrativas e das pessoas jurídicas de direito privado prestadoras de serviços públicos, causadas, aos particulares, pelos seus agentes, quando atuam nesta qualidade, sendo estes abrangidos pelo universo daqueles que vão desde os Chefes dos Poderes (Executivo, Legislativo e Judiciário) aos mais modestos agentes públicos quando atuam de alguma forma em atividades ligadas à *gestão fiscal* ou em atividades que de algum modo projete reflexo na referida gestão, do que são exemplos as atividades desenvolvidas pelas comissões gerais de licitação e pelas comissões de avaliação dos bens públicos destinados à venda ou permuta.

---

[19] MOTA, Carlos Pinto Coelho. *Curso prático de direito administrativo*. Belo Horizonte: Del Rey, 1999. p. 330.

19.2 Agentes públicos da gestão fiscal

Sobre a matéria pouco tem o que se dizer. Sem levar em consideração a categoria profissional na qual esteja integrado o agente público, caracteriza-se como *agente da gestão fiscal* todo aquele que exercita atribuições inerentes às atividades administrativas compreendidas no âmbito da gestão fiscal. Destarte, todo aquele que executar atividades inseridas no campo da gestão fiscal estará se constituindo agente público executor da gestão fiscal, passando a submeter-se a todos os tipos de *responsabilidades* já referidos (civil, penal, político-administrativa e jurídico-contábil ou fiscal), segundo a categoria de cada um e o tipo de ilícito cometido.

Concluída a exposição deste capítulo, veja-se no capítulo seguinte o estudo da submissão do agente público da gestão fiscal a cada uma dessas espécies de atividades, quando praticam ilícito.

19.3 Responsabilidade dos agentes públicos na gestão fiscal

Dos diversos tipos de responsabilidade que podem vir a ser exigidas, ou cobradas, dos agentes públicos, em geral, quando executam atividades administrativas inerentes à execução da gestão fiscal, como decorrências de sua atuação irregular ao exercitar suas atribuições funcionais, destaca-se, no ensejo, a de caráter *civil*.

A seu respeito é importante saber, de logo, que é de *natureza objetiva* o tipo de responsabilidade civil que se imputa ao Estado, quando assume por ato irregular dos seus agentes, agindo nesta qualidade, os ressarcimentos dos danos por eles causados ao patrimônio dos administrados em geral (físicas e jurídicas), e que é de *natureza subjetiva* o tipo de responsabilidade civil quando o Estado age regressivamente contra seus agentes, para reaver destes o valor que despendeu a título de ressarcimento dos danos que causaram a terceiros, nos momentos do exercício de suas atribuições ou a pretexto de exercê-las.

Some-se, mais, a este tipo de *responsabilidade* as de caráter *penal, administrativa, político-administrativa e jurídico-contábil* ou *fiscal* conforme a natureza jurídica no qual se enquadre o *agente público* e, igualmente, o tipo de *ilícito* por ele cometido, as quais são de natureza *subjetiva*.

Estes são os tipos de *responsabilidades* que pesam sobre os agentes públicos em geral, quando por ação ou omissão provocam danos ao próprio patrimônio público ou aos direitos ou patrimônios dos administrados ou outros tipos de ilícitos nos momentos em que executam aquelas atividades administrativas inerentes à execução da *gestão fiscal*.

Contudo, cumpre esclarecer que o *ato ilícito* que precipita a cobrança jurídica de cada uma dessas espécies de *responsabilidade* varia segundo a natureza de norma legal que o disciplina.

Desta visão, se o ato do agente viola regras legais disciplinadoras do Direito Civil, provocando danos morais ou patrimoniais injustos, o seu autor estará, então, a ofender a *responsabilidade civil*.

Em se tratando de violação de regras do Direito Punitivo, isto é, normas de natureza penal, o ato do autor desta infração estará desafiando a *responsabilidade penal*.

De outro modo, se o comportamento do agente público se torna incompatível com a atividade do cargo que exerce, violando *deveres éticos e funcionais* previstos por lei, para cuja transgressão o texto legal estabelece sanção de *perda de cargo ou cassação de mandato* (cargos eletivos), ou *demissão* (cargos de confiança), estará o autor a desafiar a responsabilidade *político-administrativa*.

Em se tratando de infração legal para a qual haja a previsão em lei de pena de *demissão* de servidor estável ocupante de cargo de provimento efetivo ou em comissão, estará o transgressor enfrentando a *responsabilidade administrativa*.

Por fim, se o ato ilícito fere normas disciplinadoras das *finanças públicas*, estabelecidas pelas Leis nº 4.320/64 e nº 101/00 (LRF), sujeitando-se à pena de multa proporcional aos danos causados ao erário, entre outras cominações legais, estará o autor do ilícito se deparando com a *responsabilidade jurídico-contábil* ou *fiscal*.

Capítulo 20

Aplicação dos Tipos de Responsabilidades aos Agentes Públicos da Gestão Fiscal

Sumário: 20.1 Noções preliminares – **20.2** Conceito de responsabilidade civil – **20.3** Responsabilidade civil dos agentes públicos da gestão fiscal – **20.4** Responsabilidade penal dos agentes públicos da gestão fiscal – **20.5** Responsabilidade político-administrativa dos agentes públicos da gestão fiscal – **20.6** Responsabilidade administrativa dos agentes públicos da gestão fiscal – **20.7** Responsabilidade jurídico-contábil dos agentes públicos da gestão fiscal

20.1 Noções preliminares

Consoante ficou explicado, *agente público da gestão fiscal* é toda pessoa física investida em função pública da qual resulte o exercício de atividade administrativa concernente a execução da gestão fiscal.

Por outro lado, também já ficou estudado que estes agentes, em face às atribuições que desempenham, ficam sujeitos às responsabilidades *civil, penal, político-administrativa, administrativa e jurídico-contábil* ou *fiscal*, conforme a categoria de agente público na qual se integra e o tipo de ilícito praticado.

Dadas estas pequenas explicações, cabe, agora, apresentar algumas considerações a respeito da *responsabilidade civil do Estado*, também conhecida pela denominação de *responsabilidade patrimonial do Estado*, em razão da qual este se submete à *obrigação de responder* pelos danos causados às *pessoas,* ou aos seus *patrimônios,* originados do comportamento *comissivo* ou *omissivo* ilícito dos seus agentes ou prepostos, quando estão a executar suas atividades, ou a pretexto de exercê-las.

Correlacionadamente à *responsabilidade civil* aqui analisada, como sendo o dever que assume qualquer pessoa física ou jurídica pública, ou privada, de responder pelos danos que causar ao patrimônio das pessoas, cumpre distinguir duas situações diferenciadas.

A primeira, concernente ao que se denomina de *responsabilidade civil do Estado*, abrangente, também, das suas entidades públicas ou privadas de *natureza objetiva*.

A segunda, inerente à *responsabilidade civil de natureza subjetiva*, que só alcança os atos danosos das pessoas físicas ou jurídicas particulares, quando ocorridos entre si, em decorrências de seus respectivos atos e relações travadas no âmbito da vida civil.

À luz de uma visão globalizada ou ampliada, pode-se afirmar que a apuração da *responsabilidade civil* demanda de comportamento comissivo ou omissivo ilícito causador de danos ao patrimônio das pessoas, comportamento este que se contaminou, na sua origem, com algum daqueles elementos subjetivos, de caráter ilícito, ou seja, por ter sido praticado por impulso irrefletido originado da culpa (negligência, imprudência e imperícia), ou de dolo (intenção de produzir o resultado). Esta é a conclusão que emerge dos textos dos *arts. 186 e 187*, c/c o disposto no *Caput* do *art. 927*, todos do *Código Civil brasileiro*.

Inobstante ser através da *culpa* e do *dolo* a forma informativa que serve à análise que comanda o processo de apuração e aplicação da responsabilidade civil subjetiva, e que no Direito Pátrio esta se posiciona como regra, há de se pôr em relevo a existência excepcional da espécie de responsabilidade civil objetiva, a qual homenageia a teoria do risco administrativo (art. 43, CC e §6º do art. 37 da CF), aplicável ao Estado e às suas entidades públicas e privadas prestadoras de serviços públicos, em que não se investiga a presença dos elementos subjetivos da culpa ou do dolo.

Distingue, assim, a nova Lei Civil, duas formas de responsabilidade civil, adotando a *responsabilidade subjetiva* como regra, consoante se vê dos dispostos dos *arts. 186 a 188, e dos arts. 927 a 954*, e a *responsabilidade objetiva* como exceção, conforme tratamento dado pelo seu *art. 43*.

Do estudo das disposições das verbas legais supramencionadas, não é difícil chegar à conclusão de que, para a fixação da *responsabilidade civil subjetiva*, é necessária a presença de um dos elementos ensejadores da *antijuridicidade* da conduta comissiva ou omissiva do agente, representada pelo elemento psíquico da *culpa* originada da *negligência, imperícia* ou *imprudência*, ou de outra forma, do *dolo*, ou seja, do propósito de produzir o resultado, e, ainda, o elemento correspondente ao *nexo de causalidade*.

Examinada a questão no tocante à *responsabilidade civil objetiva*, aplicável ao Estado e às suas entidades públicas e privadas prestadoras de serviços públicos, sob a luz do *art. 43 do CC* e do *§6º do art. 37 da Constituição Federal*, ver-se-á que esta se caracteriza com a só presença do *ato causador dos danos*, excluindo-se, da análise deste tipo de responsabilidade civil, a *antijuridicidade do ato* decorrente do elemento psíquico ou subjetivo da *culpa* (sentido estrito), ou do *dolo* (voluntariedade do ato).

A *responsabilidade civil do Estado*, que já se sabe ser de *natureza objetiva*, não é aquela que tem origem em textos de *leis específicas*, tal como advertido na parte inicial do *parágrafo único do art. 927 do Código Civil Brasileiro*, do que são exemplos as Leis nº 10.309/01 e nº 10.774/03 — que autorizam a União a assumir a responsabilidade civil, perante terceiros, decorrente de atos de terrorismo ou de guerra, ou ainda dos atos correlatos —, nem muito menos com origem no descumprimento de *obrigações contratuais*, matéria tratada pelos *arts. 389 a 416 da Lei Civil Brasileira*, mas sim, da regra estabelecida no *§6º do art. 37 da Constituição Federal* combinada com a disposição do *art. 43* da citada lei civil, que, em síntese, homenageia a *teoria do risco administrativo*.

Mas, na verdade, a obrigação do Estado de recompor danos, isto é, de ressarcir danos causados às pessoas ou aos seus patrimônios, não se origina exclusivamente de atos ilícitos cometidos por seus agentes ou representantes, já que há casos em que o dano patrimonial pode decorrer de ato perfeitamente lícito, como são exemplos os pagamentos das *indenizações* dos danos originados da desapropriação de bens de particulares, realizadas em atenção à cláusula do interesse público.

No caso da desapropriação de bem patrimonial de particular feita sob a proteção das cláusulas da necessidade, ou utilidade pública ou, ainda, do interesse social, embora se trate de um ato lícito praticado pelo Estado, isso não exclui de qualquer forma o dano que está sendo causado ao patrimônio do particular, como é o caso das *indenizações* procedidas pelo Poder Público quando do esbulho feito aos seus proprietários, das faixas de terras desapropriadas para passagens de rodovias pavimentadas.

Neste caso então, teoricamente, o dano deve ser suportado por todos os contribuintes já que o benefício interessa a todos. Os recursos financeiros financiadores dessas indenizações são retirados da própria *receita pública* originada da *arrecadação dos impostos*.

Já quando a recomposição obrigatória do dano a ser realizada por parte do Estado se origina de *ato ilícito* — praticado por seus agentes ou prepostos quando do exercício de suas atribuições, ou a pretexto de exercê-las —, o *ressarcimento* destes danos, embora seja tributada de princípio à *responsabilidade civil objetiva* do Poder Público, este, após haver efetivado o ressarcimento dos danos perante o terceiro prejudicado, se voltará, em seguida, contra o agente causador do dano com base no *direito regressivo* que lhe assiste (art. 43, CC), visando à restituição do *valor integral* despendido com o pagamento do citado ressarcimento.

No momento em que o Estado cuida de reaver do seu agente ou preposto a soma de dinheiro que despendeu com o ressarcimento dos danos em favor do terceiro prejudicado, ele estabelece um procedimento de *natureza administrativa* para, inicialmente, apurar se o agente público responsável pelos danos causados agiu impulsionado por *culpa*, em sentido estrito, ou por *dolo*, isto é, intencionalmente, posto que, nesta relação jurídica que se instala entre o Estado e o seu agente ou preposto, desponta a *responsabilidade civil subjetiva*.

20.2 Conceito de responsabilidade civil

O estudo da *responsabilidade civil* atribuída ao Estado revela que a matéria durante o curso do seu desenvolvimento venceu diversas fases.

À luz das primeiras Constituições Brasileiras de 1824 e 1891, os agentes públicos eram os únicos a se responsabilizarem pelos danos que viessem causar em face de abusos ou omissões praticados no exercício de suas atribuições (art. 179, 29, CB/1824 e art. 82, CB/1891).

Por estas Constituições, também respondiam por danos causados a terceiros aqueles agentes públicos que, em razão de suas atribuições, detivessem o poder-dever de, de ofício, promover a efetiva responsabilização dos danos causados pelos servidores faltosos, que lhes fossem subordinados e não promovessem a instauração do devido processo de responsabilização destes prejuízos.

Vigorava, por essa época, a teoria que advogava a inteira *irresponsabilidade civil do Estado* frente aos atos danosos praticados por seus agentes.

Com o advento das Cartas Constitucionais de 1934 e 1937, a *responsabilidade civil* decorrente dos danos causados pelos servidores públicos passa a ser de *natureza solidária*, quando então, passou o Estado a se responsabilizar solidariamente pelos danos que estes agentes públicos, no exercício de suas atribuições, viessem a causar por *negligência, omissão ou abuso, prejuízos aos administrados* (art. 171, CB/1934 e art. 151, 8, CB/1937).

A partir destes textos Constitucionais (1934 e 1937) fica revogado o princípio da *irresponsabilidade civil do Estado*, adotado pelas Cartas anteriores, passando a ser substituído pelo princípio da *responsabilidade civil solidária* do Estado conjuntamente com os seus funcionários provocadores de danos.

Com a adoção deste tipo de responsabilidade civil, a respectiva ação de ressarcimentos dos danos poderia ser proposta pelo terceiro prejudicado, tanto contra o Estado, quanto contra o agente público causador dos danos, ou ainda, contra ambos.

Com o advento da Lei nº 3.071, de 1º de janeiro de 1916, que aprovou o antigo *Código Civil Brasileiro*, dispôs a mesma que "As pessoas jurídicas de direito público são civilmente responsáveis por atos que seus representantes que nessa qualidade causem danos a terceiros, procedendo de modo contrário ao direito ou faltando a dever prescrito por lei, salvo direito regressivo contra os causadores do dano" (art. 15, Antigo Código Civil Brasileiro – Lei nº 3.071/16), lei esta revogada posteriormente pela Lei nº 10.406 de 10.01.2002 (art. 2.045), publicada no *DOU*, 11 jan. 2002, para viger a partir de 11.01.2003 (art. 2.044).

Diga-se de passagem, que, na data em que surgiu a Lei nº 3.071/16, ainda vigoravam, sobre a matéria, as disposições da Constituição Nacional de 1891.

O certo é que a disposição do *art. 15* daquele Código Civil exerceu uma forte influência juntamente com a doutrina a tornar decisiva a previsão constitucional da chamada *responsabilidade civil objetiva*, por parte do Estado, o que veio ocorrer com a Constituição Federal de 1946, assegurando-se, outrossim, o *direito regressivo* do Estado contra os agentes públicos causadores do dano, quando estes tivessem agido com *culpa* (art. 194 e seu parágrafo único).

Instala-se, assim e a partir daí, no Brasil, a *responsabilidade civil objetiva*, referentemente ao Estado, que, com a sobrevinda das

Constituições Federais de 1967 e 1988, terminou por sofrer outras ampliações, como ocorreu com o último texto citado que estendeu também esse tipo de responsabilidade às pessoas jurídicas privadas prestadoras de serviços públicos (art. 37, §6º).

O pensamento filosófico-jurídico que explica o tipo de responsabilidade civil de *natureza objetiva* é o emergente da *teoria do risco administrativo*, segundo a qual, para que se estabeleça a *responsabilidade civil do Estado*, reparadora dos danos causados a terceiros, basta tão só a existência de ato lesivo imputável ao Poder Público, prescindindo no momento da apuração desta responsabilidade a investigação de ocorrência de qualquer das formas de culpa.

Genericamente, responsabilidade civil é a situação jurídica que instala voluntária ou involuntariamente qualquer pessoa (física ou jurídica) na obrigação de ter que responder pelas consequências que se desata de sua conduta, decorrente da *ação* ou *omissão voluntária* (dolo), *negligência, imprudência* ou *imperícia* (culpa estricto sensu), e que viola direito, causando prejuízos a outrem.

Dentro deste conceito é natural que se reconheça a presença dos elementos subjetivos da *culpa*, em sentido estrito, (negligência, imprudência e imperícia) ou do *dolo* (voluntariedade do ato), como indicadores responsáveis da fixação da responsabilidade civil.

Tratou-se, acima, da *responsabilidade civil de natureza subjetiva* prevista pela legislação civil como regra, aplicável a todos os casos em geral, todavia, distinta da *responsabilidade civil do Estado*, que como se sabe é de *natureza objetiva*, e que se trata de uma exceção àquela regra, para cuja identificação ou fixação deste tipo de responsabilidade civil do Estado exclui-se a presença de qualquer das formas de *culpa* (lato sensu).

Neste sentido, referentemente à responsabilidade civil do Estado, nada mais esclarecedor do que o conceito formulado pelo prestigiado administrativista Diogenes Gasparini, quando alude que [...] "pode-se conceituar a responsabilidade civil do estado como sendo a obrigação que se atribui, não decorrente de contrato nem de lei específica, para recompor os danos causados a terceiros em razão de comportamento comissivo ou omissivo, legitimo ou ilegítimo, que lhes seja imputável".[20]

Explica o autor que a responsabilidade patrimonial do Estado, na recomposição de danos causados a terceiros, tanto pode se originar de *atos lícitos* quanto de *atos ilícitos*.

---

[20] *Direito administrativo*. 3. ed. rev. e ampl. São Paulo: Saraiva, p. 618.

Na verdade, a recomposição de danos pode ter origem em atos de desapropriação que, embora se trate de *conduta lícita* da parte do Estado, visto tratar-se de atitude autorizada por lei (art. 5º, XXIV, CF), não deixa este ato de provocar danos ao patrimônio dos particulares, decorrente do esbulho que estes sofrem em face dos bens expropriados ou retirados forçadamente dos seus patrimônios, pelo Estado.

Concluídas estas explicações, veja-se a seguir o estudo da aplicação de cada uma dessas espécies de responsabilidades.

20.3 Responsabilidade civil dos agentes públicos da gestão fiscal

Como já estudado, quando o agente público causa danos injustos ao patrimônio do administrado em geral, o Estado responde civilmente por esses danos, cuja responsabilidade civil é de natureza *objetiva*.

Todavia, examinada a questão através de um processo administrativo e concluído pela existência de *culpa* ou *dolo* do agente, este responderá civilmente perante o Estado, através da responsabilidade de caráter subjetivo.

Para maior clareza do tema a ser desenvolvido, diga-se em primeiro lugar que *agente público da gestão fiscal* é todo aquele que, não se levando em consideração a natureza da categoria funcional a qual ele se integra, *utiliza, arrecada, guarda, gerencia ou administra dinheiros, bens e valores públicos*, ou que, pelos quais, o Poder Público *responda*, ou ainda, que em nome deste assuma obrigações de *natureza pecuniária* ou dê aplicações a *subvenções* e *renúncias de receitas* e, igualmente que, de alguma forma, execute atividade que projete algum reflexo no âmbito da gestão fiscal, como são exemplos as atribuições exercitadas pelas comissões gerais de licitação e pelas comissões de avaliação patrimonial de bens públicos.

Estão, portanto, abrangidos por esse conceito todos os *agentes públicos* integrados nas categorias funcionais de *agentes políticos, agentes administrativos, agentes colaboradores ou honoríficos e agentes delegados* que estão ligados à execução da gestão fiscal.

Submetem-se, portanto, à *responsabilidade civil*, na forma do Código Civil brasileiro (arts. 186 e 187, c/c o Caput do art. 927) todo agente público que exercitar atos da gestão fiscal, não interessando para tanto saber a qual das categorias este integra.

Além da submissão à *responsabilidade civil* prevista pela Lei Civil, os *agentes públicos da gestão fiscal*, também estão submetidos à *responsabilidade civil* disciplinada pelas Leis nº 8.429/92 (Lei das Improbidades Administrativas – arts. 1º; 2º e 9º a 12), nº 4.898/65 (Lei dos Crimes de Abuso de Autoridade – arts. 1º; 4º, "f", 5º; 6º, §2º e 11).

Esta é a regra aplicável a todas as categorias de agentes públicos e com muito mais razão àqueles agentes públicos que participam da execução da gestão fiscal, visto que cuidam dos dinheiros, bens e valores públicos.

Advirta-se, todavia, que muito embora essa seja a regra, que também se aplica aos agentes políticos, deve ela sofrer algumas restrições ou acomodações quanto à sua aplicação a estes, para que seja melhormente adaptada ou adequada à natureza das funções públicas que estão obrigados a desempenhar no exercício de suas atribuições.

Neste sentido deve estar sempre presente aos olhos de todo aplicador da lei (membros dos Poderes Legislativo, Judiciário e dos Tribunais de Contas) que estes agentes estão, por força do ofício, constantemente apostos em determinadas posições ou situações que lhes obrigam a adotar as mais diversificadas, complexas, céleres decisões, que envolvem dos menores aos mais altos interesse governamentais, e que, também, o são do interesse público, o que lhes esbulham o espaço de tempo necessário para o estudo, análise e maturação da decisão a ser tomada, e em muito destes casos, para evitar graves prejuízos não só ao interesse social, mas ao próprio Estado.

Premidos por essa situação, quaisquer destes agentes públicos podem vir a adotar decisão que, no momento de sua adoção, lhes pareçam a mais acertada, ou a mais adequada para a solução e resguardo dos objetivos legais do interesse público, e que, somente após a aplicação prática desta passem a reconhecer que, se antes de havê-la adotada tivessem o perfeito alcance da sua inoportunidade, ou inconveniência, não a teriam praticado.

O pior é que, muitas vezes, os atos assim praticados findam por causar prejuízos aos particulares, que, em última instância, terminam por afetar o patrimônio público, por resultar daí a possibilidade de ter o Estado de, pelo menos momentaneamente, responder por estes danos.

Diante de fatos e situações dessas naturezas, que podem levar o mais probo, cuidadoso ou zeloso administrador ao cometimento de equívoco administrativo, sem, contudo, praticá-lo sob o impulso de qualquer daqueles elementos subjetivos ou psíquicos que contaminam de *antijuridicidade* o ato praticado (culpa estricto sensu, ou dolo), e com descaminho da cláusula do interesse público, deve o aplicador da lei se haver com a cautela necessária aconselhada pela arte de bem julgar, virtude própria ou inata dos grandes julgadores para, ao decidirem sobre a responsabilidade civil a ser imposta aos agentes políticos, para que o façam com o emprego da sábia distinção de uma coisa da outra, isto é, distinguindo a *boa* da *má-fé*, o *erro involuntário* da *ação intencional*.

Destarte, só deverá pesar sobre estes agentes apenas aquela responsabilidade civil autorizatória da recomposição dos danos causados ao patrimônio do Estado, ou dos terceiros, quando decorrentes de atos funcionais praticados com *culpa* (negligência, imprudência, imperícia ou dolo) da parte dos seus responsáveis.

De outro modo também devem ser excluídos da *responsabilidade civil dos agentes políticos* e, consequentemente, da do Estado, quando os danos ocorridos venham a resultar em atos ou fatos que em nada podem ser imputáveis a estes, por se originarem de *casos de força maior*, como nos casos de *greve, guerra, comoção intestina, calamidade pública,* ou *grave perturbação da ordem jurídica,* ou de *casos fortuitos,* como os provindos de *terremotos, maremotos, tempestades, inundações, furacões, raios* e outros fatos naturais assemelhados.[21]

Também devem ficar excluídos, total ou parcialmente, da responsabilidade civil dos agentes em tela e, por consequência, do Estado, os danos ocorridos aos terceiros, quando comprovado que estes participaram de alguma forma, total ou parcialmente, para o acontecimento dos prejuízos por eles próprios suportados.

O certo mesmo é a regra de que o Estado ficará incondicionalmente obrigado à reparação dos danos causados a terceiros, todas as vezes que estes atos lhe sejam imputáveis.

Vencidas estas explicações, adverte-se ao leitor para que não confunda a *responsabilidade civil subjetiva* que o agente político assume perante o Estado, quando no exercício de suas atribuições funcionais pratica ato ilícito, causando danos a terceiros, com a

---

[21] Há autores que adotam as expressões *força maior* e *caso fortuito* como sinônimas. Outros, como expressões designativas de situações distintas, explicando esta distinção através de diversas teorias. Quanto ao autor, está este certo de que *força maior* é todo acontecimento para cuja existência depende da vontade humana; *caso fortuito* é todo acontecimento para cuja existência independe da vontade humana.

responsabilidade civil objetiva, que o Estado assume perante os terceiros por danos causados por aqueles (agentes políticos).

Relativamente ao direito regressivo — *que assiste ao Estado em reaver dos seus agentes públicos, em geral, a soma de dinheiro que despendeu em pagamento de danos, por estes causados a terceiros* (art. 43, CC) — por atos causados por representantes do Poder Público, recomenda-se a leitura da *Lei Federal nº 4.612/65*, que impõe aos Procuradores da República a obrigação da proposição da competente ação regressiva contra o agente público de qualquer categoria, estando entre estes, os agentes políticos, segundo o conceito de "funcionários" oferecido pelo *parágrafo único do art. 1º* do diploma legal referido.

De resto, falta dizer que alguns civilistas de notória respeitabilidade colocam como fato excludente da responsabilidade civil do Estado, os danos causados nos momentos em que este atua sob a alegação do *estado de necessidade* (art. 188, II, CC). Nesta situação os danos causados pelo Poder Público não seriam imputáveis a sua responsabilidade, para os fins de ressarcimentos.

Advirta-se, contudo, que este pensamento já vem sendo superado ao longo do tempo, pois nada justificaria que o particular viesse sofrer prejuízos, em nome do interesse público, isto é, em proveito das demais pessoas da coletividade, sem que estes danos não viessem ser a ressarcidos pelo Estado, ainda quando agindo de forma regular.

O princípio que ampara este entendimento não é a forma regular ou irregular do agir estatal, mas sim, o benefício que resulta em prol da coletividade decorrente do sacrifício de um direito de outrem, como ocorre nos casos das desapropriações. Em situações como estas é inteiramente compreensível que os ressarcimentos daí advindos sejam repartidos com todos, isto é, que os recursos financeiros necessários aos seus financiamentos sejam retirados da própria receita pública arrecadada dos impostos.

20.4 Responsabilidade penal dos agentes públicos da gestão fiscal

Responsabilidade penal ou *responsabilidade criminal* é a que decorre do cometimento de *infrações penais*.

No sistema jurídico do Brasil as *infrações penais* se dividem em *crimes ou delitos* e *contravenções*.

Segundo o tratamento dado à matéria pela Lei de Introdução ao Código Penal brasileiro "Considera-se crime a infração penal a que a lei comina pena de reclusão ou detenção, quer isoladamente, quer alternativa ou cumulativamente com a pena de multa" e "Contravenção, a infração penal a que a lei comina, isoladamente, pena de prisão simples ou multa, ou ambas, alternativa ou cumulativamente" (art. 1º).

Emerge do texto legal supratranscrito a lição de que para os *crimes* a cominação legal admite as seguintes possibilidades de penas:

1. reclusão;
2. reclusão e multa;
3. reclusão ou multa;
4. detenção;
5. detenção e multa; e
6. detenção ou multa.

Já alusivamente às *contravenções penais*, as possibilidades de aplicação de penas cominadas pela citada lei são:

1. prisão simples;
2. prisão simples e multa;
3. prisão simples ou multa; e
4. multa.

Consoante se constata do exposto, o traço marcante que distingue os *delitos* das *contravenções* é o tipo de cominação de penas adotado pela legislação pertinente e sua forma de aplicação, embora não seja esta a única distinção feita a estas infrações penais.

Correlacionadamente a todos *agentes públicos*, os *crimes ou delitos* que podem advir de suas condutas irregulares denominam-se de *crimes funcionais comuns*.

São *crimes funcionais comuns* a todos os *agentes públicos*, indiferentemente a categoria funcional a que pertençam, todas aquelas *infrações penais* previstas pelo Código Penal Pátrio que se acham tipificados no *Capítulo I – Dos Crimes Praticados por Funcionário Público Contra Administração em Geral*, do *Título XI – Dos Crimes Contra a Administração Pública* (arts. 312 a 327).

Conceituando o que seja *funcionário público*, diz o Código Penal que "Considera-se funcionário público, para todos os efeitos penais, quem, embora transitoriamente ou sem remuneração, exerce cargo, emprego ou função pública" (art. 327).

Por força do que dispõe o §1º do art. 327, CP, supratranscrito, "Equipara-se a funcionário público quem exerce cargo, emprego ou função em entidade paraestatal e quem trabalha para empresa prestadora de serviço contratada ou conveniada para a execução de atividade típica de Administração Pública".

Dos textos retrorreproduzidos salta aos olhos o entendimento de que está subordinado à *responsabilidade penal* todo *agente público da gestão fiscal*, independentemente da categoria funcional na qual se enquadre.

Destarte, qualquer *agente público da gestão fiscal* poderá responder pelas formas de delito tipificadas pelo Código Penal nos artigos que constituem o Capítulo I do Título XI, já referidos.

Além das infrações penais tipificadas pelo Código Penal por via dos arts. 312 a 326, que constituem *crimes funcionais comuns* a todo agente público, incluindo-se aqueles que desenvolvem atividades da gestão fiscal, o referido Código estabeleceu outros delitos da mesma natureza, consoante se constata do *Capítulo IV – Dos Crimes Contra as Finanças Públicas* do já mencionado Título XI (arts. 359-A a 359-H), cujo capítulo foi introduzido no teto da Lei Penal por força da Lei nº 10.028/00.

Relativamente a estas últimas infrações penais, convoca-se a atenção do leitor para a leitura da Constituição Federal (arts. 70 a 75), das Leis nº 4.320/64, nº 101/00 (LRF), nº 1.079/50 (arts. 10, 39-A a 41-A) e do Decreto-Lei nº 201/67 (arts. 1º e 7º).

Cumpre dizer que tanto os crimes previstos pelos arts. 312 a 326, quanto os tipificados nos arts. 359-A a 359-H do Código Penal, quando praticados, são processados e julgados perante o Poder Judiciário, de cuja condenação resulta para o condenado a pena de restrição de liberdade ou multa (reclusão ou detenção).

Deve-se explicar, contudo, que alguns agentes públicos têm foro especial ou privilegiado, não podendo ser processado e julgado, por exemplo, perante o juízo monocrático.

O Presidente, o Vice-Presidente, os Membros do Congresso Nacional (Senadores e Deputados Federais) e os Ministros do Supremo Tribunal Federal, por exemplo, são processados e julgados originariamente pelo Supremo Tribunal federal nos casos de infrações penais comuns (art. 101, I, "a", CF).

Igualmente, os Ministros de Estado, os Comandantes da Marinha, do Exército e da Aeronáutica, os membros dos Tribunais Superiores, do Tribunal de Contas da União e os Chefes de missão diplomática de caráter permanente, nos casos dos *crimes funcionais comuns* são processados e julgados originariamente pelo Supremo Tribunal Federal (art. 102, I, "c", CF).

Alusivamente aos Governadores dos Estados e do Distrito Federal, aos Desembargadores dos Tribunais de Justiça dos Estados e do Distrito Federal, aos membros dos Tribunais de Contas dos Estados e do Distrito Federal, aos dos Tribunais Regionais Federais, aos dos Tribunais Regionais Eleitorais e do Trabalho, aos Membros dos Conselhos ou Tribunais de Contas dos Municípios e do Ministério Público que oficiem perante Tribunais, nos *crimes funcionais comuns* são processados e julgados originariamente pelo Superior Tribunal de Justiça (art. 105, I, "a", CF).

Quanto aos Deputados Estaduais, estão estes submetidos ao processamento e julgamento dos *crimes funcionais comuns* perante o Tribunal de Justiça estadual.

Além destas há outras autoridades públicas com foro privilegiado no caso de cometimento de *crimes funcionais comuns*.

O Prefeito Municipal, por exemplo, no caso dos delitos dessa natureza, responde perante o Tribunal de Justiça Estadual (art. 29, X, CF).

Por fim, cumpre esclarecer que o ilícito cometido pelo *agente público da gestão fiscal* tanto pode acarretar responsabilidades de natureza penal como, simultaneamente, a civil que serão apuradas em processos distintos perante o Poder Judiciário.

20.5 Responsabilidade político-administrativa dos agentes públicos da gestão fiscal

A *responsabilidade político-administrativa* é uma decorrência da junção das responsabilidades *política* e *administrativa*. Isto acontece porque nos sistemas constitucional e penal do Brasil não há sanção para as faltas puramente *política* e estritamente *administrativa* cometida pelos agentes políticos.

Assim, somente quando se junta a falta de natureza puramente *política* com a estritamente *administrativa* é que resulta na irregularidade *político-administrativa* com sanção definida em lei específica.

A *responsabilidade político-administrativa* não alcança a todos os agentes públicos, sendo de aplicação restrita tão somente aos *agentes políticos*.

É da prática dos *crimes funcionais específicos* aos agentes políticos, denominados de *crimes de responsabilidade* que se origina o ferimento da *responsabilidade político-administrativa*.

Relativamente aos *agentes políticos* federais e estaduais, os *crimes de responsabilidade* estão previstos na Lei Federal nº 1.079/50 (arts. 5º a 13; 39 a 40-A e 74), cujas penas cominadas são as de perda de cargo, pelo seu agente, com inabilitação de até 05 (cinco) anos para o exercício de qualquer função pública (arts. 2º e 41), cuja imposição da pena não exclui o processo e julgamento do acusado por crime comum (art. 2º, 3º e 41, Lei nº 1.079/50).

Os crimes de responsabilidade são processados e julgados perante o Congresso Nacional quando se tratar do Presidente e do Vice-Presidente da República, bem como dos Ministros de Estado e dos Comandantes da Marinha, do Exército e da Aeronáutica nos crimes da mesma natureza quando conexos com os do Presidente da República ou do Vice (art. 52, I CF).

Compete igualmente ao Congresso nacional o processamento e julgamento dos Ministros do Supremo Tribunal Federal, dos Membros do Conselho Nacional de Justiça e do Conselho Nacional do Ministério Público, bem como do Procurador-Geral da República e do Advogado-Geral da União, nos crimes de responsabilidade (arts. 52, II, CF).

Quando, porém, estes crimes forem cometidos pelos Ministros de Estados, pelos Comandantes da Marinha, do Exército e da Aeronáutica, pelos Membros dos Tribunais Superiores do Tribunal de Contas da União e dos Chefes de missão diplomática de caráter permanente, compete ao Supremo Tribunal Federal o processamento e julgamento originário da matéria (art. 102, I, "c", CF).

Nos *crimes de responsabilidade* dos Governadores dos Estados e do Distrito Federal a competência para o processamento e julgamento destes governantes é do Poder Legislativo do respectivo ente da Federação, competindo ao Superior Tribunal de Justiça o processamento e julgamento originário dos *crimes de responsabilidade* praticados pelos desembargadores dos Tribunais de Justiça dos Estados e do Distrito Federal e pelos membros dos Tribunais Regionais Federais, dos Tribunais Regionais Eleitorais, dos Tribunais de Contas dos Municípios e os do Ministério Público que oficiem perante os Tribunais (art. 105, I "a", CF).

Quanto ao Prefeito Municipal e ao Vereador, o disciplinamento da matéria está disposto no Decreto-Lei nº 201/67.

Restritamente ao Prefeito Municipal cumpre esclarecer que o referido Decreto-Lei nº 201/67 distingue duas situações jurídicas, uma relativamente ao cometimento dos *crimes de responsabilidade* (art. 1º) cujo processamento e julgamento se dará perante o Poder Judiciário — Tribunal de Justiça (art. 29, X. CF) — independentemente de autorização da Câmara Municipal cujas penas são de restrição de liberdade (reclusão e detenção), acarretando a perda do cargo e a inabilitação pelo prazo de 05 (cinco) anos, para o exercício de cargo ou função pública, eletivo ou nomeação, sem prejuízo da reparação civil do dano causado ao patrimônio público ou particular (arts. 1º, §1º e 2º do DL nº 201/67); outra, quanto ao cometimento de infrações *político-administrativas*, cujo julgamento se efetivará perante a Câmara de Vereadores e a pena culminada é a de *cassação de mandato* (art. 4º do DL nº 201/67).

Como se vê do exposto, o Prefeito Municipal responde *criminalmente* perante o Poder judiciário quando comete *crime de responsabilidade*; e *politico-administrativamente* perante a Câmara de Vereadores quando pratica infrações *político-administrativas* (art. 4º, DL nº 201/67).

Quanto ao Vereador, este terá seu mandato cassado pela própria Câmara Municipal, quando cometer alguma das infrações *político-administrativas* previstas pelo Decreto-Lei nº 201/67, devendo ser seguido, para apuração desta infração, o mesmo rito processual previsto para a cassação de mandato do Prefeito Municipal, se outro processamento não tiver sido estabelecido pela legislação estadual.

20.6 Responsabilidade administrativa dos agentes públicos da gestão fiscal

Com a instituição do Estado e, consequentemente, com a criação dos serviços públicos surge então a necessidade de se pôr em prática as atividades administrativas afetas a esses serviços.

Decorre daí a necessidade de recrutar pessoas físicas para executarem as atividades administrativas que as leis atribuem como de competência dos diversos órgãos integrantes da Administração Pública.

As pessoas físicas recrutadas para executarem essas atividades ligadas aos órgãos públicos são denominadas de servidores públicos, cuja forma de recrutamento é prevista por norma legal.

Servidores públicos são, pois aquelas pessoas físicas recrutadas pela Administração Pública para, sob determinadas responsabilidades (civil, penal, administrativa e jurídico-contábil ou fiscal) desempenharem suas atribuições em prol da sociedade.

Os tipos de *agentes públicos* a ser estudado integram a categoria funcional denominada *agente administrativo*. A esses agentes públicos, que constituem a grande massa das pessoas físicas que prestam serviços à administração pública, são confiadas as mais diversas espécies de atividades administrativas, dentre as quais, aquelas ligadas à execução da gestão fiscal.

Responsabilidade administrativa ou *responsabilidade disciplinar* é a que decorre da relação de emprego instalada entre o *servidor público* e a Administração Pública, quando ocorre ilícito administrativo cometido por qualquer agente dessa categoria funcional de agente público.

Esse tipo de agente público é investido em cargo público através de forma de investidura prevista por lei — *concurso público para cargo de provimento efetivo e livre nomeação para cargo em comissão.* O que caracteriza o *servidor público* das demais categorias de agente público é a titularidade de cargo criado por lei, com denominação própria e numero certo pelo poder público, não se levando em consideração se está a pessoa sendo investida em cargo de provimento efetivo ou em comissão.

Após a investidura da pessoa nestes cargos passa ela a se reger em sua relação de emprego com a Administração Pública através de legislação própria denominada de Estatuto dos Servidores Públicos, em que são previstos os direitos e as obrigações destes agentes públicos.

Ao cometer ilícito de natureza administrativa fica o servidor público sujeito a responder *administrativamente*, pelo ilícito cometido, podendo resultar em sanção que vai desde *simples advertência* até sua exclusão do quadro funcional da Administração Pública (demissão ou cassação de aposentadoria).

Além da responsabilidade administrativa, o servidor público está sujeito às responsabilidades *civil* e *penal* e, consoante desempenhe atividade ligada à execução da gestão fiscal, também à responsabilidade *jurídico-contábil ou fiscal* que responderá perante os órgãos do *controle interno* ou do *controle externo*.

As responsabilidades retroindicadas são apuradas isoladamente em processos distintos, sendo as responsabilidades *civil e penal* perante o Poder Judiciário, e as *administrativa* e *jurídico-contábil* perante a autoridade administrativa competente ou, quanto a esta última, perante o Tribunal de Contas (art. 71, VIII, CF).

Havendo cometido *ilícito administrativo* pode este resultar na cobrança de apenas uma ou mais dessas responsabilidades ou, simultaneamente, de todas, que, como já anunciado, será cada uma delas apurada separadamente em processos distintos.

Convém explicar que a instância administrativa, apurada pela Administração Pública, é independente das instâncias apuradas das *responsabilidades civil e penal*, de forma que a decisão judicial somente terá repercussão sobre a decisão administrativa se a absolvição do servidor público, na instância judicial, ocorrer pela inexistência do ilícito ou quando ficar provado a inocorrência da autoria por parte do servidor acusado.

Acontecendo hipótese em contrário o servidor acusado será condenado ao ressarcimento dos danos causados à Fazenda Pública ou ao particular, cabendo a restrição de liberdade (reclusão ou detenção), quando se tratar, também, de *responsabilidade penal*.

Como já anteriormente assinalado, quando estiver sendo processado em virtude de responsabilidade administrativa, o agente se submeterá às sanções cominadas pelo Estatuto dos Servidores Públicos a que esteja subordinado, que vão da simples advertência, suspensão e multa à demissão do servidor ou cassação de sua aposentadoria, quando for o caso.

De resto, cabe dizer que no âmbito na União, o Estatuto dos Funcionários Públicos Civis está condensado na Lei nº 8.112/90, possuindo os demais entes da Federação Estatuto próprio para os seus servidores, cujas regras de disciplinamento da matéria, *mutatis mutandis*, é assemelhado ao dos servidores públicos federais.

20.7 Responsabilidade jurídico-contábil dos agentes públicos da gestão fiscal

A *responsabilidade jurídico-contábil* é aquela que decorre das infrações cometidas às regras de disciplinamento das *finanças públicas* estabelecidas pelas Leis nº 4.320/64 e nº 101/00 (LRF), e das Resoluções do Senado Federal nº 43/01 modificada pela Resolução nº 03/02.

Como é sabido, compete aos órgãos do *controle interno* e do *controle externo* a fiscalização do cumprimento das normas legais de organização e execução das *finanças públicas*.

Destarte, compete, igualmente, aos responsáveis por esses controles a aplicação das sanções aos agentes públicos que no exercício de suas atribuições cometam algum ilícito e cuja sanção, segundo o texto da Constituição Federal dentre outras previstas em lei, será *multa* proporcional ao dano causado ao erário (art. 71, VIII, CF).

Contudo, deve ficar explicado que do ilícito cometido em face do infracionamento das normas legais das finanças públicas, pode advir o comprometimento de outras responsabilidades, tais como *civil, penal, político-administrativo e administrativa*, caso em que o infrator responderá por todas elas, simultaneamente, mas em processos distintos e perante as autoridades públicas competentes.

Por fim, cabe dizer que compete às autoridades administrativas responsáveis pelo *controle interno* a apuração, julgamento e aplicação da respectiva sanção ao infrator de *responsabilidade jurídico-contábil ou fiscal*, cabendo igualmente ao Tribunal de Contas as mesmas competências de apuração, julgamento e imposição de sanção, quando do exercício de suas atribuições (arts. 70 e 71, VIII e 74, CF).

Conclusão

De tudo quanto se expôs nesta obra, conclui-se que, criado o Estado, é necessário a criação dos órgãos públicos aos quais são afetas as atividades administrativas que serão executadas em proveito da sociedade. Constatou-se, outrossim, que para a execução em concreto das atividades administrativas afetas aos órgãos públicos, faz-se necessária a presença do elemento humano que executará essas atividades em nome do Estado em proveito da sociedade.

Viu-se que ao elemento humano, que desenvolve as atividades públicas em proveito da sociedade, deu-se a denominação de *agente público*, designação genérica dada a toda pessoa física que exerce função pública, da qual são espécies de categoria funcional os *agentes políticos*, os *agentes administrativos*, *agentes colaboradores* ou *honoríficos* e *agentes delegados*.

Lecionou-se que todos esses agentes públicos estão subordinados a determinados tipos de responsabilidades, quando desempenham suas atribuições, quais sejam as *responsabilidades civil, penal, político-administrativa, administrativa e jurídico-contábil*.

Viu-se, também, que dentre as atividades administrativas se incluem aquelas atividades financeiras concernentes à execução da gestão fiscal, e que o autor denominou de *agentes públicos da gestão fiscal* aqueles que se ocupam do desenvolvimento das atividades ligadas à execução da gestão fiscal.

Ficou demonstrado que a *responsabilidade político-administrativa* é específica dos *agentes políticos*, e a *responsabilidade administrativa* específica dos *agentes administrativos*, não alcançando estas responsabilidades aos agentes públicos das outras categorias funcionais.

Falou-se das sanções advindas de cada uma dessas espécies dessa responsabilidade, realçando o órgão competente para apuração por via de processos distintos.

Por fim, restou demonstrado a existência de foros privilegiados de certas categorias funcionais de agentes públicos, explicando os casos em que os *crimes de responsabilidade* cometidos por certos agentes públicos são apurados pelo Congresso Nacional e aqueles casos em que os *crimes funcionais comuns e crimes de responsabilidade* são apurados pelo supremo Tribunal Federal, pelo Superior Tribunal de justiça, pelos Tribunais Federais Regionais e, finalmente, pelo Poderes Legislativos e Tribunais de Justiça dos respectivos entes federativos.

Índice de Assuntos

página

A

Administração Pública, Sistemas de controle da
Ver Sistemas de controle da administração pública

Agente público
- Conceito.....................................351

Agente público na gestão fiscal, O.............................. 347-359
- Agentes administrativos...............355
- - Servidores públicos celetistas.....357
- - Servidores públicos especiais.....355
- - Servidores públicos estatutários 356
- - Servidores públicos temporários357
- Agentes colaboradores ou honoríficos..................................354
- Agentes delegados.........................354
- Agentes executores.......................359
- Agentes políticos...........................352
- Responsabilidade dos, ... 361-364
- - Responsabilidade administrativa...........................379
- - Responsabilidade civil.................371
- - Responsabilidade jurídico-contábil.......................................381
- - Responsabilidade penal..............374
- - Responsabilidade político-administrativa............................377

C

Contas públicas 41-61

página

- Classificação....................................43
- - Classificação econômica da despesa...............................48, 52
- - Classificação funcional da despesa.....................................49
- - Como instrumento de controle............................. 57-61
- - Como instrumento de informação social...55
- - Como instrumento de tomada de decisão governamental...............55
- - Como instrumento do princípio do planejamento.........................56
- - Segundo a Lei Complementar nº 4.320/64.....................................46
- - Segundo a Portaria nº 163/01........52
- - Segundo o Decreto nº 2.416/40.....45
- - Segundo o Decreto nº 23.150/93 ...43

Contragarantia
- Conceito..132
- Concessão da, ...132

Controle da Administração Pública, Sistemas de................................ 171-181

Controle da gestão fiscal 183-204
- Conceito..184
- Tipos de, ...187
- - Externo 187
- - - Poder Legislativo.......................190
- - - Tribunal de Contas....................193
- - Interno...201
- - - competência dos órgãos de, ...201

página

D

Deflagração da fiscalização da gestão fiscal

Ver Fiscalização da gestão fiscal

Despesa pública 83-103
- Classificação 93
- - Despesas correntes 93
- - Despesas de capital 94
- Conceito 83
- Empenho 86
- Espécies 96
- - Despesas com a seguridade social 102
- - Despesas com pessoal 97
- - Despesas obrigatórias de caráter continuado 96
- Estágios 86
- Geração da, ... 95
- Liquidação da, ... 91
- Pagamento da, ... 92

Direito financeiro
- Histórico 17

Dívida ativa 250

Dívida encerrada 139
Ver também Restos a pagar

Dívida flutuante 118

Dívida pública 111-119
- Conceito 112
- Espécies
- - Dívida pública consolidada 113
- - Dívida pública flutuante 117
- - Dívida pública líquida 115
- - Dívida pública mobiliária 114

E

Execução da gestão fiscal 213-283
- Arrecadação 239
- Avaliação patrimonial 261
- Coordenação 216
- Créditos adicionais 231

página

- Delegação de competência 220
- Descentralização administrativa ... 217
- Despesa fiscal
- - Empenho 245
- - Liquidação 247
- - Pagamento 248
- Dívida ativa, Inscrição na, ... 250
- Homologação 223
- Lançamentos 235-238
- - De ofício 236
- - Por declaração 237
- - Por homologação 238
- Lei de Diretrizes Orçamentárias ... 226
- Lei Orçamentária Anual 226
- Operações de crédito 234
- Planejamento 214
- Plano geral do governo 230
- Plano plurianual 225
- Procedimentos judiciais e administrativos 262-283
- - Ação anulatória 274
- - Ação popular 276
- - *Habeas data* 280
- - Mandado de segurança 272
- - Pedido de prestação administrativa 264
- - Pedido de reconsideração 266
- - Petição 263
- - Recurso administrativo 267
- - Recurso de revisão 269
- Programação financeira de desembolso 243
- Restos a pagar, Inscrição 254
- Supervisão hierárquica 222

F

Fiscalização da gestão fiscal (Instrumentos) 285-317
- Consulta administrativa 292
- Consulta legislativa 306

Índice de Assuntos | 387

página

- Denúncia administrativa 302
- Denúncia legislativa 310
- Pedido de sustação de ato 316
- Reclamação legislativa 314
- Representação administrativa.......296
- Representação legislativa..............308
- Sindicância administrativa............304
- Sindicância legislativa...................312

G
Garantia 127-133
- Conceito...127
- Concessão da, ...127
Gestão fiscal
- Execução da, ... 207, 213-283
- Fiscalização da,............... 209, 285-317
- Transparência 210, 319-345

N
Normas gerais
- Conceito...19

O
Operação de crédito................. 121-125
- Conceito...121
- Condições para concessão.............124
- Espécies...122
- Limites...123
- Vedação para, ...125
Orçamento anual..............................162
Orçamento das câmaras
    municipais....................................167
Orçamento público 151-169
- Aspectos
- - Aspecto econômico......................155
- - Aspecto jurídico..........................153
- - Aspecto político 154
- - Aspecto técnico-contábil.............155
- Origem...152
- Princípios orçamentários 157-160

página

- - Conceito 157
- Tipos 160

P
Planejamento
- Instrumentos.....................................26
- - Lei de Diretrizes Orçamentárias...31
- - Lei Orçamentária Anual 33
- - Plano plurianual............................26
- Princípio do, ...24
Plano de classificação de contas
    públicas..................................... 41-61
- Importância......................................54
Princípio da anualidade 34, 156-157
Princípio da causalidade...................23
Princípio da continuidade do serviço
    público 24
Princípio da descentralização.........220
Princípio da especialização.............159
Princípio da especialização
    orçamentária 57, 159
Princípio da exclusividade........35, 158
Princípio da fidelidade
    funcional 240-241
Princípio da identidade jurídica 300
Princípio da igualdade 288
Princípio da impessoalidade 169
Princípio da irresponsabilidade civil
    do Estado (Revogado)..................369
Princípio da legalidade 24, 35,
                              43, 149, 158, 316
Princípio da moralidade 39
Princípio da não contradição.............23
Princípio da publicidade...........39, 181
Princípio da responsabilidade civil
    solidária do Estado......................369
Princípio da supremacia do interesse
    público 24
Princípio da transparência..........23, 26,
                              38-39, 321-322

página

Princípio da unidade 34, 157
Princípio da unidade de caixa 76
Princípio da unidade
orçamentária 158
Princípio da universalidade..............34,
157-158
Princípio da universalidade
orçamentária 72, 231
Princípio da vinculação......................92
Princípio do Direito Positivo.............42
Princípio do equilíbrio
orçamentário 32, 35, 160
Princípio do planejamento..........24, 26,
56, 164, 215
Princípio do poder de polícia..........287
Princípios da gestão fiscal.................23
Princípios monovalentes....................24

R
Receita pública............................. 63-82
- Arrecadação.......................................75
- Classificação......................................66
- - Corrente..67
- - De capital..70
- Conceito...65
- Estágios..74
- Lançamentos......................................74
- Recolhimento.....................................75
- Renúncia...................................... 76-82
- - Alteração de alíquota.....................81
- - Alteração de base de cálculo.........82
- - Anistia..78
- - Crédito presumido 81
- - Isenção...79
- - Remissão..80
- - Subsídio...80
Recursos, Transferência de,
Ver Transferência de recursos
Restos a pagar............. 65, 112, 135-149,
202, 208, 254-261, 324-325

página

- Conceitos
- - Como dívida encerrada 139
- - Segundo a Lei Complementar
nº 4.320/64.......................... 142-143
- - Segundo a Lei de Responsabilidade
Fiscal...145
- - Segundo o Decreto-Lei
nº 836/69.............................. 143-144

S
Sistema de controle da Administração
Pública.................................... 171-181
- Administrativo................................173
- Dos atos públicos...........................172
- Jurisdicional...................................180
- Legislativo......................................177
- Popular..181

T
Transferência de recursos
- Conceito...105
- Espécies
- - Transferências correntes..............106
- - Transferências de capital.............107
- - Transferências voluntárias..........108
Transparência da gestão fiscal
(Instrumentos) 319-345
- Parecer prévio.................................342
- Prestação de contas
- - De gestão.......................................326
- - De governo 333
- - Especiais..338
- Relatórios
- - Da execução orçamentária 320
- - Da gestão fiscal 322
Tomada de contas
- - De gestão.......................................339
- - De governo 340
- - Especiais..342

Índice da Legislação

página

página

B

Brasil [Constituição (1824)] 18, 152, 155-156, 327

Brasil [Constituição (1891)] 156, 328, 369

Brasil [Constituição (1934)] 18, 156

Brasil [Constituição (1937)] 156

Brasil [Constituição (1946)] 18, 156, 256, 277

Brasil [Constituição (1967)] 27, 156, 161, 225, 256

Brasil [Constituição (1988)] 19-20, 26-27, 29-31, 33-38, 42-43, 59-60, 67-68, 70, 73-74, 76-77, 79, 91, 96-97, 99-102, 108, 118, 123, 129-133, 139, 142, 149, 154, 156, 158-166, 168-172, 175-180, 185, 187-189, 191-192, 196, 201, 211, 218, 221-227, 256, 262-266, 269, 271-272, 276-280, 282-283, 286, 289-293, 296-298, 300-304, 308-318, 322-323, 329, 334-335, 338-344, 352-353, 355-357, 360, 366-367, 371, 376-380, 382

C

Código Civil do Brasil (1916) 369

Código Civil do Brasil (2002) 136, 154, 211, 240, 249, 286, 327, 338, 366-367, 369, 371

Código Tributário Nacional
   Ver Lei nº 5.172/66

Constituição do Brasil
   Ver Brasil [Constituição]

D

Decreto nº 4.049/01 258

Decreto nº 4.167/02 258

Decreto nº 4.536/22 .... 18, 43-45, 139

Decreto nº 15.150/33 18

Decreto nº 20.910/32 ....251, 255, 258

Decreto nº 23.150/33 .... 18, 43-46

Decreto nº 70.235/72 237

Decreto nº 93.872/86 255

Decreto-Lei nº 200/67 .. 25-27, 54, 57, 92, 108-109, 131, 136, 199, 214-215, 219, 221, 225-226, 249, 338-339

Decreto-Lei nº 201/67 ....326, 337, 376, 378-379

Decreto-Lei nº 836/69 143-144

Decreto-Lei nº 1.377/74 .....144, 146, 149

Decreto-Lei nº 2.416/40 ....18, 43, 45-46, 140-141, 148

Decreto-Lei nº 2.848/40 338

Decreto-Lei nº 3.365/41 262

Decreto-Lei nº 4.657/42 (Lei de Introdução ao Código Civil) 37, 42, 145, 154, 287, 375

Decreto-Lei nº 5.452/43 357

E

Emenda Constitucional nº 01/69 ......27, 256

Emenda Constitucional nº 19/98 100

Emenda Constitucional nº 25/00 167

L

Lei nº 16/34 152

Lei nº 1.079/50 .... 59, 300, 311,
325, 337, 376, 378

Lei nº 1.533/51 272

Lei nº 3.071/16 369
(Revogada pela Lei nº 10.406/02)

Lei nº 4.320/64 .... 364, 376

Lei nº 4.612/65 374

Lei nº 4.717/65 277

Lei nº 4.898/65 (Lei de Crimes e Abuso
de Autoridade) 299, 302, 372

Lei nº 5.172/66 (Código Tributário
Nacional) 78-79

Lei nº 6.830/80 252

Lei nº 7.596/87 131

Lei nº 8.112/90 270-271,
306, 357-358, 381

Lei nº 8.137/90 240

Lei nº 8.429/92 (Lei de Improbidade
Administrativa) 372

Lei nº 8.443/92 (Lei Orgânica do
Tribunal de Contas da União) 267,
271

Lei nº 8.666/93 .... 262, 268-269

Lei nº 8.745/93 357-358

Lei nº 9.363/96 81

Lei nº 9.496/97 128

Lei nº 9.507/97 .... 281, 283

Lei nº 9.784/99 .... 268, 270-271

Lei nº 9.849/99 357

Lei nº 10.028/00 .... 325, 338, 376

Lei nº 10.309/01 367

Lei nº 10.406/02 369
(Revoga Lei nº 3.071/16)

Lei nº 10.667/03 357

Lei nº 10.774/03 367

Lei nº 11.123/05 357

Lei Complementar nº 101/00 (Lei de
Responsabiliade Fiscal) ..18-19, 20-21,
24-26, 31-34, 37-39, 45,
54, 57, 63, 65, 70-71, 73-74, 76-77, 83,
95-103, 109-110, 112-118, 121-125,
127-133, 141-142, 144-147, 149, 163,
186, 188, 212-216, 219, 226-231,
243-245, 258-262, 319, 321-326, 345,
364, 376, 381

Lei Complementar nº 4.320/64 18-19,
26-27, 29, 33-34, 36, 41-43, 46, 48-49,
63, 65-67, 70, 72-74, 81, 83, 85-87, 89,
93, 98, 105-107, 109, 136, 138, 142-144,
146-149, 156, 161, 165, 188, 193, 196,
198-199, 203, 211, 218, 225, 231-232,
245, 250, 252-256, 258-259, 320,
328-329, 333, 336-337, 381

Lei de Crimes e Abuso de Autoridade
Ver Lei nº 4.898/65

Lei de Diretrizes Orçamentárias
(LDO) 26, 28, 31-33, 38, 77, 95-96,
101, 160-161, 163, 165-167, 203,
208, 213, 226-229, 319-320

Lei de Improbidade Administrativa
Ver Lei nº 8.429/92

Lei de Introdução ao Código Civil
Ver Decreto-Lei nº 4.657/42

Lei de Responsabiliade Fiscal
Ver Lei Complementar nº 101/00

Lei Orçamentária Anual (LOA) 26,
29, 31, 33-38, 56, 58-59, 72-74, 76, 85,
95, 101, 106-107, 109, 114, 129, 162-166,
179, 187-188, 208, 213, 218, 225-227,
229, 231-233, 243, 260, 321, 330

Lei Orgânica do Tribunal de Contas
da União
Ver Lei nº 8.443/92

Esta obra foi composta em fonte Palatino Linotype, corpo 10,5
e impressa em papel Offset 75g (miolo) e Supremo 250g (capa)
pela Gráfica e Editora O Lutador.
Belo Horizonte/MG, fevereiro de 2011.